수정주의 국가 북한

서울대학교 통일평화연구원 편

박영사

'수정주의 국가 북한'을 발간하며

1. 글로벌 격동기의 남북관계

글로벌 체제가 이제껏 경험하지 못한 새로운 세상으로 진입하고 있다. 소위 반서방 추축(axis of upheaval)의 연대가 전쟁가능한 세상을 열었고 그 와중에 미-중 간의 경쟁, 즉 강대국 간 세력전이의 길목은 더 격해지고 있다. 권위주의 거버넌스 모델을 수출하고 있다는 중국에 맞선다는 명목으로 단결하고 있는 민주주의 진영의 속내는 더 복잡하다. 서방 각국에서 단순히 극우라고 규정하기만은 어려운 문화적 정체성이 확산되고 이에 기반한 새로운 정치 스펙트럼이 확산되고 있다. 각국들의 정치 내전이 격해지고 있는 것과 동시에 국가주의자들의 이념이 강화되면서 글로벌 자유주의에 근거해 온 외교와 연대는 그 뿌리부터 흔들리고 있다.

세력전이(Power Transition)에 직면한 기존 패권국 미국이 일방적인 공공재 생산의 의무와 비용 부담을 꺼려하기 시작한 것은 이 같은 흐름에 기름을 붓는 격이 되었고, 결과적으로 기존 글로벌 질서의 수혜국들은 탈자유주의적 유혹을 뿌리치지 못하고 있다. 이른바 글로벌 사우스(Global South) 현상의 등장이다. 미국은 도전국 중국을 봉쇄하기 위해 정치, 군사, 경제, 문화적 연대의 논리를 강화하고 있고, 지역 패권국에서 글로벌 패권국으로 성장하였음을 더 이상 숨기고 싶지 않은 중국 역시 뒤질 새라 글로벌 담론 경쟁에 나서고 있다. 유럽에서는 우크라이나 전쟁으로 나토의 확장이 자연스레 이루어졌지만 인태 지역의 경우 매우 인위적으로 안보 아키텍처의 재편이 진행 중이다. 이에 따라 인태 지역에서 기존의 바퀴살 형태(Hub and Spoke)의 태평양 동맹 구조는 격자형(lattice-like architecture)으로 재구조화되고 있다. 격자형 구조화는 안보 구조의 통합화 과정을 통해 군사 동맹의 계층화를 추구하게 마련이다. 새 구조 하에서 한국이 지역역할론을 고집하면 대만, 필리핀처럼 한미동맹은 지역 단위의 하위동맹 형태로 편입되게 될 것이고, 그것이 아니라 '글로벌' 역할을 내세우면 사실상 북-중-러라는 '반서방 추축'에 맞서는 전초기지(outpost)로서의 글로벌 리스크를 고스란히 감당하는 역할을 하게 생겼다. 경제적으로는 반도체, 배터리 등을 중심으로 한 미국의 리쇼어링과 프렌드쇼어링에 따라 각국의 경제 구조가 재편되고 있고, 이에 따라 IRA법 제정 이래 미국에 대규모 투자를 진행해 온 한국 기업의 동향을 보고만 있는 한국인들의 속내는 불안하기만 하다. 새로운 기회가 오기보다는 글로벌 공급망 재편 과정에 희생양이 될지도 모른다는 불편한 진실 앞에 동분서주하고 있는 인상이다.

'글로벌' 역할론의 파장이 생각보다 크게 느껴지는 이유이다. 이 와중에 한국 정부는 북한과 러시아의 밀월을 목도하고 있다. 예상보다 훨씬 빠른 속도로 높은 수준의 군사동맹이 복원됨으로써, 탈냉전 이래 한 번도 경험해보지 못한 새로운 세상을 머리에 이고 사는 꼴이 되었다. 러시아는 중국과는 차원이 다른 글로벌 무기 네트워크를 운영하고 있는 나라이다. 지난 30년 중국이 미중협조체제 아래에서 능숙하게 북한을 압박하고 한반도를 관리하는 외교를 취해왔지만, 이제 북러동맹 복원으로 그런 류의 세상이 끝났음을 김정은 위원장은 선언하고 싶은 것이다. 어찌 보면 '핵보유국 북한'보다도 더 무서운 현실이 도래하고 있음이 분명하다. 결국 장거리 탄도 미사일 실험, 순항 미사일 배치 등과 같은 대형살상무기 외에도 오물 풍선, 드론 침투 등과 같은, 차원이 다른 북한의 도발 앞에 우리 정부의 관리 능력은 점점 취약해지고 있다. 확장억지와 참수작전으로 무장한 한국의 군사적 대응 능력이 약하다는 것이 아니라, 오히려 한미동맹의 강력한 대응이 불러일으키는 회오리의 파장을 우리 스스로가 통제할 능력이 없다는 점에 더 큰 불안의 이유가 있다. 정부는 늘 우리의 대응 능력은 완벽하다며 반격 능력을 과시하고 있지만, 한미동맹의 대응과 보복 능력에 의구심을 품는 국민은 아무도 없다. 문제는 선제적으로 국민들이 편안하게 경제생활에 전념할 수 없는 환경을 국가와 해당 시기 정부가 만들 수 있는가 하는 데에 있다. 러시아와 북한의 조합이 가져올 불길한 미래는 러시아를 겁박한다고 해결될 문제도 아니요 중국의 뒤꽁무니를 쳐다본다고 해소될 문제도 아니다. 오물 도발에 흥분해 비례성이라는 안전벨트를 풀고 반격할 경우, 비례성을 상실한 비이성이 초래할 재난에 대한 대책이 충분치 않다는 비난을 피할 길은 없다. 침착하고 냉정하게 문제에 접근해야 한다. 우리가 북한에 대한 연구의

끈을 놓지 않고 그들의 변화와 그 방향에 대해 재론 삼론하고 있는 이유이다. (창비 주간논평 6.25)

2. '수정주의 국가' 북한?

탈냉전 이래 오랫동안 우리의 대북 정책은 북한에 대한 무시와 시혜로 일관되어 왔다. 이른바 한국의 '보수'진영이나 '진보'진영이나, 자신들을 하대한다는 점에서 근본적 시각은 동일하다는 것이 북한의 불만이다. 즉 북한을 이등−삼등국가로 간주하는 전제 하에, '보수'는 불가능국가(impossible state)인 북한에 대한 더 많은 통제와 압박으로 독일식 기회를 만드는 데 여념이 없고, '진보'는 덜 떨어진 동생에 대한 동정에 가득찬 시각으로 시혜와 과시라는 비뚤어진 인도주의와 자기 만족적 지원에 벅차하는, 결국은 동전의 양면에 불과한 삐뚤어진 프레임으로 자신들을 대한다는 것이다. 김정은이 보수 정부뿐 아니라 후기 문재인 정부를 향해서마저 쏟아 부은 거친 도발은 이 같은 본질주의적 시각의 분출이었던 것은 분명해 보인다.

북한은 반발한다. '번영과 전쟁이 함께 흐른' 지난 10년의 세기 자신들은 사상 초유의 대결전을 승리로 결속하였다고. 이에 그들은 대결전에서의 승리를 기반으로 더 많은 '현상 변경'을 시작하고 있다고 강조한다. 김정은 위원장이 트럼프 전 대통령에게 보낸 2019년 8월의 친서에서 '남조선은 더 이상 자신들의 상대가 아니라'며 도발의 팡파르를 시작했던 것처럼, 김정은 시대 북한은 1990년대 굶주린 '조선'이 아니라 그야말로 정상국가로 거듭나 이제는 대국을 상대할 '전략국가'의 반열에 올랐다는 주장을 거듭하고 있다. 그것은 단순히 핵보유국 지위를 달성하였다는 자기 만족적 선전이 아니라, 전쟁에 더해 번영의 길을 병행하고 있는 병진의 과정이라는 다소 과장스러운 궤론이다.

지난 10여 년간 적들과의 대결전은 그 격렬성에 있어 사상초유였으며 그만큼 이룩한 승리 또한 값비싼 것이었다. 집요성과 악랄성에서 유례를 찾아볼 수 없는 이 장기적인 전쟁을 영원히 끝장낼 수 있는 강위력한 핵억제력, 절대력을 비축하였다 …

새로운 주체100년대의 시작과 함께 거폭으로 내짚은 우리의 혁명려정에는 경제건설과 핵무력건설을 다 같이 밀고나가는 병진의 기치가 억세게 휘날렸다 …

번영과 전쟁이 함께 흐른 참으로 준엄한 세월이였다. 무슨 일이 벌어졌는가. 그렇게 10여년 세월이 흘러간 지금 우리는 무엇을 보고있으며 실감하고 있는가. 누가 솟구쳐 일어서고 누가 여지없이 무너지고 있는가. 무엇이 불가항력의 강세가 되고 무엇이 불가역적인 렬세에 빠져버렸는가 …

적들이 전률하는 절대병기의 비축만이 아니다. 우리 국가발전의 전면적 상승기, 고조기가 펼쳐지고있는 위대한 새시대의 눈부신 발전상, 비약상이야말로 핵보다 강한 힘의 분출이며 몇차례의 전승에 못지 않은 가슴뿌듯한 승리이다. 수도가 변하고 지방이 변하고 농촌이 변하는 천지개벽의 시대, 어디서나 우리 당정책이 풍성한 열매로 무르익어 인민의 생활속에 더욱 빨리, 더욱 속속이 찾아드는 세월 … (동태관『노동신문』 정론, 2024.7.22.)

북한의 이 같은 주장은 본 책이 '수정주의 국가'라는 용어를 사용하게 된 주된 이유이다. 수정주의 국가(revisionist state)라는 용어는 국제정치 영역에서 특히 세력전이 상황에서 흔히 기존의 패권국에 대항하는 도전국의 태도를 일컫는 개념으로 사용되어 왔다. 힘의 균형이 일정하게 역전되어 가는 시점에서 도전국이 '현상 유지'보다는 '현상 변경'을 원하여 기존의 패권국에 대해 공세적 태도를 취할 때를 의미하는 개념이다. 흔히 역사수정주의 등과 같이 기존의 질서와 관념에 대한 대안적 해석이나 가치를 제기하는 것으로 수정주의 개념이 많이 사용되지만, 이를 기존 글로벌 질서가 전제하는 가치에 대한 반항적 질서와 대안적 가치라는 개념에서 보면 국제관계론에서 의미하는 수정주의 국가 역시 큰 틀에서 통약가능한 개념으로 봐도 무방하다.

수정주의 국가 개념을 북한에 적용하는 것은 사실 조심스럽다. 본 용례와 관련해서 먼저, 북한이 세력전이와 같은 큰 질서 변동의 주축국인가라는 의문이 제기되기 때문이다. 앞서 보았듯이 북한을 여전히 붕괴 직전의 불가능국가로 보는 시각에서는 더 더욱 터무니없는 주장으로 해석된다. 다음으로는, 국력이라는 것이 정치-군사뿐 아니라 문화-경제적 요인을 포괄하는 것인데 북한처럼 병리적으로 군사 부문이 특화된 경우 이에 근거한 수정주의라는 개념을 사용할 수 있는가라는 반론이 제기되기도 한다. 이 때문에 혹자들은 수정주의 용례가 도발이라는 단어를 미화하는 개념일 수 있다고 주장하기도 한다. 이처럼 북한을 수정주의 국가로 보는 것과 관련해서는 북한 전문가들 사이에서도 이견도 많고, 심지어 이 책의 저자들 사이에서도 의견의 일치가 없다.

그럼에도 불구하고 편자가 이 같은 타이틀을 고집하는 것은 김정은 시대 북한을 설명하는데 이보다 단순명료한(parsimonious) 개념적 틀이 없고, 역설적이지만 최근의 북한이 보이고 있는 군사국가화에 대한 경각심을 강조하는 데도 또한 유용하기 때문이다. 북한의 군사국가화를 도발이라고만 서술하기에는 그들의 군사 전략이 지역거부와 반접근(A2AD; Anti Access/Area Denial) 전략의 방어적 성격을 동시에 띠고 있기도 하기 때문에, 그런 표현은 일면적이고 심지어 냉전적일 수 있다. 이 점에서 '수정주의 국가'라는 표현은 김정은의 군사 전략과 관련해서는 모호성을 담음으로써 양가적 측면을 모두 포함할 수 있는 장점이 있다.

이 모든 변론에도 불구하고 '수정주의 국가 북한'이라는 표현은 김정은 시대 북한 변화상의 최종 종착점이 될 수는 없다. 아직도 북한이 가야할 길은 멀고 험하고 그 끝이 어디로 향할지 알 수 없기 때문이다. 다만 김정은이 지향하는 미래상 흔히 강성국가니 전략국가니 하는 그런 북한식 개념을 해석하는 데에 본 용례는 한시적으로는 유용한 역할을 할 수 있다는 데 위안을 삼고자 한다. 북한의 변화를 정치/외교와 군사 그리고 리더십 분야뿐만 아니라 경제, 사회, 문화 그리고 과학 기술 등 총체적 영역에서 다루어주되, 그들의 지향점을 '서술'하는 데 머물지 않고 나아가 분석, 비판하자는 데 본 책의 의도는 분명하다. 이 점에서 혹 '수정주의 국가'란 개념이 내키지 않더라도 우리 저자들의 취지에 대한 최소한의 공감으로 본 책을 대해주길 기대해본다.

3. 장별 특징

1장 "북한의 정치체제"에서 안경모 교수는 북한의 정치체제를 이해하기 위해 '사회주의 당–국가 체제'와 '개인독재'에 주목해야 한다고 주장한다. 사실 우리에게 익숙한 사회주의라는 개념은 정치뿐만이 아니라 경제와 문화 등 국가와 사회 전 분야를 포함하는 매우 포괄적인 개념이다. 이에 반해 당–국가 체제라는 개념은 훨씬 구체적인 동시에 사회주의 정치체제들 간, 그리고 자본주의 정치체제와의 비교를 용이하게 한다는 장점이 있다. 또한 개인독재라는 틀 역시 수령이라는 용어와 북한적 특수성에 주목한 '수령제' 등의 개념을 통한 접근법이 갖지 못하는 주요한 장점을 갖는다. 이미 많은 비교사례연구와 이론화 작업이 진행된 개인독재라는 개념을 통해 북한 정치체제의 특수성과 보편성을 보다 균형 있게 이해할 수 있다는 것이다. 이와 같은 전제 하에 1장에서 안경모 교수는 북한의 정치체제를 '개인독재형 사회주의 당-국가 체제'로 정의하고 크게 세 파트로 나누어 설명을 제공한다. 첫 번째는 당-국가 체제 자체에 대한 것이다. 자유민주주의와 대의제 민주주의 하에 너무나 당연하게 독재를 불의한 것으로 간주해온 우리의 상식에 비추어 볼 때 독재 그 자체를 정당한 것으로 간주하는 사회주의 당-국가 체제의 논리는 이해가 쉽지 않다. 이에 2절에서 먼저 사회주의 당-국가 체제의 역사와 이론을 개괄적으로 다룬다. 다음으로 3절에서는 스탈린 시대를 통해 완성된 이른바 '현존 사회주의 당-국가 체제'가 북한에서는 어떻게 발현되고 또 변화되어 왔는지 살펴보고, 끝으로 4절에서는 사회주의 당-국가 체제로서의 특성과 함께 북한 정치체제를 이해하는 또 다른 축이라 할 수 있는 개인독재적 특성들이 어떻게 등장하고 제도화되었으며 현재 어떠한 특징을 보이고 있는지 살펴보았다.

2장 "북한의 군사적 변화"에서 장철운 박사는 김정은 시대 북한의 군사적 변화는 김일성·김정일 시대를 지나는 동안 북한이 추진했던 군사정책 및 군사력 변화의 맥락을 감안할 때 제대로 이해할 수 있다고 한다. 김일성 정권은 북한이 지금까지 견지하는 '국방에서의 자위' 목표를 설정하고, 이의 실현을 위해 '경제·국방건설 병진노선'과 '4대 군사노선'을 추진했다. 김일성 정권이 우방국에서 주요한 무기체계를 충당하는 한편 병력을 증가시키는 방향에서 군사력을 강화했던데 비해, 이른바 '선군정치'를 내세웠던 김정일 정권은 김일성 정권의 군사정책 및 군사력 증강 방향을 답습하는 가운데에서도 탈냉전 및 경제난 등 대내외 환경 변화를 고려해 '저비용 고효율' 군사력 증강 정책, 특히 핵·미사일 등 대량살상무기 중심의 비대칭 전력 개발에 집중하였다. 한편 김정은 정권은 2013~2018년 '경제건설 및 핵무력 건설 병진노선'을 주창하며 핵·미사일 역량 고도화를 추진하는 동시에 재래식 군사력 증강도 추진했다. 장철운 박사에 따르면 김정은 정권은 한반도에서 이른바 '평화의 봄' 국면이 전개됐던 2018~2019년 군사정책 및 군사력 증강을 부각하지 않았지만, 한반도 정세의 근본적 전환 시도가 성과를 거두지 못하자 2019년부터 현재까지 핵·미사일 역량을 더욱 고도화하고 있으면 동시에 육군을 중심으로 한 병력 및 선별적 무기체계 증강을 통해 재래식 군사력 강화도 추진하고 있다. 장철운 박사는 특별한 상황 변화가 발생하지 않는 이상, 북한은 향후에도 이러한 방향에서의 군사정책 및 군사력 증강을 지속 추진할 것으로 전망한다.

3장 "북한의 외교 및 대남 정책"에서 최용환 박사는 다른 국가들과 마찬가지로 북한의 대외/대남정책 역시 그들의 국제정세 인식 변화의 영향에서 자유로울 수 없었다고 강조한다. 냉전시기 북한의 대외정책은 기본적으로 사회주의 진영외교의 틀을 벗어나지 못하였다. 물론 소련과 중국 사이에서 줄타기 외교를 구사하거나 비동맹외교에 적극성을 보이는 등 다른 모습도 존재하였지만, 냉전의 진영구조를 벗어나는 대외/대남정책을 추진하지는 못하였다. 탈냉전 이후 북한의 대외정책 초점은 미국과의 관계 개선으로 옮겨졌다. 그 배경에는 탈냉전 국제질서가 미국 중심의 단극체제라는 북한의 인식이 있었다. 그런데 미중 전략경쟁과 우크라이나 전쟁 등으로 미중·미러 관계가 악화되는 등 국제질서 변화가 발생하면서, 북한의 정세인식과 대외전략 역시 변화의 모습을 보이고 있다. 북한은 현 국제질서를 '신냉전', '다극화' 등으로 규정하고, 대미관계 일변도의 정책에서 벗어나 냉전적 갈등구조를 적극적으로 활용하려는 전략을 구사하고 있다. 이 과정에서 북한은 남북관계 역시 냉전적 갈등구조의 틀 속에서 인식하고 있으며, 그 결과 남북관계를 '적대적 두 국가 관계'로 재규정하고 있다. 한반도 주변 국제질서가 냉전적 갈등구조로 회귀한다면 북한의 대외/대남 전략 기조는 한동안 유지될 것이며, 북핵문제의 해결이나 남북관계 개선은 더욱 어려운 과제가 될 수밖에 없을 것이다.

4장 "북한의 경제"에서 이종민 박사는 김정은 집권 초기 북한경제는 대외무역 확대와 시장화의 진전에 힘입어 개선되었다고 주장한다. 무역에서 지하자원, 의류 제품 등을 중심으로 대중 수출이 급증하였고, 중국, 러시아 등에 파견한 노동자로부터 벌어들이는 수입도 증가하여 외화수급 상황과 재정 여건도 개선되었을 것으로 추론된다. 실제 김정은 정권이 시장을 배척하기보다는 활용하는 방향의 정책을 실시하면서 시장에서의 경제활동에 대한 통제가 약화되어 주민들의 경제활동과 국영기업의 생산활동도 시장을 기반으로 활발하게 전개되었다고 본다. 이런 기조 하에서 2014년에는 '우리식경제관리방법'이 공표되어 기업의 자율성이 생산량과 가격의 결정에 이르기까지 폭넓게 확대되고 협동농장의 분조 단위에서 잉여생산물을 처분할 수 있는 권한을 갖게 되는 등 자본주의 시장경제적 요소를 일부 수용하는 개혁이 이루어지기도 했다. 그러나 2017년 이후 강화된 대북제재의 영향으로 대외무역이 축소되기 시작했고 그 여파로 북한 경제는 고난의 행군 이후 가장 큰 폭의 역성장을 기록했다. 특히 주요 수출 산업인 광업과 설비 노후화가 심각한 중화학공업의 생산량 감소가 두드러졌다. 정책적으로도 친시장적 개혁이 정체된 가운데 시장 활동에 대한 통제와 중앙정부의 장악력을 다시 강화하려는 시도가 이어지고 있다. 향후 북한 경제 전망과 관련해 이종민 박사는 최근 지정학적 상황 변화로 중국, 러시아 등 주요 국가의 제재 이행 협조를 기대하기 어려운 상황 때문에 대북제재의 영향은 앞으로 다소 약화될 가능성이 있다고 본다. 그럼에도 불구하고 자본재 수입이 장기간 제한되며 고정자본의 손실이 누적된 데다가 경제개혁의 정체로 북한 경제체제가 가지고 있는 비효율성이 완화되지 못하고 있어 북한경제의 반등은 제한적인 수준에 머물 것으로 예상하고 있다.

5장 "북한의 사회구조와 변동"에서 정은미 박사는 북한 사회가 성분 중심의 사회계층이 견고하게 구조화된 기저 위에 경제적 지위 차이에 따른 제2의 사회계층화가 진행되고 있음을 강조한다. 김정은 정권에서 중산층이 눈에 띄게 성장하였는데, 북한의 중산층은 권력층과의 협력적 관계 속에서 성장하고 있으며, 계층 상승 지향적 생활양식과 풍요한 소비생활을 누리고 있다. 이러한 변화는 북한 사회의 역동성과 개방성의 증대뿐만 아니라 장기적으로 정치적 변화의 잠재적 동인(動因)으로서 역할을 기대하게 하는 중요한 사회구조적 변동이다. 하지만 코로나 팬데믹을 거치면서 중산층의 성장이 위축되고 북한 사회의 회복력은 급격히 떨어져 북한 사회의 변동에 대한 변수가 생겼음을 숨길 수는 없다. 한편 북한 사회의 구조적 변동을 추동하고 있는 또 하나의 요인은 정보화이다. 김정은 정권은 초기부터 '지식경제강국' 건설을 국가 발전 목표로 제시하고 '전민과학기술인재화' 슬로건 하에 정보화 정책을 적극적으로 추진하였다. 정보통신기술의 발달과 이동통신 서비스의 보급 그리고 휴대전화의 대중화는 북한 사회의 모든 영역과 분야에서 새로운 생산양식과 생활양식의 변화를 이끌고 있다. 하지만 정보화의 수준이 높아질수록 기존의 '사회주의적' 생산양식과 생활양식을 위협하는 도전 요인 때문에, 정은미 박사는 북한 사회가 외부와 단절된 제한된 정보네트워크 기반의 불완전한 정보화 사회로 귀결될 수 있다는 점을 강조한다.

6장 "북한의 문화"에서 전영선 박사는 문화가 그 사회의 가치와 지향을 반영한다는 전제하에 북한의 문화 역시 북한 체제의 토대를 반영하여 형성되었다고 쓰고 있다. 북한 문화의 토대는 '노동계급의 이익을 대신한다'고 주장하는 것이 주체사상이다. 주체사상은 세계 어디에도 없는 '우리(북한) 식 문화'로 굳어졌다. 따라서 북한 문화정책에서 가장 중요한 문제는 우리 식을 지키는 것이다. 김정은 초기에는 국제성을 강조하기도 하였다. 하지만 2019년 하노이 회담 이후로는 엄격한 통제로 외부 문화의 유입을 차단하면서, 청년 교양에 나서고 있다. 김정은 체제에서는 생활문화에서 이전과 다른 양상을 보인다. 경제에서 최우선 해결 문제였던 먹거리를 관광자원으로 개발하고, 의생활에서는 전통의상으로서 조선옷을 장려하면서, 문화상품으로 개발하기도 하였다. 동시에 국제 사회의 제재 속에서도 아파트를 중심으로 한 도시 개발로 평양의 이미지를 빠르게 바꾸어 나가고 있다. 전통문화에 대한 보호 정책도 적극 추진하면서, 무형문화재를 적극 발굴하고, 유네스코 등재를 추진하고 있기도 하다. 상대적으로 문학예술 분야는 침체하였다. 노래도 빨라졌고, 춤동작도 과감해졌다. 주요 명절 행사를 야간에 진행하면서 조명과 불꽃, 드론을 이용하여 화려한 영상을 연출하기도 한다. 하지만 신작 창작은 비교할 수 없을 정도로 줄었고, 대신 전시가요, 천리마시대의 예술 작품을 편곡하여 활용하고 있다. 한편 김정은 체제 이후 가장 많이 변화된 분야는 교육이다. 김정은은 교육과 기술을 경제 발전의 핵심 축으로 설정하고, 기회가 있을 때마다 교육에서의 혁신을 강조하였다. 의무교육 기간을 12년으로 늘렸고, 영재교육을 강화하였다. 대학의 계열을 통합하고, IT분야를 중심으로 특성화 학교를 세웠다. 요컨대 전영선 박사는 북한이 2019년 이후 국제 사회와의 문화교류를 단절하고, '사회주의 진지'를 지켜야 한다는 명분으로 청년 교양을 강화하고 있음을 강조하고 있다. 사실상 경제 발전을 위한 영재 육성에 모든 정책을 투여하고 있다는 것이다.

7장 "북한의 국가기구와 법"에서 강혜석 박사는 국가기구와 법을 중심으로 북한의 '국가'에 대한 이해를 시도하고자 한다. 사회주의 당−국가체제 하에서 국가는 구체적으로 어떠한 기능과 역할을 수행하는가? 이해를 위한 핵심어는 바로 '인전대'(transmission belt)이다. 인전대란 혁명의 선진부대이자 지도세력인 당의 영도(directing)를 실현하는 '수단'을 의미하며 국가는 인전대를 대표하는 가장 포괄적인 조직으로 규정된다. 그리고 '국가기구'와 '법'은 국가가 당의 영도를 실현하는 구체적인 제도와 장치를 뜻한다. 이와 같은 이해를 바탕으로 강혜석 박사는 먼저 북한의 국가기구를 국가주권기관, 행정적 집행기관, 사법·검찰기관, 그리고 국가주권의 최고정책적 지도기관이라는 특별한 지위와 역할을 부여받은 국무위원회와 국무위원장으로 나누어 분석하고 있다. 다음으로는 북한의 법에 대한 담론들과 법 제정 실태를 검토하였다. 원래 사회주의 이론에서는 국가와 마찬가지로 법 역시 자본주의의 소멸과 함께 사라질 것으로 예견되어 왔지만, '국가 사회주의'라는 모순된 개념에서 볼 수 있듯이 '실제로 존재하는 사회주의'(actually existing socialism)의 역사에서는 국가소멸론을 무색케 하는 강력한 사회주의 국가가 지속되어 왔다. 비록 법치를 체제의 근본적인 원리 중 하나로 자리매김한 자유민주주의 체제에 비할 바는 아니지만, 사회주의 역시 법 활용론의 부상과 함께 법무 생활을 강조한다는 데는 이견이 있을 수 없다. 북한 역시 마찬가지였고, 특히 탈냉전 이후 이와 같은 경향은 더욱 두드러졌다. 김정일 시대에 제기되어 김정은 시대에 본격적으로 부상해온 '사회주의 법치' 개념은 그 주요한 상징이다. 강혜석 박사는 이와 같은 이해를 전제로 <이론과 역사>와 <법의 실제>로 나누어 북한의 법 현실을 분석, 설명하고 있다.

8장 "북한의 과학기술 정책과 지역혁신체제"에서 강호제 박사는 북한이 '과학기술의 중요함'을 일찍부터 강조해 왔음을 지적한다. 김일성 시기부터 북한은 과학기술 발전을 중심에 두고 발전전략을 수립했다. '과학기술은 핵심 전략자산'이라고 주장하는 김정은 위원장의 발언들은 과학기술자들을 우대하면서 기술혁신을 주장하던 김일성 주석과 첨단 과학기술의 흐름을 잘 파악하고 이를 적극 활용하며 경제발전 전략을 수립하였던 김정일 위원장의 지향을 충실히 따르고 있는 모습이다. 이런 전제 하에서 강호제 박사는 북한의 70년 역사를 과학기술사를 중심으로 분석한데 기초하여 특히 김정은 시기의 북한 과학기술 정책의 특징을 몇 가지 측면으로 나누어 정리하고 있다. 한편 2021년부터 본격적으로 추진되고 있는 북한의 지방혁신체제 구축사업('지방발전 20×10 정책')이 과학기술 정책과 연관되어 어떻게 준비되어 왔으며 앞으로 그 전망은 어떻게 될 것인지를 살펴본 것은 강호제 박사의 충실한 분석으로 빛을 보게 되었음을 밝힌다.

4. 감사의 인사

어쨌든 본 책은 북한의 지난 10년 즉 김정은 시대를 중심으로 하되, 전체적인 서술이 필요한 경우에 한 해 북한 전사를 설명하는 형식의 서술을 특징으로 하고 있다. 저자들이 김정은 시대라는 부제를 고민하기도 한 이유다. 하지만 굳이 그런 연대기적 구분이나 개인 리더십을 특화하는 부제에 구속받기보다는, 수정주의 국가 개념을 통해 각 부문 영역별 변화상과 그 총체적 지향점을 동시에 드러내 주는 것이 본 책의 저술 목적에 더 부합할 것이라는 동의하에 저자들은 각자가 맡은 부문의 특성에 맞게 시대를 넘나드는 자유로운 형식의 서술에 임하였다.

저술에 참여한 저자들은 각 집필 분야에서 북한 연구의 대표 주자인 분들이다. 시간이 많았더라면 더 많은 자료와 그래프, 도면 등으로 독자들의 이해를 도울 수 있었겠지만, 저작권 문제를 포함한 각이한 사정들로 인해 미흡한 부분들이 있었음을 저자들은 토로하고 있다. 저자와 독자 모두의 성화를 아픈 마음으로 보듬어야 하는 것은 전적으로 엮은이의 몫이고, 따라서 이 자리에서 먼저 모든 이들에게 양해와 사과의 말씀을 구한다.

끝으로 우연한 계기에 뵙게 되어 본 책의 탄생에 가장 크게 기여하신 박영사의 최동인 대리님께 감사의 인사를 드린다. 그 외 물심양면으로 도와주신 모든 박영사 관계자 분들과 서울대학교 통일평화연구원 김범수 원장님 이하 관계자 분들에게도 무한한 감사의 염을 표하지 않을 수 없다. 특히 서울대학교 평화/통일학 협동과정의 송채린 원우에게는 이 책과 관련된 모든 이들이 끝없는 부채의식을 지고 있는 느낌이다.

본 책이 북한을 이해하는 데 조금이라도 도움이 되기를 바라는 간절한 마음으로, 다시 한번 이번 저술에 선뜻 참여해주신 저자 분들의 희생과 노고에 머리를 조아린다.

2024년 8월
서울대학교 통일평화연구원 통일학센터장 및 정치외교학부 교수 이정철

차 례

제 5 장 북한의 사회구조와 변동

제 1 장

북한의 정치체제

안 경 모

북한의 정치체제

제1절 서론

본 장의 목적은 북한의 정치체제를 이해하는 것이다. 북한의 정치체제하면 연상되는 가장 핵심적인 키워드는 아마 단연 '사회주의'(혹은 공산주의)와 '수령'이 아닐까 한다. 이와 같은 전제 하에 본 장에서는 과연 북한은 사회주의 국가로서 어떠한 정치적 특성을 가지고 있는가? 그리고 수령이라는 개념은 북한 정치체제에 어떠한 의미를 갖는가? 그리고 왜, 어떠한 종합과 분화를 겪었으며 그 결과와 함의는 무엇일까? 라는 질문들을 중심으로 북한 정치체제에 대한 설명을 시도할 것이다.

특히 본 장에서 주목하는 개념은 '당-국가 체제'와 '개인독재'이다.

사실 우리에게 익숙한 사회주의라는 개념은 정치뿐만이 아니라 경제와 문화 등 국가와 사회 전 분야를 포함하는 매우 포괄적인 개념이다. 따라서 해당 개념은 익숙함과 포괄성이라는 장점 대신 너무 추상적이고 광범위해서 구체적이고 현실적인 상을 그리기 어렵다는 단점이 있다. 이에 반해 당-국가 체제라는 개념은 훨씬 구체적인 동시에 다른 정치체제들과의 비교 역시 용이하다는 장점이 있다. 마치 한국의 정치체제를 이해하는 데 있어 자유민주주의 체제라는 개념 대신 대통령제에 주목하는 방식이라 할 수 있다.

또한 개인독재라는 용어 역시 북한적 특수성에 주목한 '수령제' 등의 개념이 갖지 못하는 몇 가지 장점이 있다. 일반적으로 수령 독재 현상을 북한에 고유한 현상으로 이해하는 경향이 강하나 이는 절반의 답일 뿐이기 때문이다. 실제 그것이 공식적으로 표방하는 체제가 사회주의이건 자유민주주의이건 혹은 군주제이건 역사적으로 다양한 형태의 독재가 있어 왔고 그중 많은 독재들은 특정한 개인에 권력이 집중되는 형태를 띠어왔으며 그 정도와 방식 역시 사례별로 매우 다양했다. 따라서 정치학에서는 개인독재라는 개념을 활용한 많은 비교사례연구와 이론화 작업을 진행해 왔다. 요컨대 개인독재라는 개념은 다양한 비교정치적 사례와 이론을 통해 특수와 보편의 두 측면 모두를 이해하고 북한을 보다 정밀하고 다양한 관점에서 바라볼 수 있는 징검다리 역할을 할 수 있다.[1]

이와 같은 전제 하에 본 장에서는 북한의 정치체제를 '개인독재형 사회주의 당-국가 체제'로 정의하고 크게 세 파트로 나누어 살펴보고자 한다.

첫 번째는 당-국가 체제 자체를 이해하는 것이다. 북한정치체제를 이해하기 위해 가장 먼저 그리고 필수적으로 요구되는 부분은 바로 사회주의 당-국가 체제를 이해하는 것이다. 자유민주주의와 대의제 민주주의 하에 너무나 당연하게 독재를 불의한 것으로 간주해온 우리의 상식에 비추어 볼 때 독재 그 자체를 정당한 것으로 간주하는 사회주의 당-국가 체제의 논리는 이해가 쉽지 않다. 따라서 2절에서는 사회주의 당-국가 체제의 역사와 이론을 개괄적으로나마 살펴볼 것이다.

다음으로 3절에서는 구소련에서 스탈린 시대를 통해 완성된 이른바 '현존 사회주의 당-국가 체제'가 북한에서 어떻게 발현되고 변화되어 왔는지 살펴본다.[2] 그리고 마지막 4절에서는 사회주의 당-국가 체제로서의 특성과 함께 북한 정치체제를 이해하는 또 다른 축이라 할 수 있는 개인독재적 특성들이 어떻게 등장하고 제

---

1) '독재' 체제라는 북한의 특성에 주목한 많은 연구들에서 활용되어온 보다 일반적인 개념들로는 전체주의를 비롯해 술탄주의, 권위주의 등이 있다. 해당 개념들에 대한 권위있는 설명으로는 린츠와 스테판 저서의 3장을, 이를 북한에 적용한 대표적인 연구로는 최완규를 참조할 것. Juan J. Linz & Alfred Stepan, 김유남 외 역, 『민주화의 이론과 사례: 이상과 현실의 갈등』, 삼영사, 1999; 최완규, "북한 국가 성격의 이론과 쟁점: 비교 사회주의적 관점", 『현대북한연구』 4권 1호, 2001.

2) 여기서 '현존 사회주의 국가'라는 표현을 쓴 이유는 우리가 국가의 형태로 목도한 대부분의 사회주의 정치체제의 모델이었던 스탈린주의적 당-국가 체제가 보다 큰 틀에서 봤을 때는 사회주의 국가 모델 중 하나의 '특수한' 유형에 불과하기 때문이다. 예를 들어 유럽의 사민주의 정권 혹은 정당들 역시 넓은 의미에서는 사회주의 정치를 추구해 왔다고 할 수 있다. 사회주의 진영의 '분화'의 과정과 또 다른 사회주의 전통에 대한 이해는 다음의 책들을 참조할 것. Geoff Eley, 유강은 역, 『The Left(1848~2000): 미완의 기획 유럽 좌파의 역사』, 뿌리와 이파리, 2008; Donald Sassoon, 강주헌 외 역, 『사회주의 100년: 20세기 서유럽 좌파 정당의 흥망성쇠』, 황소걸음, 2014; Sheri Berman, 김유진 역, 『정치가 우선한다: 사회민주주의와 20세기 유럽의 형성』, 후마니타스(주), 2010.

도화되었으며 현재는 어떠한 특징을 보이고 있는지 살펴보도록 하겠다.

제2절 사회주의 '국가'의 탄생과 당-국가 체제

하나의 정당이 권력을 독점하는 일당체제(one-party system)는 대체적으로 근대화라는 충격에 의해 발생한 사회적, 경제적, 종교적, 인종적, 종족적 '분화'(bifurcation)가 영토의 분리를 통해 해소될 수 없는 상황에서 정치 엘리트들이 특정 사회 세력에 의존해 통치를 조직하고 정당화하려 시도하는 과정에서 나타났다. 이와 같은 차원에서 일당체제는 전통에서 근대로의 혹은 저발전에서 발전으로의 '변화'와 연동되는 경향이 크다. 따라서 일당체제, 다시 말해 단일정당국가(single party state)는 사회주의 국가뿐만이 아니라 파시즘, 나치즘 등의 전체주의 국가나 아프리카, 아시아 등의 독재국가에서도 등장해 왔다.3)

그러나 당-국가 체제(party-state system)라는 개념은 일당체제 중에서도 특히 사회주의 국가에 적용되어 왔다.4) 물론 그 가장 큰 이유는 사회주의 당-국가 체제가 갖는 일당체제로서의 전형성이었다. 그러나 이에 못지않게 중요한 점은 사회주의 당-국가 체제가 의지하고 있는 이데올로기적 기반, 즉 마르크스 레닌주의가 갖는 차별성이었다. 다시 말해 당-국가 체제란 결과로서의 일당체제일 뿐 아니라 마르크스 레닌주의라는 특정한 이데올로기에 의해 정당화된 특수한 일당체제를 일컫는 개념인 것이다. 본 장에서 '사회주의 당-국가 체제'라 표현한 이유이다.

특히 우리가 발 딛고 있는 대의제 민주주의와의 차이에 비추어 볼 때 이와 같은 이해는 더욱 중요하다. 주지하듯 대의제 민주주의에서 정치 권력의 정당성은 바로 '절차적 정당성'에서 나온다. 나와 생각이 다르다 하더라도 현재의 정치 권력을 존중하는 이유는 그것이 옳기 때문이 아니라 그 과정이 정당했기 때문이다. 바

---

3) Samuel P. Huntington, "Social and Institutional Dynamics of One-Party Systems", in Samuel P. Huntington, & Clement H. Moore, eds., *Authoritarian Politics in Modern Society: The Dynamics of Established One-Party System*, New York: Basic Books, 1970, pp. 11-14; Giovanni Sartori, *Parties and Party Systems: A Framework for analysis*, Cambridge: Cambridge University Press, 1976, pp, 39-50.

4) Giovanni Sartori, *Parties and Party Systems: A Framework for analysis*, Cambridge: Cambridge University Press, 1976, p. 44.

로 이와 같은 점에서 사회주의 당-국가 체제가 의존하고 있는 '이데올로기'의 내용과 논리를 이해하는 것은 매우 중요하다. 계급 독재의 이름으로 절차적 정당성을 부차화한 사회주의 체제에서의 정당성은 바로 이데올로기적 정당성이기 때문이다.

다시 말해 사회주의 체제의 영도 주체로서의 '당'은 구성과 운영이 민주적이어서, 혹은 다수를 대변해서가 아니라 '올바른 노선'(correct line)을 '독점'했다는 전제 하에 정당한 것으로 간주된다. 사회주의 정치체제가 마르크스, 엥겔스, 레닌 등의 저작은 '성서'로, 수령은 '교황'으로, 당의 구성원들은 '성직자'로 역할하는 하나의 '정치적 종교'(political religion)와 같은 구조를 지니고 있다는 지적은 바로 이와 같은 '진리의 독점' 구조에 대한 지적에 다름 아닌 것이다.[5]

그렇다면 사회주의 당-국가 체제란 어떠한 이데올로기적 정당화의 과정을 통해 탄생했으며 그 특징은 무엇인가?[6]

I. 마르크스와 엥겔스의 국가에 대한 이론

사회주의 당-국가 체제를 이해하는 첫걸음은 마르크스(Karl Marx, 1818-1883)와 엥겔스(Friedrich Engels, 1820-1895)의 주장을 이해하는 것이다. 당-국가 체제의 구체적인 디자인이 레닌의 독자적인 이론에 근거한 것은 분명하나 마르크스 레닌주의라는 표현에서 알 수 있듯이 레닌주의는 마르크스주의에 기반한 결과물이기 때문이다. 따라서 레닌주의 당-국가 체제를 이해하기 위해서는 마르크스주의에 대한 이해가 선행될 필요가 있다.

물론 마르크스주의가 근대 사회과학에 가장 깊고 넓은 영향을 미친 방대한 이론 중 하나라는 점에서 본 챕터를 통해 해당 이론 전체를 조망하는 것은 가능하지도 않을뿐더러 적절하지도 않다. 그러므로 이하에서는 당-국가 체제와 관련한 부분에 국한하여 간략하게만 살펴보도록 하겠다.

---

5) Steven Saxonberg, *Transitions and Non-Transitions from Communism: Regime Survival in China, Cuba, North Korea, and Vietnam*, New York: Cambridge University Press, 2013, p. 4.

6) 이하 마르크스와 엥겔스, 레닌, 스탈린으로 이어지는 사회주의의 이론과 역사에 대한 대중서로는 다음의 서적들이 유용하다. 한형식,『맑스주의 역사강의: 유토피아 사회주의에서 아시아 공산주의까지』, ㈜그린비출판사, 2010; Robert Service, 김남섭 역,『코뮤니스트』, 교양인, 2012. 보다 자세한 논의를 원하는 사람은 다음의 3부작을 참조할 것. Leszek Kolakowski, 변상출 역,『마르크스주의의 주요 흐름 1, 2, 3』, 유로, 2007.

마르크스의 다양한 저작 중 가장 많이 알려진 것은 아마 『자본론』(Das Kapital)일 것이다. 실제 해당 저작은 마르크스의 가장 핵심적 질문이라 할 수 있는 '자본주의의 역사적 출현을 어떻게 이해해야 하며 그 종착역은 어디인가?'에 대한 답의 결정판이라 할 수 있다. 다시 말해 사회주의 혹은 공산주의의 가장 대표적인 사상가로 알려진 마르크스의 주요 연구대상은 어떤 의미에서 사회주의, 공산주의라기보다는 자본주의 자체에 있었다. 따라서 대부분의 저작들은 사회, 경제적 차원에서의 '자본주의 체제', 그리고 해당 체제를 유지하는 수단으로서의 '부르주아 국가'에 대한 다양한 분석과 비판들에 집중되어 있다.

그가 보기에 자본주의는 봉건제로부터의 진보라는 역사적 가치에도 불구하고 여전히 그 자체의 근본적 모순을 내포한 소멸이 예정되어 있는 체제였다. 또한 근대 시민혁명에 의한 국민국가 수립이라는 주류적인 해석은 이면의 계급적 갈등과 모순을 은폐한 결과로 여기서 권리의 주체로 등장한 시민, 국민은 전체 인민이 아닌 유산자 계급, 즉 부르주아 계급에 불과했다. 따라서 이를 통해 탄생한 국가 역시 모두의 국가가 아니라 부르주아에 의해, 부르주아를 위해 운영되고 존재하는 부르주아의 국가일 뿐이었다.[7)]

요컨대 자본주의는 그 발전에 따라 역설적으로 자체의 모순이 누적되어 폭발할 수밖에 없으며 이와 같은 모순이 해결되고 계급적 지배의 필요가 없어진 자본주의 이후의 무계급 사회, 즉 공산주의 사회에서는 국가 자체가 '소멸'할 것이라는 예상이 마르크스와 엥겔스 주장의 핵심이었다.

그러나 마르크스와 엥겔스는 자본주의 체제와 새로이 등장한 근대국민국가의 성격에 대한 나름의 면밀한 분석에도 불구하고 '생산력과 생산관계'의 모순으로 대변되는 자본주의의 경제적 모순의 폭발에 대한 전망을 넘어선 보다 구체적인 이행 혹은 혁명의 경로와 방식에 대한 논의까지는 나아가지 못했다. 물론 <공산당 선언>과 이른바 프랑스 혁명사 3부작으로 불리는 저술들, <고타강령비판> 등 일련의 저작들을 통해 마르크스주의 정치이론으로 불리는 나름의 개념과 주장들이 제시된

---

7) 물론 마르크스의 국가론에 대한 이와 같은 정리가 마르크스의 주장 전체를 포괄하는 것은 아니다. 마르크스 스스로도 국가가 계급적 이해로부터 일정한 자율성을 지닐 수 있다고 주장한 점은 널리 알려진 바와 같다. 그러나 본 장에서는 북한 정치체제에 대한 이해를 목표로 실제로 존재한 사회주의 국가에서 발현된 견해들을 중심으로 설명을 제공하고 있기에 해당 논의를 병렬적으로 소개하지는 않는다. 마르크스 저작의 초기에 발견되는 이와 같은 주장에 대한 간략한 요약은 다음을 참조할 것. David Held, 박찬표 역, 『민주주의의 모델들』, 후마니타스(주), 2010, pp. 203-214.

것은 주지의 사실이다. 그러나 알려진 바와 같이 그것은 완성되지 못한 채 모호하고 미완성인 상태로 남겨졌다. 그리고 이러한 한계는 이후 마르크스주의 및 다양한 혁명운동과 관련한 수많은 논쟁과 분화의 원인이 되었다.[8]

Ⅱ. 레닌의 국가에 대한 이론

마르크스와 엥겔스의 기여가 한계를 보인 지점에서 그 이행의 경로와 방식과 관련한 돌파구를 마련한 대표적인 인물이 바로 레닌(Vladimir Ilyich Lenin, 1870-1924)이었다. 그의 조국은 이미 시민혁명을 통해 봉건제를 타파한 여타의 유럽 국가들과 달리 아직 봉건 군주인 차르의 압제 하에 신음하는 낙후한 농업국가 러시아였기 때문이다.

따라서 공산주의 체제 건설을 위해 자본주의로의 이행, 그리고 이후의 자본주의의 성숙의 단계까지 기다려야 하는지 여부 등을 놓고 레닌을 비롯한 러시아의 혁명가들은 많은 논쟁과 분열을 겪었다. 또한 이는 당연하게도 러시아뿐만이 아니라 '선진' 유럽의 현실에 대한 논쟁과도 결부되었다. 경제결정론의 입장에 선 이른바 정통 마르크스주의자들의 기대에도 불구하고 영국과 독일을 비롯한 선진 자본주의 국가들에서 혁명의 불길은 쉽게 타오르지 않았고 노동계급의 각성과 단결은 요원해 보였기 때문이다.

이러한 상황에서 아직 자본주의로의 진보와 부르주아 혁명조차 일어나지 않은 봉건적인 농업국가 러시아에서 공산주의로의 이행을 기대하고 추진하는 것은 마르크스주의자들 내부에서조차 동의를 얻기 어려웠다. 마르크스와 엥겔스가 누차 언급한 바와 같이 설사 그것이 가능하다 할지라도 후진 농업국가 러시아에서의 혁명은 서유럽 선진 자본주의 국가들에서의 혁명이 선행된 후에야 그 도움에 기반해 진행될 수 있다는 주장이었다. 당시 유럽에서 마르크스의 후계자로 널리 인정받던 칼 카우츠키(Karl Kautsky, 1854-1938)가 '대기론'을 주장하며 러시아의 공산주의 혁명이 시기상조임을 주장한 것은 바로 이와 같은 '정통파'의 논리를 대변한 것이었다.

마르크스와 엥겔스의 저작들과 마찬가지로 레닌의 주장 역시 단일하고 일관된

---

8) 마르크스 엥겔스의 정치이론에 대한 개략적인 설명은 다음 저서의 1장을 참조할 것. Wolfgang Leonhard, 유창선·박정주 역, 『마르크스주의 정치이론』, 청아출판사, 1987.

무엇이 존재한다기보다 시시각각으로 변화하는 현실에 대한 고민 속에 변화되고 발전되는 과정을 거쳤다. 때문에 마르크스주의와 마찬가지로 레닌주의 역시 당시의 시대적 맥락과 연동되어 변화되어 왔다. 그러나 러시아 혁명과 이후의 사회주의 국가 건설 과정에서 강력한 영향을 미쳤으며 결과적으로 본 장의 주요한 관심 대상인 사회주의 당-국가 체제 형성에 기반이 된 레닌의 핵심 아이디어는 크게 세 가지로 압축된다. 전위당 노선과 제국주의론, 그리고 프롤레타리아 국가론이 그것이다. 각각을 간략히 살펴보면 다음과 같다.[9]

1. 전위당 노선

1902년에 나온 『무엇을 할 것인가?』라는 저작에서 구체화된 이론으로 해당 저서에서 레닌은 '대중의 자생성'을 주장하는 주장들을 반박하며 계급적으로 각성된 직업적인 혁명가들의 조직인 당이 혁명을 주도해야 한다고 주장했다.

그에 따르면 계급적 처지와 계급의식의 차이를 이해하지 못한 채 계급의식을 결여한 노동자들의 경제적 투쟁을 지지하는 것만으로는 결코 혁명에 성공할 수 없다. 따라서 논의는 민주적으로 하되 일단 결정된 사항에 대해서는 무조건 복종하고 결사 관철하는 '민주집중제'(democratic centralism)를 '철의 규율'(iron discipline)로 체화한 혁명적 당, 즉 전위당이 혁명을 지도해야 한다.

2. 제국주의론

레닌은 1917년에 발간된 『제국주의, 자본주의의 최고단계』라는 저서를 통해 정통파의 대기론을 비판하며 러시아 혁명을 정당화했다.

해당 이론의 핵심은 당시 자본주의가 전통적인 의미의 '산업자본주의' 단계가 아니라 독점적인 금융자본이 제국의 형태로 식민지를 착취하고 치열해진 제국주의 국가들 간의 경쟁이 전쟁으로 치닫고 있는 새로운 단계, 즉 '제국주의' 단계에 진입했다는 것이었다. 그리고 해당 단계에서 제국주의 국가, 즉 선진자본주의 국가 내부의 모순은 식민지로부터 추출된 잉여를 통해 완화되는 반면 후진국 또는 식민지

---

9) 물론 이하의 레닌의 주장 역시 마르크스주의 내에 격렬한 논쟁을 유발했다. 대표적인 비판으로는 앞서 언급한 카우츠키의 그것을 들 수 있다. 카우츠키의 주장은 다음의 저서를 통해 자세히 알 수 있다. 특히 레닌과의 논쟁에 대한 개괄적인 설명으로 해당 서적의 번역자 해제가 유용하다. Karl Kautsky, 강신준 역, 『프롤레타리아 독재』, 한길사, 2006.

에서의 모순은 더욱 증폭되게 된다. 따라서 후진국 또는 식민지가 자본주의 체제의 '약한 고리'(the weakest link)가 되어 혁명이 발생할 가능성이 높아진다.

요컨대 레닌은 해당 이론을 통해 선진 자본주의 국가들에서 왜 기대했던 혁명이 일어나지 않고 있으며 또 러시아와 같은 후진국 또는 식민지에서 혁명이 왜 가능하며 바람직한지에 대한 답을 제시함으로써 눈앞의 현실 앞에 무력함을 보이던 마르크스주의의 한계를 극복하고자 했다.

3. 프롤레타리아 국가론

프롤레타리아 국가론은 레닌이 1917년에 쓴 『국가와 혁명』을 통해 제시된 주장이다. 앞서 언급한 바와 같이 마르크스와 엥겔스에게 있어 부르주아 국가는 공산주의 사회에서 그 존재의 이유를 상실한다. 그러나 여전히 질문은 남는다. 그렇다면 현재 이미 존재하는 부르주아 국가는 어찌해야 하는가? 그리고 공산주의로의 이행 '과정'에서 국가라는 조직은 과연 어떤 기능과 역할을 해야 하는가? 등의 질문이 그것이다.

당시 마르크스주의자들의 주장은 크게 두 가지로 나뉘었다. 첫 번째는 현존 국가를 즉시 '파괴'해야 한다는 주장으로 '무정부주의'(anarchism)가 이에 해당한다. 두 번째는 현존 국가를 '활용'해야 한다는 주장으로 앞서 언급한 정통파 카우츠키의 평화적, 의회적 이행론을 비롯 수정주의, 사회민주주의의 주장이 이에 해당한다. 자본주의의 발전과 함께 날로 그 수와 영향력이 증대될 수밖에 없는 프롤레타리아 계급의 힘은 대의제의 원리로 운영되는 현 부르주아 의회 내에서도 더 강력해질 수밖에 없으며 따라서 프롤레타리아의 권력 장악 역시 평화롭고 자연스러운 방식으로 진행될 수 있을 것이라는 주장이었다.

이에 대해 레닌은 제국주의의 위계화된 구조와 부르주아 국가의 회유 및 폭력이 복합적으로 작동하며 계급적 처지에도 불구하고 계급 의식이 결여된 노동자들이 만연한 현실 속에 수정주의, 사민주의자들의 주장처럼 평화적 이행을 기대하며 기존의 부르주아 국가를 단순히 활용하는 방식으로는 결코 혁명을 성공할 수 없다고 주장했다. 또한 그렇다고 무정부주의자들의 주장처럼 국가 자체를 즉시 소멸시켜 정치 권력에 대한 장악을 포기한다면 혁명을 수호하고 지속시켜 나갈 수 없으니 기존의 부르주아 국가를 파괴한 후 무계급 사회를 건설할 주체인 프롤레타리아 계급의 독재가 실현된 새로운 국가, 즉 프롤레타리아 국가를 건설해야 한다고 주장했다.

1917년 러시아 혁명은 바로 이와 같은 레닌의 이론들이 종합되며 후진국 러시아에서 전위당을 중심으로 기존의 국가를 전복시켜 권력을 장악한 결과였다. 그러나 러시아 혁명의 성취가 곧 바로 레닌의 주장들이 문자 그대로 실현되는 계기가 되었던 것은 아니다. 혁명은 여전히 취약했고 불완전했다. 혁명 초기의 모습이 이후 소련공산당의 모태가 되는 볼셰비키의 단독 집권이 아닌 연합정부의 형태를 띠었던 것이 이를 잘 보여준다. 다시 말해 레닌의 아이디어'들'이 하나로 종합되고 변형되며 '당'의 유일영도를 통해 프롤레타리아 독재를 실현한 당-국가 체제가 현존 사회주의 국가의 원형이 된 것은 1924년 레닌의 사망 '이후'였다.

Ⅲ. 스탈린의 국가에 대한 이론

마르크스와 레닌의 계승자를 자처한 혁명 러시아의 새로운 지도자 스탈린(Joseph Stalin, 1887-1953)이 바로 이 과정을 주도한 인물이었다. 특히 혁명 러시아의 고립과 내전, 그리고 2차 세계대전을 통해 형성되고 강화되어간 전시체제(戰時體制)로서의 성격과 극단적으로 증폭된 위협인식, 즉 '피포위 의식'(siege mentality)은 해당 과정에 중대한 영향을 미쳤다.

다시 말해 마르크스와 레닌이 꿈꾸었던 '모든 종류의 지배와 억압, 착취가 사라지고 완전히 민주화되어 각자의 지유로운 발전이 모두의 자유로운 발전의 조건이 되는 공산주의 사회'라는 이상향과 이를 위한 혁명의 성공을 위해 세워진 원칙들인 대중과 전위, 민주와 집중 간의 균형이 급속히 후자 쪽으로 기울게 된 것은 내외부의 위협으로부터 혁명과 국가를 수호해야 한다는 안보논리가 정권의 권력의지와 결합한 결과였다.

그 결과 프롤레타리아 국가의 미래를 전위당이 아닌 인민들의 목소리가 일종의 직접민주주의 형태로 반영되는 소비에트 국가에서 찾았던 레닌의 기대는 현실과 멀어지게 되었다.[10]

---

10) 이러한 차원에서 스탈린체제를 과연 마르크스주의, 혹은 마르크스 레닌주의의 연장선에서 볼 수 있을 것인가 아니면 변형을 넘어선 왜곡과 이탈의 결과로 보아야 할 것인가는 여전히 많은 논란의

1. 신생 혁명 러시아와 '피포위 의식'

비록 레닌의 제국주의론으로 돌파구를 마련했으나 혁명의 지속성에 대한 우려, 그리고 여전히 지속되고 있던 역사적 단계론과 경제결정론의 영향 속에 러시아 공산주의자들은 세계혁명론에 근거한 서유럽에서의 혁명에 대한 기대를 내려놓지 못하고 있었다. 그러나 러시아에서의 혁명이 하나의 촉진제가 될 것이라는 소망과는 달리 바라던 혁명은 일어나지 않았고 오히려 배신과 폭력으로 점철된 반(反)혁명의 파도가 더욱 거세지고 있었다.

특히 혁명의 가능성이 가장 높게 평가되던 독일의 상황은 러시아 공산주의자들에게 커다란 충격을 주었다. 비록 격렬한 논쟁을 벌이곤 했으나 여전히 동지라 여겼던 독일사회민주당은 보수파와 손을 잡고 1919년 바이마르 공화국을 세운 후 독일 공산당에 대한 폭력과 테러에 앞장섰다. 봉기들은 폭력적으로 진압되었고 탄압은 합법적 영역을 넘어 불법적인 암살과 테러로 확장되었다. 이른바 '자유군단'(Freikorps)이 주도한 백색테러와 로자 룩셈부르크(Rosa Luxemburg, 1871-1919) 등 주요 인물에 대한 암살은 그 대표적 사례였다.

이와 같은 상황에서 혁명 직후인 1918년부터 전개된 '내전'(civil war)은 고립에서 오는 위협인식을 더욱 증폭시켰다. 여전히 혁명에 반대해 온 구체제의 저항세력은 물론 멘셰비키, 아나키즘, 인민주의 등 다양한 이견들이 볼셰비키 혁명정부의 타도를 외치며 폭력투쟁에 나섰고 1921년까지 4년여 동안 700만-800만 명이 직간접적으로 희생될 정도로 그 피해 역시 막대했다. 특히 제국주의의 개입과 반혁명 전선의 국제화는 커다란 트라우마를 남겼다. 프랑스, 영국, 미국, 일본 등 제국주의 열강들은 볼셰비키 정부가 혁명과 함께 1차 세계대전의 전선에서 이탈한 것을 복귀시키려는 의도에 더해 러시아에서의 이권을 확보하려는 목표 하에 내전에 적극 개입했으며 그 방식은 간접적인 지원을 넘어 러시아 영토에 대한 직접적인 점령으로까지 확대되었다.[11] 1927년에 이르러 영국 및 프랑스와의 갈등이 고조되며 직접적인 전쟁에 대한 우려가 증폭되기까지 한 배경이었다.

대상이 되어 왔다. 해당 이슈에 대한 논의는 다음을 참조할 것. Robert Tucker 편, 김광삼 역, 『스탈린이즘』, 문학예술사, 1982.

11) John M. Thompson, 김남섭 역, 『20세기 러시아 현대사』, 사회평론, 2004, p. 218.

스탈린 시대에 들어 이와 같은 위협인식은 더욱 강화되었다. 집권 훨씬 전이었던 1925년 『나의 투쟁』이라는 저서를 발간함으로써 소련에 대한 침공의 정당성을 설파해온 반공주의자 히틀러가 1933년 독일에서 집권에 성공한 것은 그 결정적 계기였다.[12] 실제 1930년대를 휘몰아친 스탈린시대의 '대숙청'에서 대다수의 죄목은 '간첩'이나 '반혁명분자'였다. 1934년 12월 유력한 후계자이자 잠재적 경쟁자였던 끼로프가 암살된 사건은 그 본격적인 시작이었다. 끼로프의 암살은 "좌익 반대파와 트로츠키주의자 및 외국에서 온 제국주의 첩자들이 연루된 거대한 음모"의 결과로 규정되었다.[13]

다시 말해 혁명 러시아에서 내외부의 적들과의 '전쟁'은 항시적이었다. 그것이 온전히 실제하는 '위협'에 대한 객관적이고 합리적인 대응이었건 아니면 정권의 이해에 의해 증폭되고 과장된 것이었건 혁명 러시아가 국가로 전환되는 본격적인 건설의 시기에 피포위 의식은 늘 중요 변수로 작동해 왔던 것이다.

2. 일국 사회주의론과 사회주의 '국가'의 탄생

결국 이와 같은 상황과 조건은 혁명 러시아가 직면한 핵심적인 질문인 '세계혁명을 기다리며 혁명의 속도를 조절할 것인가 아니면 더 나아갈 것인가?'에 대한 답과 각각의 답을 대표하는 세력들 간의 권력정치에도 영향을 미쳤다. 언제나 그렇듯 권력투쟁은 노선투쟁을 수반했고 누가 권력을 잡느냐의 문제와 어떤 노선을 선택할 것인가의 문제는 동전의 양면처럼 밀접히 연동되어 있었기 때문이다. 혁명 러시아의 군대인 '적군'(赤軍)을 창설한 강력한 경쟁자 트로츠키(Leon Trotsky, 1879-1940)의 '세계혁명론'은 그 대표적인 예였다. 그리고 그 경쟁의 결과는 모두 알고 있는 바와 같이 스탈린의 승리였다.[14]

트로츠키의 세계혁명론에 맞서 스탈린이 내세운 주장이 바로 '일국 사회주의론'이었다. 스탈린은 두려움에 빠진 러시아 공산주의자들에게 선진 자본주의 국가에

---

12) Richard Overy, 류한수 역, 『스탈린과 히틀러의 전쟁』, 지식의 풍경, 2003, pp. 59-60.

13) John M. Thompson, 김남섭 역, 『20세기 러시아 현대사』, 사회평론, 2004, p. 404.

14) 트로츠키의 주장 전반에 대해서는 핼러스의 저서를, 특히 일국사회주의론과 세계혁명론 간의 충돌 과정과 그 역사적 맥락에 초점을 맞춘 설명으로는 윤종희의 글을 참조할 것. Duncan Hallas, 최일봉 역, 『트로츠키의 마르크스주의』, 책갈피, 2010; 윤종희, "소련 마르크스주의의 자본주의 위기 논쟁", 김석진 엮음, 『자본주의의 위기와 역사적 마르크스주의』, 공감, 2001.

서 세계혁명이 일어나지 않는다 해도 일국적 차원에서 혁명이 가능함을 주장함으로써 그들을 안심시켰다. 그리고 이를 가능하게 하기 위해서는 더 강하고 발전된 혁명 러시아와 이를 진두지휘할 강력한 정권이 필요할 뿐이라고 독려했다.

따라서 지금은 혁명의 미래에 대해 불안해할 때가 아니라 철저한 계획과 강력한 리더십 하에 농업의 집단화와 급속한 공업화 등 사회주의 국가 건설을 위한 전면적 노력을 기울일 때였다. 결과적으로 이러한 스탈린의 주장은 "전쟁이 국가를 만든다"는 틸리(Charles Tilly)의 유명한 격언처럼 1930년대에는 내외부의 적들과의 임박한 전쟁을 준비함으로써, 그리고 독일의 침공이 현실화된 1941년 이후에는 실제 전쟁을 수행함으로써 강력한 사회주의 국가를 건설하는 방식으로 실현되었다.

결국 국가 소멸론을 주장한 마르크스와 엥겔스의 주장 속에서는 모순일 수밖에 없었던 사회주의 '국가'라는 개념은 적들에게 둘러싸인 피포위 상황에서의 절대적인 무기라는 논리로 합리화되었다. 여전히 '과도기'라는 단서를 붙이긴 했으나 이제 국가는 바로 그 피포위 상황이 해소되지 않는 한 지속될 수밖에 없는 장기적인 필요 위에 서게 된 것이다.[15] 마르크스와 엥겔스의 이론에는 존재하지 않던 이른바 '현존 사회주의 국가'(actually existing socialism)가 탄생한 것이다. 스탈린의 아래와 같은 언급은 이러한 논리를 잘 보여준다.

> 우리는 국가의 소멸에 찬성한다. 그와 동시에 우리는 프롤레타리아 독재의 강화에 찬성한다. 그것은 지금까지 있어 왔던 가장 강력한 국가권력이다. 국가권력 소멸의 조건을 준비하기 위한 국가권력의 최고도의 발전, 그것이 마르크스주의의 정신이다. 이것이 '모순적'이란 말인가? 그렇다. 그것은 '모순적'이다. 그러나 이러한 모순이 삶이며, 그것은 마르크스의 변증법도 충분히 보여주고 있다.[16]

---

15) 과도기 논쟁은 당-국가 체제의 '강도'에는 영향을 미쳐왔으나 '존폐'에는 사실상 무력한 모습을 보여왔다는 점에서 개론서의 성격을 지닌 본 저서에서는 자세한 논의를 생략한다. 그러나 비록 본질적인 분화라고 볼 수는 없으나 해당 이슈가 바로 그 강도에 대한 이견을 바탕으로 사회주의 체제의 다양성을 낳아온 논점이었다는 점은 분명하다. 해당 이슈와 관련한 소련과 중국의 입장과 그에 대한 북한의 대응에 대한 보다 자세한 논의는 다음의 문헌들을 참조할 것. 주봉호, "구소련의 과도기론", 『한국시민윤리학회보』 7호, 1995; 이희옥, "사회주의 초급단계론의 사회주의 인식", 『중소연구』 제12권, 1990; 안경모, "북한의 이데올로기 변화와 그 정치적 함의(1966~2012): '적응'(adaptation)의 과정을 중심으로", 『한국정치학회보』 제49집 4호, 2015; 서유석, "북한사회주의체제의 '과도기론'에 대한 재인식", 『통일문제연구』 통권 제47호, 2007.

3. 1924년 〈레닌주의의 기초〉와 당-국가 체제의 원형

따라서 앞서 살펴보았듯 적어도 레닌이 주도한 초기 혁명의 단계에서 과도기적이며 임시적인 수단으로 인식되던 전위당에 의한 계급독재, 즉 사회주의 당-국가 체제 역시 지속성을 지닌 하나의 체제로 발전되었다.

다음은 레닌 사망 직후이자 일국 사회주의론을 공식화한 1924년 스탈린이 레닌의 후계자를 자처하며 내어놓은 첫 번째 저작인 동시에 스탈린의 저작 중 가장 널리 알려진 대표작인『레닌주의의 기초』에 실린 내용으로 사회주의 국가와 영도의 주체로서의 공산당의 역할을 설명한 부분이다.[17] 특히 이하의 개념과 이론은 북한을 포함해 현존했거나 현존하는 거의 모든 사회주의 당-국가 체제의 원형을 구성해 왔다는 점에서 매우 중요하다.

(1) 통치 구조: 인전대와 영도력

먼저 스탈린은 프롤레타리아 독재, 즉 사회주의 국가의 통치 구조를 크게 두 부분으로 구분했다.

첫 번째는 '인전대'(transmission belt)이다.[18] 이는 독재의 실현에 필수적인 대중 조직들로 행정, 경제, 군사, 문화 등 다양한 영역에 퍼져있는 일련의 국가조직들, 그리고 청년동맹, 협동조합, 노동조합 등의 대중조직들을 포괄한다.

두 번째는 '영도력'(directing force)이다. 프롤레타리아의 선진부대이자 지도세력으로 상기한 인전대를 통해 대중을 '결합'시키고 '영도'함으로써 혁명을 수호하고 전진시키는 전위조직으로서의 '당'이 그것이다. 스탈린에 따르면 당은 노동계급의 최정예분자들을 결집시키는 중심이며, 이들을 훈련시키는 최고의 학교인 동시에 그 경험과 명성을 통해 당 이외의 조직들이 실제 인전대로 역할할 수 있게 만들 수 있는 특별한 조직이기 때문에 프롤레타리아 독재체계의 최고 조직인 동시에 유

---

16) Joseph Stalin, "Political Report of the Central Committee to the Sixteenth Congress of the C.P.S.U.(B.)", June 27, 1930, Works, XII, 107. Wolfgang Leonhard, 유창선·박정주 역, 『마르크스주의 정치이론』, 청아신서, 1987, p. 133 재인용.

17) Joseph Stalin(1924), 서중건 역, "레닌주의의 기초", 『스탈린 선집 I : 1905-1931』, 전진출판사, 1988, pp. 71-156.

18) '지렛대'(lever)라는 표현 역시 인전대와 동일한 의미로 활용하고 있다.

일한 영도의 주체이다.

(2) 당의 영도의 내용과 방식

당이 영도의 주체로서 프롤레타리아 독재를 수행한다는 것이 당이 국가조직, 대중조직을 비롯한 인전대의 역할을 대체한다거나 프롤레타리아 독재 자체가 당의 독재를 의미한다는 것은 결코 아니다. 프롤레타리아 독재는 인전대의 역할을 포함한 보다 포괄적인 개념으로 프롤레타리아 독재가 당의 독재의 형태를 띤다는 것은 오직 당이 지도적 역할을 수행한다는 '본질적'인 의미에 한해서 그러하다. 요컨대 당은 국가권력의 핵이지만 국가권력 그 자체가 될 수 없다. 예를 들어 최고 지도부와 같은 특정한 국가기구는 당의 최고 지도부와 일치할 수 있으나 모든 국가조직이 그럴 수도 없으며 바람직하지도 않다.[19)]

다음으로 영도의 권위 역시 결코 폭력이 아닌 노동계급의 지지와 확신, 그리고 상호신뢰에 기반해야 한다. 당이 올바른 이론과 정책을 담지하고 노동계급에 대한 헌신에 준비되어 있다는 확신과 신뢰가 그것이다. 이를 위해 당은 대중들의 목소리에 세심한 주의를 기울여 매 순간 그들과 연결되어 있어야 하며 그들을 교육할 뿐만이 아니라 그들로부터 배워야 한다. 또한 당의 정책이 명백히 잘못되었을 때는 공개적으로 이를 인정하고 교정할 수 있어야 한다. 더불어 당의 정책이 설사 옳다 하더라도 대중이 준비가 되어 있지 않을 때는 다수의 지지를 확보하기 위해 최선을 다해 설득하며 아직 설득되지 못한 소수에 대한 강제가 최소한도로 적용될 수 있도록 기다릴 수 있어야 한다. 레닌이 언급한 바와 같이 "인민대중 속의 공산주의자들은 대양의 물 한 방울에 불과"하기 때문이다.

(3) 당의 운영 방식

마지막으로 앞서 전위당 이론에서 간단히 살펴보았던 당의 조직적 특성, 즉 철의 규율과 민주집중제에 기반한 전일적인 통일 단결에 대한 강조이다. 먼저 스탈린은 당이 의지의 통일체 그 자체로 분파와 양립할 수 없음을 강조했다. 의견대립

---

19) 당의 영도는 오직 정치적인 것으로 방향을 제시하는 데 집중해야지 국가의 행정 자체를 대행해서는 안된다는 것을 의미한다. 이에 대한 보다 자세한 설명은 본서 제7장 북한의 국가기구와 법 제1절을 참조할 것.

은 인정되지만 그것은 어디까지나 결정 이전까지에 국한된다. 일단 결정이 내려지고 난 후에 이견과 분파란 인정될 수 없다. 레닌의 지적처럼 군사적 규율에 가까운 철의 규율 하에 당 중앙이 구속받지 않는 권력과 강력한 권위를 가지고 있을 때만 이 당이 역할을 정확히 할 수 있기 때문이다. 때문에 철의 규율을 약화시키려 시도하는 자는 적들을 돕는 배신자로 간주된다.

따라서 분파는 숙청을 통해 당의 외부로 추방되어야 한다. 사상투쟁으로 분파들을 당내에서 패배시킨다는 논리는 당을 무력하게 하고 허약하게 할 뿐이며 기회주의자와 제국주의 등 내외부의 적들과의 투쟁의 한복판에서 스스로 무기를 내려놓는 결과로 이어질 뿐이다. 분파는 청소의 대상이지 극복의 대상이 될 수 없다.

이상이 바로 스탈린에 의해 정식화된 당의 독재에 기반한 프롤레타리아 독재, 즉 사회주의 당-국가 체제의 '이념형'(ideal type)이다.[20] 이념형이라는 표현에서도 알 수 있듯이 1936년 일명 스탈린 헌법을 통해 사회주의 건설이 '완료'되었음을 선언했음에도 불구하고 해당 모델은 스탈린 시대는 물론 소련 역사 전체에서 단 한 순간도 주장 그대로 실현된 적이 없으며 이는 여타 사회주의 국가에서도 마찬가지였다.

그러나 이러한 한계에도 불구하고 사회주의 당-국가 체제의 이념형을 정확히 이해하는 것은 매우 중요하다. 비록 현실과 이상, 원형과 분화의 사이에서 실제로 존재해온 당-국가 체제의 형태는 매우 다양했으나 모든 사회주의 당-국가 체제는 바로 이 이념형을 기반으로 생성되고 변화해 왔기 때문이다. 뿌리깊은 피포위 의식과 예외를 인정하지 않는 절대적인 유일영도에 대한 끊임없는 강조 등 그 전형성의 측면에서 스탈린 체제와 가장 유사한 사례로 평가받아온 북한의 당-국가 체제를 분석하는 데 이러한 이해가 더욱 필요함은 물론이다. 다음 절을 통해 당-국가 체제가 북한에서 어떻게 건설되어 운영되어 왔는지 자세히 살펴보도록 하겠다.

---

20) 이념형이란 개념은 막스 베버(Max Weber)에 의해 고안된 것으로 이론적으로만 존재하는 전형을 말한다. Max Weber, 양희수 역, 『사회과학논총』, 을유문화사, 1998, p. 59.

제3절 당-국가 체제로서의 북한

북한의 기원을 소련의 위성국가로 볼 것인지 아니면 독자적인 민족해방운동에서 뿌리를 찾을 것인지는 여전히 논쟁의 대상이다. 그러나 해당 논점에 대해 어떠한 입장을 취하든 북한의 국가 디자인이 건국 당시 세계공산주의 운동의 의심할 나위 없는 '중심'이자 '모범'으로서 막강한 권위를 지니고 있던 소련, 특히 스탈린체제의 영향을 크게 받았음은 누구도 부인하지 않는다. 다시 말해 북한의 정치체제는 위에서 살펴본 마르크스와 레닌, 그리고 스탈린으로 이어지는 현존 사회주의체제의 건설과정에서 그 원리와 형태가 확립된 사회주의 당-국가 체제의 원형을 거의 그대로 실현한 결과였다. 그리고 이는 당-국가 체제의 복원이라는 학계의 일반적인 평가에서도 볼 수 있듯이 김정은 시대에도 일관되게 이어지고 있다.[21] 이하에서는 크게 당-국가 체제의 건설, 변형, 복원의 세 파트로 나누어 북한 체제의 과거와 현재에 대해 자세히 살펴보도록 하겠다.

I. 당-국가 체제의 건설

먼저 당-국가 체제의 건설과정이다. 현재 북한의 유일한 집권당이자 영도의 주체인 조선노동당은 언제 어떻게 생겨났으며 국가 전체를 아우르는 유일영도가 실현된 것은 언제부터였을까?

당연하게도 사회주의 북한의 건설 과정은 미리 결론이 정해진 필연적 결과가 아니라 다양한 정치 세력들 간의 수평적 갈등과 경쟁, 그리고 이러한 정치세력들과 인민들 간의 수직적 상호작용이 복합적으로 교차된 '과정'으로서의 성격을 지니고 있었다. 그것이 38선 이남이건 이북이건 이제 막 제국주의로부터 해방된 조선인민 모두에게, 그리고 '역(逆)점령'이란 표현에서 보듯 오히려 대다수의 이북 인민들에게는 더욱더, 마르크스 레닌주의와 그에 기반한 사회주의 국가의 미래는 너무나 생소한 것이었기 때문이다.

---

21) 예를 들어 당에 의한 유일영도라는 당-국가 체제의 핵심은 물론 민주주의중앙집권제, 정치적 지도로서의 영도원칙 등 앞서 살펴본 당-국가 체제의 원칙들 모두가 1961년 제4차 당대회 이후 북한의 당규약과 관련 문헌에서 빠짐없이 언급되어 왔다.

우리의 주요 관심사이자 사회주의 정치체제의 골간인 당-국가 체제 역시 마찬가지였다. 앞서 살펴본 스탈린 시대 당-국가 체제의 완성과정이 그러했듯 북한의 사회주의 당-국가 체제 수립 과정 역시 매우 극단적이고 예외적인 '단절'과 '파괴'의 과정을 경유하였다. '분단'과 '전쟁'이 그것이다. 특히 이와 같은 매우 예외적인 경험들이 극대화시킨 내외부의 적들에 대한 강력한 '피포위 의식'은 사회주의 당-국가 체제를 건설하고 지속유지해 나가는 과정과 결과 모두에 지대한 영향을 미쳤다. 그리고 '미국을 비롯한 제국주의 세력의 적대시 정책과 핵위협'이란 표현에서도 볼 수 있듯이 2024년 현재 북한의 체제 정당화 논리에서도 해당 변수는 여전히 강력하게 작동하고 있다. 이러한 전제 하에 북한의 당-국가 체제 건설과정을 자세히 살펴보자.

1. 해방 직후의 정치 상황

1945년 해방 직후 조선의 공산주의자들에게 주어진 과제는 당연하게도 독립되고 자주적인 국가를 건설해나가는 동시에 해당 과정이 사회주의 체제 건설 과정으로서의 성격을 갖도록 통제해 나가는 것이었다. 그리고 레닌주의의 가르침대로 이를 위한 가장 핵심적인 과제는 통일단결된 혁명의 영도력으로서의 당을 건설하고 그 당을 통해 유일영도의 범위를 국가 전체로 확대해 나가는 것이었다.

김일성은 이러한 과정을 주도한 핵심 인물 '중' 하나였다. 물론 보천보 전투를 통해 조선 인민들에게 크게 알려지며 상당한 인지도를 쌓은 김일성이 해방 정국의 주요한 정치 지도자였다는 점은 사실이다.[22] 또한 해방군으로 진주하여 북한에 군정을 수립한 소련의 전폭적인 지지를 강력한 정치적 자산으로 가지고 있었다는 점 역시 마찬가지이다. 그러나 입국 당시 그가 명망있는 여러 독립운동 지도자들 중 한 명이었다는 점 역시 중요하다. 일제 강점기부터 활동을 지속했던 박헌영 등 국내파 공산주의자들은 물론 여운형, 김구, 이승만 등 중도좌파나 민족주의 세력을 대변하는 명망있는 지도자들 역시 다수였기 때문이다. 북조선 지역만 해도 오기섭, 이주하, 정달헌 등 나름의 인지도를 가진 공산주의자들이 있었음은 물론이다.

특히 북조선 지역의 대표적인 민족주의 지도자였던 조만식은 소련 군사정부(이

---

22) 당시 김일성의 정치적 위상을 이해할 수 있는 참고자료로는 다음 서적의 3절이 유용하다. 한홍구, 『대한민국사 2』, 한겨레출판, 2003.

하 군정)의 전폭적 지원을 받고 있던 공산주의 세력에게도 상당한 부담을 주는 거물이었다. 또한 '역점령'이라는 말에서도 알 수 있듯이 조선공산당을 비롯한 사회주의 계열의 대부분이 서울 등 38선 이남을 활동 기반으로 하고 있었으며 오히려 38선 이북 지역의 경우 기독교 세력을 중심으로 한 민족주의 세력이 상대적으로 강했다는 점 역시 부담이긴 마찬가지였다.

따라서 당시 김일성을 중심으로 한 만주파 공산주의자들은 인민으로부터의 지지를 확대해 나가는 동시에 민족주의자들과의 정치적 경쟁에서 승리하고 더 나아가 공산주의 세력 내에서의 주도권을 확보해 나가야 하는 복합적인 과제에 직면했다. 이와 같은 상황을 돌파하기 위해 김일성 세력이 내세운 핵심적인 무기가 바로 당시 인민들의 최대 관심사였던 '식민잔재 청산과 민주개혁'에 앞장서는 것이었다. 그 중심에 '당' 건설이 있었음은 물론이다.

2. 해방 3년사: 당의 건설과 '집권'

1945년 10월 13일 평양에서 열린 <서북 5도 당책임자 및 열성자대회>를 통해 평안남도 공산당을 대표한 김용범을 제1비서로, 함경남도 공산당을 대표한 오기섭을 제2비서로 한 '조선공산당 북조선분국'을 결성한 것은 그 시작이었다.23) 비록 서울의 조선공산당 중앙에 소속된 기관임을 분명히 했으나 이미 서울에 당중앙이 있는 상황에서 사실상의 또 다른 중앙을 만든다는 것은 '철의 규율에 의한 통일단결'을 중시하는 레닌주의의 원칙과 충돌하는 것이었다. 그러나 김일성과 만주파는 미국과 소련에 의해 분할점령되어 있는 특수성을 강조하며 이를 관철시켰다. 또한 그것이 북한의 주장처럼 자발적이었건 그렇지 않건 김일성이 분국의 제1비서가 되지 못하고 17명의 집행위원 중 하나에 그친 것은 공산주의자 내부에서도 다양한 정치세력이 공존한 당시의 상황을 잘 보여주고 있었다.

별도의 당중앙을 결성함으로써 영도의 중심을 구성한 북한의 공산주의자들은 당-국가 체제의 두 번째 요소인 인전대를 구축함으로써 일종의 '국가 건설'(state building)에 돌입했다. 그 시작은 북조선여성동맹(1945.11.18), 조선노동조합 전국평의회 북부조선총국(1945.11. 30), 북조선민주청년동맹(1946.1.17), 전조선농민조합전

---

23) 북한이 10월 10일로 주장하며 조선노동당 창건일로 현재까지 기념하고 있는 날이다.

국총연맹 북조선연맹(1946. 1. 31) 등의 핵심 대중조직들을 결성하는 것이었다.[24] 또한 이와 같은 과정은 1946년 2월 최고행정기관이자 주권기관으로서 김일성을 위원장으로 하는 '북조선 임시인민위원회'를 수립함으로써 일단락되었다.

이후 공산주의자들은 소련 군정과의 협조 하에 친일잔재 청산과 토지개혁, 민주주의적 교육/문화 정책 등 총 11개의 '당면 과업' 및 '20개의 정강'으로 구체화된 민주개혁을 전격적으로 추진해 나갔다.[25] 더불어 '당'의 확장과 강화 역시 지속 병행되었다. 1946년 8월 28일 북조선공산당과 조선신민당이 합당 절차를 밟아 북조선노동당이라는 새로운 정당을 건설함으로써 대중정당으로서의 성격을 강화하고 당의 저변을 확대하려 시도한 것은 그 대표적인 성과였다.[26]

또한 국가 건설 역시 민주개혁을 통해 강화된 지지기반을 활용함으로써 더욱 가속화되었다. 1946년 11월 3일부터 1947년 3월 5일까지 4개월간의 선거를 거쳐 '임시'라는 말을 떼고 행정기관으로서의 <인민위원회>를 정식 발족하고 해당 과정에서 인민회의 대의원 선거를 병행함으로써 주권기관으로서의 <인민회의> 역시 구성하였다. 비록 남북한의 "통일적 임시정부 수립까지"라는 단서가 붙긴 했으나 입법기관과 행정기관 등 국가의 골간을 갖춘 사실상의 '정권'이 탄생한 것이다. 그리고 1948년 2월 8일 <조선인민군>이 창건되고 동년 9월 9일 <조선민주주의인민공화국> 창건이 선포되면서 국가 건설의 과정은 마무리되었다.

그러나 공산주의자들에 의해 주도된 성과들에도 불구하고 해당 단계는 어디까지나 '집권'의 단계일 뿐 마르크스 레닌주의라는 이데올로기적 정당성에 기반해 국가 전체를 당이 '유일영도'하는 '당-국가 체제'의 단계는 아니었다. 이는 그것이 내각제이든 대통령제이든 자유민주주의 국가에서 특정한 당이 집권당이 되었다고 국가와 사회에 대한 유일하고 항구적인 영도당이 되었다고 하지 않는 것과 마찬가지이다. 새로 탄생한 국가의 성격을 명문화한 1948년 헌법은 이를 잘 보여주고 있었다. 해당 헌법은 그 형식과 내용에 있어서 우리에게 익숙한 자유민주주의 헌법과 크게 다르지 않으며 사회주의 헌법에 들어가는 가장 핵심적인 내용인 이데올로기

---

24) 이종석, 『조선로동당 연구』, 역사비평사, 1995, p. 174.
25) 김성보, 『북한의 역사 1: 건국과 인민민주주의의 경험』, 역사비평사, 2011, p. 74.
26) 이때 각각의 당 기관지였던 『정로』와 『전진』을 통합하여 만든 당기관지가 바로 현재 조선노동당중앙위원회의 기관지인 『노동신문』이다.

와 조직 차원의 당의 유일영도에 대한 내용이 존재하지 않기 때문이다. 대부분의 연구에서 해당 시기를 프롤레타리아 독재가 아닌 인민민주주의단계로 규정하고 있는 이유이다.

3. 한국전쟁과 8월 종파사건: 당의 일색화와 당-국가 체제의 수립

건국 이듬해인 1949년 6월 24일 북조선노동당과 남조선노동당이 통합됨으로써 조선노동당은 명실공히 북한의 사회주의세력 전체를 영도하는 유일당으로서 확고한 지위를 확보했다. 그러나 영도의 대상을 전체 국가와 국민으로 확장하는 동시에 그 정당성의 기반으로서 절대적인 이데올로기적 권위를 확보하는 것은 여전히 현실이 아닌 과제에 불과했다. 조만식 등 상징적인 지도자들은 제거된 상태였으나 여전히 민족주의와 기독교 등 반(反)사회주의적 지향들 역시 강력했으며 무상몰수 무상분배를 원칙으로 진행된 토지개혁 속에 오히려 '혁명'의 대상인 자영농과 소상공인은 그 수가 급격히 늘어난 상태였기 때문이다.

결과적으로 인민민주주의 단계에서 전면적인 프롤레타리아 독재의 단계로의 전환을 통한 사회주의 당-국가 체제의 완성은 1961년 9월 일명 '승리자들의 대회'로 명명된 조선노동당 제4차 대회까지 시간을 더 필요로 했다. 사회주의의 역사에서 봤을 때 매우 신속하고 성공적인 사례 중 하나로 평가되어온 해당 전환은 크게 두 가지의 특수한 계기적 변수들과 맞물려 진행되었다. 전쟁과 전후복구를 둘러싼 노선 갈등 및 권력 투쟁이 그것이다. 내외부의 적들과의 격렬한 투쟁의 한복판에 있다는 피포위 의식이 이 두 개의 계기를 관통하는 핵심 변수였음은 물론이다.

첫째, '전쟁'이다. 앞서 언급한 틸리의 격언대로 많은 전쟁들은 극단적인 파괴의 과정인 동시에 치열한 정치의 장으로서의 성격을 동시에 지녀왔다. 한국전쟁 역시 마찬가지였다. 특히 낙동강 전선까지의 남진과 두만강까지의 후퇴 등 극적인 반전의 연속이었던 초반 6개월여의 긴박한 상황들이 중국의 참전과 평양 재탈환으로 어느 정도 안정을 찾은 1950년 12월 이후 이와 같은 '정치'가 본격화되었다.

해당 과정은 그간의 실패들에 대한 책임 규명 및 이와 결부된 당 엘리트 차원에서의 일색화와 대중적 차원에서의 당원 확대 및 재정비가 동시에 이루어지는 방식으로 이루어졌다.

먼저 엘리트 차원에서는 연안파(중국파) 무정, 소련파 허가이, 국내파 박헌영 등

각 파벌을 대표하던 인물들이 숙청되며 김일성파의 입지가 강화되었다. 다음으로 무질서하고 급박하게 이루어진 후퇴의 과정에서 60만 당원 중 45만 명이 출당되거나 책벌을 받은 일반 당원의 상황은 앞서 언급한 허가이의 책벌주의와 관문주의적 오류인 것으로 치부되며 오히려 '수령' 김일성의 '올바른 지침' 하에 당의 저변을 확대강화하는 계기로 활용되었다. 특히 이와 같은 저변 확대의 과정이 군에 집중되었다는 점이 중요했다. 그 결과 1953년 휴전 무렵 조선인민군의 전체 병력 28만여 명 중 절반에 이르는 14만 명이 입당절차를 완료했다.[27]

둘째, 이른바 '8월 종파사건'이다. 전후복구라는 초유의 과제 앞에 선 엘리트들 내부에 다양한 이견이 존재했다는 점은 어찌 보면 당연했다. 그러나 이와 같은 노선갈등이 정치투쟁으로까지 격화된 데는 스탈린의 사망에 이은 소련 스스로의 탈(脫)스탈린화라는 변수가 크게 영향을 미쳤다.

앞서 언급한 바와 같이 김일성 중심의 북한 엘리트들은 건당(建黨)과 건국(建國)의 과정에서 스탈린주의의 강력한 영향을 받아왔다. 따라서 전후복구의 과정에서도 앞서 살펴본 스탈린의 '일국사회주의론'의 북한식 버전인 '민주기지론'을 지속하며 군수공업과 자립적 경제기반에 초점을 맞춘 중공업 우선주의를 관철해 나갔다. 그러나 아이러니하게도 정작 소련에서는 1953년 3월 스탈린의 사망 이후 탈스탈린화가 본격화되며 인민생활 향상을 위한 경공업과 중공업의 균형발전전략과 자본주의 세력과의 평화공존전략으로의 전환을 요구하는 목소리가 점차 강해져 갔다.

중요한 것은 이와 같은 국제정세의 변화가 김일성파에 불만을 가지고 있던 소련파, 연안파에게 주요한 자산이 되었다는 점이었다. 그리고 이러한 흐름은 스탈린 격하운동으로까지 불린 흐루시초프 이후의 탈스탈린화 물결 속에 더욱 거세어져 갔다. 결국 물밑의 불만은 1956년 8월 당중앙위원회 전원회의를 통해 폭발했다. 이른바 '8월 종파사건'이다. 연안파의 핵심이었던 조선노동당 상무위원 최창익, 상업상 윤공흠, 직업총동맹 위원장 서휘 등과 소련파의 거물들이었던 부수상 박창옥, 박의완, 건설상 김승화 등 당과 국가의 최고위직에 해당하는 핵심 엘리트들이 당중앙위원회 전원회의라는 공개적 장을 통해 집단적으로 김일성을 권좌에서 끌어내리려 시도했던 것이다.

---

27) 김성보, 『북한의 역사 1: 건국과 인민민주주의의 경험』, 역사비평사, 2011, p. 151; 한성훈, 『전쟁과 인민: 북한 사회주의 체제의 성립과 인민의 탄생』, 돌베개, 2012, pp. 414-423.

이러한 계획을 미리 알아챈 김일성파의 반격 속에 반대파의 시도는 무위에 돌아가는 듯했으나 중국의 국방부장 펑더화이와 소련의 부수상 미코얀이 직접 방북하여 반대파의 손을 들어주자 문제의 심각성은 더욱 커졌다. 결국 중국과 소련의 압력에 굴복하여 '종파'들을 복권시킬 수밖에 없었던 김일성파는 이들의 귀국 후 더욱 전면적이고 체계적인 반대파 척결에 나섰다. 1956년 12월부터 4개월여 동안 진행된 당증교환사업을 포함하여 1958년 3월까지 1년 반 이상 진행된 전격적인 '종파투쟁' 끝에 당과 군의 요직에 분포되어 있던 수백여 명의 이른바 '종파주의자들'이 체포되고 숙청되었다. 결과적으로 이와 같은 과정을 통해 김일성파 이외의 거의 모든 정치세력은 역사의 무대에서 사라졌다.

또한 전쟁기간과 마찬가지로 인적 청산을 통한 당의 일색화는 조직적 차원에서 진행된 당의 영도 강화와 병행되었다. 1958년 3월 조선인민군 내 당위원회 제도를 전면 실시한 것은 그 대표적인 예였다. 이를 통해 당은 군을 완전히 통제할 수 있는 기반을 확보했다. 전쟁과 반종파투쟁을 거치며 핵심 무장력인 조선인민군이 '국가의 군대'에서 '당의 군대'로 거듭나며 정권 보위의 핵심 기반으로 재탄생되었던 것이다.

이와 같은 차원에서 1961년 9월 조선노동당 제4차 대회가 전쟁과 전후복구라는 두 개의 시련을 성공적으로 극복한 '승리자들의 대회'로 명명된 것은 크게 두 가지 의미를 지니고 있었다. 첫째, 당이 김일성파로 일색화되었다는 의미이다. 둘째, 당에 의한 유일영도가 완성되었다는 의미이다. 해당 대회를 통해 북한의 사회주의 체제 혹은 단일지도체제가 완성되었다는 평가가 나오는 이유였다.[28] 북한의 사회주의 당-국가 체제 건설이 일단락된 시점이라 하겠다.[29]

---

28) 서동만, 『북조선 사회주의체제 성립사: 1945~1961』, 선인, 2005; 이종석, 『새로 쓴 현대북한의 이해』, 역사비평사, 2000.

29) 1956년 제3차 당대회 규약까지는 중앙, 지방, 기층으로 이어지는 당 자체의 조직들에 대한 규정에 그치다가 1961년 제4차 당대회 규약부터 민주청년동맹 및 조선인민군 등 인전대에 대한 당의 지도가 명문화되기 시작하여 1970년 제5차 당대회 규약에 이르러 <제8장 정치기관>을 신설하여 내각과 중앙기관들에 대한 당의 정치적 지도 원칙을 명기한 것은 당-국가 체제의 발전과정에서 제4차 당대회가 갖는 중요성을 잘 보여준다. 해당 규약의 원문은 통일학술정보센터, 『조선민주주의인민공화국 헌법 및 조선로동당 규약』, 2012 참조.

Ⅱ. 당-국가 체제의 변형

다음으로 '당-국가 체제의 변형' 단계이다. 뒤에 살펴볼 제4절의 내용에서 보듯 1960년대 후반부터 본격화된 후계논의 속에 1974년부터 당 차원에서 후계자로 공인된 김정일은 1972년 사회주의 헌법을 통해 공식화된 사회주의 당-국가 체제에 개인독재적 요소를 강화해나갔다. 1974년 발표된 '당의 유일사상체계 확립의 10대 원칙'이나, 1985년 발표된 '사회정치적 생명체론' 등은 그 대표적인 사례였다.

그러나 이와 같은 분화의 시도에도 불구하고 큰 틀에서 마르크스 레닌주의에 기반한 당-국가 체제를 크게 벗어나지 않던 북한은 사회주의권의 붕괴와 배신, 김일성의 사망, 그리고 고난의 행군으로 불린 극심한 경제난 등이 중첩된 체제 위기 속에 중대한 변화를 겪는다. 당에 의한 계급 독재의 원칙을 부정하며 군에 기반한 새로운 정치방식인 '선군정치'를 선포하기에 이른 것이다. 이하에서 이를 보다 자세히 살펴보자.

1. 후계자 김정일과 선군정치

1994년 김일성 사망 이후 만 3년 여의 유훈통치를 거친 김정일은 탈냉전과 고립, 극단적인 경제 및 안보위기 등으로 대변되는 자신의 시대적 조건을 '주체시대'와 차별적인 '선군시대'로 규정하고 그에 따른 새로운 이데올로기를 구성해 나갔다. 1998년 김정일 정권의 본격적인 출범과 함께 '혁명적 군인정신', '붉은기 사상', '수령결사옹위정신' 등 3년 여의 유훈통치기를 수놓던 일련의 급진적 담론들을 '선군'의 이름으로 집대성한 것이다.

각각 혁명의 새로운 이론과 방법으로 규정된 '선군혁명영도'와 '선군정치'는 그 시작이었다. 먼저 선군혁명영도는 1998년 9월 북한 최초의 인공위성인 광명성 1호를 축포로 쏘아 올리며 김정일을 국가의 최고직책으로 격상된 국방위원장으로 재추대한 이듬해였던 1999년 1월 1일자 김정일의 담화문 <올해를 강성대국건설의 위대한 전환의 해로 빛내이자>와 같은 날 발표된 신년공동사설에서 동시에 등장했다.

이후 선군혁명영도는 1999년 6월 16일 『근로자』, 『노동신문』 공동논설 <우리 당의 선군정치는 필승불패이다>를 통해 제시된 선군정치론을 통해 구체화되었다.30) 여기서 선군정치는 "군사선행의 원칙에서 혁명과 건설에서 나서는 모든 문제를 해결하고 군대를 혁명의 기둥으로 내세워 사회주의위업전반을 밀고 나가는 영도방식"으로 "지구상에 제국주의가 남아있고 침략책동이 계속되는 한" 당면한 정세와 무관하게 지속되어야 하는 새로운 '시대'의 '항구적 노선'으로 규정되었다.

마르크스 레닌주의에 근거한 당-국가 체제가 그러했듯 선군정치체제 역시 그 정당성의 기반은 온전히 이데올로기적인 것일 수밖에 없었다. 이와 같은 차원에서 선군정치, 선군혁명영도 등을 비롯한 개념과 담론들을 종합하여 2001년을 기점으로 '사상'으로 명명된 이후 2009년 헌법을 통해 주체사상과 같은 반열에 오른 새로운 이데올로기, 즉 선군사상의 내용은 매우 중요했다.

북한에 따르면 선군사상의 기본 내용은 '선군혁명원리'와 '선군혁명원칙' 그리고 '선군정치이론'으로 구성된다. 기본적으로 혁명전선의 성격을 '반제군사전선'으로 규정함으로써 기존의 계급독재를 합리화했던 '피포위 의식'을 더욱 극단적으로 강조하는 논리로 채워진 선군사상의 구체적인 내용은 다음과 같다.31)

먼저 '선군혁명원리'이다. 이는 강력한 군사력이 혁명과 건설을 추진하는 데 있어 가장 핵심적인 기본요인이며 따라서 "혁명은 총대에 의하여 개척되고 전진하며 완성된다는 원리"와 혁명군대에 의하여 당과 국가, 인민의 운명이 결정된다는 것, 다시 말해 혁명군대는 당, 국가, 인민의 선차적인 존재 기반이라는 것을 의미하는 "군대는 당, 국가, 인민이라는 원리"로 구성된다.

다음으로 '선군혁명원칙'이다. 이는 '군사선행'(軍事先行)의 원칙과 '선군후로'(先軍後勞)의 원칙으로 구성된다. 먼저 군사선행의 원칙은 군대와 국방공업, 군사력, 전쟁 등 나라의 국방과 관련된 모든 분야와 이슈를 포괄하는 개념으로서의 '군사'를 다른 모든 사업에 우선하여 추진하는 원칙을 말한다. 다음으로 선군후로의 원칙은 앞서 살펴본 프롤레타리아 독재라는 개념에서 알 수 있듯이 혁명의 주력군이자 사회주의 독재의 주체를 노동계급으로 설정한 마르크스 레닌주의와 달리 군대를 혁명의 주력군으로 규정해야 한다는 원칙이다.

마지막으로 '선군정치이론'이다. 선군정치이론은 기본적으로 앞선 선군혁명의

---

30) 물론 선군정치라는 단어 자체가 처음 등장한 것은 1998년 5월 26일 <군민일치로 승리하자>란 『노동신문』 사설로 알려져 있으나 그 비중과 함의로 봤을 때 1999년의 위 연설을 기점으로 보는 것이 더 타당하다고 판단된다.
31) 박혁철·리홍수·서성일, 『우리 당의 선군사상』, 사회과학출판사, 2010.

원리와 원칙을 실현한 정치방식으로 그 구체적인 핵심은 바로 '선군영도체계'이다. 당-국가 체제 하 북한 정치이론의 핵심이었던 '당과 수령에 의한 유일영도체계'를 대체한 개념으로 본 장의 내용과 관련하여 가장 중요한 부분이라 하겠다. 북한에 따르면 선군영도체계의 핵심은 크게 두 가지이다.

먼저 '최고사령관의 유일적 영도체계'로 이는 혁명무력에 대한 절대적이고 유일적인 영도체계를 그 핵심으로 한다. 다음으로는 국방위원장과 국방위원회를 통한 '국방중시의 국가관리체계'이다. 이는 '국가주권의 최고군사지도기관'이자 '전반적 국방관리기관'인 국방위원회를 통해 국방위원장이 "나라의 정치, 군사, 경제 역량의 총체를 지휘통솔하여 사회주의 조국의 국가 체제와 사회생활전반을 유일적으로 영도"하는 체제를 의미한다.

2. 선군정치의 실제: 국방위원회 체제

결과적으로 계급의 언어를 군사의 언어로 대체한 선군시대의 정치 방식은 '국방중시의 국가관리체계', 즉 국방위원회 체제로 귀결되었다.[32] 선군정치이론의 또 다른 기둥인 '최고사령관의 유일영도'의 범위가 혁명무력에 국한된 데 반해 '국방중시의 국가관리체계'의 범위는 전 국가라는 점에서 당-국가 체제와 유사한 위상을 가진 개념이었기 때문이다.

물론 국방위원회가 최초로 등장한 것은 1972년 헌법을 통해서였다. 그러나 당시 국방위원회는 국가기관인 중앙인민위원회 산하 기구였으며 국방위원회 위원장은 주석의 당연직으로서 별다른 주목을 받지 못했다. 이후 국방위원회가 부각되기 시작한 것은 1990년 5월 4일 최고인민회의 제9기 제1차 회의를 통해 김정일이 국방위원회 제1부위원장에 임명됨과 동시에 중앙인민위원회로부터 분리되어 위상이 높아진 후였다. 또한 이러한 변화는 1992년 헌법 개정을 통해 기존의 정치, 경제, 문화의 장에 '제4장 국방'이 추가됨으로써 지속강화되었다.

1998년 헌법은 선군정치의 공식화와 함께 이와 같은 군사부분에 대한 강조가 또 다른 차원으로 심화된 결과였다. 따라서 국방위원회의 위상은 1998년 헌법을 통해 다시 한 번 격상되었다. '국가주권의 최고군사지도기관'에 더해 '전반적 국방

---

32) 안경모, "북한의 선군노선과 권위구축동학: 정치적 계승의 위기를 중심으로", 서울대학교 정치학과 박사학위논문, 2013, pp. 164-166.

관리기관'이라는 규정 및 '국방부문의 중앙기관을 내오거나 없앤다'는 조항이 추가되었다. 더불어 국방위원회 위원장의 권한에도 일체 무력을 지휘·통솔한다는 구문 외에 '국방사업 전반을 지도'한다는 구문이 추가되었다.

이러한 변화와 함께 당의 상대적인 약화 역시 가시화되었다. 특히 주목을 받은 것은 중앙당 차원에서 이루어지던 핵심적인 결정과 논의의 장, 즉 당대회, 당대표자회, 당정치국 상무위원회 회의, 당정치국 회의, 당중앙위원회 전원회의, 당중앙군사위원회 회의 등 각급 당위원회의 회의 모두가 2010년 김정은으로의 후계체제 공식화와 함께 당대표자회가 열리기 전까지 작동 정지된 점이었다.

물론 이러한 당회의들의 전면적인 중단과 정치국 등 최상위 당조직들의 유명무실화가 당 자체의 작동정지나 위상격하를 의미했는가는 별도의 논의를 필요로 하는 주제였다. 이하에서 살펴볼 선군정치를 둘러싼 논쟁들이 그것이었다.

3. 당-국가 체제로부터의 이탈? or 변형?[33)]

해당 논쟁의 핵심은 당연하게도 계급이 아닌 군, 당이 아닌 국방위원회를 강조하는 북한의 선군정치가 과연 사회주의 당-국가 체제로부터의 이탈을 의미하는가 하는 것이었다. 선군정치를 통해 군이 당을 대체했거나 혹은 대등한 역할과 위상을 갖게 되었다는 일련의 '군사국가론'은 관련한 논쟁구도를 잘 보여줬다.[34)]

군사국가론의 핵심적인 논지는 다음과 같다.[35)] 첫째, 군부 중심의 현지지도, 경제건설 등 군부 역할의 확장, 군 중심 이데올로기의 강화, 주석단 내 군지도자의 부상, 최고사령관 및 국방위원회에 의한 통치 등을 미루어 볼 때 군의 정치적 영향

---

33) 이하 선군정치를 둘러싼 학계의 논쟁에 대한 보다 자세한 논의는 다음을 참조할 것. 안경모, "김정은 시대 북한 정치체제 변화에 대한 분석: 혁명정권의 딜레마와 당-국가 체제적 속성을 중심으로", 『아세아연구』 제59권 2호, 2016, pp. 82–86.

34) 통치체제의 변화와 관련하여 한 가지 논점을 추가한다면 1972년 사회주의 헌법 제10조 "프롤레타리아 독재를 실시"한다는 규정이 1992년 헌법 제12조를 통해 "인민민주주의 독재를 강화"한다는 표현으로 바뀐 점이다. 그러나 이를 실제 통치 구조에서 당-국가 체제로서의 성격이 완화되었다거나 당의 유일영도가 후퇴한 것으로 보는 것은 무리이다. 이전과 이후의 모든 당규약에서 당의 유일영도에 대한 규정은 변함없이 유지되었기 때문이다. 해당 변화에 대한 자세한 분석은 이하를 참조할 것. 강혜석, "'사회주의법치국가'론과 김정은 시대의 통치전략: 북한식 법치의 내용과 특징", 『국제지역연구』 제26권 제1호, 2022, pp. 287–289.

35) 이대근, 『북한 군부는 왜 쿠데타를 하지 않나: 김정일 시대 선군정치와 군부의 정치적 역할』, 한울아카데미, 2003, p. 20.

력이 크게 증대되었다. 둘째, 당대회, 당중앙위원회, 당정치국 등 주요 당 기구가 작동정지인 점을 미루어 볼 때 당의 권력이 약화되었다. 셋째, 군의 강화와 당의 약화로 인해 결국 당보다 군이 정치적으로 우위에 섰거나 적어도 권력의 상당부분을 당과 분점하고 있다. 넷째, 결론적으로 북한 사회주의 체제는 군대가 노동당과 함께 혹은 단독으로 통치하는 '군-당 체제', 혹은 '당-군 체제'로 전환되었다.

이러한 주장에 대해 일련의 학자들은 당-국가 체제 지속론을 통해 반박했다. 이들의 기본적인 주장은 본질적으로 북한의 당 우위체제는 변함이 없으며 선군정치는 다만 군의 '역할'이 증대한 것으로 군 '중심'의 정치가 아닌 군 '중시' 정책으로 보아야 한다는 것이었다. 당-국가 체제 지속론의 핵심적인 주장을 보다 자세히 살펴보면 다음과 같다.

첫째, 선군정치를 선당후군에서 선군후당으로의 변화로 이해하는 것은 선군정치의 주장과 내용을 잘못 이해한 데서 비롯되었다.[36] 특히 이들이 주목하는 것은 '선군정치'에 대한 북한 스스로의 설명이었다. 체제를 수호하는 가장 핵심적인 방법은 철저한 사상혁명을 통해 군을 "수령의 군대이자 당의 군대"로 만드는 것이라는 북한의 선군정치 논리에 주목해야 한다는 것이다.

둘째, 사회주의 정치체제 하에서 직업군이 아닌 당의 군대로서의 조선인민군의 성격을 정확히 파악할 필요가 있다. 예컨대 이른바 '군복 입은 당'(party in uniform)으로서의 정치군관을 정규군관과 분리해서 분석해야 하며 이러한 차원에서 군복을 입고 계급장을 달고 있는 사람들을 모두 당과 대비되는 군으로 일률적으로 규정하고 이들의 위상을 군의 위상과 동일한 것으로 파악하는 것은 오류라는 주장이었다.[37]

셋째, 선군정치의 제도적 디자인의 핵심인 1998년 헌법에서의 변화는 당-군 관계의 변화가 아닌 실용주의적 정경분리 혹은 군-정 관계의 변화로 봐야 한다.[38]

넷째, 비상설 집단지도협의체와 상설조직체계를 구분해서 보아야 한다. 당의

---

36) 정성장, "김정일의 '선군정치': 논리와 정책적 함의", 『현대북한연구』 제4권 2호, 2001; 장달중·임수호, "김정일체제와 강성대국론", 백영철 외, 『한반도 평화 프로세스』, 건국대학교 출판부, 2005.

37) 양현수, "김정일 시대의 조선인민군: 북한의 '군사국가화' 논의 비평", 1999년 9월 18일 한국정치학회 추계학술회의, 1999.

38) 장달중, "김정일 체제와 주체비전: 이데올로기, 당, 그리고 군중을 중심으로", 『아세아연구』 통권 제101호, 1999; 정성장, "김정일 시대 북한의 '선군정치'와 당·군 관계", 『국가전략』 제7권 3호, 2001.

'상설조직체계'란 중앙의 경우 당중앙위원회의 비서국과 그 산하의 전문 부서들, 지방 및 하급 당조직들의 경우 해당 당위원회의 비서처와 그 산하의 전문 부서들을 의미한다. 이러한 차원에서 볼 때 조선노동당의 위상과 관련하여 왜곡된 인식이 확산되었던 것은 수령의 의사를 관철하는 당의 실체인 상설조직체계가 아닌 수령제의 등장과 함께 이미 유명무실화, 형해화된 비상설 집단지도협의체의 작동을 중심으로 논의가 진행되었기 때문이다.[39]

대체적으로 김정일 정권의 출범 및 선군정치의 등장과 함께 촉발된 상기한 논쟁은 2000년대 초반까지 이어졌다. 그리고 이후 논쟁은 양자 간에 명확한 결론이 나지 않은 상태에서 상당 기간 수면 아래로 가라앉았다. 이는 크게 두 가지 이유에서였다.

첫째, 당의 약화와 군의 강화가 변화의 추세로서 지속되기보다는 1998년의 디자인이 고착화되며 양자 어느 쪽으로도 특별한 진전을 보이지 않았기 때문이다.

둘째, 정보의 부족이다. 지구상 가장 폐쇄적인 국가라 할 수 있는 북한 연구에 있어서도 가장 접근하기 힘든 주제가 바로 권력정치, 그리고 이와 연동된 정책결정과정 부분이기 때문이다. 특히 국방위원회의 역할과 기능에 대해서는 여전히 많은 부분이 베일에 싸여있다.

결과적으로 비록 이전과 동일한 논점은 아니나 북한의 당-국가 체제와 관련된 논쟁의 장이 다시 열리는 데는 새로운 '현상적 변화'가 필요했다. 그리고 선군정치로 촉발된 상기한 논쟁이 그러했듯 새로운 변화 역시 정치적 계승을 매개로 촉발되었다. 김정은으로의 후계체제가 부상함에 따라 북한 정치에 유의미한 변화들이 나타나기 시작했던 것이다.

Ⅲ. 당-국가 체제의 복원

변화의 핵심은 바로 '당-국가 체제의 복원'이었다. 후계자 김정은이 2010년 당중앙군사위원회 부위원장이라는 직함을 통해 최초로 대내외에 공개된 점에서도 볼 수 있듯이 김정은으로의 후계체제는 기본적으로 군이 아닌 당의 부상과 병행되었

---

39) 이대근, "북한 노동당 조직과 기능의 변화", 2015 북한연구학회 하계학술회의, 2015; 정성장, "김정일 시대 북한의 '선군정치'와 당·군 관계", 『국가전략』 제7권 3호, 2001, p. 99.

다. 그리고 이와 같은 흐름은 김정은 체제 내내 지속적으로 강화되어 왔으며 특히 2016년 제7차 당대회 이후 '당 사업 전반의 정규화'라는 구호 하에 보다 체계화 전면화되어 현재에 이르고 있다.

1. 김정은 시대의 개막과 당의 부상[40]

2008년 김정일의 와병과 2009년 김정은의 후계자 지명은 김정일 이후와 관련된 오랜 질문을 '누가'에서 '어떻게'로 바꿔놓았다. 이듬해인 2010년 북한은 제3차 당대표자회라는 '비상설 집단지도협의체'를 복구함으로써, 그리고 당중앙군사위원회 부위원장이라는 '당'의 직함을 활용한 후계체제를 통해 '어떻게'라는 질문에 대한 구체적인 답을 내놓기 시작했다. '당'이 다시 전면에 부상하기 시작한 것이다.

결국 이러한 변화는 북한과 선군정치의 미래, 즉 김정은 체제의 권력구조와 정책에 대한 예측들과 맞물리며 북한의 당-국가 체제 성격에 대한 논쟁을 재점화시켰다. 화두는 당연하게도 '당의 강화'였다. 조선노동당은 2010년 9월 28일 제3차 당대표자회를 개최하는 동시에 조선노동당중앙위원회 전원회의를 열었다. 제3차 당대표자회는 1980년 제6차 당대회 이후 30여 년 만에 열리는 당대회급의 행사였으며 당중앙위원회 전원회의 역시 1993년 12월 제6기 제21차 당중앙위원회 전원회의 이후 처음으로 공식화된 전원회의였다. '당의 강화'는 부인할 수 없는 '현실'이었던 것이다. 이와 같은 변화는 특히 두 가지 측면을 중심으로 가시화되고 있었다.

첫째, 전반적인 담론의 변화를 지적할 수 있다. 2009년 1월부터 감지된 중요한 변화 중 하나는 바로 선군정치에 대한 언급이 줄어들면서 '향도의 당'으로서 당의 영도적 역할이 강조되기 시작한 것이었다.[41]

둘째, 제도적 변화이다. 이는 당규약 상의 변화와 당 조직 자체의 복원이라는 두 가지 측면으로 나누어 볼 수 있다. 우선 2010년 당규약의 경우 수령과 당의 영도가 보다 강조되었다.[42] 다음으로 당 조직 자체의 복원이다. 앞서 언급한 바와 같

---

40) 본 절의 보다 자세한 내용은 다음을 참조할 것. 안경모, "김정은 시대 북한 정치체제 변화에 대한 분석: 혁명정권의 딜레마와 당-국가 체제적 속성을 중심으로", 『아세아연구』 제59권 2호, 2016, pp. 86-90.

41) 고유환, "김정은 후계구축과 북한 리더십 변화", 『한국정치학회보』 제45집 제5호, 2011, pp. 186-188.

42) 정성임, "김정은 정권의 제도적 기반: 당과 국가기구를 중심으로", 『통일정책연구』 제21권 2호, 2012, pp. 36-38.

이 공산당의 조직은 크게 '비상설 집단지도협의체'와 '상설조직체계'로 구분된다. 김정일 시대 당-국가 체제 약화론의 가장 핵심적인 근거는 바로 전자의 유명무실화였다. 따라서 당대표자회, 당중앙위원회 전원회의, 당중앙위원회 정치국의 복원은 '당의 부활'의 가장 강력한 근거로 해석되었다.

2. 제8차 당대회와 선군정치의 역사화[43]

결국 김정은 시대의 선군은 김정일 시대의 그것과 달리 항구적 노선이 아닌 과도기적 위상과 역할을 부여받았고 2017년을 기점으로 그 역할이 급격히 축소 및 역사화되는 흐름을 보여 왔다. 2021년 제8차 당대회는 해당 기조가 공식화, 전면화된 장이었다.

북한의 가장 중요한 정치이론 잡지로 월간으로 발행되는 당중앙위원회 기관지『근로자』의 논조 변화는 이를 명확히 보여준다. 그 분기점은 2017년이었다. 적어도 2017년 상반기까지 선군은 명백한 계승의 대상이었으며 김정은은 "선군영장"이자 "선군조선의 강대성의 상징"으로 칭송되고 있었고 선군정치, 선군혁명영도, 선군사상은 '오늘' '우리 당의 보검'으로 강조되고 있었다.

그러나 2018년『근로자』에는 선군에 대한 언급 자체가 현격히 줄 뿐만 아니라 이전처럼 선군의 담론을 '김정은' 및 '현재'와 연결짓는 논조가 거의 사라지고 오직 '김정일'과 관련한 '과거'의 업적으로만 언급되기 시작했다. 2017년 7호를 마지막으로 언급되지 않던 선군사상의 경우 2018년에는 6월호에 단 한 번 언급되었는데 그조차 김정일 시대의 것으로 기술되고 있을 뿐이었다.

이러한 조짐은 여타의 출판물에서도 동일하게 관찰되었다. 예를 들어 2011년 김정일 사후 첫 번째 노작에서 "1mm의 편차도 없이" 김정일의 길을 그대로 걷겠다며 내세운 원칙이자 2016년 제7차 당대회를 통해 항구적 전략노선으로 공인된 '자주, 선군, 사회주의의 길'은 2018년 개정증보된『조선노동당역사』에서는 선군이 빠진 "자주의 길, 사회주의의 길"로 수정되었다. 그리고 2006년 판『조선노동당역사』에서 "당을 선군혁명위업수행의 정치적 무기로 강화발전"시킨 것으로 규정한

---

43) 본 절의 보다 자세한 내용은 다음을 참조할 것. 강혜석·안경모, "김정은 시대 통치 이데올로기 (2012-2021)", 정영철 편, 『세계정치 34: 김정은의 전략과 북한』, 사회평론아카데미, 2021, pp. 85-87.

1999년부터의 시기는 2018년 개정 증보판에서는 선군이라는 단어가 삭제된 채 "당을 사회주의강국건설의 위력한 정치적 무기로 강화발전"시킨 시기로 재규정되었다. 더불어 2017년 『조선중앙연감』에서 "주체사상, 선군사상을 종합체계화한 도서"로 표현되던 『김일성-김정일주의 총서』에 대한 수식어 역시 2018년 연감에서는 선군사상이 빠진 채 "주체사상을 종합체계화한 도서"로 바뀌었다.

2021년 1월 열린 조선노동당 제8차 대회는 이와 같은 '선군의 역사화' 작업이 공식화, 전면화된 대회였다. 2010년 제3차 당대표자회 이래 조선노동당의 기본정치 방식으로 자리를 굳건히 해왔던 선군정치는 제8차 당대회 규약 개정을 통해 그 위상을 상실했다. 또한 새로운 당규약은 김일성-김정일주의가 "주체사상에 기초하여 전일적으로 체계화된 혁명과 건설의 백과전서"라는 구문을 추가함으로써 그 핵심이 주체사상 하나임을 분명히 했다. 김정은이 제8차 당대회 총화보고에서 단 한번도 '선군'이라는 단어를 언급하지 않은 점도 주목을 끄는 지점이었다. 제7차 당대회의 핵심 구호였던 '자주, 선군, 사회주의의 길' 역시 언급되지 않았음은 물론이다.

3. 당-국가 체제 복원의 실제: '당 사업 전반의 정규화'[44]

앞서 살펴본 바와 같이 선군으로부터의 재전환의 핵심은 바로 전통적인 당-국가 체제를 복원시키는 것이었다. 북한 스스로가 주장하는 김정은 시대 정치 발전의 핵심 역시 "규범과 질서에 따라 규칙적으로 사업"하도록 하는 "당 사업 전반의 정규화"를 통해 각종 당 회의들을 복원함으로써 "민주주의와 창발성을 충분히 발양시켜 집체적으로 토의결정"하도록 하고 당세포와 초급당강화를 기본으로 하는 "기층당중시사상"을 통해 "당의 전투적 기능과 역할을 백방으로 강화"했다는 '당 운영상의 변화'였다. 특히 이러한 북한의 언급은 두 번의 당대회로 상징되듯 당-국가 체제의 정상화라는 김정은 시대의 정치적 변화가 매우 의도적이고 전략적으로 진행되어왔을 가능성을 시사한다는 점에서 주목된다.

이와 같은 맥락에서 이하에서는 김정은 시대 당-국가 체제 복원의 흐름을 '당의 유일영도와 규율성 강화', '비상설 집단지도협의체의 복원', '기층 조직 활성화' 등 세 개의 축으로 나누어 살펴보겠다.

---

44) 이하의 내용은 다음에 크게 의존하고 있다. 안경모, "김정은 시대 북한 정치 변화의 함의: '당-국가 체제'와 '정치 제도화' 개념을 중심으로", 『아세아연구』 제64권 4호, 2021.

〈참고〉 조선노동당 중앙 조직의 위계

- 김정은 시대를 기준으로 당중앙위원회 정치국 상무위원회는 5명 내외, 정치국위원은 위원, 후보위원 합계 25명 내외, 중앙위원회 위원은 위원, 후보위원 합계 250명 내외로 유지되고 있으며 이들의 서열이 말 그대로 북한의 권력 순위라 할 만큼 핵심 집단이라 할 수 있다.
- 총비서는 1992년 헌법까지는 당중앙위원회 총비서였으나 1997년 김정일이 총비서에 취임하면서부터 당 총비서로 바뀌었다(일부 기간에는 '위원장', '제1비서' 등의 용어 사용).
- 당정치국 상무위원회는 "정치, 경제, 군사적으로 시급히 제기되는 중대한 문제들을 토의 결정하며 당과 국가의 중요간부들을 임면할데 대한 문제를 토의"하는 기관으로 당정치국은 "전원회의와 전원회의 사이에 당중앙위원회의 이름으로 당의 모든 사업을 조직지도"하는 기관으로 규정되어 있으며 1년에 1, 2회 열리는 당중앙위원회 전원회의를 대신하여 수시로 회의를 개최하는 등 실질적인 의사결정기구로서 역할하고 있다.
- 당중앙위원회는 당대회 사이 당의 모든 사업을 조직지도하는 기관으로 당중앙위원회 위원, 후보위원이 모두 모이는 당중앙위원회 전원회의는 사실상 가장 중요한 정치행사라 할 수 있다. 특히 해당회의는 2021년 제8차 당대회 이후 6월과 12월 두 차례 열리는 것으로 정례화됨으로써 그 역할이 더욱 강화되었다.
- 당중앙위원회와 마찬가지로 당 중앙조직인 당중앙군사위원회와 당중앙검사위원회 등을 표시하지 않은 이유는 해당 두 기관이 위계가 아닌 기능에 따라 조직된 기구라는 점에서 위 그림에 표현하기가 적절치 않기 때문이다. 위 두 기관의 위원은 중앙위원 중 '군사'와 '검사'(규율과 재정관리) 임무를 수행하기에 적절한 인물들로 구성된다. 그 중에서도 특히 당중앙군사위원회는 총비서를 위원장으로 하고 대부분의 위원들이 정치국 후보위원 이상으로 그 위상이 정치국에 버금간다.
- 마찬가지로 위 그림에 표시되지 않은 핵심 당 중앙조직 중 하나인 비서국은 "당내부사업에서 나서는 문제와 그 밖의 실무적 문제들을 수시로 토의결정하고 그 집행을 조직지도"하는 조직으로 규정되어 있으며 각 단위에 대한 보다 직접적인 영도를 수행한다. 상설조직체계의 핵심인 이들 부서는 조직지도부, 선전선동부를 필두로 군수공업부, 경제부, 법무부 등 전문업무에 따라 20여 개의 부서로 구성되어 있다.[45]

---

45) 보다 자세한 부서의 구성은 매년 통일부에서 발표하는 <북한권력기구도>를 참조할 것.

(1) 당의 유일영도와 규율성 강화

먼저 김정은 정권의 출범 이후 정치적 변화의 포문을 연 가장 상징적인 사건이라 할 수 있는 '당의 유일사상체계확립의 10대 원칙'(이하 구(舊) 10대원칙) 개정을 들 수 있다. 이른바 10대 원칙은 1973년 후계자 김정일에 의해 도입된 유례없는 사회통제방식이었던 "새로운 당생활총화"의 준거로 1974년 제정된 이래 북한 사회 전반을 규율하는 최상위의 원칙으로 군림해 왔으나 그 위상이 예전과 같지 못하다는 평가가 지배적이었다.46) 그것을 39년 만에 최초로 개정한 결과가 바로 2013년 공포된 '당의 유일영도체계확립의 10대 원칙'(이하 신(新) 10대원칙)이었다. 해당 개정의 핵심은 제목에서도 드러나듯 '당의 영도'의 강조였다.

구 10대원칙은 유일사상체계라는 우산 속에 당의 안과 밖, 즉 전체로서의 국가를 포괄하는 수령의 '유일적 영도체계'와 당내로 한정된 후계자의 '유일적 지도체제'를 결합하는 방식으로 통치의 유일성을 확보하려는 시도였다면 신 10대원칙은 수령으로 명명된 김일성이라는 구체적 인격이 아닌 조직이자 제도로서의 당을 유일한 영도의 주체로 설정했다.47) 이후 북한은 2016년 제7차 당대회 규약 개정을 통해 서문에서 김정일의 업적으로 언급한 한 곳을 제외하고는 '당의 유일사상체계'라는 표현을 모두 '당의 유일적 영도체계'라는 표현으로 대체함으로써 해당 조치를 갈무리하였다.

또한 당 조직 전반의 조직성과 규율성 역시 강조되었다. 이러한 기조는 2012년 김정은이 조선노동당 제4차 대표자회 직전 발표한 조선노동당중앙위원회 책임일꾼들과 한 담화에 잘 드러났다. 북한에서 당의 유일영도체계를 획기적으로 강화한

---

46) 김정일, "전당에 새로운 당생활총화 제도를 세울데 대하여", 1973/8/21, 『김정일선집』 5권, 조선노동당출판사, 2010. 주지하듯 여기서 말하는 10대 원칙은 1967년 4기 제16차 당중앙위원회 전원회의에서 김영주에 의해 제기된 10대 원칙이 아닌 김정일에 의해 1974년 재접수, 재토의된 10대 원칙을 말한다. 양자의 차이에 대해서는 다음을 참조할 것. 정창현, 『김정일: CEO of DPRK』, 중앙 북스, 2007, pp. 162-163.

47) '유일사상체계', '유일적 영도체계', '유일적 지도체제'는 그 용어와 내용의 유사성으로 인해 흔히 혼동되곤 한다. 그러나 엄밀히 말해 이 세 가지는 포괄하는 내용과 위상이 다른 개념이다. 유일사상체계는 말 그대로 사상의 차원에서의 개념으로 가장 추상성이 높다면 유일적 영도체계와 유일적 지도체제는 둘 다 실제 정치의 영역에 대한 이야기이지만 유일적 영도체계의 범위는 '전당과 온 사회'인데 반해 유일적 지도체제는 그 범위가 '당 내부'로 한정되며 그 주체 역시 유일적 영도체계와 달리 당과 수령이 아니라 후계자이다. 김정일, "온 사회를 김일성주의화하기 위한 당사상사업의 당면한 몇 가지 과업에 대하여", 1974/2/19, 『김정일선집』 6권, 조선노동당출판사, 2010; 정창현, 『김정일: CEO of DPRK』, 중앙 북스, 2007, pp. 160-165.

전환적 계기로 자주 언급되는 김정은의 2012년 연설 <위대한 김정일동지를 우리 당의 영원한 총비서로 높이 모시고 주체혁명위업을 빛나게 완성해나가자>가 그 것이다. 여기에서 김정은은 "당조직들은 당의 방침과 결정, 지시를 무조건 철저히 집행하는 혁명적 기풍"을 세워야 한다는 점을 특히 강조했다.

이후 북한 당중앙위원회 기관지『근로자』는 보다 구체적으로 "조직성과 규율성 이 당의 전투력의 기본담보로 되는 것은 그것이 수령의 사상과 영도를 다하는 영 도적정치조직"으로서의 사명을 갖고 있기 때문이라고 주장하며 김정은의 주장을 뒷받침했다.[48] 해당 글은 소련과 동유럽의 붕괴 원인이 당의 조직성과 규율성의 약화에 있다는 점을 재차 강조했으며 이와 같은 주장은 김정은 시대 내내 지속 강 화되었다. 다시 말해 조직성과 규율성은 "중앙집권적 규율과 질서에 의하여 보장" 되며 수령을 중심으로 하는 조직적 결속의 공고성을 통하여 발현되는 것으로서 당 의 전투력과 위력을 강화하기 위한 가장 핵심적인 무기라는 주장이었다. 그리고 이와 같은 강조는 제8차 당대회의 개정 규약 1조 당원의 정의에 "당조직 규율에 충직하며"라는 문구를 새로이 추가함으로써 일단락되었다.

(2) 비상설 집단지도협의체의 복원

다음으로 '비상설 집단지도협의체'의 복원이다. 앞서 살펴본 바와 같이 당대회 와 당중앙위원회 전원회의, 정치국과 정치국 상무위원회 회의 등 협의체들이 작동 중단되고 정치국과 정치국 상무위원회 등 조직 자체도 형해화되는 등 비상설 집단 지도협의체들이 전면적 기능 상실에 빠진 점은 김정일 시대 북한 정치와 관련하여 가장 주목받아온 이슈였다.

물론 앞서 언급한 군사국가 개념을 둘러싼 논쟁에서 볼 수 있듯이 비상설 집 단지도협의체의 기능을 약화시킨 대신 상설조직체계로서 비서국의 역할과 기능을 강화시킨 선군노선 하 북한의 정치를 당-국가 체제의 약화로 보아야 할 것인가 아 니면 운영 방식의 변화로 보아야 할 것인가의 문제는 여전히 논쟁거리이다.[49] 그러

---

48) 한동규, "조직성과 규률성은 당의 전투력의 기본담보",『근로자』12호, 조선노동당출판사, 2013.
49) 비서국 중심의 직할 통치 방식 혹은 제의서 체계로 이루어진 김정일 시대 당 운영의 특성을 소개한 연구로는 다음을 참조할 것. 이종석, "김정일시대의 조선노동: 위상, 조직, 기능", 이종석·백학순 편,『김정일 시대의 당과 국가기구』, 세종연구소, 2000; 현성일,『북한의 국가전략과 파워엘리트』, 선인, 2007, pp. 411-414.

나 한 가지 분명한 것은 그것을 당-국가 체제의 약화로 보건 운영 방식 상의 변화로 보건 예측가능성과 협의를 뒷받침하는 제도적 장치들이 약화되고 최고 지도자의 자율성과 재량권이 극대화되는 경향을 피할 수는 없었을 것이라는 점이다.

따라서 이하의 [그림 1-1]에서 보듯 형해화되었던 김정일 시대의 비상설 집단지도협의체가 당중앙위원회, 정치국, 정치국 상무위원회 등 조직의 차원과 당대회, 당대표자회, 당중앙위원회 전원회의, 당중앙위원회 정치국 회의, 당중앙군사위원회 회의 등 운영의 차원 모두에서 정상화된 점은 근본적으로 집단지도를 원칙으로 하는 당-국가 체제의 복원이라는 차원에서 해석해도 큰 무리가 없다. 더불어 앞서 언급한 바와 같이 최근 북한이 김정은의 주요 치적을 정리하면서 대내 정치적 차원에서 가장 중요한 업적으로 "당회의들을 정상화"한 점을 들고 있다는 점은 이와 같은 변화가 매우 의도적으로 추진되어 왔음을 시사한다는 측면에서 주목된다.

▌[그림 1-1] 김정은 시기 비상설 집단지도협의체의 복원 현황

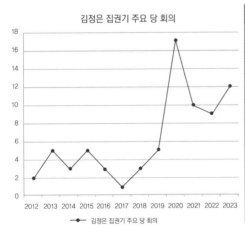

김정은 집권기 주요 당 회의			
	당 중앙위원회 정치국 회의	당 중앙위원회 전원회의	당 중앙군사위원회 회의	합계
2012	2	0	0	2
2013	2	1	2	5
2014	1	0	2	3
2015	2	0	3	5
2016	1	1	1	3
2017	0	1	0	1
2018	1	1	1	3
2019	1	2	2	5
2020	12	1	4	17
2021	4	4	2	10
2022	6	2	1	9
2023	5	3	4	12

이하의 사진에서 보듯 실제 병진노선의 시작과 종결 등 김정은 시대의 주요한 정책변화들은 대부분 당중앙위원회 전원회의를 통해 제시되었다.50)

50) 좌측의 사진은 1980년 제6차 당대회 이후 36년 만에 열린 2016년 제7차 당대회 모습이고 우측의 사진은 김정은 시대의 가장 대표적인 전략노선이던 경제 핵무력건설 병진노선의 종결을 선언한 2018년 4월 제7기 제3차 당중앙위원회 전원회의 모습이다.

또한 제8차 당대회를 통해 취해진 조치들 역시 마찬가지의 맥락에서 중요한 함의를 지닌다. 우선, 가장 중요한 당대회 개최를 정례화했다. 지난 제7차 당대회 규약은 제3장 제22조를 통해 "당대회는 당중앙위원회가 소집하며 당대회 소집날짜는 여섯 달 전에 발표한다"라고 규정했으나 제8차 당대회 규약은 "당대회를 5년에 한 번씩 소집"한다는 내용을 추가하고, 그 발표는 "수개월 전"에 하는 것으로 수정했다. 5년이라는 개최 주기를 설정하고, 그 발표에는 다소 융통성을 부여함으로써 당대회 정례화의 현실성을 높인 것이다. 또한 도, 시, 군당대표회의 소집 주기를 5년으로 명기한 것 역시 마찬가지의 맥락으로 해석된다(제33조).

특히 가장 핵심적인 기구인 정치국 및 정치국 상무위원회와 관련한 규정 변화역시 주목된다. 정치국 및 정치국 상무위원회를 구분하지 않고 '당의 모든 사업을 조직지도'한다는 추상적인 표현으로 갈음하던 이전의 규약과 달리 이번 규약에서는 특히 정치국 상무위원회의 권한을 "정치, 경제, 군사적으로 시급히 제기되는 중대한 문제들을 토의, 결정하고 당과 국가의 중요간부들을 임면하는 문제를 토의"하는 것으로 구체적으로 명기하고 당 수반인 총비서의 위임에 따라 상무위원 가운데 한 사람이 정치국 회의의 사회를 맡을 수 있게 한 것이다(제28조).

이와 같은 조치는 당 총비서 및 비서와 별도로 당중앙위원회 제1비서를 두고 총비서의 대리인으로 규정한 조항(제30조)과 함께 최고지도자의 부재 시에도 주요 결정 기관이 '실질적'으로 작동할 수 있도록 했다는 점에서 제도를 통해 수령의 권한을 위임하려는 흐름과 연관된 것으로 판단된다. 더불어 당중앙군사위원회 및 도,

시, 군 당군사위원회를 성립비율과 관계없이 필요한 성원들만 참가시켜 소집할 수 있다고 한 조항 역시 긴급한 상황에서도 가능한 한 위원회를 가동시켜 절차와 규정을 지키려는 시도로 해석된다(제26조 및 제39조). 이전에 모호했던 당중앙위원회 전원회의의 소집주체를 정치국으로 명기한 점 역시 마찬가지이다.

(3) 기층 조직의 활성화

마지막으로 당세포와 초급당 등 기층 조직의 기능과 역할을 강화한 것이다. 실제 해당 조치들은 당 중앙 조직을 중심으로 한 회의의 정규화와 함께 북한이 김정은의 가장 큰 정치적 업적으로 내세워온 부분이다.

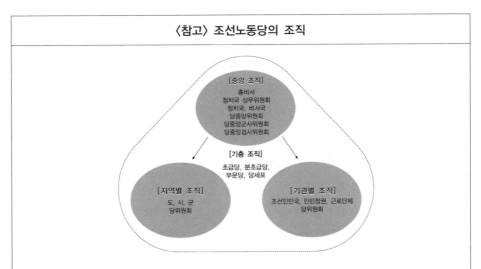

〈참고〉 조선노동당의 조직

[중앙 조직]
총비서
정치국 상무위원회
정치국, 비서국
당중앙위원회
당중앙군사위원회
당중앙검사위원회

[기층 조직]
초급당, 분초급당,
부문당, 당세포

[지역별 조직]
도, 시, 군
당위원회

[기관별 조직]
조선인민국, 인민정권, 근로단체
당위원회

• 조선노동당의 조직은 크게 중앙 조직, 지역별 조직, 기관별 조직, 그리고 기층 조직으로 나눌 수 있다.
• 중앙 조직은 말 그대로 중앙에서 당 사업 및 영도의 전반을 책임지는 조직들을 말한다.
• 중앙 조직을 포함한 지역별, 기관별 조직 등 조선노동당의 '모든' 조직은 그 내부에 초급당, 분초급당, 부문당, 당세포 등의 기층 조직이 구성되어 있어 직능별 업무와 별도로 총화와 교양 등 일상적인 당사업을 진행한다.
• 기관별 조직 중 인민정권은 최고인민회의, 내각, 국무위원회 등 본 저서의 7장에서 다루는 국가기구들을 의미한다.

초급당, 분초급당, 부문당, 당세포로 이어지는 당의 기층 조직 중에서도 가장 기저에 있는 핵심 기층 조직이라 할 수 있는 당세포에 집중한 2013년 1월 제4차 전당세포비서대회는 그 포문을 연 행사였다. "당세포를 강화하는 것이 전당을 강화하기 위한 첫걸음"이고 "기본고리"라며 세포비서대회를 "당대회와 당대표자회에 못지않게" 중요하게 생각한다는 김정은의 공언은 적어도 가시적 형식에 있어서는 거의 그대로 반영되었다. 북한은 1월 18일 『노동신문』 1면을 통해 전당세포비서대회 개최 계획을 보도한 이후 1월 26일자 『노동신문』 1면을 통해 "세포비서대회를 제도화"할 것이라는 당중앙위원회 정치국 명의의 결정서를 게재한 데 이어 실제 대회가 개최된 1월 29-30일에는 『노동신문』 대부분의 지면을 해당 기사에 할애했다.

또한 김정은은 개회사와 폐회사를 모두 직접 했으며 행사에는 당중앙위원회 정치국 상무위원, 위원, 후보위원을 대거 참석시켰고 1만 여 명의 세포비서들을 8일간 평양에 초대하여 일거수일투족을 보도하였다. 말 그대로 당대회급 규모와 격식을 갖춘 것이다. 실제 북한은 만 5년이 채 지나지 않은 2017년 12월 제5차 전당세포위원장대회를 개최함으로써 자신들의 공약을 실천했다. 또한 2016년 12월 제1차 전당초급당위원장대회에서 볼 수 있듯이 기층 조직의 강화는 세포비서 단위를 넘어 초급당비서로 그 범위 역시 아래에서 위로 점진적으로 확대되어 왔다.

이러한 흐름은 제8차 당대회 규약에도 반영되었다. 제5장 당의 기층 조직의 일부조항이 수정보충되어 기층 당조직의 기능과 역할이 강화된 것이다. 특히 개정된 제8차 당대회 규약의 제5장 제41조는 '당의 기층 조직을 강화하고 그 기능과 역할을 부단히 높이기 위'한다는 명분 하에 당세포비서대회와 초급당비서대회를 5년에 한번씩 소집한다는 내용을 추가했다. 더불어 제42조는 "당원이 5명부터 30명까지 있는 단위는 당세포를 조직"하고, "당원이 31명부터 60명까지 있는 독립적인 단위에는 분초급당을 조직"하며, "초급당은 당원이 61명 이상 있는 단위에 조직하는 것"으로 수정하여 기층 단위의 설립 기준을 보다 체계적으로 정리했다. 당대회 3개월 후인 2021년 4월 열린 제6차 전당세포비서대회는 바로 이러한 규약이 적용된 첫 번째 행사였다.

또한 제8차 당대회를 통해 당 자체의 가장 핵심적인 근간이라 할 수 있는 당원과 후보 당원의 규모 역시 확대되어 온 것으로 확인되었다. 김정은에 따르면 전 당

제1장 북한의 정치체제 **41**

의 각급 조직들에서 선출되어 제8차 당대회에 참가한 대표자는 총 4,750명이었다. 제8차 당대회 소집을 공표한 결정서에 따르면 "조선노동당 제8차 대회 대표자 선출비율은 당원 1,300명당 결의권 대표자 1명, 후보 당원 1,300명당 발언권 대표자 1명"이다. 따라서 제8차 당대회 당시 조선노동당 당원과 후보 당원의 합계는 최대 617만(4,750×1,300) 명으로 추산된다.[51] 이는 당원과 후보 당원의 합계가 약 320만 명에서 360만 명 가량인 것으로 추산되었던 지난 제6, 7차 당대회와 비교해 보면 큰 폭으로 증가한 수치이다.[52] 따라서 설사 오차가 있다 하더라도 당원과 후보 당원의 규모가 전반적으로 확대되었다는 사실 자체는 분명해 보인다.

제4절 개인독재와 북한

다음으로는 북한 정치체제가 가진 개인독재체제로서의 특성이다. 앞서 살펴보았듯 북한 체제의 기본적인 디자인은 사회주의 당-국가 체제, 즉 마르크스 레닌주의에 기반한 일당독재 체제라 할 수 있다. 그러나 이는 강력한 설명일 뿐 충분한 설명이 될 수 없다. 김일성, 김정일, 김정은 그리고 이들의 정치적 역할과 지위를 일컫는 '수령'이라는 단어를 제외하고 북한의 정치체제를 설명하는 것은 불가능하기 때문이다.

특히 이와 같은 북한 체제의 특성은 그들이 의지해온 마르크스 레닌주의와도 충돌한다는 점에서 더욱 관심을 끈다. 마르크스 레닌주의에서 지속되어온 프롤레타리아 독재에 대한 정당화에도 불구하고 이는 어디까지나 집단적, 조직적 독재를 의미한 것이었기 때문이다.[53] 앞서 살펴본 선군정치 시기의 이탈을 둘러싼 논쟁과

---

51) 당원과 후보 당원 수의 합계 추산에 '최대'라는 제한 사항을 붙인 이유는 직능별, 부문별 그룹들에서 1,300명 당 대표자 1명이라는 비율이 일괄적용되었는지 여부가 불확실하기 때문이다.

52) 제8차 당대회에서는 제6차 당대회나 제7차 당대회와 달리 결의권 대표자와 발언권 대표자를 구분해서 발표하지 않아 당원과 후보 당원의 상대적 비율 파악이 어렵다는 점에서 후보 당원의 비율을 고려하지 않고 '당원 수'를 600만 명 대로 추정하는 것은 문제가 있다. 참고로 제6차 당대회는 결의권 대표자 3,062명, 발언권 대표자 158명, 제7차 당대회는 결의권 대표자 3,467명, 발언권 대표자 200명이 참석한 것으로 공표되어 후보 당원의 비율이 전체의 약 5%였으며 대표자의 비율은 당원 1,000명당 1명으로 추정된 바 있다. 구체적인 인원 수의 근거는 각 대회 개회사를 참조할 것.

53) 이는 북한 스스로도 인정하고 있는 바다. 조선노동당은 1956년 4월 제3차 당대회 규약을 통해 당의 각급 지도기관은 "당적 지도의 최고 원칙인 사업에서의 집체적 지도에 대한 레닌적 원칙에 엄격히

는 또 다른 차원에서 북한 체제를 사회주의 당-국가 체제로부터의 이탈로 보는 관점들이 존재하는 이유라 하겠다.

이와 같은 의미에서 이하에서는 북한의 개인독재적 특성이 어떠한 과정을 거쳐 어떠한 내용과 방식으로 북한식 당-국가 체제의 핵심 구성 요소로 결합되었는지 살펴보도록 하겠다. 특히 본고에서 활용하는 개인독재체제라는 개념은 2000년대 이후 새로운 발전을 거듭해온 일련의 비(非)민주주의 체제에 대한 연구에서 흔히 적용되어온 3분법, 즉 개인독재체제, 군사독재체제, 일당독재체제의 틀에 근거한 것으로 그 활용을 통해 비교정치연구의 가능성을 높일 수 있을 것으로 기대된다.[54]

Ⅰ. 개인독재의 등장과 부침

1. 스탈린체제와 개인숭배문제

개인독재 문제는 스탈린 시대의 소련에 대한 평가에서 항상 중심에 있었다. 그의 후임자로 스탈린 사후 사회주의권의 분화와 진동에 결정적 계기를 제공했던 1956년 니키타 흐루시초프(Nikita Khrushchev)의 역사적인 비밀연설의 제목이 <개인숭배와 그 결과들에 대하여>였다는 점은 이를 잘 보여준다.

흐루시초프는 자신의 연설이 바로 레닌주의의 "당의 집단적 지도원칙을 파괴함으로써 그리고 엄청난 무제한의 권력을 한 사람의 수중에 집중시킴으로써 어떤 막대한 손해를 초래"했는지에 대한 것이라며 다음과 같은 마르크스의 발언으로 연설

입각하여 자기의 모든 활동을 전개한다"라고 규정한 이래 모든 당규약에서 해당 내용을 재확인하였고 가장 최근인 2021년 제8차 당대회 규약에서도 "당위원회의 활동에서 기본은 집체적 지도"라는 원칙을 재확인한 바 있다.

54) 관련한 대표적인 논의로는 다음을 참조할 것. Paul Brooker, *Non-Democratic Regimes: Theory, Government and Politics*, MaCmillan Press, 2000; Natasha M. Ezrow & Erica Frantz, *Dictators and Dictatorships: Understanding Authoritarian Regimes and Their Leaders*, Bloomsbury, 2013. 또한 해당 연구 경향에 대한 개괄은 Barbara, Barbara Geddes, "What Do We Know about Democratization after Twenty Years", *Annual Review of Political Science*, Vol. 2, June 1999와 한병진, "미국 비교정치학의 최근 경향에 대한 검토: 비교의 확대를 위하여", 『사회과학논총』 제27집 1호, 2008을 참조할 것. 그리고 이를 북한정치연구에 활용할 가능성을 탐구한 대표적인 논의로는 다음을 참조할 것. 박형중 외, 『독재정권의 성격과 정치변동: 북한 관련 시사점』, 통일연구원, 2012.

을 시작했다.55)

> 나는 모든 개인숭배에 대한 불쾌감 때문에 나의 공적을 인정하는 그리고 여러 나라에서 질
> 릴 정도로 밀려오는 수많은 인사말들을 공개하도록 허용한 적이 전혀 없었습니다. […] 처
> 음부터 나와 엥겔스는 권위에 대한 맹신적인 숭배를 조장하는 모든 것을 단체의 규약에서
> 삭제한다는 조건 아래 공산주의자들의 비밀단체에 가입했습니다.

흐루시초프의 주장처럼 실제 마르크스 레닌주의의 지도원칙은 원래 철저히 집
체적인 것이었다. 비록 레닌의 경우 프롤레타리아 독재를 '특정한 조직이나 개인이
아닌 생산수단을 소유하지도 통제하지도 않는 절대다수의 사람들이 국가와 사회를
민주적으로 통제하는 것'으로 정의했던 마르크스의 주장에서 한 발 더 나아가 적어
도 과도기적으로는 '소수의 지도자들에 의해 지도되는 전위당에 의한 독재'로 재정
의하긴 했으나 여전히 그것은 특정한 개인의 독재와는 거리가 멀었다.56) 레닌의
지적처럼 마르크스주의는 인격과 개인에 대한 찬양에 대한 투쟁 그 자체였으며 그
것이 바로 오래전에 마르크스주의가 영웅들의 문제를 해결했다고 선언한 이유였
다. 레닌주의에서 영도의 주체이자 영웅은 전적으로 개인이 아니라 '조직적 영웅으
로서의 당'이었던 것이다.57)
따라서 레닌의 후계자를 자처한 스탈린 역시 개인숭배가 절정에 이르렀을 때조
차 이를 비판하고 '당의 화신'을 자처하며 언제나 '집단적' 의사결정과정을 강조했
다. 정당성의 근원 역시 '인격'이 아닌 '도그마'(dogma)와 '올바른 노선'(Correct Line)
에서 찾았음은 물론이다.58) 하지만 모두 아는 바와 같이 표면적이고 공식적인 원
칙에도 불구하고 스탈린 개인으로의 권력집중은 스탈린 시대 내내 지속되었다. 스
탈린 치하 소련 공산당은 사실상 레닌 시대의 지도적 역할을 박탈당하고 국가 행
정조직, 비밀경찰, 군부와 함께 4대 체제유지 조직의 하나로 격하되었다. 또한 민

55) Nikita Khrushchev, 박상철 역, 『개인숭배와 그 결과들에 대하여』, 책세상, 2006, pp. 16-17.
56) David Held, 박찬표 역, 『민주주의의 모델들』, 후마니타스(주), 2010, p. 223; Lenin, 김남섭 역,
『공산주의에서의 "좌익" 소아병』, 돌베개, 1995, p. 69.
57) Kenneth Jowitt, *New World Disorder*, University of California Press, 1992, p, 6.
58) Kenneth Jowitt, *New World Disorder*, University of California Press, 1992, pp. 5-10; Robert
Service, 윤길순 역, 『스탈린, 강철 권력』, 교양인, 2007, pp. 619-620; Richard Overy, 조행복 역,
『독재자들: 히틀러 대 스탈린, 권력작동의 비밀』, 교양인, 2008, p. 179.

주집중제의 민주적 요소가 지속적으로 약화되면서 당 내부의 중앙집권화와 관료주의화 역시 심화되었다. 사실상 레닌 시대의 '볼셰비키 당'으로부터 수령에게 모든 권위와 권력이 집중된 '지도자 중심당'으로 변질되어 갔던 것이다.[59]

따라서 말 그대로의 절정기 스탈린 시대였던 1940년대부터 1953년 스탈린의 사망 시점까지 소련의 강력한 영향력 하에 당과 국가를 건설해나갔던 북한에서 이와 같은 특성이 광범위하게 나타난 것은 어찌 보면 당연했다. 북한에서 열린 거의 모든 회의와 집회에 스탈린의 초상화가 걸리고 대부분의 연설이 스탈린 만세로 끝난 것은 이러한 분위기를 잘 보여주고 있었다. 소련에서 그랬든 당시 북한에서도 스탈린은 "전 세계 근로인민의 위대한 수령이시고 스승"이자 "가장 친근한 벗"으로 찬양되고 있었던 것이다.[60]

이러한 상황에서 북한의 각 정파들은 이를 비판하기보다는 해당 문화와 상징을 자신들의 것으로 활용하는 데 집중했다. 김일성파 역시 예외가 아니었음은 물론이다. 정권 수립 이후 더욱 가속화된 해당 흐름 속에 김일성파는 김일성을 조선의 '수령'으로 위치 짓기 위해 노력했다.[61] 그리고 앞서 살펴보았듯 전쟁과 전후복구 과정에서 정적들을 하나 둘 제거하며 당의 일색화를 진전시켜 감에 따라 이와 같은 노력은 더욱 커다란 성과로 나타났다. 결국 1950년대 중반에는 이미 북한에서 김일성을 '수령'으로 부르는데 누구도 이의를 달기 어려운 상황이 조성되었다.

2. 1956년의 갈림길: 탈스탈린화 vs 탈소련화

따라서 잠복되어 있던 개인독재에 대한 비판의 흐름이 1953년 3월 스탈린 사후 점차 강화되어 감에 따라 여전히 스탈린 시대의 연장선에 있던 북한에도 긴장이 고조되어 갔다. 그리고 1955년 10월 소련공산당중앙위원회가 집단지도원칙을 부활시키기로 결정하고 1956년 2월 소련공산당의 제1서기로 최고지도자였던 흐루시초프가 제20차 당대회에서 앞서 살펴본 비밀연설을 강행하자 긴장은 말 그대로 '폭발'했다. 수십 년 동안 무오류의 당의 화신으로 추앙받아온 공산주의 진영 전체

59) 박수헌, "레닌과 스탈린 시기 공산당 권위구조의 변천: 당 기관과 당 대중 간의 관계를 중심으로", 『러시아연구』 제13권 제2호, 2003, pp. 345-347.
60) 서동만, 『북조선 사회주의체제 성립사: 1945~1961』, 선인, 2005, p. 270.
61) 서동만, 『북조선 사회주의체제 성립사: 1945~1961』, 선인, 2005, pp. 264-270.

의 수령 스탈린을, 그것도 북한은 물론 전 세계의 공산주의 국가 및 단체의 대표들이 모두 모인 가장 큰 국제적인 행사였던 소련공산당 대회에서 최고지도자가 직접 나서 더할 나위 없이 적나라한 언어들로 정면 비판한 것은 모두에게 충격일 수밖에 없었기 때문이다.

이와 같은 소련의 탈스탈린화 움직임은 명백하게 스탈린의 노선 하에 있었던 김일성의 정권안보를 심각하게 위협했다. 그러나 당시 매우 제한적인 자율성을 지니고 있었던 신생국 북한이 이에 대해 정면으로 반발하는 것은 있을 수 없었다.[62] 더군다나 앞서 살펴본 바와 같이 집단지도의 원칙은 마르크스와 레닌의 지침으로 강력한 정당성을 가지고 있었다. 따라서 김일성측은 한편으로는 개인숭배의 문제를 오기섭, 허가이 그리고 박헌영 등 이미 실각한 여타의 인물들에게 전가시키고 또 다른 한편으로는 빌미가 될 만한 여지를 줄여나가는 방식으로 해당 이슈가 김일성의 권력기반에 미칠 영향을 차단하려 노력했다. 그러나 이러한 노력에도 불구하고 김일성의 권력독점에 불만을 가지고 있던 세력들에게 이와 같은 상황은 더할 나위 없는 힘이 되었다. 박창옥의 표현대로 표면적인 침묵에도 불구하고 1956년 3월 평양 전역에서는 "개인숭배 문제에 대한 대담이 오가고 있었"던 것이다.[63]

동년 4월 조선노동당 제3차 대회 이후 흐루시초프의 후계자가 된 인물인 브레즈네프(Leonid Brezhnev)를 직접 참석시켜 "각 당 단체들 속에서 위로부터 아래까지 집체적 영도의 레닌적 원칙을 완전히 수립하도록 방조"할 것이며 "개인숭배와 관련된 오류"를 범해서는 안 된다는 경고를 남긴 소련의 움직임은 북한 내부의 반발을 더욱 자극했다.[64] 당대회 직후인 동년 5월 31일 진행된 인도 언론과의 인터뷰에서 김일성이 "개인숭배란 마르크스 레닌주의 사상과 레닌의 집체적 지도원칙에 배치되는 것으로서 그를 규탄"한다는 입장을 표명할 수밖에 없었던 것은 실제 이와 같은 압력들이 만만치 않았음을 잘 보여준다.[65]

결과적으로 일시적으로나마 북한에서 '수령'이라는 호칭은 자취를 감췄다.[66]

62) 안경모, "북한의 선군노선과 권위구축동학: 정치적 계승의 위기를 중심으로", 서울대학교 정치학과 박사학위논문, 2013, p. 38.

63) Andrei Lankov, 『소련의 자료로 본 북한현대정치사』, 오름, 1999, p. 203.

64) 서동만, 『북조선 사회주의체제 성립사: 1945~1961』, 선인, 2005, pp. 541-543.

65) 이정식 & 스칼라피노, 『한국공산주의 운동사 2권』, 돌베개, 1987, pp. 638-639 재인용.

66) 서동만, 『북조선 사회주의체제 성립사: 1945~1961』, 선인, 2005, pp. 532-533.

그러나 이러한 긴장이 북한 내에서 폭발한 결정적 분수령이었던 1956년 8월 당중앙위원회 전원회의에서의 정치적 충돌은 앞서 살펴본 바와 같이 김일성파의 승리로 귀결되었다. 따라서 김일성파는 탈스탈린화가 아닌 탈소련화를 통해 김일성 개인독재의 지속을 꾀할 수 있게 되었다. 1956년 10월 탈스탈린화의 바람 속에 공산주의 정권 자체가 무너질 뻔한 헝가리 사태의 충격이 소련의 압박을 완화시킨 것역시 중요한 기회 요소였음은 물론이다.

결국 '수령' 김일성은 부활했다. 그리고 그 기초작업으로서 김일성과 만주파의 업적을 재평가하는 작업 역시 가속화되었다. 1958년 말부터 1959년 상반기까지 전국의 모든 공장 기업소, 협동농장, 학교에 '조선노동당 역사연구실'이 설치되었으며, 혁명 전통 문제와 관련된 당의 문헌과 김일성의 노작에 대한 학습도 광범하게 조직 진행되었다.[67] 또한 김일성의 '혁명사적지'는 대대적으로 확대 정비되었고 당중앙위 직속으로 당역사연구소가 설치되었으며 해당 연구소가 개소 직후 주최한 1959년 12월 25일 「당역사 집필요강 토론회」에서 제시된 김창만의 결론, 즉 "인민의 진출이 전라도, 함경도 혹은 경기도의 어디에서 일어난 것이건, 그것은 김일성 동지의 항일빨치산투쟁의 영향과 지도 하에 일어난 것이다. 1930년대의 총본부가 여기 항일빨치산부대에 있었고, 그것은 김일성동지가 지도했다"는 해석은 이후 북한 역사 서술의 부동의 전제가 되었다. 이 김창만의 연설을 시초로 1960년도 한해 동안 『근로자』에는 '조선로동당 역사 및 혁명전통'에 관한 일련의 논문이 게재되어 일련의 「회상기」를 학술적, 이론적으로 뒷받침하는 작업이 진행되었다. 또한 김일성의 항일무장투장에 대한 역사서술과 교양 역시 대대적으로 전개되었다.[68] 1961년 9월 '승리자들의 대회'로 명명된 조선노동당 제4차 대회는 당의 승리인 동시에 '수령' 김일성의 승리의 장이었던 것이다.

Ⅱ. 개인독재의 제도화

1. 혁명적 수령관과 10대 원칙

북한의 선택과 별도로 국제정치적 차원에서 흐루시초프가 촉발한 사회주의권

---

67) 이태섭, 『김일성 리더십 연구』, 들녘, 2001, pp. 196-197.
68) 서동만, 『북조선 사회주의체제 성립사: 1945~1961』, 선인, 2005, pp. 781-782, 819.

의 분화는 군사적 충돌로까지 치달은 중소분쟁을 포함하여 진영 전체로 번지며 지속되었다. 그것은 흐루시초프가 제기한 논점이 단순히 개인숭배문제에 그치지 않고 중공업 우선주의를 둘러싼 발전노선의 문제, 평화공존론을 둘러싼 대외정책의 문제, 그리고 과도기와 프롤레타리아 독재를 둘러싼 혁명의 단계와 전략의 문제 등을 포괄한 매우 복합적인 것이었기 때문이다.

결과적으로 이와 같은 긴장과 충돌은 북한에게도 다시 한번 선택을 요구했다. 1967년 5월 발표된 김일성의 연설 <자본주의로부터 사회주의에로의 과도기와 프롤레타리아 독재 문제에 대하여>는 주체와 자주의 원칙에서 그 어느 쪽에도 서지 않고 자신들의 길을 가겠다는 북한식 선언이었다. 그리고 이와 같은 '선택'은 대내적으로도 다시 한번 권력투쟁과 중첩되며 북한 내의 정치적 변화로 이어졌다. 물론 여기서의 권력투쟁은 이미 수령으로 지위를 확고히 한 '현재 권력'이 아닌 김일성 이후, 즉 '미래 권력'을 둘러싼 것이었다. 이른바 후계문제가 전면에 등장하게 된 것이다.

바로 이러한 후계의 정치와 맞물려, 그리고 후계자의 직접적인 주도로 북한의 개인독재는 스탈린 시대의 그것에서도 한 발 더 나아가게 되었다. 그 핵심은 인격화와 제도화였다.

첫째, '인격화'의 문제이다. 여기서 중요한 것은 개인숭배와 인격숭배의 차이를 이해하는 것이다. 서비스(Robert Service)의 지적에 따르면 '개인숭배'(cult of the individual)와 '인격숭배'(cult of personality)는 엄연히 다른 개념이다.[69] 다시 말해 정치지도자로서의 개인을 찬양하고 미화하는 개인숭배와 그의 모든 역사와 인성 및 인간관계를 포괄하여 찬양하고 미화하는 인격숭배는 분명한 차이가 있다.

이러한 차원에서 볼 때 스탈린에 대한 숭배는 어디까지나 전자에 머물렀다. 스탈린은 지도자가 되기 이전의 과거에 대한 이야기를 포함하여 어떤 경로로 현재의 생각과 정책이 도출되었는지에 대한 역사적 조명을 거부했으며 공적인 영역에서 가계와 교육, 신념, 태도에 대해 말하는 것을 허락하지 않았다. 이와 같은 기준에 비추어 보면 부모의 업적은 물론 탄생지와 유년기를 포함해 지도자가 아닌 인간 김일성의 과거와 현재 모두를 찬양과 미화의 대상으로 삼은 북한의 개인독재는 전

---

69) Robert Service, 윤길순 역, 『스탈린, 강철 권력』, 교양인, 2007, pp. 619-621.

형적인 인격숭배라 할 수 있다. 바로 이러한 과정을 주도한 이가 선전선동 분야에서 두각을 나타내며 후계자로 부상한 김정일이었다.

둘째, '제도화'의 문제이다. 앞서 언급한 바와 같이 기본적으로 마르크스 레닌주의에서 영도는 집체적인 것으로 개인독재는 결코 용납되지 않는다. 따라서 사회주의 체제 하 개인독재의 전형으로 평가받아온 스탈린 시대조차 본인은 물론 당차원에서도 공식적으로 이와 같은 원칙을 부정하거나 개인독재를 합리화하려는 시도는 없었다. 그러나 북한은 비록 당의 영도와 언제나 병기하긴 했으나 수령에 의한 영도, 즉 개인독재를 공식화하고 제도화했다. 이와 같은 시도가 본격화된 것이 바로 <혁명적 수령관>과 <당의 유일사상체계확립의 10대원칙>이었다.

먼저 <혁명적 수령관>이다. 북한이 김정일에 의해 역사상 처음으로 전일적인 사상이론 체계로 정식화된 것으로 선전해온 혁명적 수령관은 1969년부터 초기 형태가 나타나기 시작했다.[70] 이를 통해 수령은 "전체 당원들과 근로자들을 통일단결시키는 유일한 중심이며 혁명과 건설의 향도적 역량인 당과 정권기관, 근로단체들을 유일적으로 지도하는 최고 뇌수"로 정의되었다. 지도자의 영도가 없는 혁명은 자연발생성을 면치 못하기 때문에 수령의 영도가 필수적이라는 주장이었다.

다음으로 마찬가지로 후계자 김정일에 의해 주도된 끝에 1974년 4월 14일에 공식 선포된 <당의 유일사상체계의 확립 10대 원칙>이다. 10대 원칙은 혁명적 수령관을 현실적인 규범으로 구체화하고 절대화한 결과였다. 물론 이는 새로운 것은 아니었다. 이미 1967년 8월 제4기 제16차 당중앙위원회 전원회의에서 당 조직지도부장이자 후계자 1순위로 언급되던 김일성의 동생 김영주에 의해 거의 비슷한 내용으로 토의, 채택된 바 있었기 때문이다. 그러나 1974년 발표된 10대 원칙은 그 '유일성'에 대한 강조가 보다 강화되었을 뿐만 아니라 이후 명실공히 전 사회를 규율하는 실질적인 "최고지상법"(最高至上法)으로 권위를 가져 왔다는 점, 그리고 '영도'와 차별적인 '지도'라는 개념을 통해 수령뿐만이 아니라 그 후계자의 권위 역시 절대화하려 했다는 점에서 이전의 그것과 차별적이었다.

요컨대 북한의 개인독재는 1970년대 후계체제를 거치며 인격화, 제도화됨으로써 스탈린 시대의 그것을 넘어서게 되었다. 또한 이와 같은 이탈이 보다 근본적인

---

70) 이종석, 『조선로동당 연구』, 역사비평사, 1995, p. 101.

이데올로기적 변화, 즉 1970년 제5차 당대회를 통해 마르크스 레닌주의와 동급으로 올라선 이후 1980년 제6차 당대회를 통해 마르크스 레닌주의를 대체한 '유일한' 지도사상으로 올라선 주체사상의 부상과 병행되었다는 점 역시 중요하다 하겠다.

2. 사회정치적 생명체론과 후계자론

김정일이 최초로 '영광스러운 당중앙'이라는 모호한 존재가 아닌 '친애하는 지도자 김정일 동지'로 실제 모습을 드러냄으로써 당내 후계자가 아닌 국가 차원의 후계자임을 대내외에 알린 1980년 제6차 당대회 이후 북한 개인독재의 인격화와 제도화는 또 한번의 심화과정을 거친다. 1970년대와 마찬가지로 김정일에 의해 주도된 해당 단계의 핵심 개념은 바로 '사회정치적 생명체론'이었다. 이는 가장 중요한 함의를 갖는 김정일의 저작 중 하나로 평가되어온 1986년 7월 <주체사상교양에서 제기되는 몇 가지 문제에 대하여>를 통해 체계화되었다.

그에 따르면 사회는 하나의 생명체로서 "최고뇌수"인 수령과 "수령을 중심으로 조직사상적으로 공고하게 결합된 인민대중의 핵심부대로서 자주적인 사회정치적 생명체의 중추"인 당, 그리고 "수령과 조직사상적으로 결합되어 당과 운명을 같이 하게 될 때 영생하는 사회정치적 생명"을 얻게 되는 인민대중으로 이루어진다. 그리고 집단으로서 사회정치적 생명체의 생명은 개인의 생명에 우선한다. 생명의 중심이며 집단의 생명을 대표하는 수령에 대한 충실성과 동지애는 절대적이며 무조건적이어야 한다는 기존의 '혁명적 수령관'이 국가와 사회 전체를 아우르는 조직원리로 확장된 것이다.

이와 같은 사회정치적 생명체론과 함께 북한의 개인독재를 심화시킨 또 다른 축이 바로 '후계자론'이었다. 비록 1980년 제6차 당대회를 통해 마르크스 레닌주의가 아닌 주체사상을 유일한 지도이념으로 규정함으로써 개인독재에 비판적인 마르크스 레닌주의와의 이데올로기적 긴장을 완화하기는 했으나 여전히 세습을 봉건의 잔재로 터부시하는 '진영'이 건재한 상황은 북한에 만만치 않은 도전이었다. 후계자론은 이에 대한 북한의 대응이었다. 물론 그 내용과 무관하게 후계자론 자체에 대한 부담감으로 인해 북한이 아닌 남한에서 출판된 것으로 위장하기는 했으나 그 진원이 어딘지는 의문의 여지가 없었다.

일련의 후계자론을 통해 북한이 이야기하고자 하는 핵심은 분명했다. 비록 결과적인 부자세습이긴 했으나 결코 '혈통'에 근거한 봉건적 계승이 아니라 '능력과 충실성'에 기반한 혁명적 계승의 결과라는 주장이었다. 후계자론을 입론한 대표적인 두 개 저서의 상당 부분이 일종의 '자질론'으로 채워져 있었던 것은 북한의 이와 같은 의도를 잘 보여주고 있었다.[71] 그러나 내용 자체에 대한 논란은 차치하고라도 수령 지위의 계승이라는 차원에서 후계자론이라는 것을 만든 것 자체가 정당화 시도로서의 성격과 함께 시간적 제약을 넘어 북한식 개인독재체제를 제도화, 항구화하려는 의도를 내포한 것이었다고 할 수 있다.

결과적으로 이와 같은 개인독재의 인격화와 제도화는 역사적으로 유례가 없는 '유훈통치'와 '선군정치'라는 형태를 거치며 김정일 시대에도 지속 강화되었다.

II. 개인독재와 3대 세습

1. 김정은 시대의 개막과 개인독재

집권 초반 3년여에 불과한 짧은 후계수업 기간과 20대 후반의 연소한 나이로 김정은의 리더십에 대한 의구심이 상당했음은 주지의 사실이다. 그러나 이러한 의구심이 잦아드는 데는 그리 오랜 시간이 걸리지 않았다. 2012년 4월 제4차 당대표자회를 통해 김정일을 영원한 총비서로 추대하면서 새로 만든 사실상의 총비서 직책, 즉 당의 제1비서로 취임한 지 1년여가 지난 2013년 여름 김정은은 39년 만에 <10대 원칙>을 개정하며 리더십을 과시했다. 그리고 채 6개월이 지나지 않아 더욱 충격적인 소식을 전했다. 동년 12월 친고모부로 당중앙위원회 정치국 위원이자 당중앙군사위원회 위원이며 국방위원회 부위원장인 동시에 당 행정부장으로 강력한 권력을 지니고 있었던 것으로 평가되던 장성택을 '반당반혁명 종파분자'라며 재판 후 전격 처형한 것이다. 해당 사건은 김정은의 권력기반을 위협하는 가장 커다란 장애물을 제거한 것으로 평가되었다.

이후 김정은은 김정일 시대의 가장 강력한 정치 집단 중 하나로 평가되던 군부를 체계적으로 약화시키는 작업과 병행된 당의 강화를 통해 지속적으로 리더십을 강화해 왔다. 특히 2021년 제8차 당대회를 계기로 김일성과 김정일이 독점했던 '수

---

71) 두 책의 후계자론에 대한 소개는 다음을 참조할 것. 정영철, 『김정일 리더십 연구』, 선인, 2005, pp. 90~98.

령' 호칭을 본격적으로 공유하기 시작한 것이나 최근 김일성-김정일주의가 아닌 '김정은의 혁명사상'이라는 표현이 등장하기 시작한 것 역시 중요한 분기점으로 평가할 만하다. 요컨대 김정은 시대 역시 김일성, 김정일 시대와 마찬가지로 인격화, 제도화된 개인독재의 성격이 지속되고 있는 것이다.

그러나 이러한 지속의 이면에는 변화의 조짐 역시 병존했다. 그것이 개인독재의 강화를 의미하는지 아니면 약화를 의미하는지를 판단하기에는 아직 이르나 이전에 발견되지 않던 새로운 패턴들이 나타나고 있다는 점 자체는 사실이라는 것이다.

첫째, 한계를 인정하고 사과하는 모습이다. 주지하듯 북한이 주장해온 수령의 주요한 특성은 '무오류성'이다. 실제 북한의 수령은 잘못을 인정하거나 사과하는 모습을 찾을 수 없었다. 그러나 김정은은 2019년 신년사를 통해 "능력이 따라서지 못하는 안타까움과 자책 속에 지난 한 해를 보냈다"는 유감표명을 한 이래 동년 3월 열린 제2차 초급선전일꾼대회를 통해 "수령의 혁명활동과 풍모를 신비화"하지 말라는 이례적인 언급을 하여 주목을 끌었다. 또한 공식 석상에 인민을 언급하며 '눈물'을 흘리는 모습을 지속적으로 노출하고 있는 것 역시 마찬가지의 맥락에서 전례가 없다.

둘째, 선대 수령의 권위를 부정하는 모습이다. 비록 흐루시초프의 스탈린 비판이라는 매우 이례적인 사례가 있으나 기본적으로 사회주의 국가에서의 계승은 전임자에 대한 '부정'(negation)보다는 '인정'(recognition)을 통해 이루어지는 경향이 강했다. 물론 이는 절차적 정당성이 아닌 이데올로기적 정당성에 기반한 사회주의 국가의 역설적 취약성이 그 원인이라 할 수 있다. 따라서 마찬가지로 이데올로기적 정당성에 의존하는 데에서 더 나아가 세습의 형태를 띤 북한의 정치적 계승은 이러한 특성이 더욱 극대화되어 나타났다. 어찌 보면 북한은 유훈통치라는 극히 이례적인 통치 방식이 일상화된 체제였던 것이다.

그러나 이와 같은 패턴에도 변화가 감지되고 있다. 앞서 새로운 모습을 보인 2019년 김정은은 금강산을 찾아 남한측 시설물의 전면철거를 지시하며 김일성, 김정일을 암시하는 "선임자들의 잘못된 정책"을 강하게 비판하여 주목을 끌었다. 또한 2023년 12월 제8기 제9차 당중앙위원회 전원회의를 통해 전격적으로 선언된 통일포기론과 적대국론은 통일이라는 김일성의 가장 강력한 유훈을 부정하는 동시에 김정일이 개념화한『조국통일 3대 헌장』역시 부정하고 그 시설물을 전격 철거했다는 점에서 충격을 주었다.

그렇다면 과연 이와 같은 '변화'는 실제 유의미한 것인가? 그 변화의 종착점은 어디가 될 것인가? 물론 아직 해당 질문에 답을 하기에는 변화의 폭과 내용이 턱없이 부족하다. 그러나 모든 변화는 진행형이라는 점에서 향후의 보다 정확하고 선제적인 분석을 위해 착안점을 미리 선별하는 작업은 필요하다. 이러한 차원에서 이하에서 두 개의 논점을 살펴보도록 하겠다.

2. 정치 제도화와 제3의 길

먼저 정치 제도화의 논점이다. 앞서 살펴보았듯 김정은 시대의 정치변화에 대한 논쟁에서 중심이 된 개념은 당-국가 체제의 복원 또는 정상화였다. 그러나 해당 개념은 과거로의 회귀를 의미한다는 점에서 담을 수 있는 변화의 폭이 제한된다는 한계가 있다. 이러한 차원에서 주목할 만한 개념이 바로 '정치 제도화'(political institutionalization)이다. 그렇다면 정치 제도화 개념은 어떤 맥락에서 등장했으며 우리에게 익숙한 정치 민주화라는 개념과 무엇이 다른가?[72]

시민혁명을 통해 근대 정치체제가 등장한 이후 정치체제에 대한 분석과 평가에서 가장 널리 공유되어온 틀은 바로 '전통'과 '근대'라는 진화론적 이분법이라 할 수 있다. 현대 정치학의 가장 강력한 프레임 중 하나라 할 수 있는 '근대화론'(modernization theory)이 바로 그것이다. 기술적 의미가 강했던 이와 같은 근대화론 혹은 사회학적 진화론은 냉전의 발발과 함께 격화된 도덕적 충돌과 결합하며 이른바 민주화론으로 발전되어 갔다.

그러나 1960년대 이후 세계의 현실은 이와 같은 이분법적 세계관을 위협하기에 충분했다. 궁극적으로 소멸되고 민주화될 것이라 여겨졌던 사회주의 국가들은 단순한 생존을 넘어 분화하고 변화하며 예측을 벗어나고 있었다. 또한 민주화론의 위기가 내부로부터도 심화되어갔다는 점 역시 중요했다. 자유주의 '진영'에는 속해 있으나 결코 민주주의라 할 수 없는 일련의 독재국가들을 어떻게 범주화하고 분석해야 하는가의 문제가 여전히 해결되지 않고 있었기 때문이다. 전체주의도, 공산주

---

72) 이하 논의는 다음을 참조할 것. 안경모, "김정은 시대 북한 정치 변화의 함의: '당-국가 체제'와 '정치 제도화' 개념을 중심으로",『아세아연구』제64권 4호, 2021.

의도 아닌 새로운 유형의 독재국가들을 포괄하는 틀로 '권위주의'라는 개념이 탄생한 배경이었다.

이러한 문제의식의 연장선에서 민주화론에 일정한 수정을 가하려 한 대표적인 시도가 바로 민주성 이외의 효율성과 질서, 안정성 그리고 이를 가능케 하는 정치질서와 제도화를 강조한 헌팅턴(Samuel Huntington)의 논의였다. 발전된 정치체제란 '효율적이고 합법적인 정부가 안정적으로 유지되는 상태'이며 '조직과 절차가 가치와 안정을 획득하는 과정'인 정치 제도화가 이러한 정치 발전의 핵심적인 요소라는 주장이었다.[73]

이른바 민주화의 물결과 사회주의 진영의 붕괴 속에 민주화론이 다시 강세를 보인 1980년대와 1990년대를 거쳐 정치 제도화 개념이 다시 주목받기 시작한 것은 2000년대였다. 마치 1960년대 전체주의론과 근대화론이 여전히 비민주적이지만 그럼에도 불구하고 지속되는 독재국가 내부의 변화와 분화, 혹은 국가 능력을 설명하는 데 한계를 보인 것처럼 현재의 민주화론과 불량국가론 역시 해당 국가들의 변화와 능력을 설명하고 독해해내는 데 분명한 한계를 보였기 때문이었다.

특히 여전히 비민주주의 국가로 남아있는 중국의 지속적인 부상을 비롯하여 베트남, 쿠바, 북한 등 살아남은 사회주의 국가'들'의 존재는 '설명해야 하는 새로운 현상'의 지평을 더욱 확장시켰다. 중국의 사례를 넘어 『왜 공산주의는 붕괴하지 않는가?』라는 책이 발간되기에 이른 이유였다.[74] 다시 말해 현재는 '아직'이라는 수식어를 탈피해 지금 당장 눈앞에 벌어지고 있는 비민주국가들의 새로운 현상을 분석하기 위한 분석틀과 개념이 필요해진 상황이라 할 수 있다.[75] 앞서 살펴본 김정은 시대 북한의 '당 사업 전반의 정규화' 흐름 역시 마찬가지이다.

이러한 차원에서 비록 정치 제도화가 상당히 진행된 중국 등의 사례에 비해 아직은 북한 정치 변화의 방향성과 폭이 불분명하고 크지 않은 것이 사실이나 관련한 논의를 확장하는 차원에서 정치 제도화를 포함한 다양한 개념들을 적용해 보려

---

73) Samuel Huntington, *Political Order in Changing Societies*, Yale University Press, 1968, p. 12.

74) Martin K. Dimitrov ed., *Why Communism Did Not Collapse: Understanding Authoritarian Regime Resilience in Asia and Europe*, New York: Cambridge University Press, 2013.

75) 진화론적 발전론, 혹은 민주화론에 대한 비판적 평가 속에 중국이라는 '사회주의 국가'의 경로를 분석한 국내의 주요 연구결과로는 다음을 참조할 것. 조영남, "중국의 정치개혁: 성과와 한계", 이현정 편, 『개혁 중국: 변화와 지속』, 한울 아카데미, 2019; 신봉수, "서양정치사상 중심의 정치발전론에 관한 비판적 고찰: 마오쩌둥사상과 덩샤오핑 이론", 『국제정치논총』 제48집 4호, 2008.

는 시도는 충분히 가치있는 일이라 판단된다.[76)]

3. 백두혈통론과 세습의 정치

마지막으로 어찌 보면 정치 제도화와는 전혀 다른 맥락에서의 논점이라 할 수 있는 세습의 제도화와 관련된 부분이다. 이른바 혈통론의 부상이 그것이다. 앞서 살펴본 바와 같이 북한의 기존 후계자론의 핵심은 '능력과 자질'이었다. 비록 '사실상의' 세습일 수는 있으나 마르크스 레닌주의의 가장 근본적인 토대인 역사발전론을 역행하는 봉건적 혈통론에 '이론적'으로도 기대는 것은 북한에게도 매우 부담스러운 것이었기 때문이다.

그러나 이와 같은 일종의 '금기'에도 변화가 일어나기 시작했다. 김정은으로의 후계 과정에서 백두혈통과 만경대가문을 앞세운 혈통론이 강조되는 경향이 뚜렷이 나타났던 것이다. 물론 이는 김일성 사망시까지 20여 년 동안 지속된 후계체제를 통해 사실상의 2중 통치에 가까운 지도자 경험을 쌓고 50대 중반에 최고지도자가 된 김정일에 비해 3년 여의 후계자 수업을 거친 20대 후반의 김정은의 '능력과 자질'을 유일한 정당성의 기반으로 내세우기가 쉽지 않았다는 현실적인 어려움에 기반한 결과였다 판단된다.[77)]

그러나 빈도와 강도를 위주로 한 가시적인 변화들에도 불구하고 주로 문학이나 개인 명의의 주장들에 그치던 혈통론이 공식문건에 전면화된 것은 관련한 변화의 흐름이 일시적인 현상이 아닐 가능성을 암시한다는 점에서 주목되었다.[78)] 1956년 8월 종파사건의 해결 이래 가장 중대한 정치적 사건 중 하나로 평가받고 있는 2013년 장성택 숙청과 관련된 판결문은 그 대표적인 사례였다. 『노동신문』에 전문 게재된 해당 판결문에서 북한은 다음과 같이 혈통론을 공식화했다.

---

76) 민주화론의 2분법적인 틀을 넘어서려는 또 다른 노력으로는 '적응' 개념을 통한 분석들을 들 수 있다. 이는 앞선 디미트로프의 책에서 제시된 것으로 이를 북한에 적용한 시도로는 다음의 연구들이 있다. 안경모, "북한의 이데올로기 변화와 그 정치적 함의(1966-2012): '적응'(adaptation)의 과정을 중심으로", 『한국정치학회보』 제49집 4호, 2015; 강혜석, "적응적 국가민족주의와 사회주의 국가의 회복탄력성: 소련, 중국 사례 비교연구", 『아세아연구』 제61권 4호, 2018.

77) 김일성과 김정일의 2중 통치에 대한 실증적 연구는 매우 드문 상황이다. 이에 대한 연구로는 다음이 대표적이다. 강혜석, "북한 민족주의론의 분화와 진동(1980-1997): 이중 통치의 부상과 정치적 계승을 중심으로", 『아태연구』 제27권 1호, 2020.

78) 문학작품을 중심으로 한 김정은 리더십의 특성에 대한 연구로는 다음을 참조할 것. 전영선, "김정은의 사회문화 리더십", 정성장 외, 『김정은 리더십 연구』 세종연구소 세종정책총서 2017-2, 2017.

세월은 흐르고 세대가 열백번 바뀌여도 변할수도 바뀔수도 없는것이 **백두의 혈통**이다. 우리 당과 국가, 군대와 인민은 오직 김일성, 김정일, 김정은동지밖에는 그 누구도 모른다. 이 하늘아래서 감히 김정은동지의 유일적령도를 거부하고 원수님의 절대적권위에 도전하며 **백두의 혈통**과 일개인을 대치시키는 자들을 우리 군대와 인민은 절대로 용서치 않고 그가 누구이든, 그 어디에 숨어있든 모조리 쓸어모아 력사의 준엄한 심판대우에 올려세우고 당과 혁명, 조국과 인민의 이름으로 무자비하게 징벌할 것이다.(강조 필자)

이후 혈통론이 다시 주목받기 시작한 것은 바로 2022년 김정은의 딸 김주애의 등장과 함께 김정은 '이후'에 대한 논쟁이 촉발되면서부터였다. 주지하듯 김정은 '이후'에 대한 논의는 지속적인 건강 이슈에도 불구하고 아직 40대 초반에 불과한 김정은의 연소한 나이로 인해 극히 드물었다. 그러나 2022년 화성 17호 시험 발사 현장에 처음 등장한 김주애가 이후에도 공식 석상에 빈번히 참석하며 그 위상 역시 지속적으로 강화되자 논란은 격화되었다. 김주애를 후계자로 단언하는 주장들이 공공연하기에 이른 것이다. 과연 김주애는 전제군주정을 제외하고는 전무후무한 사례라 할 수 있는 4대 세습을 통해 김정은의 후계자가 될 것인가?

아마 단순한 호기심이 아닌 학문적, 정책적 분석의 차원에서 볼 때 현 시점에서 중요한 질문은 '누가 후계자가 될 것인가?'보다는 '김주애를 등장시킨 이면의 정치적 의도는 무엇이고 그것이 북한의 미래에 갖는 함의는 무엇인가?'가 되어야 할 것이다. 김주애 본인에 대한 정보가 없는 상황에서, 그리고 2013년 생인 것으로 알려진 김주애의 나이를 고려할 때 '누가'와 관련한 논의가 갖는 함의는 제한적일 수밖에 없는 반면 김주애의 등장 자체가 매우 의도적인 정치적 행위라는 점은 분명하기 때문이다. 특히 일단 부각된 후계의 동학은 그 부침과 무관하게 앞으로도 지속적으로 북한 정치에 커다란 영향을 줄 것이라는 점에서 매우 중요하다.

관련해서 특히 주목해야 할 부분은 앞선 정치 제도화라는 개념에서 볼 때 김주애의 등장이 갖는 함의이다. 혈통론의 부상과 김주애의 등장이 제한적이나마 관찰되던 기존의 정치 제도화 흐름을 역진시키며 '제도로서의 당'이 아닌 '구체적 인격으로서의 수령'의 유일영도에 대한 강조와 결합하여 북한의 정치를 더욱 퇴행시킬 가능성이 바로 그것이다. 비록 지난 70여 년간 북한 정치의 근간으로 확고히 자리잡은 사회주의 당-국가 체제로서의 이데올로기적/조직적 특성을 고려할 때 김주애의 부상이 공식적인 군주제로의 전환을 의미할 수 있다는 일각의 주장이 갖는 현실성이 크지 않다 하더라도 해당 논점에 지속적인 관심을 기울여야 할 이유라 하겠다.

제5절 결론

그렇다면 모순된 신호들이 교차해온 북한 정치의 미래는 어떻게 될 것인가? 보다 평화롭고 번영하는 한반도를 위해 우리는 무엇을 어떻게 해야 할까? 북한과 같은 '닫힌 사회'를 '열린 사회'로 이끄는 열쇠는 어디서 찾아야 할 것인가?

아마 그 첫 번째 과업은 어찌보면 당연하게도 현재의 북한이 가지고 있는 경직되고 폭력적이며 비민주적인 체제 속성들을 지탱하고 있는 핵심 요소를 연성화하거나 제거하려는 노력이 되어야 할 것이다. 그렇다면 그 핵심 요소는 무엇일까? 앞서 유일당에 의한 독재로 귀결된 사회주의 당-국가 체제의 탄생 과정에서 중대한 영향을 미친 변수로 언급했던 '피포위 의식'(Siege Mentality)은 그 답 중 하나일 것이다.

물론 피포위 의식은 사회주의만의 특성은 아니다. 역사적 경험과 지정학, 그리고 상대적으로 취약한 국력 역시 피포위 의식을 형성시키는 중요한 원인들이기 때문이다.[79] 그러나 혁명 정권에서 나타난 피포위 의식은 위협을 외부에만 존재하는 것이 아니라 내부에도 존재하는 전방위적인 것으로 간주한다는 점에서 차별적이다. 내부의 적들과 외부의 적들이 결합된 '역(逆)혁명'에 대한 두려움과 그에 기반한 '전투기조'(combat ethos)는 사회주의 정치원리를 뒷받침한 가장 근본적인 특성인 동시에 독재를 지속 가능하게 한 핵심 변수였던 것이다.[80] 피포위 의식이 단순히 안보정책에서 멈추지 않고 정치체제의 속성 자체에 심대한 영향을 끼쳐온 이유

---

79) 이스라엘이 갖고 있는 피포위 의식과 이로 인한 공세적 군사정책은 그 대표적인 예이다. 부승찬, "이스라엘의 핵개발 결정과 핵전략: 포위심성(siege mentality)의 적용", 『국가전략』 제23권 2호, 2017.

80) Kenneth Jowitt, *New World Disorder*, University of California Press, 1992, pp. 122-126; Mark Harrison, "The Dictator and Defense", Mark Harrison ed., *Guns and Rubles: The Defense Industry in the Stalinist State*, New Haven: Yale U.P., 2008, pp. 7-10; Jeremy T. Paltiel, "The Cult of Personality: Some Comparative Reflections on Political Culture in Leninist Regimes", *Studies in Comparative Communism*, Vol. XVI, No. 1&2, 1983, p. 49.

이다. 거쉔크론(Alexander Gerschenkron)의 지적처럼 "포위된 요새 증후군"(fortress under siege syndrome)은 독재자를 진보의 기수이자 적들을 응징하는 영웅으로 만드는 동시에 모든 불만을 반역으로 규정할 수 있는 강력한 힘의 근원이었던 것이다.[81]

더불어 계급의 언어를 민족의 언어로 대체해 가고 있는 북한을 비롯한 중국 등 현존 사회주의 국가들의 일반적 패턴은 이와 같은 전투기조에 대한 관심이 더욱 필요함을 잘 보여준다. '노동자에게는 조국이 없다'는 마르크스와 엥겔스의 유명한 언명이 상징하듯 오랫동안 상호 부정의 관계였던 사회주의와 민족주의의 극적인 결합을 가능하게 한 핵심 고리는 '적과 동지'의 이분법을 전제로 한 '가장 극단적인 적대'(antagonism)의 세계관이기 때문이다.[82]

이러한 차원에서 '닫힌 사회'를 붕괴시키는 가장 강력한 무기가 '교통과 상업'이라는 칼 포퍼(Karl Popper)의 지적은 경청할 만하다.[83] 그야말로 매력적인 무기인 '총과 칼'이 그 의도와 달리 끊임없는 '안보 딜레마'(security dilemma) 속에 의도하지 않은 결과를 초래하곤 했던 기억이 너무나 뼈아프기 때문이다. 이러한 측면에서 이제 모두 자랑스러워하고 있듯이 북한의 교통과 상업을 자극할 막대한 자산이 우리에게 있다는 점은 매우 다행스럽다. 거듭되는 실패와 좌절 속에서도 평화롭고 번영하는 한반도라는 모두의 간절한 바람을 포기하기엔 너무 이른 이유라 하겠다.

---

81) Alexander Erlich, "Stalinism and Marxian Growth Models", Robert C. Tucker ed., *Stalinism: Essays in Historical Interpretation*, New Jersey: New Brunswick, 1999, p. 153 재인용.

82) 사회주의와 민족주의의 결합이 갖는 이와 같은 특성에 대해서는 다음을 참조할 것. 강혜석, "정당성의 정치와 북한의 민족재건설: 주체, 우리 식, 우리민족제일주의", 『다문화사회연구』제10권 1호, 2017.

83) Karl Popper, 이한구 역, 『열린사회와 그 적들 Ⅰ』, 민음사, 2008, p. 298.

참고문헌

[북한 자료]

한동규, "조직성과 규률성은 당의 전투력의 기본담보", 『근로자』 12호, 조선노동당출판사, 2013.

김정일, 『김정일선집』 5권, 조선노동당출판사, 2010.
_____, 『김정일선집』 6권, 조선노동당출판사, 2010.
박혁철·리홍수·서성일, 『우리 당의 선군사상』, 사회과학출판사, 2010.

『노동신문』.

[남한 자료]
• 논 문

강혜석, "북한 민족주의론의 분화와 진동(1980-1997): 이중 통치의 부상과 정치적 계승을 중심으로", 『아태연구』 제27권 1호, 2020.
_____, "'사회주의법치국가'론과 김정은 시대의 통치전략: 북한식 법치의 내용과 특징", 『국제지역연구』 제26권 제1호, 2022.
_____, "적응적 국가민족주의와 사회주의 국가의 회복탄력성: 소련, 중국 사례 비교연구", 『아세아연구』 제61권 4호, 2018.
_____, 정치와 북한의 민족재건설: 주체, 우리 식, 우리민족제일주의", 『다문화사회연구』 제10권 1호, 2017.
강혜석·안경모, "김정은 시대 통치 이데올로기(2012-2021)", 정영철 편, 『세계정치 34: 김정은의 전략과 북한』, 사회평론아카데미, 2021.
고유환, "김정은 후계구축과 북한 리더십 변화", 『한국정치학회보』 제45집 제5호, 2011.
박수헌, "레닌과 스탈린 시기 공산당 권위구조의 변천: 당 기관과 당 대중 간의 관계를 중심으로", 『러시아연구』 제13권 제2호, 2003.
부승찬, "이스라엘의 핵개발 결정과 핵전략: 포위심성(siege mentality)의 적용", 『국가전략』 제23권 2호, 2017.
서유석, "북한사회주의체제의 '과도기론'에 대한 재인식", 『통일문제연구』 통권 제47호, 2007.

신봉수, "서양정치사상 중심의 정치발전론에 관한 비판적 고찰: 마오쩌둥사상과 덩샤오핑 이론", 『국제정치논총』 제48집 4호, 2008.

안경모, "김정은 시대 북한 정치 변화의 함의: '당-국가체제'와 '정치 제도화' 개념을 중심으로", 『아세아연구』 제64권 4호, 2021.

_____, "김정은 시대 북한 정치체제 변화에 대한 분석: 혁명정권의 딜레마와 당-국가 체제적 속성을 중심으로", 『아세아연구』 제59권 2호, 2016.

_____, "북한의 선군노선과 권위구축동학: 정치적 계승의 위기를 중심으로", 서울대학교 정치학과 박사학위논문, 2013.

_____, "북한의 이데올로기 변화와 그 정치적 함의(1966-2012): '적응'(adaptation)의 과정을 중심으로", 『한국정치학회보』 제49집 4호, 2015.

양현수, "김정일 시대의 조선인민군: 북한의 '군사국가화' 논의 비평", 1999년 9월 18일 한국정치학회 추계학술회의, 1999.

윤종희, "소련 마르크스주의의 자본주의 위기 논쟁", 김석진 엮음, 『자본주의의 위기와 역사적 마르크스주의』, 공감, 2001.

이대근, "북한 노동당 조직과 기능의 변화", 2015 북한연구학회 하계학술회의, 2015.

이종석, "김정일시대의 조선노동당: 위상, 조직, 기능", 이종석·백학순 편, 『김정일 시대의 당과 국가기구』, 세종연구소, 2000.

이희옥, "사회주의 초급단계론의 사회주의 인식", 『중소연구』 제12권, 1990.

장달중, "김정일 체제와 주체비젼: 이데올로기, 당, 그리고 군중을 중심으로", 『아세아연구』 통권 제101호, 1999.

장달중·임수호, "김정일체제와 강성대국론", 백영철 외, 『한반도 평화 프로세스』, 건국대학교 출판부, 2005.

전영선, "김정은의 사회문화 리더십", 정성장 외, 『김정은 리더십 연구』 세종연구소 세종정책총서 2017-2, 2017.

정성임, "김정은 정권의 제도적 기반: 당과 국가기구를 중심으로", 『통일정책연구』 제21권 2호, 2012.

정성장, "김정일 시대 북한의 '선군정치'와 당·군 관계", 『국가전략』 제7권 3호, 2001.

_____, "김정일의 '선군정치': 논리와 정책적 함의", 『현대북한연구』 제4권 2호, 2001.

조영남, "중국의 정치개혁: 성과와 한계", 이현정 편, 『개혁 중국: 변화와 지속』, 한울 아카데미, 2019.

주봉호, "구소련의 과도기론", 『한국시민윤리학회보』 7호, 1995.

최완규, "북한 국가 성격의 이론과 쟁점: 비교 사회주의적 관점", 『현대북한연구』 4권 1호, 2001.

한병진, "미국 비교정치학의 최근 경향에 대한 검토: 비교의 확대를 위하여", 『사회과학논총』
　　　제27집 1호, 2008.

• 단행본

김성보, 『북한의 역사 1: 건국과 인민민주주의의 경험』, 역사비평사, 2011.

박형중 외, 『독재정권의 성격과 정치변동: 북한 관련 시사점』, 통일연구원, 2012.

서동만, 『북조선 사회주의체제 성립사: 1945~1961』, 2005, 선인.

이대근, 『북한 군부는 왜 쿠데타를 하지 않나: 김정일 시대 선군정치와 군부의 정치적 역할』,
　　　한울아카데미, 2003.

이정식 & 스칼라피노, 『한국공산주의 운동사 2권』, 돌베개, 1987.

이종석, 『새로 쓴 현대북한의 이해』, 역사비평사, 2000.

_____, 『조선로동당 연구』, 역사비평사, 1995.

이태섭, 『김일성 리더십 연구』, 들녘, 2001.

정영철, 『김정일 리더십 연구』, 선인, 2005.

정창현, 『김정일: CEO of DPRK』, 중앙 북스, 2007.

한성훈, 『전쟁과 인민: 북한 사회주의 체제의 성립과 인민의 탄생』, 돌베개, 2012.

한형식, 『맑스주의 역사강의: 유토피아 사회주의에서 아시아 공산주의까지』, ㈜그린비출판사,
　　　2010.

한홍구, 『대한민국사 2』, 한겨레출판, 2003.

현성일, 『북한의 국가전략과 파워엘리트』, 선인, 2007.

Andrei Lankov, 『소련의 자료로 본 북한현대정치사』, 오름, 1999.

David Held, 박찬표 역, 『민주주의의 모델들』, 후마니타스(주), 2010.

Donald Sassoon, 강주헌 외 역, 『사회주의 100년: 20세기 서유럽 좌파 정당의 흥망성쇠』, 황
　　　소걸음, 2014.

Duncan Hallas, 최일붕 역, 『트로츠키의 마르크스주의』, 책갈피, 2010.

Geoff Eley, 유강은 역, 『The Left(1848-2000): 미완의 기획 유럽 좌파의 역사』, 뿌리와 이파
　　　리, 2008.

John M. Thompson, 김남섭 역, 『20세기 러시아 현대사』, 사회평론, 2004.

Joseph Stalin(1924), 서중건 역, "레닌주의의 기초", 『스탈린 선집 I : 1905-1931』, 전진출판
　　　사, 1988.

Juan J. Linz & Alfred Stepan, 김유남 외 역, 『민주화의 이론과 사례: 이상과 현실의 갈등』,
　　　삼영사, 1999.

Karl Kautsky, 강신준 역, 『프롤레타리아 독재』, 한길사, 2006.

Karl Popper, 이한구 역, 『열린사회와 그 적들 Ⅰ』, 민음사, 2008.

Lenin, 김남섭 역, 『공산주의에서의 "좌익" 소아병』, 돌베개, 1995.

Leszek Kolakowski, 변상출 역, 『마르크스주의의 주요 흐름 1, 2, 3』, 유로, 2007.

Max Weber, 양희수 역, 『사회과학논총』, 을유문화사, 1998.

Nikita Khrushchev, 박상철 역, 『개인숭배와 그 결과들에 대하여』, 책세상, 2006.

Richard Overy, 류한수 역, 『스탈린과 히틀러의 전쟁』, 지식의 풍경, 2003.

_____, 조행복 역, 『독재자들: 히틀러 대 스탈린, 권력작동의 비밀』, 교양인, 2008.

Robert Service, 김남섭 역, 『코뮤니스트』, 교양인, 2012.

_____, 윤길순 역, 『스탈린, 강철 권력』, 교양인, 2007.

Robert Tucker 편, 김광삼 역, 『스탈린이즘』, 문학예술사, 1982.

Sheri Berman, 김유진 역, 『정치가 우선한다: 사회민주주의와 20세기 유럽의 형성』, 후마니타스(주), 2010.

Wolfgang Leonhard, 유창선·박정주 역, 『마르크스주의 정치이론』, 청아출판사, 1987.

• 기 타

통일학술정보센터, 『조선민주주의인민공화국 헌법 및 조선로동당 규약』, 2012.

[영문 자료]
• 논 문

Barbara Geddes, Barbara, "What Do We Know about Democratization after Twenty Years", Annual Review of Political Science, Vol. 2, June 1999.

Erlich, Alexander, "Stalinism and Marxian Growth Models", Robert C. Tucker ed., Stalinism: Essays in Historical Interpretation, New Jersey: New Brunswick, 1999.

Harrison, Mark, "The Dictator and Defense", Mark Harrison ed., Guns and Rubles: The Defense Industry in the Stalinist State, New Haven: Yale U.P., 2008.

Huntington, Samuel P., "Social and Institutional Dynamics of One-Party Systems", in Samuel P. Huntington, & Clement H. Moore, eds., Authoritarian Politics in Modern Society: The Dynamics of Established One-Party System, New York: Basic Books, 1970.

Paltiel, Jeremy T., "The Cult of Personality : Some Comparative Reflections on Political Culture in Leninist Regimes", Studies in Comparative Communism, Vol. XVI, No. 1&2, 1983.

• 단행본

Brooker, Paul, *Non-Democratic Regimes: Theory, Government and Politics*, MaCmillan Press, 2000.

Dimitrov, Martin K., ed., *Why Communism Did Not Collapse: Understanding Authoritarian Regime Resilience in Asia and Europe*, New York: Cambridge University Press, 2013.

Ezrow, Natasha M., & Erica Frantz, *Dictators and Dictatorships: Understanding Authoritarian Regimes and Their Leaders*, Bloomsbury, 2013.

Huntington, Samuel, *Political Order in Changing Societies*, Yale University Press, 1968.

Jowitt, Kenneth, *New World Disorder*, University of California Press, 1992.

Sartori, Giovanni, *Parties and Party Systems: A Framework for analysis*, Cambridge: Cambridge University Press, 1976.

Saxonberg, Steven, *Transitions and Non-Transitions from Communism: Regime Survival in China, Cuba, North Korea, and Vietnam*, New York: Cambridge University Press, 2013.

제 2 장

북한의 군사적 변화

장 철 운

제2장

북한의 군사적 변화

제1절 서론

김정일 국방위원장이 2011년 12월 사망하고, 김정은 위원장이 모든 권력을 승계한 뒤 북한에서 많은 부분이 변화하고 있으며, 군사분야에서도 상당한 변화가 발생하고 있다. 가장 대표적인 사안으로 이전 시대에 비해 김정은 시대 들어 북한의 핵·미사일 역량이 매우 고도화됐다는 점을 꼽을 수 있다. 북한은 김정일 시대 단 두 차례 실시했던 핵실험을 김정은 시대 들어서만 2024년 6월 말 현재까지 네 차례나 더 단행했다. 1984년부터 집계한 북한의 핵실험 및 미사일 발사 동향에 따르면 김일성·김정일 시대 61회에 불과했던 미사일 발사는 김정은 시대 들어 2012-2022년 동안에만 총 203회나 이뤄졌으며,[1] 북한이 보유·운영 중인 것으로 평가되는 미사일의 종류도 훨씬 다양해졌다. 뿐만 아니라 북한 노동당 창건 75주년을 맞아 2020년 10월 10일 평양에서 개최된 열병식은 북한의 핵·미사일 역량과 재래식 군사력이 어느 정도 수준에 와있는지를 확인시켜줬다.

이로 인해 북한 군사분야에 관한 기존연구의 상당한 정도는 북한의 핵·미사일 역량을 시시각각 분석·평가하고, 북한이 핵·미사일 문제를 외교적으로 어떻게 활용하고 있으며, 이 문제를 어떻게 해결할 것인지 등에 논의의 초점을 맞춰왔던 것

---

[1] 미국 국제전략문제연구소(CSIS: Center for Strategic and International Studies)에서 운영하는 미사일 위협(Missile Threat) 웹사이트(https://missilethreat.csis.org/country/dprk/) 참조(검색일: 2024.3.26.).

이 사실이다. 또한 핵·미사일 역량을 강화한 김정은 정권이 어떠한 군사 전략 및 전술을 취하고 있는지, 증강된 핵·미사일 역량을 전담해 운용하는 전략군과 특수전 전력을 전담하는 특수작전군을 각각 창설한 것으로 확인됨에 따라 북한군의 구조와 북한의 군사력이 어떻게 변화했는지 등에 관한 연구가 많이 이뤄졌다. 김정일 시대 북한을 풍미했던 '선군정치' 시대가 끝나고 김정은 시대 들어 북한군을 밀어내고 노동당이 주요한 국정운영 기관으로 다시 자리매김함으로써 북한에서 군대의 위상과 역할, 성격 등이 어떻게 변화했는지를 주제로 삼은 연구도 많이 진행됐다.

이를 감안해, 이 글에서는 김정은 시대 이뤄진 북한의 군사적 변화를 포괄적 측면에서 논의하고자 한다. 앞서 언급했던 것처럼, 비교적 근래에 진행된 선행연구의 대부분은 김정은 시대 들어 진행되는 북한의 군사적 변화 중에서 핵·미사일 능력 고도화 또는 북한에서 군대의 위상 변화 등과 같이 다소 미시적이라고 할 수 있는 사안에 논의의 초점을 맞추고 있다. 이로 인해 북한군사 분야를 전문적으로 탐구하는 몇몇 연구자를 제외하고 대부분은 김정은 시대 이뤄지는 다양한 북한의 군사적 변화 중에서 일부 사안에 대한 이해만을 제고할 수밖에 없는 것이 현실이다. 즉, 선행연구 등을 참고해서는 김정은 시대 이뤄지는 다양한 북한의 군사적 변화를 큰 그림으로 파악하기가 쉽지 않다는 것이다.

이러한 목적 하에서 이 글은 다음과 같이 구성된다. 먼저 김정은 시대의 기반인 김일성 시대와 김정일 시대에 이뤄진 북한의 군사적 변화를 군사정책과 군사력으로 구분해 개괄적으로 살펴본다. 이후 김정은 시대 들어 이뤄진 북한의 군사정책 변화와 군사력 변화를 각각 논의한다. 특히, 김정은 시대 나타나는 북한의 군사력 변화는 핵·미사일 부문과 재래식 군사력 부문으로 구분해 알아본다. 마지막 부분에서는 김일성·김정일·김정은 시대로 이어지며 진행된 북한의 군사적 변화와 관련된 주요 내용을 정리하고, 향후 발생할 수 있는 북한의 군사적 변화를 간략하게 전망한다.

제2절 김일성·김정일 시대 북한의 군사적 변화

김정은 시대 이뤄지는 북한의 군사적 변화를 제대로 이해하기 위해서는 김일성·김정일 시대 북한에서 이뤄진 군사적 변화를 먼저 간략하게라도 반드시 살펴볼 필요가 있다. 왜냐하면 김일성·김정일 시대에 대한 이해가 없거나 매우 빈약한 상황에서 김정은 시대 들어 시시각각 발생하는 크고 작은 변화만을 좇는다면 어떠한 변화가 발생하는지, 그러한 변화가 갖는 의미가 무엇인지를 정확하게 파악하기가 어렵기 때문이다. 뿐만 아니라, 제대로 된 성과가 도출되기 전까지는 비밀에 부쳐지는 경우가 다반사인 군사적 변화와 관련해서는 특히 더 그러하지만, 거의 알려지지 않았던 사안이 갑자기 등장해 마치 새로운 사안처럼 비춰질 경우에는 어떠한 변화가 발생했는지조차 제대로 파악하기 어려운 것이 사실이다. 즉, 김일성·김정일 시대에 이뤄진 북한의 군사적 변화를 토대로 할 때에만 김정은 시대 이뤄지는 북한의 군사적 변화를 제대로 파악하고 이해할 수 있는 것이다.

Ⅰ. 김일성 시대 북한의 군사적 변화

김정일 정권이 김정은 정권의 토대를 만들어 준 것처럼, 김일성 정권은 김정일 정권의 토대를 제공했다. 1945년 8월 15일 광복 이후 김일성 정권은 한반도의 위도 38도선 이북 지역에 '정부'를 수립하기에 앞서 군대를 먼저 창설했다.[2] 1950년 6월 25일 새벽 김일성 정권의 기습 남침으로 시작된 6.25전쟁이 1953년 7월 27일 「정전협정」 체결로 일단락됐지만 남북한의 분단과 군사적 대치, 군비경쟁은 2024년 현재까지 이어지고 있다. 이를 고려해 이 부분에서는 6.25전쟁 「정전협정」 체결 이후 김일성 정권이 추진한 군사정책의 주요 내용과 이에 맞물려 이뤄진 북한의 군사력 변화를 살펴본다.

1. 군사정책의 변화

「정전협정」 체결 이후 김일성 정권은 전후 복구에 매진하는 가운데 북한군을 전시체제에서 평시체제로 전환하며 병력을 증강하기보다는 외부의 지원을 바탕으

---

2) 김광운, 『북한 정치사 연구 Ⅰ: 건당·건국·건군의 역사』, 선인, 2003 참조.

로 장비를 증강하는 군사정책을 추진했다.「정전협정」에 따라 6.25전쟁에 참전했던 대부분의 외국 군대가 철수했는데, 여기에서 미군과 중국인민지원군도 예외가 아니었다.3) 김일성 정권은 중국인민지원군이 철수하며 북한에 남겨둔 각종 무기 등을 인수하며 북한의 군사력을 증강했다.4) 또한 김일성 정권은 6.25전쟁 당시 전투인력을 직접 파견하지는 않았지만 북한군과 중국인민지원군이 전쟁을 수행하는 데 필요한 물자 등을 적극적으로 지원한 소련으로부터 추가적인 지원을 끌어내며 북한의 군사력, 특히 공군력 증강을 추진했다. 이는 6.25전쟁 당시 조중연합군의 공군력이 빈약해 미국의 엄청나고 일방적인 폭격에 제대로 대응할 수 없었던 데에서 교훈을 찾았기 때문이다.

1960년대 들어서도 사회주의권의 지원은 지속됐지만 규모가 현저하게 감소했고, 소련과 중국 사이의 갈등, 이른바 '쿠바 미사일 위기' 이후 소련과 북한 사이의 갈등 등이 격화하는 상황에서 김일성 정권은 '주체사상'을 바탕으로 1962년 '국방에서의 자위'를 내세우며 '경제·국방건설 병진노선'과 이른바 '4대 군사노선'을 추진했다. 국가전략 차원에서 제시된 경제·국방건설 병진노선은 명칭처럼 경제건설과 국방건설을 병행해서 추진돼야 했지만, 실제로는 경제건설에서의 어려움을 감수하고라도 국방건설을 우선 추진하는 방향으로 실행됐다. 1962년 12월 10-14일 개최된 노동당중앙위 제4기 제5차 전원회의는 국방건설을 위한 방법론으로 전민무장화, 전국 요새화, 전군 간부화 등을 제시했고, 1966년 10월 개최된 노동당 제2차 대표자회에서 전군 현대화가 추가되며 4대 군사노선이 완성됐다.5)

국방에서의 자위를 근본적인 목표로 삼아 4대 군사노선을 추진하며 군사력을 증강한다는 군사정책은 김일성 시대 북한에서 지속적으로 유지되며 강조됐다. 특히, 4대 군사노선은 1970년 개최된 노동당 제5차 대회에서도 제시됐으며, 1992년 개정된 헌법에 명문화됐다. 김일성 정권은 1970년대 독자적인 군수산업 연구·개

---

3) 미국과 한국은「한미상호방위조약」체결(1953.10.1.) 등과 같은 새로운 법·제도적 근거를 마련해 미군이 남한 지역에 지속해서 주둔할 수 있게 한 반면 1955년 말까지 미군 철수 동향을 지켜보며 병력을 철수시키던 중국인민지원군은 북한에서 1956년 발생한 이른바 '8월 종파사건'의 영향 등으로 1958년까지 철군을 완료했다.

4) 박영실, "정전이후 중국인민지원군의 대북한 지원과 철수", 한국학중앙연구원,『정신문화연구』29권 4호, 2006 등 참조.

5) 함택영, "경제·국방건설 병진노선의 문제점",『북한 사회주의건설의 정치경제』, 경남대학교 극동문제연구소, 1993, pp. 136-141.

발·생산 체계를 수립·운영하기 위해 기존에 내각 내에 있던 제2기계공업성을 내각에서 분리·독립시켜 제2경제위원회로 확대·개편했다. 김일성 정권은 외부로부터의 지원과 독자적인 군수산업 체계를 바탕으로 장비를 증강하는 동시에 북한군 병력을 대대적으로 증강하는 정책을 추진했다. 이러한 군사정책은 북한에서 김일성이 사망하던 시기까지 이어졌으며, 김정일 정권의 군사적 밑거름이 됐다.

2. 군사력의 변화

6.25전쟁 개전 당시 약 13만 5,000명이었던 북한군 총병력은 6.25전쟁을 치르는 가운데 20만 명을 넘는 정도로까지 증가했으며, 「정전협정」 체결 당시에는 26만-27만 5,000명 수준이었던 것으로 평가된다.[6] 앞서 언급한 것처럼, 북한은 「정전협정」 체결 이후 1950년대 중·후반 전후 복구에 주력하는 가운데 철수하는 중국인민지원군이 남긴 물자와 장비를 많이 넘겨받았다. 「정전협정」 체결 직후 중국에서 MiG-15 전투기를 받아 배치한 북한은 소련으로부터 전후에만 2,000대의 전차와 자주포를, 1951-1956년 기간에는 총 800여대의 항공기를 각각 지원받았다. 그렇지만 「정전협정」 체결 이후 1950년대 북한의 해군력은 그다지 크게 증강되지 않았다. 한편 북한은 1955년 40만 명을 넘는 수준으로 병력을 증강했지만, 전후 복구 인력 부족 등의 문제로 1956년 병력 8만 명을 일방적으로 감축하겠다고 발표하기도 했다.[7]

소·중 및 북·소 간 갈등 등으로 1950년대 후반부터 1960년대 전반까지 소련에서 거의 지원을 받지 못한 북한은 예비군 격인 로농적위대를 1959년 창설했고, 1962년에는 정규군에 준하는 강도로 훈련하는 예비군인 교도대를 별도로 창설하고, 로농적위대를 민방위 성격으로 변화시켰다. 1960년대 후반 중국에서 발생한 문화혁명으로 중국과의 관계가 불편해진 북한은 소련으로부터 육·해·공군에 필요한 당시로서는 최신예 장비를 대거 도입했다. 북한은 1966-1971년 소련에서 MiG-21 전투기와 Su-7 전투폭격기를 비롯한 수백대의 항공기, 지대공 미사일인

---

6) 함택영, 『국가안보의 정치경제학: 남북한의 경제력·국가역량·군사력』, 법문사, 1998, p. 155.
7) 김광수, "조선인민군의 창설과 발전, 1945~1990", 경남대학교 북한대학원 엮음, 『북한군사문제의 재조명』, 한울, 2006, pp. 114-115; 함택영, 『국가안보의 정치경제학: 남북한의 경제력·국가역량·군사력』, 법문사, 1998, pp. 159-160.

SA-2, 잠수함과 초계정, FROG 단거리 지대지 탄도 미사일, T-54 전차와 장갑차 등을 도입했다.[8] 이와 함께 북한은 전군 현대화를 4대 군사노선에 추가하며 대내적으로 군수산업을 발전시켰고, 1970년대에는 공군에서 필요한 무기와 미사일 등을 제외하고 육군과 해군에 필요한 무기체계를 모방 생산하는 단계에서 독자 개발하는 단계로 수준을 향상시켰다. 북한은 1970년대 전차와 자주포, 장갑차 등 육군 무기와 잠수정, 고속정 등 전투함정을 건조하기 시작한 것으로 알려졌다.[9]

북한은 1970년대 중국으로부터 상당한 정도의 군사지원을 받았던 반면 소련으로부터는 거의 아무런 지원도 받지 못했다.[10] 그러나 1980년대 중반부터 붕괴되기 전까지 소련은 북한에 MiG-23 전투기, Su-25 대지공격기, 지대공 미사일인 SA-3와 SA-5, MiG-29 전투기 등 공군력 및 방공능력 강화에 필요한 무기를 20억 달러어치 이상 제공했다.[11] 한편, 북한은 1960년대 말부터 정규전과 비정규전 (유격전, 게릴라전)의 배합을 강조하며 비정규전 병력을 증강했는데, 제각기 구성됐던 특수부대를 경보병여단, 항공저격여단, 해상저격여단, 정찰여단 등의 체계로 재편했다. 1970년대 중반 정규군 병력을 다시 증강하기 시작한 북한은 1980년대 정규군 병력을 급격하게 증강했다([그림 2-1] 참조). 이 과정에서 북한은 육군의 전차부대 및 기계화부대를 군단급으로 편성한 뒤 군단-여단-대대 순으로 지휘·통제할 수 있도록 하는 등 군구조를 기동작전에 적합하게 변화시키고, 총참모부가 육군 정규군단을 직접 지휘하게 했다.[12]

---

8) 함택영, 『국가안보의 정치경제학: 남북한의 경제력·국가역량·군사력』, 법문사, 1998, p. 168.
9) 임강택, 『북한의 군수산업 정책이 경제에 미치는 효과 분석』, 통일연구원, 2000, pp. 59-60.
10) 함택영, 『국가안보의 정치경제학: 남북한의 경제력·국가역량·군사력』, 법문사, 1998, p. 181.
11) 함택영, 『국가안보의 정치경제학: 남북한의 경제력·국가역량·군사력』, 법문사, 1998, p. 190.
12) 김광수, "조선인민군의 창설과 발전, 1945~1990", 경남대학교 북한대학원 엮음, 『북한군사문제의 재조명』, 한울, 2006, pp. 141, 151-152.

▌[그림 2-1] 1970년대 중반 이후 김일성 시대 북한의 병력증강 추이(IISS)

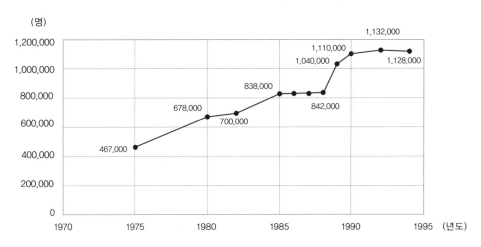

자료: 함택영, 『국가안보의 정치경제학: 남북한의 경제력·국가역량·군사력』, 법문사, 1998, p. 193 재인용.

북한은 1980년대 재래식 군사력을 지속적으로 증강하는 가운데 핵·미사일 개발도 시작했다. 북한은 1980년 영변 지역에 건설하기 시작한 5MWe 흑연감속로를 1987년부터 가동했는데, 결과적으로 5MWe 흑연감속로는 북한이 핵무기를 개발하는데 필요한 무기급 핵물질 중 하나인 플루토늄(Plutonium, Pu-239)을 생산하는 시설로 평가되고 있다. 또한 1970년대 중국과의 협력을 통해 지대지 탄도 미사일을 개발하려 했으나 성과를 거두지 못한 북한은 1980년대 초반 소련제 스커드-B 미사일과 이동식 발사대 차량을 이집트에서 도입하며 독자적인 지대지 탄도 미사일 개발의 토대를 마련했다. 이후 북한은 지대지 탄도 미사일 개발을 지속 추진하며 김일성 사망 전까지 단거리 지대지 탄도 미사일인 스커드-B·C뿐 아니라 한반도를 넘어서는 지역까지 도달할 수 있는 노동 미사일 개발에서 상당한 성과를 거둔 것으로 평가된다.[13]

---

13) 장철운, "남북한의 지대지 미사일 경쟁 연구: 결정요인 및 전력을 중심으로", 북한대학원대학교 북한학 박사학위논문, 2014, pp. 80-88, 109-117.

Ⅱ. 김정일 시대 북한의 군사적 변화

김일성으로부터 권력을 물려받아 김정은에게 권력을 넘겨준 김정일 정권의 군사정책과 군사력은 기본적으로 김일성 정권의 그것에 뿌리를 두고 있다. 다만, 김일성 사망 이후 얼마 지나지 않은 시점에 북한에서 대규모 자연재해가 발생하는 등으로 인해 '고난의 행군', '강행군'이라는 표현이 등장할 정도로 심각했던 총체적인 경제난이 2~3년 지속됐고, 그 결과 이른바 '선군정치'가 김정일 정권을 대표하는 표현으로 자리매김했다는 점을 함께 고려할 필요가 있다. 또한 김정일 정권의 군사정책 및 군사력 변화에 탈냉전 이후 남한을 포함한 대외환경의 변화가 영향을 미쳤을 수 있다는 점을 추가로 염두해야 할 것이다. 다시 말하면, 김일성 정권이 추진했던 군사정책인 4대 군사노선과 이에 따른 군사력 증강 정책이 김정일 시대 북한에서 어떻게 변화했는지를 살펴보는데 있어 선군정치와 북한의 대외환경 변화가 중요하게 고려돼야 한다는 것이다.

1. 군사정책의 변화

탈냉전 직후 북한에서 집권한 김정일 정권은 김일성 정권이 물려준 국방에서의 자위를 근본적인 목표로 계승하고, 경제·국방건설 병진노선과 4대 군사노선을 추진하며 군사력을 증강하겠다는 내용을 기본적인 군사정책으로 삼았다고 할 수 있다. 그러나, 앞서 언급한 것처럼, 김일성 사후부터 북한에서 총체적이고 심각한 경제난이 2~3년 정도 지속되는 등으로 인해 국방건설을 위한 경제분야 희생을 더 이상 강제할 수 없었다. 이러한 상황에서 김정일 위원장이 경제난 돌파를 위해 선택한 정책이 선군정치였다. 북한은 김일성 시대 국정운영의 핵심이었던 노동당이 제대로 된 역할을 하지 못하는 상황에서 김정일 위원장이 모든 것에 군대를 앞세우는 선군정치를 불가피하게 선택할 수밖에 없었다고 설명한다. 선군정치로 인해 김정일 시대 북한군은 고유의 영역인 국방뿐 아니라 이전까지는 많이 관여하지 않았던 경제분야로까지 관여를 확대했다.

김정일 정권은 선군정치를 통해 권력을 유지하며 그럭저럭 버틸 수는 있었지만, 김일성 사망을 전후해 발생한 대내외 여건 악화로 대규모 재원이 소모되는 기존의 군사력 증강 정책을 지속적으로 추진할 수 없었다. 우선, 대외적 측면에서 소

련이 붕괴한 뒤 등장한 러시아, 개혁·개방을 적극적으로 추진하며 고도 경제성장
을 구가하는 중국이 냉전기처럼 북한을 대하지 않았다. 구소련과 중국은 급기야
남한과의 관계를 정상화했는데, 이로 인해 러시아와 중국이 과거처럼 북한을 군사
적으로 지원하기가 어려운 여건이 만들어졌다. 또한 남한은 월등히 앞서는 경제력
을 바탕으로 국제사회에서 위상을 높여가는 동시에 각종 첨단 무기체계를 개
발·도입하며 재래식 군사력을 증강시켰다. 이러한 대외 여건 하에서 김정일 정권
은 군사력 증강에 필요한 재원을 대내적으로 조달해야 했지만 심각한 경제난이
2-3년 동안 지속되는 과정에서 북한 경제는 완전히 망가졌다.

이러한 상황에 직면해 김정일 정권은 남한 및 미국과 관계를 개선하기 위한 노
력을 일정하게 전개하는 가운데서도 이른바 '저비용 고효율' 군사력 증강 정책을
추진한 것으로 평가된다.[14] 김정일 위원장이 선군정치를 내세우며 군대에 우선적
으로 자원·재원을 배분했지만 국방뿐 아니라 경제분야까지 책임져야 했던 군대가
배분받은 자원·재원을 군사력 증강에 모두 투입하기는 어려웠기 때문이다. 우선,
재래식 군사력 부문에서 남한이 주요 무기체계의 질적 향상을 도모하는데 대응해
김정일 정권은 많은 재원이 소요되는 무기체계를 대량으로 증가시키기보다는 특정
무기를 선별적으로 증강하는 한편 비교적 재원이 적게 소요되는 병력 증가 등과
같이 '자원절약형 전력 증강'을 추진했다.[15] 이와 함께 김정일 정권은 김일성 정권
말기에 시작한 핵·미사일 개발을 더욱 가속화했는데, 미국 등과 문제 해결을 위한
외교협상을 추진하는 가운데에서도 핵능력을 발전시키는 동시에 미국을 타격할 수
있는 능력을 갖추기 위한 지대지 탄도 미사일의 사거리 연장도 적극 추진했다.

2. 군사력의 변화

대내외적으로 어려움에 직면한 김정일 정권은 북한에서 집권하는 1994-2012
년 사이 18년 동안 북한군 총병력을 16만 명이나 증가시켰다. 총병력 증가의 대부
분은 육군(12만 명 증가)이 차지했지만, 2012년을 기준으로 1994년에 비해 해·공군
병력도 각각 30% 넘게 증가했다([표 2-1] 참조). 한국 국방부는 김정일 정권이 북
한군 총병력을 1996-1997년 9만 2,000명(육군 7만 6,000명, 공군 1만 5,000명, 해군

---

14) 장철운·김상범·김차준·이기동, 『한반도 군비경쟁과 평화정착』, 통일연구원, 2021, p. 97.
15) 선종률, "남북한 군비경쟁 양상 변화에 관한 연구", 울산대학교 정치학 박사학위논문, 2011, p. 125.

▋[그림 2-2] 김정일 시대 북한군 총병력 및 군종별 병력 변화

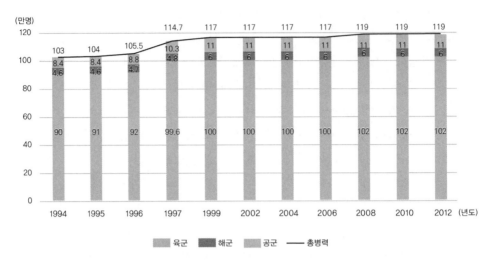

자료: 국방부, 『1994~1995 국방백서』, 국방부, 1994, p. 74; 국방부, 『1995~1996 국방백서』, 국방부, 1995, p. 72; 국방부, 『1996~1997 국방백서』, 국방부, 1996, p. 64; 국방부, 『1997~1998 국방백서』, 국방부, 1997, p. 241; 국방부, 『1999 국방백서』, 국방부, 1999, p. 196; 국방부, 『참여정부의 국방 정책』, 국방부, 2003, p. 158; 국방부, 『2004 국방백서』, 국방부, 2004, p. 251; 국방부, 『2006 국방 백서』, 국방부, 2006, p. 224; 국방부, 『2008 국방백서』, 국방부, 2008, p. 260; 국방부, 『2010 국방 백서』, 국방부, 2010, p. 271; 국방부, 『2012 국방백서』, 국방부, 2012, p. 289.

1,000명), 1997-1999년 2만 3,000명(육군 4,000명, 해군 1만 2,000명, 공군 7,000명), 2006-2008년 2만 명(육군 2만 명) 정도 각각 증가시킨 것으로 판단하고 있다([그림 2-2] 참조).

그런데 김정일 사망 이듬해인 2012년 북한군이 보유한 주요 장비는 1994년에 비해 전차가 400대, 포가 2,600문, 잠수함이 44척, 지원기가 50대, 헬기가 10대 각 각 증가한 반면 장갑차가 300대, 전투함이 14척, 전술기가 30대 각각 감소했다. 즉, 북한이 김정일 집권기 증강한 장비 현황이 앞서 언급한 병력 증강과 부합하지 않는 것이다. 다시 말하면, 1994년에 비해 2012년 육군 병력이 16만 명(1994년의 13.3%) 증가했다면 당연히 육군이 보유·운용하는 주요 장비도 일정하게 증가했어 야 하는데, 전차와 포 전력이 증가하는 한편 장갑차 전력이 12% 감소한 것이다.

이는, 앞서 언급한 것처럼, 대내외 여건이 어렵고 불리한 상황으로 인해 김정일 정권이 상대적으로 비용이 적게 소요되는 병력 증강을 우선적으로 추진하는 가운

데 많은 재원이 소요되는 장비 증강을 선별적으로 추진했기 때문이라고 이해할 수 있다. 김정일 집권기 북한 육군에서 나타난 병력 증가와 장비 증가가 일치하지 않는 이러한 경향은 해·공군에서도 일정하게 나타난 것으로 보인다. 특히, 북한이

▋[표 2-1] 김정일 시대 북한의 군사력 변화

구분		1994년	2012년	증감
병력	총병력	103만 명	119만여 명	+16만 명
	육군	90만 명	102만여 명	+12만 명
	해군	4.6만 명	6만여 명	+1.4만 명
	공군	8.4만 명	11만여 명	+2.6만 명
육군	부대 군단	18개	15개	-3개
	부대 사단	53개	88개	+35개
	부대 여단	99개	72개(교도여단 미포함)	-27개
	장비 전차	3,800대	4,200대	+400대
	장비 장갑차	2,500대	2,200대	-300대
	장비 야포	10,800문	야포 8,600여문 방사포 4,800여문 지대지 탄도 미사일 발사대 100여기	+2,600문 (미사일 제외)
해군	전투함	434척	420여척	-14척

	지원함	320척	총 320척
			  상륙함정 260여척
			  기뢰전함정 30여척
			  지원함정 30여척	

	잠수함	26척	70여척	+44척
공군	전술기	850대	820여대	-30대

	지원기	480대	총 530대
			  감시통제기 30여대
			  공중기동기 330여대
			  훈련기 170여대
				+50대

	헬기	290대	300여대	+10대

자료: 국방부, 『1994~1995 국방백서』, 국방부, 1994, p. 74; 국방부, 『1997~1998 국방백서』, 국방부, 1997, p. 241; 국방부, 『1999 국방백서』, 국방부, 1999, p. 196; 국방부, 『2012 국방백서』, 국방부, 2012, p. 289.

현재까지 항공기를 독자적으로 개발·생산할 수 없다는 점을 고려한다면 러시아와 중국을 비롯한 외부로부터의 지원이 거의 이뤄지지 않았던 김정일 집권기 북한의 공군 전력이 매우 약화됐을 것이라고 추정할 수 있다.

한편, 김정일 정권은 안보를 명분으로 내세우며 김일성 정권이 시작한 핵·미사일 개발을 가속화했다. 김정일 정권은 5MWe 흑연감속로를 계속 가동하며 플루토늄 생산을 증가시켰고, 핵무기 개발에 사용될 수 있는 무기급 핵물질 중 다른 하나인 고농축 우라늄(HEU: Highly Enrichment Uranium, U-235를 90% 이상 농축)을 확보하기 위해 우라늄 농축 설비도 구축·가동했다. 북한 핵문제의 평화적 해결을 위해 남북한과 미·중·일·러가 참여한 6자회담이 2005년 「제4차 6자회담 공동성명」(이하 「9.19 공동성명」)을 도출했음에도 미국이 강력한 대북 금융제재를 단행하자 김정일 정권은 2006년 10월 9일 제1차 핵실험을 전격적으로 실시했다. 또한 김정일 정권은 2008년 말을 기점으로 6자회담이 사실상 진전되기 어려운 상황에 봉착하자 2009년 5월 25일 제2차 핵실험을 단행하며 제1차 핵실험보다 발전된 핵능력을 과시했다.

뿐만 아니라 김정일 정권은 1998년 8월 31일 인공위성 발사를 주장하며 대포동-1호 중·장거리 지대지 탄도 미사일을 발사했다. 나아가 2006년 7월 5일에는 장거리 지대지 탄도 미사일인 대포동-2호를 다른 미사일과 함께 발사했으며, 사후에 군사훈련 일환이었다고 주장했다. 김정일 정권은 2009년 4월 5일 우주개발을 명분으로 내세우며 은하-2호 장거리 로켓을 발사했는데, 은하-2호 로켓은 대포동-2호 미사일과 대동소이한 것으로 평가된다. 이처럼 김정일 정권은 우주개발 등의 이유를 명분으로 제시하며 액체 연료를 사용하는 지대지 탄도 미사일의 사거리를 연장해나갔다. 이와 함께 김정일 정권은 김일성 시대 개발된 스커드-B·C 단거리 지대지 탄도 미사일과 노동 미사일 등을 반복적으로 발사했으며, 액체 연료 탄도 미사일이 갖는 생존성 및 신속성 등의 문제를 회피하기 위해 2000년대 중반부터 고체 연료를 사용하는 근거리 지대지 탄도 미사일도 쏘아 올리기 시작했다.

제3절 김정은 시대 북한의 군사정책 변화

북한에서 이른바 '김정은 시대'가 개막한 이후부터 2024년 6월 말 현재까지 북한의 군사정책은 기본적인 골격, 즉 남한을 비롯한 외부로부터의 침략 억제 및 침략 시 격퇴를 위한 능력 보유를 유지·발전시키는 가운데 대내외의 정세 변화 등에 조응하며 대체로 세 단계로 변화했다고 평가할 수 있다. 첫 번째 단계는 '경제건설 및 핵무력 건설 병진노선'을 국가적인 차원의 전략노선으로 선언하고 추진했던 2013년부터 2018년까지라고 할 수 있다. 두 번째 단계는 이른바 '한반도 평화의 봄' 국면이라고 명명할 수 있는 2018-2019년이다. 세 번째 단계는 한반도 평화의 봄 국면이 사실상 막을 내린 2019년 이후부터 현재까지라고 할 수 있다.

Ⅰ. 2013-2018년: 경제건설 및 핵무력 건설 병진노선

북한에서 김정일 위원장이 사망한 지 약 5개월 만에 북한의 최고지도자 관련 직책을 차례로 승계한 김정은 위원장은 이로부터 거의 1년 만인 2013년 3월 31일 노동당중앙위원회 전원회의에서 이른바 '경제건설 및 핵무력 건설 병진노선'을 '항구적 전략노선'으로 선언했다. 당시 북한은 '경제건설 및 핵무력 건설 병진노선'과 관련해 "자위적 핵무력을 강화 발전시켜 나라의 방위력을 철벽으로 다지면서 경제건설에 더 큰 힘을 넣어 사회주의 강성국가를 건설하기 위한 가장 혁명적이며 인민적인 로선"이라며 "국방비를 추가적으로 늘이지 않고도 전쟁억제력과 방위력의 효과를 결정적으로 높임으로써 경제건설과 인민생활 향상에 힘을 집중할 수 있게 한다"고 주장했다.[16]

김정은 위원장은 2013년 3월 노동당중앙위원회 전원회의에서 한 '결론'에서 '경제건설 및 핵무력 건설 병진노선'을 제시한 의도가 "핵강국의 덕을 입으며 사회주의 부귀영화를 마음껏 누리게 하기 위"해서라며 핵·미사일 능력을 바탕으로 "경제강국 건설에서 결정적 승리를 이룩해나가"야 한다고 강조했다. 그러면서 "모든 력량을 총집중하여 경제강국 건설에서 결정적 전환을 이룩하여야" 한다며 "당당한

---

16) 『로동신문』, 2013년 4월 1일자.

핵보유국이 된 오늘 우리에게는 강위력한 전쟁 억제력에 기초하여 경제건설과 인민생활 향상을 위한 투쟁에 자금과 로력을 총집중할 수 있는 유리한 조건이 마련되"었다고 설명했다.[17]

그러나 '경제건설 및 핵무력 건설 병진노선'을 선언한 지 5년여 만인 2018년 4월 20일 열린 노동당중앙위원회 제7기 제3차 전원회의에서 김정은 위원장은 '경제건설 및 핵무력 건설 병진노선'의 '승리'를 선언하면서도 핵무력 건설 관련 성과만 제시했을 뿐 경제건설 관련 성과를 거의 내놓지 못했다. 특히, 김 위원장은 이어서 추진해야 하는 새로운 전략노선으로 '사회주의 경제건설 총력집중노선'을 제시했는데, 이는 '경제건설 및 핵무력 건설 병진노선'을 추진하며 경제부문의 성과를 거의 만들어내지 못했다는 평가와 연결되는 대목이다. 즉, '경제건설 및 핵무력 건설 병진노선'의 핵심 내용은 사실상 '핵·미사일 능력 고도화'로 대표되는 군사정책이 었다는 것이다.

북한이 '경제건설 및 핵무력 건설 병진노선'을 추진하며 경제분야보다 군사분야에 초점을 맞췄다는 점은 병진노선이 추진되던 시기에 이뤄진 김정은 위원장의 공개활동 분석을 통해서도 일정하게 확인할 수 있다. 북한의 전반적인 국정운영 방향을 평가하는데 있어 김 위원장의 공개활동 동향을 유일하고 절대적인 지표로 삼는 것은 적절치 않다. 그렇지만 최고지도자의 공개활동 동향 분석은 북한의 대략적인 국정운영 방향 유추에 도움이 된다. 통일부가 운영하는 '북한정보포털' 웹사이트에서 2013년 4월 1일부터 2018년 4월 19일까지의 김정은 위원장 공개활동 동향을 검색한 뒤 필자가 분야별로 분류한 결과에 따르면, 총 661건 중에서 군사분야는 273건(41.3%), 경제분야는 141건(21.3%)으로 각각 나타난다([표 2-2] 참조). 이는 북한이 전략노선으로 '경제건설 및 핵무력 건설 병진노선'을 내세웠던 시기에 김정은 위원장이 경제분야보다는 군사분야에 더 많은 관심을 보였다고 평가할 수 있는 증거 중 하나일 수 있다.

---

17) 『로동신문』, 2013년 4월 1일자.

▌[표 2-2] 2013.4.1. - 2018.4.19. 김정은 공개활동 분야별 현황

구분	정치	군사	경제	사회문화	대외	기타	계
건수	39	273	141	151	13	44	661
비중(%)	5.9	41.3	21.3	22.8	2.0	6.7	100

자료: 통일부 북한정보포털 웹사이트(https://nkinfo.unikorea.go.kr/nkp/kje/view.do) 검색(검색일: 2024. 3.19.) 결과를 필자가 분야별로 분류.

그런데 이 기간 김정은 위원장의 군사분야 공개활동을 더욱 구체적으로 살펴보면 흥미로운 지점을 발견할 수 있다. 북한이 이 시기 내세웠던 전략노선의 명칭이 '경제건설 및 핵무력 건설 병진노선'이라는 사실을 상기한다면, 김 위원장의 군사분야 공개활동 중에서 핵무력 건설, 즉 핵·미사일과 관련된 활동이 많았을 것으로 예상할 수 있다. 그러나 현실은 이러한 예상과 크게 다르다. [표 2-3]에서 보는 것처럼, 2013년 4월 1일부터 2018년 4월 19일까지 이뤄진 김 위원장의 군사분야 공개활동 273건 중에서 핵·미사일과 관련된 활동은 32건(11.7%)에 불과한 반면 재래식 군사력과 관련된 활동이 103건(37.7%)으로 나타났다.

▌[표 2-3] 2013.4.1. - 2018.4.19. 김정은 위원장의 군사분야 공개활동 세부 분류

구분	핵·미사일 관련 활동	재래식 군사력 관련 활동	기타(군수공장 및 군 운영 공장 방문, 공연 관람, 기념사진 촬영 등)	계
건수	32	103	138	273
비중(%)	11.7	37.7	50.5	100

자료: 통일부 북한정보포털 웹사이트(https://nkinfo.unikorea.go.kr/nkp/kje/view.do) 검색(검색일: 2024. 3. 19.) 결과를 필자가 구체적으로 분류.

이러한 결과에 따르면, '경제건설 및 핵무력 건설 병진노선'을 추진하던 시기 김 위원장이 핵·미사일 전력 증강 및 고도화보다는 기존에 북한이 보유·운용하던 재래식 군사력 증강에 더 많은 관심을 나타낸 것으로 해석할 수도 있을 것이다. 그러나 북한이 기존에 추구하던 군사정책의 기본 골격 및 이를 위해 기존에 보유·운용했던 재래식 군사력과 당시 핵·미사일 역량의 차이를 고려할 필요가 있다. 다시 말하면, 북한이 2013-2018년 '항구적 전략노선'으로 추진한 '경제건설 및

핵무력 건설 병진노선'은 핵·미사일 부문에만 국한된 것이 아니라 재래식 군사력까지 포괄하는 전반적인 군사정책으로 재평가돼야 한다는 것이다. 김 위원장이 2018년 4월 20일 열린 노동당중앙위원회 제7기 제3차 전원회의에서 경제건설 관련 성과를 거의 제시하지 못한 이유 중 하나로 일부에서는 핵·미사일 전력 증강 및 고도화에 많은 재원 등을 투입했기 때문일 수 있다고 추론한다.[18] 그렇지만 어쩌면 핵·미사일 전력 증강 및 고도화를 추진하는 상황에서 굳이 투입하지 않아도 됐을지 모르는 재원을 재래식 군사력 증강 및 운용·유지에 낭비했기 때문에 경제 분야에서 성과를 거두지 못했을지도 모른다.

Ⅱ. 2018-2019년: 한반도 평화의 봄 국면

2018년 초 남한에서 치러진 평창 동계 올림픽에 북한이 참가하는 것을 계기로 한반도 정세는 극적으로 전환되는 것처럼 보였다. 2018년에만 남북정상회담이 세 차례나 개최됐고, 이 과정에서 문재인 대통령과 김정은 위원장은 「한반도의 평화와 번영, 통일을 위한 판문점선언」(이하 「4.27 판문점 선언」)과 「9월 평양공동선언」을 각각 채택했다. 뿐만 아니라 2018년 9월 18-20일 이뤄진 문재인 대통령의 평양 방문을 계기로 남북한 군 당국은 「역사적인 「판문점선언」 이행을 위한 군사분야 합의서」(이하 「9.19 군사합의」)도 채택했다. 총 6개조 22개항으로 구성된 「9.19 군사합의」는 2000년대 경제 및 사회문화 분야의 교류·협력을 중심으로 남북관계가 발전하던 시기에도 진전이 더뎠던 남북한 간의 군사적 신뢰구축과 군비통제, 나아가 군축 관련 내용을 담고 있다는 점에서 결코 작지 않은 의미를 갖는 것으로 평가된다.[19] 또한 2018년 6월과 2019년 2월에는 북미정상회담이 각각 개최됐으며, 2019년 6월에도 판문점에서 사실상의 세 번째 북미정상회담이 개최됐다.

이처럼 남북한과 미국을 중심으로 이른바 '한반도 평화의 봄' 국면이 전개되는 동안 북한의 전반적 국정운영 방향이 어떠한 분야에 초점이 맞춰져 있었는지를 판

---

18) 강채연, "김정은 시대 비핵화·경제발전 병진전략의 딜레마: 선군정치의 덫", 『신아세아』 25권 3호, 2018, pp. 73-75; 이중구, "김정은 정권의 핵병진노선의 대내외적 영향", 고려대 공공정책연구소, 『Journal of North Korea Studies』 2권 2호, 2016, pp. 70-71; 한기범, "김정은 정권 병진노선 10년의 결과: 핵개발 편중, 주민 기아 가속화", 북한연구소, 『북한』 615호, 2023, p. 46.

19) 장철운, 『평화체제 관련 남북한 군사적 긴장완화』, 통일교육원, 2018, p. 8.

단하기 위해서는, 앞서 적용했던 방법과 동일하게, 이 시기 김정은 위원장의 공개 활동을 살펴볼 필요가 있다. 북한정보포털 웹사이트에서 2018년 1월 1일부터 2019 년 3월 1일까지의 김정은 위원장 공개활동 동향을 검색한 뒤 필자가 분야별로 분 류한 결과에 따르면, 총 110건 중에서 경제분야 37건(33.6%), 대외·대남분야 36건 (32.7%), 군사분야 11건(10.0%) 순으로 나타난다([표 2-4] 참조). 다시 말하면, 한반 도 평화의 봄 국면이 전개되던 시기 북한의 주요 국정운영 방향에 군사분야를 포 함시키기는 어렵다는 것이다.

▮[표 2-4] 2018.1.1. - 2019.3.1. 김정은 공개활동 분야별 현황

구분	정치	군사	경제	사회문화	대외·대남	기타	계
건수	6	11	37	9	36	10	110
비중(%)	5.5	10.0	33.6	8.2	32.7	9.1	100

자료: 통일부 북한정보포털 웹사이트(https://nkinfo.unikorea.go.kr/nkp/kje/view.do) 검색(검색일: 2024. 3.21.) 결과를 필자가 분야별로 분류.

남북정상회담과 북미정상회담, 북중정상회담 등이 잇달아 개최되며 한반도 정 세가 평화 국면으로의 전환을 시도하던 시기라는 점을 감안한다면 이 기간 김 위 원장의 공개활동에서 군사분야가 차지하는 비중이 작지 않다고 평가할 수도 있을 것이다. 이러한 평가가 타당한지를 판단하기 위해서는, 앞서 했던 것처럼, 이 시기 김정은 위원장의 군사분야 공개활동을 세부적으로 살펴볼 필요가 있다. [표 2-5]에서 확인할 수 있는 것처럼, 김 위원장의 군사분야 공개활동에서 핵·미사일 관련 활동 과 재래식 군사력 관련 활동은 각 1건으로 나타난다.[20] 나머지 9건은 북한군 창설 기념 활동(2건), 열병식(2건), 군에서 운영하는 공장 방문(2건) 등이다. 이러한 내용 은 북한이 2013년부터 사실상 2017년 말까지 '경제건설 및 핵무력 건설 병진노선' 하에서 추진했던 핵·미사일 전력 증강 및 고도화, 재래식 군사력 증강 등의 군사 정책과 이른바 '한반도 평화의 봄' 국면 시기 북한이 추진한 군사정책이 상당히 다 른 방향에서 추진됐을 것이라는 추론을 가능하게 한다.

---

20) 이 시기 이뤄진 핵·미사일 관련 활동은 국방과학원 시험장 방문 및 첨단 전술무기 시험 지도(2018. 11.16.), 재래식 군사력 관련 활동은 북한군 제1524군부대 시찰(2018.6.30.)이다.

▌[표 2-5] 2018.1.1. – 2019.3.1. 김정은 위원장의 군사분야 공개활동 세부 분류

구분	핵·미사일 관련 활동	재래식 군사력 관련 활동	기타(군수공장 및 군 운영 공장 방문, 공연 관람, 기념사진 촬영 등)	계
건수	1	1	9	11

자료: 통일부 북한정보포털 웹사이트(https://nkinfo.unikorea.go.kr/nkp/kje/view.do) 검색(검색일: 2024.
3.21.) 결과를 필자가 구체적으로 분류.

그렇다고 해서 이 시기 북한이 기본 골격을 허무는 방향으로 군사정책을 추
진했다고 단정하기는 어렵다. 북한이 남한과 「9.19 군사합의」를 이행하는 과정에
서 일부 사항에 관해서는 비교적 적극적인 태도로 임해 빠른 기간 내에 이행을
완료한 것이 사실이지만, 다른 일부 사항에 대한 협의에는 상당히 소극적인 태도
로 일관했기 때문이다.21) 즉, 한반도 평화의 봄 국면이 전개되던 시기 북한의 군
사정책은 기본 골격을 유지하는 가운데 한반도 정세 변화 가능성을 주시하며 추
가 핵실험 및 미사일 발사 단행 등을 자제함으로써 북한이 한반도 정세의 근본적
전환 시도에 장애를 조성하지 않는 수준이었다고 평가하는 것이 타당해 보인
다.22) 왜냐하면 2020년 10월 10일 개최된 노동당 창건 75주년 열병식에서 북한은
발전된 핵·미사일 역량뿐 아니라 상당히 진일보한 재래식 군사력을 과시했기 때문
이다.

Ⅲ. 2019년 이후: 장기전 전망 하의 자강력 제일주의

한반도 평화의 봄 국면이 가시적 성과를 거두지 못한 채 일단락된 이후 김정은
위원장은 2019년 12월 28–31일 열린 노동당중앙위원회 제7기 제5차 전원회의에
서 이른바 '정면돌파전'을 선언하며 핵·미사일 등 전략무기 역량 고도화를 비롯해
전반적 군사력을 더욱 강화해야 한다고 지시했다. 세계적으로 유행한 코로나19 바

---

21) 「9.19 군사합의」의 이행 상황과 관련된 내용은 국방부, 『2018 국방백서』, 국방부, 2018, pp. 212-
213; 이남주·이정철, 『신한반도체제 추진 종합연구(2): 신한반도체제의 평화협력공동체 형성』, 경제·
인문사회연구회, 2020, p. 124; 장철운·이무철·이수형·양정학·공민석·김규철·조윤영, 『포스트-코
로나 시대 동북아 군비경쟁과 한반도 안보협력』, 통일연구원, 2022, pp. 249-250 등 참조.
22) 국방부에 따르면, 2017년까지 매년 이뤄졌던 북한의 대남 침투 및 국지도발이 2018년과 2019년
에는 모두 0건을 기록했다. 국방부, 『2018 국방백서』, 국방부, 2018, p. 268; 국방부, 『2020 국방
백서』, 국방부, 2020, p. 319.

이러스가 북한에도 유입되고, 이로 인해 스스로 중국·러시아와의 국경을 장기간 폐쇄하며 모든 부문에서 작지 않은 어려움을 겪는 가운데서도 김정은 정권은 2020년 10월 10일 노동당 창건 75주년 열병식을 성대하게 역대급으로 개최했다.[23] 북한이 김정은 시대 들어 이전보다 자주 시험 발사 등을 통해 공개한 미사일도 그렇지만 2020년 10월 10일 열병식에서 새롭게 선보인 장갑차, 차륜형 자주포, 전차, 방사포, 레이더 탑재 차량 등 11종에 달하는 신형 무기를 개발하는 데에는 상당히 많은 비용과 노력, 시간이 소요됐을 수밖에 없다. 다시 말하면, 김정은 시대가 개막하기 이전인 김정일 시대에 시작된 무기 개발이 급격한 대내외 정세 변화 하에서도 드러나지 않게 지속적으로 추진됐으며, 그 성과가 2020년 10월 10일 열병식에서 나타났을 가능성도 배제할 수 없는 것이다.[24]

나아가 김정은 위원장은 2021년 1월 개최한 노동당 제8차 대회에서 핵·미사일 역량을 더욱 고도화하는 동시에 재래식 군사력도 첨단화·정예화해야 한다고 주문하는 '국방과학발전 및 무기체계개발 5개년 계획'을 제시했다. 김정은 시대 들어 북한의 대남·대외정책을 실무적 차원에서 총괄하는 것으로 알려진 김 위원장의 여동생 김여정 노동당중앙위원회 부부장은 2021년 9월 15일 북한의 국방과학발전 및 무기체계개발 5개년 계획이 남한의 '국방중기계획'과 다르지 않다고 주장했다.[25] 즉, 김정은 위원장은 노동당 제8차 대회에서 북한의 안보를 위해 2021-2025년 무기개발을 추진함으로써 군사력을 증강해야 한다는 목표를 제시한 것이다. 이와 관련해 김정은 위원장은 노동당 제8차 대회에서 북한군을 "첨단화된 현대적인 군"으로 발전시켜야 한다며 여러 과업을 제시했다.

김 위원장은 핵·미사일 역량 고도화와 관련해 △핵기술을 더욱 고도화하는 한

---

23) 홍 민, "북한 노동당 창건 75주년 열병식 분석", 통일연구원, 『Online Series』 CO 20-26, 2020, p. 5. 북한이 2020년 10월 10일 개최한 열병식과 관련한 내용은 장철운, "김정은 시대 북한군의 변화: 군사력과 군의 역할에 관한 논의를 중심으로", 서울대학교 국제문제연구소, 『세계정치』 34호, 2021, pp. 158-165 등 참조.

24) 장철운, "김정은 시대 북한군의 변화: 군사력과 군의 역할에 관한 논의를 중심으로", 서울대학교 국제문제연구소, 『세계정치』 34호, 2021, p. 165.

25) 『조선중앙통신』, 2021년 9월 15일자. 북한은 김 위원장이 참관하는 가운데 2022년 1월 11일 진행된 극초음속 미사일 시험 발사 소식을 전하며 "조선로동당 제8차 대회가 제시한 국방력 발전 5개년 계획"이라는 표현을 사용했다. 『조선중앙통신』, 2022년 1월 12일자. 이후 전문가들은 대체로 북한이 노동당 제8차 대회에서 제시한 군사분야 계획을 '국방력 발전 5개년 계획'으로 통칭해서 사용하고 있다. 이 글에서도 이러한 추세에 따른다.

편 △핵무기의 소형경량화, 전술무기화를 보다 발전시키고 △전술핵무기를 개발하는 동시에 △초대형 핵탄두를 지속적으로 생산해야 한다고 강조했다. 이어서 △사거리 15,000㎞ 이내 대상을 정확히 타격·소멸할 수 있도록 명중률을 더욱 향상시키고 △핵선제 및 보복 타격 능력을 고도화하며 △극초음속 활공 비행 탄두(전투부)를 개발도입하고 △고체 연료 엔진을 장착한 수중 및 지상 발사용 대륙간 탄도미사일(ICBM: Inter-Continental Ballistic Missile) 개발을 계획대로 추진하며 △핵잠수함 및 수중 발사 핵전략무기를 보유해야 한다고 지시했다.

 김 위원장은 이와 같은 핵·미사일 역량 고도화와 관련된 과업뿐 아니라 재래식 군사력 증강에 관한 과업도 비교적 구체적으로 지시했다. 김정은 위원장은 △가까운 기간 내에 군사정찰위성을 운용해 정찰정보 수집능력을 확보해야 하고 △500㎞ 전방 종심까지 정밀하게 정찰할 수 있는 무인정찰기 등 정찰수단을 개발하기 위한 연구사업을 본격적으로 추진해야 하며 △북한군을 재래식 구조에서 첨단화·정예화된 군대로 비약 발전시켜야 하고 △북한군이 보유·운용하는 무장장비의 지능화·정밀화·무인화·고성능화·경량화를 실현해야 한다고 밝혔다.[26] 김정은 위원장이 노동당 제8차 대회에서 지시했지만 당시에는 공개하지 않았던 과업 중 일부가 나중에 공개된 경우도 있는데,[27] 지금까지 북한이 각종 매체를 통해 공개한 국방력 발전 5개년 계획 중 핵·미사일 관련 주요 내용을 종합해 정리하면 [표 2-6]과 같다.

---

26) 『조선중앙통신』, 2021년 1월 9일자.
27) '국방과학발전 및 무기체계개발 5개년 계획'이라는 표현은 노동당 제8차 대회 당시에는 공개되지 않았으나 노동당 제8차 대회 개최 8개월 정도가 지난 시점인 2021년 9월 중순에야 공개됐다.

▌[표 2-6] 북한의 국방력 발전 5개년 계획 중 핵 · 미사일 관련 주요 내용

구분		목표 · 계획 목록	비고
핵무기		• 핵기술 고도화 • 핵탄두 보유량 증가 – 무기급 핵물질 생산 증가	
	전략핵	• 초대형 핵탄두 생산 지속	
	전술핵	• 핵무기 소형경량화 및 전술무기화, 전술핵무기 개발	
핵 투발수단		• 핵타격 능력 고도화 • 핵타격 수단 다종화 및 여러 군종 실전배치	

	미사일	• 15,000㎞ 내 전략적 대상 타격소멸 위한 명중률 제고
		  – 화성-17형 개발
		  – 화성-15형 양산 및 실전배치
		  – 화성-12형 양산 및 실전배치
		  – 탄두 중량 2.5t 신형 단거리 지대지 탄도 미사일 개발
		  – 600㎜ 방사포 양산 및 실전배치
		  – 철도 기동 단거리 탄도 미사일 개발 및 관련 부대 창설
		  – 장거리 지대지 전략 순항 미사일 개발 완료 및 실전배치
		• 극초음속 탄두 개발도입(5대 과업)
		  – 화성-8형 개발
		• 수중 및 지상 고체 엔진 ICBM 개발 사업 추진
		  – 고체 엔진 화성-18형 개발
		  – 새로운 고체 엔진 중거리 지대지 탄도 미사일 개발
		  – 140tf 대출력 고체 엔진(ICBM용) 개발(5대 과업)
		  – 수중 고체 엔진 ICBM 개발
		• 수중발사 핵전략무기(미사일) 보유
		  – 핵추진 잠수함 건조
		  – 기존 중형 잠수함의 탑재 무장체계를 변경하는 등 공격형으로 개조해 전술핵을 탑재하는 공격형 잠수함 진수
		  – 신형 SLBM 개발
		  – 잠대지 SLCM 개발 및 실전배치
		• 군사정찰위성 개발 및 발사(5대 과업)
		  – 만리경-1호 궤도 진입
		• 기타
		  – 전략 미사일용 대형 TEL 생산
		  – 다양한 전술 미사일 발사대 차량 개발 및 생산	

	非미사일	• 수중발사 핵전략무기 개발 – 핵무인 수중 공격정(해일) 개발 및 실전배치	

자료: 필자가 북한 매체의 보도 내용 등을 종합해 작성.

제4절 김정은 시대 북한의 군사력 변화

Ⅰ. 핵전력의 변화

앞서 언급한 것처럼, 김정은 정권의 군사정책이 2013-2018년과 2018-2019년, 2019년 이후 등의 세 국면으로 크게 변화하는 과정에서 북한의 이른바 '핵전력'도 변화했다. 경제건설 및 핵무력 건설 병진노선을 추진하던 첫 번째 국면에서 북한은 핵 능력과 미사일 능력을 고도화시켰으며, 이른바 '한반도 평화의 봄' 국면에서는 밖으로 드러나지 않게 핵전력을 발전시킨 것으로 평가할 수 있다. 2019년 이후부터 현재까지 이어지는 세 번째 국면에서 북한은 국방력 발전 5개년 계획에 따라 핵전력을 더욱 고도화하는 것으로 평가할 수 있다. 여기에서는 핵전력을 핵 역량의 변화, 핵무기의 가장 유력한 투발수단인 미사일 역량의 변화, 그리고 미사일 외 핵 투발 역량의 변화로 세분해 살펴본다.

1. 핵 역량의 변화

북한에서 김정은 정권이 출범한 이후 가장 두드러지는 군사분야 변화로 꼽을 수 있는 사안은 단연 핵 역량의 변화라고 할 수 있다. 북한은 김정일 시대 단 두 차례 실시하는데 그쳤던 핵실험을 '경제건설 및 핵무력 건설 병진노선'을 추진하는 5년 동안 네 차례나 단행했다. [표 2-7]에서 확인할 수 있는 것처럼, 북한은 김정은 시대 들어 핵실험 사이의 시간적인 간격을 급격하게 줄여나가는 가운데 폭발력을 크게 증대시켰다. 특히, 북한은 2017년 단행한 제6차 핵실험과 관련해 이른바 '수소탄'(핵융합탄) 실험이라고 주장했는데, 실제로 수소탄의 위력인 'Mt'에는 미치지 못했지만 이에 버금가는 폭발력을 보여준 것으로 평가할 수 있다.

한반도 평화의 봄 국면 하에서 핵역량을 과시하지 않았던 북한은 노동당 제8차 대회에서 제시한 국방력 발전 5개년 계획에 핵역량 강화와 관련된 일련의 목표를 포함시킨 것을 전후해 이를 달성하기 위해 노력한 것으로 보인다. 북한은 무엇보다 핵무기 제작에 필요한 무기급 핵물질인 플루토늄과 고농축 우라늄을 지속적으로 생산하는 것으로 평가되는데, 플루토늄을 생산할 수 있는 5MWe 흑연감속로가 정상적으로 가동되기 어려운 상황임을 고려해 영변 등지에 있는 우라늄 농축시설

■ [표 2-7] 북한 핵실험 현황

구분	김정일 시대		김정은 시대			
	1차	2차	3차	4차	5차	6차
시기	2006.10.9	2009.5.25	2013.2.12	2016.1.6	2016.9.9	2017.9.3
지진파(m_b)	3.9	4.5	4.9-5.2	4.8	5.0-5.2	5.7-6.3
추정 위력(kt)	0.8	4	8-20	6-7	10-20	50-250

자료: 장철운, "북한의 핵·미사일 과학기술 발전과 비핵화 프로세스 전망", 평화문제연구소, 『통일문제
연구』 30권 2호, 2018, p. 86.

에서 고농축 우라늄을 계속 생산한 것으로 보인다. 2023년 말을 기준으로 북한이
보유하고 있을 수 있는 무기급 핵물질의 양은 플루토늄 40-60kg, 고농축 우라늄
1,770-2,800kg 정도가 될 것으로 추정되며, 이를 전부 활용할 경우 북한이 현재
보유하고 있을 수 있는 핵탄두는 약 100개 내외가 될 것으로 판단된다.[28]

특히, 김정은 위원장은 노동당 제8차 대회에서 이른바 '전술핵무기'를 개발해야
한다고 지시했는데, 북한은 2023년 3월 28일 발행된 「로동신문」에서 전술핵무기
로 간주할 수 있는 '화산-31'을 사진으로 공개했다. 핵탄두의 핵심적인 구성품으로
보이는 화산-31의 성능과 위력 등을 단정하기는 어렵지만 북한이 핵무기 소형화
에 있어서 상당한 진전을 거뒀을 것이라고 조심스럽게 평가할 수는 있을 것이다.
북한이 단거리 탄도 미사일과 비교적 직경이 큰 방사포, 순항 미사일, 어뢰 등과
같이 비교적 사거리가 짧은 여덟 종류의 투발수단에 화산-31을 탑재할 수 있을 것
처럼 암시한 대목도 화산-31이 전술핵무기일 가능성을 시사한다. 반드시 그러한
것은 아니지만, 일반적으로 사거리가 짧은 투발수단에는 위력이 상대적으로 작은
전술핵무기를 탑재하기 때문이다. 김 위원장이 노동당 제8차 대회에서 지시했던
'초대형 핵탄두 생산 지속'과 관련해서는 판단할 수 있는 근거를 찾기가 어렵다.

2. 미사일 역량의 변화

김정은 정권이 경제건설 및 핵무력 건설 병진노선을 추진하던 2013-2018년 기

---

28) 장철운·이춘근·김상범·김차준·진활민, 『북한 비핵화를 위한 전략과 추진과제』, 통일연구원, 2023,
pp. 34-49, 73-79.

간 북한 군사분야에서 가장 두드러지게 드러났던 무기체계는 단연코 미사일이라고 할 수 있다. 앞서 언급한 것처럼, 김정은 시대 들어 2012-2022년 총 203회 이뤄진 미사일 발사 가운데 89회(43.8%)가 경제건설 및 핵무력 건설 병진노선이 추진되던 2013-2017년 이뤄졌다.[29] 특히, 이 시기 북한은 2017년 11월 29일 이른바 '국가 핵무력 완성'을 선언할 때까지 액체 연료를 사용하는 탄도 미사일의 사거리 연장에 주력했다. 북한은 경제건설 및 핵무력 건설 병진노선 추진 초기인 2013-2016년 기존에 보유·운용하고 있던 스커드 미사일과 노동 미사일, 무수단(화성-10형) 미사일 등을 쏘아올렸다. 그러나 북한은 2017년 들어 사거리가 5,000㎞ 이상으로 평가되는 화성-12형과 화성-14형 발사에 집중했고, 2017년 11월 29일에는 사거리가 10,000㎞ 이상으로 평가되는 화성-15형 발사에서 성과를 거둔 뒤 '국가 핵무력 완성'을 선언했다.[30]

이후 한반도 평화의 봄 국면이 전개되던 시기 '첨단전술무기'를 단 한 차례 (2018.11.16.) 시험하는데 그쳤던 북한은 한반도 정세의 근본적 전환 시도가 성과를 거두지 못하자 2019년부터 다양한 사거리의 새로운 탄도 미사일을 잇달아 선보였다. 북한은 2019-2020년 비교적 사거리가 짧은 것으로 평가되면서도 액체 연료가 아닌 고체 연료를 사용하는 근거리 및 단거리 탄도 미사일뿐 아니라 실제 성능 측면에서 근·단거리 탄도 미사일과 큰 차이가 없는 대구경 방사포를 잇달아 발사했다.[31] 북한은 노동당 제8차 대회를 개최한 2021년부터 2024년 6월 말 현재까지 고체 연료 근·단거리 탄도 미사일에 더해 극초음속 탄두를 장착한 준중거리 탄도 미사일, 액체 연료 대륙간 탄도 미사일인 화성-17형(2022.3.24.)과 고체 연료 대륙간 탄도 미사일로 평가되는 화성-18형(2023.4.13.), 중거리 순항 미사일인 화살 시리즈 등을 지속적으로 발사하고 있는데,[32] 특히 2022년에만 김일성·김정일 시대(총 61회)보다 많은 69회에 달하는 미사일 발사를 단행했다.[33] 이러한 과정을 거치며 북

---

29) 미국 국제전략문제연구소(CSIS) 미사일 위협(Missile Threat) 웹사이트(https://missilethreat.csis.org/country/dprk/) 참조(검색일: 2024.3.26.).

30) 국방부, 『2014 국방백서』, 2014, p. 241; 국방부, 『2016 국방백서』, 2016, p. 239; 국방부, 『2018 국방백서』, 2018, p. 230.

31) 국방부, 『2020 국방백서』, 2020, p. 297.

32) 국방부, 『2022 국방백서』, 2022, p. 341.

33) 미국 국제전략문제연구소(CSIS) 미사일 위협(Missile Threat) 웹사이트(https://missilethreat.csis.org/country/dprk/) 참조(검색일: 2024.3.26.).

한은 노동당 제8차 대회가 제시한 국방력 발전 5개년 계획 중에서 미사일 관련 목표를 상당하게 달성한 것으로 평가된다([표 2-8] 참조).

▎[표 2-8] 국방력 발전 5개년 계획 중 미사일 관련 목표와 달성 상황 평가

목표	달성 상황 평가
• 15,000km 내 전략적 대상 타격소멸 위한 명중률 제고	
− 화성-17형 개발	발사훈련(2023.3.16.)
− 화성-15형 양산 및 실전배치	발사훈련(2023.2.18.)
− 화성-12형 양산 및 실전배치	검수사격시험(2023.3.16.)
− 탄두 중량 2.5t 신형 단거리 지대지 탄도 미사일 개발	시험발사(2021.3.25.)
− 600mm 방사포 양산 및 실전배치	위력시위사격(2023.2.20.)
− 철도 기동 단거리 탄도 미사일 개발 및 관련 부대 창설	검열사격훈련(2021.9.16.)
− 장거리 지대지 전략 순항 미사일 개발 완료 및 실전배치	발사훈련(2023.2.23.)
• 극초음속 탄두 개발도입(5대 과업)	
− 화성-8형 개발	시험발사(2022.1.11.)
• 수중 및 지상 고체 엔진 ICBM 개발 사업 추진	
− 고체 엔진 화성-18형 개발	시험발사(2023.7.12.)
− 새로운 고체 엔진 중거리 지대지 탄도 미사일 개발	엔진 시험(2023.11.14.)
− 140tf 대출력 고체 엔진(ICBM용) 개발(5대 과업)	지상분출시험(2022.12.15.)
− 수중 고체 엔진 ICBM 개발	관련 보도 없음.
• 수중발사 핵전략무기(미사일) 보유	
− 핵추진 잠수함 건조	건조 계획 언급(2023.9.6.)
− 기존 중형 잠수함의 탑재 무장체계를 변경하는 등 공격형으로 개조해 전술핵을 탑재하는 공격형 잠수함 진수	김군옥영웅호 2023.9.6. 진수했으나, 추가 판단 필요
− 신형 SLBM 개발	시험발사(2021.10.19.)
− 잠대지 SLCM 개발 및 실전배치	수중발사훈련(2023.3.12.)
• 군사정찰위성 개발 및 발사(5대 과업)	
− 만리경-1호 궤도 진입	임무 착수(2023.12.2.)
• 기타	
− 전략 미사일용 대형 TEL 생산	관련 동향 지속
− 다양한 전술 미사일 발사대 차량 개발 및 생산	관련 동향 지속

자료: 필자가 북한 매체의 보도 내용 등을 종합해 작성.

북한은 김정은 집권 이후 미사일 전력을 대폭 확충하며 기존의 전략로켓사령부를 전략군으로 확대·개편한 것으로 평가된다.[34] 북한은 김정은 시대 초기 단거리

---

34) 북한 전략군 관련 내용은 장철운, "북한 전략군의 위상과 역할에 관한 연구", 경남대학교 극동문제연구소, 『한국과 국제정치』 33권 4호, 2017, pp. 129–158 참조.

탄도 미사일인 스커드-B·C 발사대를 30개 이상, 중거리 탄도 미사일인 노동 미사일 발사대를 10개 이상, 무수단 미사일 발사대를 약간 보유한 정도로 평가됐다. 그러나 2024년 현재 북한은 화성-14·15·17·18형 등 대륙간 탄도 미사일 발사대를 17개 이상, 중거리 탄도 미사일인 화성-12형 발사대를 10개 이상, 준중거리 탄도 미사일 발사대를 17개 이상, 근·단거리 탄도 미사일 발사대를 69개 이상, 지상 발사 순항 미사일 발사대를 약간 보유한 것으로 판단된다.

▌[표 2-9] 북한의 미사일 전력 변화: 2012년과 2024년 비교

구분	2012년	2024년
병력	미상(전략로켓사령부)	약 10,000명(전략군)
장비(지대지 미사일 발사대)	노동 약 10* 무수단 약간* 스커드-B·C 30 이상*	ICBM 17개 이상 　화성-14·15·18 6개 이상 　화성-17 11개 이상 IRBM(화성-12) 10개 이상 MRBM 17개 이상 　화성-7 약 10개 　북극성-2 7개 이상 SRBM 69개 이상 　화성-5·6(스커드-B·C) 30개 이상 　화성-8 1개 이상 　화성-11A(KN-23) 17개 이상 　화성-11B(KN-24) 9개 이상 　화성-11C(KN-23 개량형) 6개 이상 　스커드 6개 이상 GLCM(화살-1·2) 약간

자료: IISS, *The Military Balance 2012,* 2012, p. 257; IISS, *The Military Balance 2024,* 2024, p. 282.
* 2012년에는 북한 육군 장비 전력에 포함해 평가.

3. 미사일 외 핵 투발 역량의 변화

북한은 다양한 사거리의 미사일을 가장 주요한 핵 투발수단으로 상정하고 있지만, 미사일 이외의 핵 투발수단도 개발하고 있다. 앞서 제시한 [표 2-6]에서도 확인할 수 있는 것처럼, 북한은 노동당 제8차 대회에서 제시한 국방력 발전 5개년 계획에 수중발사 핵전략무기 보유를 목표 중 하나로 포함시키고 있는데, 이와 관련된 동향을 2023년 3월 처음 나타냈다. 북한은 김정은 위원장의 지도 하에 2023년 3월

21-23일 새로운 수중 공격형 무기체계인 '해일'의 시험을 진행했는데, 임의의 해안이나 항구 또는 수상 선박을 통해 해일을 작전에 투입할 수 있으며 수중 폭발을 통해 방사능 해일을 발생시켜 함선 집단과 주요 항구를 파괴하는 것이 수중 공격형 무기체계인 해일의 사명이라고 주장했다. 그러면서 해일이 "동해에 설정된 타원 및 8자형 침로를 80-150m 심도에서 59시간 12분 간 잠항"했다고 주장했다.[35]

북한은 수중 핵전략 공격무기체계 개발 사업을 2012년 시작했으며, 2021년 10월 개최한 '자위-2021'이라는 명칭의 국방발전전람회를 통해 해일을 노동당중앙위원회 정치국에 비공개로 보고했다고 설명했다. 이어서 북한은 '해일'이라는 명칭이 부여된 노동당 제8차 대회 이후 50여 차례의 최종단계 시험을 거쳤고, 김 위원장이 29차례나 해일 시험을 직접 지도했다고 밝혔다.[36] 북한은 2023년 3월 25-27일 해일-1형의 시험을 또 진행했는데, 이때는 해일-1형이 41시간 27분 동안 600㎞를 잠항했다고 주장했으며,[37] 2023년 4월 4-7일에는 해일-2형이 71시간 6분 간 1,000㎞를 잠항하는 시험을 진행했다고 밝히기도 했다.[38] 북한은 2024년 1월 19일 발표한 '국방성 대변인 담화'에서 한·미·일의 해상 연합훈련 실시를 비난하며 이에 대한 대응으로 북한 국방과학원 수중무기체계연구소가 개발 중인 '해일-5-23'형을 동해에서 시험했다고 주장했다.[39]

Ⅱ. 재래식 군사력의 변화

현대전과 미래전에서 핵·미사일로 대표되는 대량살상무기(WMD: Weapons of Mass Destruction)가 차지하는 위상과 역할이 매우 큰 것으로 인식되지만 그렇다고 해서 재래식 군사력을 등한시할 수는 없다. 특히, 남북한이 막대한 재래식 군사력을 첨예하게 대치시키고 있다는 점에서 김정은 집권 이후 이뤄진 북한의 재래식 군사력 변화를 살펴보지 않을 수 없는 것이다. 김정은 집권 이후 북한이 큰 틀에서 세 차례 정도 군사정책을 변화시키는 동안 핵·미사일 고도화가 거의 실시간으로

---

35) 『조선중앙통신』, 2023년 3월 24일자.
36) 『조선중앙통신』, 2023년 3월 24일자.
37) 『조선중앙통신』, 2023년 3월 28일자.
38) 『조선중앙통신』, 2023년 4월 8일자.
39) 『조선중앙통신』, 2024년 1월 19일자.

부각된 반면 재래식 군사력의 변화는 크게 주목받지 못한 것이 사실이다. 왜냐하면 육·해·공군 및 기타(특수전, 예비 전력) 부문으로 구분할 수 있는 재래식 군사력은 짧은 기간에 크게 변화하기가 어려우며, 이러한 단기적인 변화를 적시에 제대로 평가하기도 쉽지 않기 때문이다. 이를 고려해 이 부분에서는 김정은 집권 이후 이뤄진 북한의 재래식 군사력 변화를 육·해·공군 및 기타 등으로 구분해 살펴보고자 한다.

1. 육군 전력의 변화

북한 육군 전력은 2012년 대비 2024년 현재 병력이 8만 명 증가한 것으로 나타나는데, 이는 기존에 인민보안성 산하에 있던 7·8총국이 2014-2016년 사이 국방성(구 인민무력성) 산하로 소속이 전환되며 공병군단과 도로건설군단으로 개편됐기 때문으로 풀이된다.[40] 부대 측면에서 기계화군단이 2개 감소하는 대신 기계화사단이 2개 증가했고, 보병군단이 1개, 방사포 여단이 9개 각각 증가한 것으로 평가된다. 보병군단 1개 증가는 2012-2014년 사이 기존에 군단급 부대로 평가됐던 국경경비총국이 보병군단으로 전환됐기 때문으로 풀이된다.[41]

장비 측면에서는 신형 전차인 선군호가 추가됐지만 전체 전차의 수량에는 변화가 없는 점으로 미뤄 구형 전차 일부가 도태되는 대신 선군호가 추가된 것으로 판단할 수 있으며, 장갑차에서도 유사한 변화가 나타난 것으로 평가된다. 북한 육군이 보유·운용 중인 포는 김정은 집권 이후 600문 증가했는데, 이는 152㎜ 신형 자주포가 추가되는 등 자주포 및 견인포 부문에서 100문, 300㎜ 및 600㎜ 방사포 등이 추가된 방사포 부문에서 400문 정도가 증가됐기 때문으로 보인다. 단거리 지대지 탄도 미사일인 FROG-7은 김정은 집권 초기인 2014년 3월 일련의 발사를 통해 상당하게 소진한 것으로 평가되며, FROG-7 이외에 북한 육군이 기존에 보유·운용하던 탄도 미사일 부대 및 전력은 김정은 집권 이후 공개된 전략군(구 전략로켓군)으로 이관한 것으로 평가할 수 있다.

---

40) 국방부, 『2014 국방백서』, 2014, pp. 25, 239; 국방부, 『2016 국방백서』, 2016, pp. 24, 236.
41) 국방부, 『2012 국방백서』, 2012, p. 25; 국방부, 『2014 국방백서』, 2014, p. 25.

▌[표 2-10] 북한의 육군 전력 변화: 2012년과 2024년 비교

구분			2012년	2024년	증감
병력			약 1,020,000명	약 1,100,000명	+80,000명
부대	군단		기계화 2 보병 9 평양방어사령부 1	보병 10 평양방어사령부 1	−2 +1
	기동	포병	사단 1 여단 15	사단 1 여단 15	
		기계화	사단 4	사단 6	+2
		경보	사단 27 여단 14	사단 27 여단 14	
	전투지원		포병 사단 1 포병 여단 21 스커드 여단 1* FROG-7 여단 1** 도하·수륙양용 연대 5-8 도하 여단 1	포병 사단 1 포병 여단 21 방사포 여단 9 도하·수륙양용 연대5-8 도하 여단 1	+9
장비	전차		3,500대 이상 (T-34·54·55·62·59·천마·폭풍)	3,500대 이상 (T-34·54·55·62·59·천마·폭풍·선군)	(선군호 추가)
	경전차		560대 이상	560대 이상	
	장갑차		2,500대 이상	2,500대 이상	(구형 장갑차 일부 도태, 신형 장갑차 일부 양산)
	포	계	21,000문 이상	21,600문 이상	+600문
		자주/견인	8,500문	8,600문	+100문 (152㎜ 신형 자주포 추가)
		방사포	5,000문	5,500문	+500문 (300/600㎜ 방사포 추가)
		박격포	7,500문	7,500문	
	대전차포		1,700문	1,700문	
	대공(고사총/포)		견인 11,000문	견인 11,000문	
	미사일 발사대		총 64대 이상 FROG 24	총 24대 이상 FROG 24	

| | | 무수단 약간*
노동 약 10*
스커드-B·C 30 이상* | 화성-11D 약간
독사(KN-02) 약간 | |
| | 미사일* | 노동 약 90 이상*
스커드-B·C 200 이상* | | |

자료: IISS, *The Military Balance 2012,* 2012, p. 257; IISS, *The Military Balance 2024,* 2024, pp. 282-283.
 * 전략군 편제로 이동 평가.
** 2014년 3월 일련의 발사를 통해 대부분의 FROG 미사일을 소진한 뒤 관련 부대가 없어진 것으로 평가.

2. 해군 전력의 변화

김정은 집권 이후 북한 해군과 관련해 병력은 거의 변화하지 않은 것으로 평가되며, 주요 부대 역시 해군사령부 예하 동·서해 2개 함대사령부, 13개 전대, 2개 해상저격여단 등으로 변화가 없는 것으로 판단된다.[42] 장비 부문에서 고래(신포)급 잠수함이 1척 증가한 것으로 나타나는데, 이는 기존의 로미오급 잠수함을 개조해

▌[표 2-11] 북한의 해군 전력 변화: 2012년과 2024년 비교

구분			2012년	2024년	증감
병력			약 60,000명	약 60,000명	
장비	잠수함정	고래(신포)급		1척	+1
		로미오급	22척	약 20척	-2
		상어급	30척 이상	약 40척	+10
		유고급/연어급	20척 이상	약 10척 이상	-10
	호위함		3척	2척	-1
	초계 및 연해전투함정		383척	374척 이상	-9
	기뢰전함		24척	20척	-4
	수륙양용	상륙함	10척	10척	
		상륙정	257척	255척	-2
	수송/지원함		23척	23척	

자료: IISS, *The Military Balance 2012,* 2012, pp. 257-258; IISS, *The Military Balance 2024,* 2024, p. 283.

42) 국방부, 『2012 국방백서』, 2012, p. 26; 국방부, 『2022 국방백서』, 2022, p. 28.

2023년 9월 6일 진수한 김군옥영웅호를 의미하는 것으로 보인다. 상어급 잠수함은 10척 증가했으나, 유고급 및 연어급 잠수함정은 10척 감소한 것으로 나타난다. 또한 호위함이 1척, 초계 및 연안전투함정이 9척, 기뢰전함이 4척, 상륙정이 2척 각각 감소한 것으로 나타난다.

이처럼 해군 전력이 장비를 중심으로 약화되는 상황에 대응하기 위해 북한에서는 김정은 위원장이 직접 '해군 무력 발전 노선', '해군 무장장비 현대화 실현', '함선 공업의 주체화·현대화·과학화' 등을 제시하며 해군력 증강을 도모하고 있다. 북한은 2023년 8월 21일 김 위원장이 동해함대 근위 제2수상함전대를 시찰했다는 소식을 전하며 2021년 1월 개최된 노동당 제8차 대회에서 '해군 무력 발전 노선'과 '해군 무장장비 현대화 실현' 등이 이미 제시됐다는 사실을 사후적으로 공개했다.[43] 또한 북한은 2023년 9월 6일 이뤄진 김군옥영웅호 진수식 소식을 전하며 '신형 함선 기관(엔진) 개발 및 생산'을 통한 '함선 공업의 주체화·현대화·과학화 목표'를 수립했다는 사실도 확인했다.[44] 그러나 김 위원장이 2023년 8월 21일 동해함대 근위 제2수상함전대를 시찰하며 "함선, 무기 전투기술 기재들의 원성능 유지"를 언급한 점으로 미뤄, 노동당 제8차 대회가 제시한 해군력 증강과 관련해 큰 진전이 이뤄졌을 것이라고 평가하기는 어려운 것이 사실이다.[45] 또한 김군옥영웅호 진수식에서 김정은 위원장이 "선진시대의 신형 함선 기관들을 적극 개발생산하는데 총력을 기울여야" 한다고 강조했다는 점에서 신형 함선 엔진 개발·생산에 있어서도 단기간 내에 괄목할만한 성과를 만들어내기가 쉽지 않을 것으로 보인다.

3. 공군 전력의 변화

김정은 집권 이후 북한 공군과 관련해서는 병력 측면에서 거의 변화가 없었으며, 부대 측면에서는 MiG-21 연대가 1개 증가하는 대신 Su-7 연대가 1개 감소했고, Mi-24 연대가 없어지며 공격헬기 부대가 사라지는 등의 변화가 발생했다. 장비 측면에서는 구형 모델인 F-7B(MiG-15) 전투기 40기, Su-7 전투폭격기 18기, 수송기 12기 등이 각각 감소했으며, 공격용 헬기였던 Mi-24가 완전히 도태된 것

---

43) 『조선중앙통신』, 2023년 8월 22일자.
44) 『조선중앙통신』, 2023년 9월 7일자.
45) 『조선중앙통신』, 2023년 8월 22일자.

으로 평가된다. 특히, 북한의 방공 전력이 김정은 집권 이후 크게 감소한 것으로 보이는데, 북한이 보유한 방공용 미사일 가운데 비교적 사거리가 긴 S-200 미사일이 28기, 이보다 사거리가 짧은 단·중거리 대공 미사일이 113기 각각 감소한 것으로 판단된다.

공군과 방공 전력을 '항공 및 반항공군'이라는 명칭으로 통합해 운용하는 북한은 이러한 상황 등을 고려해 신형 방공 미사일 개발, 무인공격기 개발 등의 목표를 설정한 것으로 보인다. 그러나 북한 국방과학원 주관으로 2021년 9월 30일 진행된 '새로 개발한 반항공 미사일 시험 발사'는 당시 노동당중앙위 정치국 상무위원이었던 박정천이 참관했고,[46] 북한에서 미사일 전력의 개발·운용 등을 총괄하는 것으로 보이는 미사일총국이 2024년 2월 2일 진행한 신형 반항공 미사일 시험 발사도 김 위원장이 참관하지 않았다.[47] 외부로부터 군사기술 등을 오랫동안 지원받지 않아 온 북한이 독자적인 기술만을 바탕으로 방공 미사일 부문에서 단기간 내에 가시적인 성과를 거두기는 여의치 않을 것으로 예상된다.

한편, 첨단기술이 반드시 필요한 전투기와 전투폭격기, 폭격기, 수송기 등을 독자적으로 개발·제작하기 어려운 북한 입장에서 노동당 제8차 대회를 통해 무인공격기 개발이라는 목표를 설정한 것은 나름 합리적인 선택일 수 있다. 무인공격기 수준에는 미치지 못하지만 북한에서 출발한 여러 종류의 무인기가 남한에서 간헐적으로 발견되기도 했으며, 미국과 남한 등이 보유·운용 중인 최첨단 무인기와 최소한 겉모습이 유사한 무인기를 북한이 2021년 10월 '자위-2021'에서 선보이기도 했다. 김정은 위원장은 2023년 8월 3-5일 무인공격기 발동기(엔진) 생산공장을 현지지도하며 "발동기의 성능과 믿음성을 부단히 제고하고 생산능력을 급격히 확대해나가기 위한 방도적 문제들을 구체적으로" 지시했다. 이러한 내용을 감안했을 때, 북한이 무인(공격)기 개발에서 일정하게 성과를 거두고 있을 가능성을 배제할 수 없지만, 구체적인 내용을 평가하기는 어려운 것이 사실이다.

---

46) 『조선중앙통신』, 2021년 10월 1일자.
47) 『조선중앙통신』, 2024년 2월 3일자.

▌[표 2-12] 북한의 공군 전력 변화: 2012년과 2024년 비교

구분			2012년	2024년	증감
병력			110,000명	110,000명	
부대	폭격		H-5 연대 3	H-5/Il-28 연대 3	
	전투		F-7B 연대 1 J-5 연대 6 J-6 연대 4 J-7 연대 5 MiG-23 연대 1 MiG-29 연대 1	MiG-15 연대 1 J-5(MiG-17) 연대 6 J-6(MiG-19) 연대 4 J-7(MiG-21) 연대 5 MiG-21 연대 1 MiG-23 연대 1 MiG-29 연대 1	+1
	대지공격		Su-7 연대 1 Su-25 연대 1	Su-25 연대 1	-1
	공격헬기		Mi-24 연대 1		-1
	방공		여단 19	여단 19	
장비	항공기	폭격기	H-5 80기	H-5/Il-28 80기	

		전투기	441기 이상
			  F-7B 40기
			  J-5 107기
			  J-6 100기
			  J-7 120기
			  MiG-23 56기
			  MiG-29 18기 이상
				401기 이상
				  MiG-15
				  J-5(MiG-17) 107기
				  J-6(MiG-19) 100기
				  J-7(MiG-21) 120기
				  MiG-23 56기
				  MiG-29 18기 이상
					-40
					-40

		전투폭격기	48기
			  MiG-21 30기
			  Su-7 18기
				30기
				  MiG-21 30기
					-18
					
					-18

		공격기	Su-25 34기	Su-25 34기	

		수송기	217기
			  An-24 6기
			  Tu-134 2기
			  Y-5 약 200기
			  Il-18 2기
			  Il-62 2기
			  Tu-154 4기
			  Tu-204 1기
				205기
				
				  Y-5(An-2) 약 200기
				
				  Il-62 2기
				  Il-76 3기
					-12
					-6
					-2
					
					-2
					
					-1
					-1

		훈련기	215기
			  CJ-6 180기
				215기 이상
				  CJ-6 180기
					+

			FT-2 35기	FT-2 35기 MiG-21 약간	+
헬기	공격용		Mi-24 20기		-20
	수송용		202기 Mi-8/17 15기 Z-5 48기 Mi-2 139기	206기 Mi-8/17 15기 Z-5 48기 Mi-2 139기 Mi-26 4기	+4 +4
	다목적		500D 80기	500D 80기	
방공 미사일			350기 이상 S-200(장거리) 38기 단·중거리 312기 이상	209기 이상 S-200(장거리) 10기 단·중거리 199기 이상	-141 -28 -113

자료: IISS, *The Military Balance 2012*, 2012, p. 258; IISS, *The Military Balance 2024*, 2024, p. 284.

4. 기타 재래식 군사력의 변화

한국 국방부는 2년 주기로 발행하는 『국방백서』를 통해 북한의 특수전 병력이 20만여 명에 달하는 것으로 평가하고 있지만, 이는 11군단을 비롯해 북한에서 특수전을 전문적으로 수행하는 부대뿐 아니라 전방군단 산하의 경보병사단, 전방사단 산하의 경보병연대 등까지 모두 포함하기 때문으로 보인다.[48] 국제적으로 신뢰성을 인정받고 있는 국제전략문제연구소(IISS: International Institution for Strategic studies)는 2012년과 2024년 북한의 특수전 병력이 88,000명으로 변화가 없으며, 특수전 부대의 편제 또한 거의 변화하지 않은 것으로 판단하고 있다.

또한 북한의 예비 전력 중에서 핵심적인 전력이라고 할 수 있는 교도대와 관련해 국제전략문제연구소는 병력 및 부대 측면에서 2012년과 2024년 사이에 큰 변화가 없는 것으로 평가하고 있다. 그러나 국방부는 2012-2018년 60만여 명으로 추정했던 교도대의 병력 규모를 2022년에는 62만여 명으로 변화시켰다.[49]

---

48) 『국방백서』에 따르면, 북한의 특수전 병력은 1988년부터 2000년까지 10만여 명으로 추정됐으나, 2004년 약 12만 명, 2008년 18만여 명, 2010년 20만여 명으로 증가한 것으로 평가된다.

49) 국방부, 『2012 국방백서』, 2012, p. 28; 국방부, 『2022 국방백서』, 2022, p. 32.

▌[표 2-13] 북한의 특수전 및 예비 전력 변화: 2012년과 2024년 비교

구분		2012년	2024년	증감
특수전	병력	88,000명	88,000명	
특수전	부대	특수전 대대 8 정찰 대대 17 경보 여단 9 저격 여단 6 항공 강습여단 3 항공 강습대대 1 항공 저격여단 2 수륙양용 저격여단 2	특수전 대대 8 정찰 대대 17 경보 여단 9 저격 여단 6 항공 강습여단 3 항공 강습대대 1 항공 저격여단 2 수륙양용 저격여단 2	
예비 (교도대)	병력	600,000명	600,000명	
예비 (교도대)	부대	경보 사단 40 경보 여단 18	경보 사단 40 경보 여단 18	

자료: IISS, *The Military Balance 2012*, 2012, p. 257; IISS, *The Military Balance 2024*, 2024, p. 282.

제5절 결론

이상에서 살펴본 것처럼, 김정은 시대 들어 북한에서는 매우 다양한 내용의 군사적 변화가 발생했으며, 이러한 변화는 현재진행형이라고 할 수 있다. 대표적인 김정은 시대 북한의 군사적 변화로 김정은 집권 이후 사실상 전 기간에 걸쳐 진력하는 핵·미사일 능력 고도화를 언급할 수 있다. 이로 인해 김정은 시대 이뤄진 북한의 재래식 군사력 변화에 많은 관심이 기울여지지 않고 있지만, 이처럼 낮은 관심이 현실의 변화를 있는 그대로 반영하지는 못한다. 한편 김정은 시대 북한의 군사적 변화가 김정일 시대가 남긴 유산에서 출발했고, 김정일 정권의 군사적 변화 역시 김일성 시대의 유산을 바탕으로 하지만 이러한 방향에서 이뤄진 선행연구도 많지 않은 것이 사실이다. 이러한 상황을 고려해 이 글에서는 김정은 시대 북한의 군사적 변화를 김일성·김정일·김정은 시대로 이어지는 역사적인 맥락 하에서 살펴보려 했다.

김일성 정권이 1960년대 제시한 '국방에서의 자위' 노선과 '4대 군사노선'은 김

일성 시대를 넘어 김정일 시대까지를 관통하는 북한 군사정책의 기본 골격이라고 할 수 있다. 이의 실현을 위해 김일성 정권은 1970년대 군수산업을 전담하는 제2경제위원회를 설치하고 육군과 해군에 필요한 일부 무기체계를 독자 개발·생산하는 수준에 이르렀지만, 1980년대 말까지 구소련과 중국에서 항공기 등 당시 최첨단 무기체계를 적지 않게 지원받았다. 김일성 정권은 육군과 해군에 필요한 일부 무기체계를 독자적으로 개발·생산할 수 있게 된 1970년대 이후 정규군 병력을 대폭 증가시켰는데, 1975년 46만 7,000명이었던 북한군 총병력은 1990년대 초반 113만 2,000명 규모로 증가했다. 이와 함께 김일성 시대 말기 북한은 핵·미사일 개발을 본격적으로 시작했다.

김정일 정권은 대내외적으로 어려운 여건을 돌파하기 위해 '선군정치'를 추진하는 동시에 김일성 시대에 수립된 군사정책의 기본 골격을 유지하고 이를 달성하기 위해 '저비용 고효율' 군사력 증강 정책을 추진했다. 이에 따라 김정일 시대 북한은 육군 병력을 증가시키는 동시에 전차 및 포 전력을 증강시켰으나, 육군의 장갑차, 해군의 전투함정, 공군의 전술기 전력은 양적인 측면에서 약화됐다. 이와 함께 김정일 정권은 두 차례 핵실험을 단행하며 핵 역량을 강화했고, 미국에 대한 위협을 강화해 대미 협상력을 제고하려는 목적 등으로 액체 연료 지대지 탄도 미사일의 사거리를 연장시켜 나갔다. 또한 김정일 정권은 액체 연료 지대지 탄도 미사일의 단점을 극복하기 위해 고체 연료 지대지 탄도 미사일 개발을 시작했다.

이와 같은 김일성·김정일 시대의 유산을 물려받은 김정은 정권은 2013-2018년 '경제건설 및 핵무력 건설 병진노선'을 '항구적 전략노선'으로 내세웠지만 이 노선은 사실상 핵·미사일 역량 고도화 노선이었다. 왜냐하면 김정은 정권이 이 시기에만 핵실험을 네 차례나 추가로 실시했고, 총 89회의 미사일 발사를 단행하며 핵·미사일 역량을 증강했기 때문이다. 이와 함께 경제·핵 병진노선 추진기에 김정은 위원장의 군사분야 공개활동 중에서 재래식 군사력 관련 활동이 차지하는 비율이 37.7%에 달했는데, 이는 김정은 정권이 핵·미사일 역량 고도화뿐 아니라 재래식 군사력 증강에도 상당한 관심을 기울였다는 점을 방증한다.

한반도 정세 변화 가능성이 점쳐지던 '한반도 평화의 봄' 국면에서 김정은 정권은 최소한 표면적으로는 북한이 정세 변화에 장애를 조성하지 않겠다는 의지를 밝히면서도 군사정책의 기본 골격을 허물지는 않았다. 김정은 정권은 한반도 평화의 봄 국면이 성과로 이어지지 않자 '정면돌파전'을 선언하고 핵·미사일 및 재래식 군사력을 더욱 강화하는 군사정책을 추진하고 있다. 특히, 김정은 위원장은 2021년 1월 개최한 노동당 제8차 대회에서 핵·미사일 역량 및 재래식 군사력 강화와 관련해 총체적이면서도 사안별로 매우 구체적인 목표를 담은 국방력 발전 5개년 계획을 제시했다. 현재 북한은 국방력 발전 5개년 계획 중에서 핵 역량과 관련한 전술핵무기 개발 목표 달성에 상당히 근접한 것으로 보이고, 미사일 역량과 관련해서는 지대지 미사일 부문에서의 성과가 두드러지며, 미사일 외 핵 투발 역량인 수중공격형 무기체계 부문에서도 일정하게 성과를 거둔 것으로 평가된다. 김정은 집권 이후 북한의 재래식 군사력 변화와 관련해서는, 김정일 시대와 유사하게, 육군 병력 증강 및 포 전력 강화가 눈에 띄지만 방공 전력을 포함한 공군력과 해군력은 사실상 약화됐다고 평가할 수 있다.

이처럼 북한은 김일성·김정일·김정은 시대를 지나는 동안 자신들의 안보, 즉 외부로부터의 침략을 억제하고 만약 침략당했을 경우 이를 격퇴하는데 필요한 능력을 확충하기 위해 군사력 증강 정책을 꾸준하게 추진해왔다. 그리고 이 과정에서 시시각각 변화하는 대내외 상황을 충분하게 이용하거나 여기에 조응·적응하는 방향에서 군사력 증강을 위한 구체적 방법을 모색해 실행해왔다. 이러한 맥락에서 향후 북한의 군사적 변화를 간략하게 전망할 수 있다. 우선 비핵화를 거부하는 김정은 정권은, 특별한 사정 변화가 발생하지 않는 이상, 앞으로 핵·미사일 역량 고도화를 계속 추구할 것으로 예상된다. 구체적으로 북한은 향후에도 영변 등에 있는 핵 시설을 지속적으로 가동하며 핵무기 제작에 필요한 무기급 핵물질의 양을 증가시킬 것이다. 5MWe 흑연감속로를 정상적으로 가동하기가 쉽지 않은 상황임을 고려했을 때, 앞으로 북한은 고농축 우라늄 생산에 진력할 가능성이 크다.

핵 투발 역량과 관련해서는 액체 연료 지대지 탄도 미사일보다 생존성과 신속성 등에서 뛰어난 것으로 평가되는 고체 연료 지대지 탄도 미사일 역량 고도화에 집중할 수 있다. 고체 연료 근·단거리 지대지 탄도 미사일의 파괴력 및 정확성 향상, 북한의 고체 연료 지대지 탄도 미사일 포트폴리오에 아직 채워지지 않은 고체 연료 중거리 지대지 탄도 미사일 개발, 다탄두 개별목표 재돌입체(MIRV: Multiple Independently-targetable Reentry Vehicle) 등과 같이 중·장거리 지대지 탄도 미사일에 장착해 투발할 수 있는 다양한 탄두 개발, 짧은 기체를 가졌지만 상당한 사거리를 확보하기 위한 고체 연료의 성능 향상 등을 추진할 수 있다. 또한 김정은 정권이 전략적인 핵 투발수단으로 상정하는 지상 공격용 순항 미사일을 다양한 플랫폼에 탑재해 발사하는 방안 모색, 핵무인 수중 공격정 '해일'과 같이 미사일 외 핵 투발 수단의 다양화 등도 앞으로 북한이 추진해야 할 과제로 보인다.

전반적 국력에 비해 북한이 현재 보유·운용 중인 재래식 군사력이 매우 과도한 수준이라는 점을 고려했을 때, 막대한 재원이 소요되는 재래식 군사력 전반의 증강을 북한이 추진하기는 쉽지 않을 것이다. 따라서 북한은 향후에도 무기체계를 선별해 전력을 증강하는 지금까지의 기조를 이어갈 것으로 예상된다. 무엇보다 육군 전력 증강과 관련해 현재 북한의 최신예 전차인 '선군호' 후속 모델 개발, 신형 장갑차 개발·도입, 대전차 및 대기갑 전력인 공격용 헬기 도입 등이 추진될 가능성을 주시할 필요가 있다. 탈냉전 이후 사실상 신무기 개발·도입이 멈추며 전력이 약화된 것으로 평가되는 공군(항공 및 반항공군)과 해군 전력을 북한이 향후에 독자적으로 증강하기는 쉽지 않을 것으로 판단된다. 다만, 우크라이나와의 전쟁 등을 계기로 북한과의 관계를 최근 들어 급속하게 발전시키는 가운데 북한으로의 다양한 군사기술 이전 가능성을 시사해 온 러시아로부터 지원 및 협력을 얻어낸다면 북한이 예상보다 짧은 시간 내에 해·공군 전력을 증강할 수 있을 것이다.

참고문헌

[북한 자료]
『로동신문』.
『조선중앙통신』.

[남한 자료]
• 논 문
강채연, "김정은 시대 비핵화·경제발전 병진전략의 딜레마: 선군정치의 덫", 『신아세아』 25
    권 3호, 2018.
김광수, "조선인민군의 창설과 발전, 1945~1990", 경남대학교 북한대학원 엮음, 『북한군사문
    제의 재조명』, 한울, 2006.
박영실, "정전이후 중국인민지원군의 대북한 지원과 철수", 한국학중앙연구원, 『정신문화연구』
    29권 4호, 2006.
선종률, "남북한 군비경쟁 양상 변화에 관한 연구", 울산대학교 정치학 박사학위논문, 2011.
이중구, "김정은 정권의 핵병진노선의 대내외적 영향", 고려대 공공정책연구소, 『Journal of
    North Korea Studies』 2권 2호, 2016.
장철운, "김정은 시대 북한군의 변화: 군사력과 군의 역할에 관한 논의를 중심으로", 서울대학
    교 국제문제연구소, 『세계정치』 34호, 2021.
_____, "남북한의 지대지 미사일 경쟁 연구: 결정요인 및 전력을 중심으로", 북한대학원대학
    교 북한학 박사학위논문, 2014.
_____, "북한의 핵·미사일 과학기술 발전과 비핵화 프로세스 전망", 평화문제연구소, 『통일
    문제연구』 30권 2호, 2018.
_____, "북한 전략군의 위상과 역할에 관한 연구", 경남대학교 극동문제연구소, 『한국과 국
    제정치』 33권 4호, 2017.
한기범, "김정은 정권 병진노선 10년의 결과: 핵개발 편중, 주민 기아 가속화", 북한연구소,
    『북한』 615호, 2023.
함택영, "경제·국방건설 병진노선의 문제점", 『북한 사회주의건설의 정치경제』, 경남대학교
    극동문제연구소, 1993.
홍 민, "북한 노동당 창건 75주년 열병식 분석", 통일연구원, 『Online Series』 CO 20-26,

2020.

• 단행본

김광운, 『북한 정치사 연구 Ⅰ: 건당·건국·건군의 역사』, 선인, 2003.

이남주·이정철, 『신한반도체제 추진 종합연구(2): 신한반도체제의 평화협력공동체 형성』, 경제·인문사회연구회, 2020.

임강택, 『북한의 군수산업 정책이 경제에 미치는 효과 분석』, 통일연구원, 2000.

장철운, 『평화체제 관련 남북한 군사적 긴장완화』, 통일교육원, 2018.

장철운·김상범·김차준·이기동, 『한반도 군비경쟁과 평화정착』, 통일연구원, 2021.

장철운·이무철·이수형·양정학·공민석·김규철·조윤영, 『포스트-코로나 시대 동북아 군비경쟁과 한반도 안보협력』, 통일연구원, 2022.

장철운·이춘근·김상범·김차준·진활민, 『북한 비핵화를 위한 전략과 추진과제』, 통일연구원, 2023.

함택영, 『국가안보의 정치경제학: 남북한의 경제력·국가역량·군사력』, 법문사, 1998.

• 기 타

국방부, 『국방백서』, 각 년도.

통일부 북한정보포털 웹사이트(https://nkinfo.unikorea.go.kr/nkp/kje/view.do).

[영문 자료]

IISS, *The Military Balance 2012*, 2012.

_____, *The Military Balance 2024*, 2024.

미국 국제전략문제연구소(CSIS: Center for Strategic and International Studies) 미사일 위협(Missile Threat) 웹사이트(https://missilethreat.csis.org/country/dprk/).

제 3 장

북한의 외교 및
대남 정책

최용환

북한의 외교 및 대남 정책

제1절 개관

냉전기 북한 외교는 중국·소련을 중심으로 한 사회주의 진영과의 외교에 집중하였다. 이 과정에서 북한은 중소의 내정간섭을 피하기 위해 자주를 내세웠지만, 진영외교의 틀을 크게 벗어나지는 못하였다. 탈냉전 이후 미국 주도의 단극질서 하에서 북한 외교의 초점은 미국과의 관계로 옮겨졌다. 북한의 핵개발 등으로 인해 북한과 미국 관계에 많은 부침이 있었던 것이 사실이지만, 양국 간 협상이 진행되던 시기는 물론 정치·군사적 갈등이 고조되던 시기에도 북한 대외정책의 최우선 과제는 대미관계였다. 그런데 2019년 하노이 정상회담 결렬 이후 북한 외교의 초점이 분산되고 있다. 북한은 현재의 국제질서를 '신냉전'으로 규정하고, 미국과의 관계 이외에 중국 및 러시아와의 관계 개선에도 높은 관심을 보이고 있다.

또한 북한은 2023년 말 개최된 당중앙위원회 전원회의와 2024년 1월 김정은 시정연설 등을 통해 남북관계의 전면적 전환을 선언하였다. 북한은 남북관계를 '적대적인 두 국가 관계'로 규정하고, 통일전선부를 비롯한 대남사업부문 기구들도 정리·개편하였다. 이러한 북한의 대남정책 전환은 기존 남북관계의 틀을 완전히 바꾸려는 것으로 볼 수 있다. 예컨대, 남북관계가 국가 간의 관계가 아닌 통일을 지향하는 과정에서 잠정적으로 형성되는 특수관계라는 기존의 남북합의1)를 무시하

---

1) 1991년 12월 채택된 '남북사이의 화해와 불가침 및 교류·협력에 관한 합의서(이하 남북기본합의서)'

고, 국가 간 관계로 재규정하고 있는 것이다. 실제로 북한은 일부 대남기구들을 폐지 하였으며, 통일전선부 등 대남사업 부서들의 역할도 조정된 것으로 알려지고 있다.

이와 같은 북한의 대외·대남 정책 전환은 그들의 정세인식 변화에 따른 전략 적 선택일 것이다. 따라서 본 장에서는 북한의 국제정세 인식과 이에 따른 북한 대 외·대남 정책 변화를 살펴보기로 한다.

Ⅰ. 북한의 외교정책 이념과 원칙

북한 대외정책의 기본 이념은 '자주, 평화, 친선'이다. 이는 북한의 헌법과 당 규약에 명기되어 있다. 북한 사회주의 헌법(2019년 개정) 제17조는 자주, 평화, 친선 을 대외정책의 기본 이념이자 대외활동 원칙이라고 규정하고 있다. 조선로동당 규 약(2021년 개정) 전문에도 이 세 가지가 대외정책의 기본 이념으로 명기되어 있다. 2019년 신년사에서도 김정은은 자주·평화·친선의 이념에 따라 대외관계를 추진 할 것이라고 언급한 바 있다. 그렇다면 북한은 자주·평화·친선 등을 어떤 개념으 로 이해하고 있는 것일까? 북한은 자주의 이념이 '국가와 민족들 사이에 평등하고 공정한 국제관계를 수립·발전시켜 나가는데서 견지해야 할 기본 이념'이라고 주장 한다. 또한 평화의 이념은 '인류를 전쟁과 핵참화로부터 구원하고 자주적 세계를 건 설하는데서 견지해야 할 이념'으로, 친선의 이념은 '자주성과 평등에 기초하여 국가 들 사이의 협조관계를 발전시키는 데서 견지해야 할 이념'이라고 설명하고 있다.[2]

정권 수립 초기 북한 대외정책의 기본이념은 '자주, 친선, 평화'였으나, 1990년 5월 개최된 최고인민회의 제9기 제1차 회의에서 그 순서를 '자주, 평화, 친선'으로 수정하였다. 대외정책 기본 이념의 순서를 바꾼 시기를 고려할 때, 탈냉전에 따른 국제질서 변화를 반영하여 평화를 친선보다 앞세운 것으로 평가된다.[3] 당시 북한 은 동구 사회주의권 붕괴에 따른 대외적 고립과 갈수록 심각해지는 경제난에 직면 해 있었다. 특히 남북 간 국력 격차가 갈수록 벌어지는 상황에서 한국은 적극적으 로 북방정책(Nordpolitik)을 추진하고 있었다. 이에 북한은 한국이 자신들을 흡수통

에서 남북은 이른바 '남북한 특수관계론'에 합의.

2) 조선백과사전편찬위원회 편, 『광명백과사전 3』, 백과사전출판소, 2009, pp. 267–268.

3) 김용현 편, 『북한학 개론』, 동국대학교출판부, 2022, p. 138.

일하려 한다고 비난하는 등 수세적 모습을 보였다. 즉 탈냉전에 따른 상황변화를 반영하여 자신들의 외교이념 우선 순위를 조정한 것이다.

북한노동당의 대외정책 추진 원칙은 1998년에 수정되었는데, 기존에 담겨있던 '맑스-레닌주의와 프롤레타리아 국제주의 원칙'을 삭제하는 대신, '자주성을 옹호하는 세계 인민들과의 단결, 자주·평화·친선' 등의 내용이 추가되었다.[4] 이는 동구 사회주의권이 붕괴된 상황에서 비사회주의 국가들과의 전방위외교 추진을 위한 대외정책 추진 원칙 변경이라고 할 수 있다. 사회주의 국가들 이외 국가들과의 관계 강화에 대한 의지는 2021년 개최된 제8차 당대회에서도 지속적으로 유지되고 있다. 제8차 당대회에서도 북한은 사회주의 국가들과의 관계 확대·발전 이외에 '자주성을 지향하는 혁명적·진보적 당들과의 단결·협력을 강화하며, 전 세계적 범위에서 반제 공동투쟁을 전개하여 대외환경을 유리하게 바꾸어 갈 것'이라고 주장하였다.[5]

실제로 북한은 탈냉전 이후 서방 국가들과의 관계 개선 및 외교다변화를 시도해왔다. 특히 미국과의 관계 정상화는 탈냉전기 북한 외교의 최우선 과제였다고 할 수 있다. 하지만 북한의 지속적인 핵과 미사일 개발은 미국을 포함한 서방과의 관계 개선을 가로막는 장애물이 되었다. 반면 최근 북한은 자신들의 전통적 우방인 중국과의 관계 개선은 물론, 우크라이나 전쟁을 계기로 러시아와의 관계 강화에 주력하고 있다.

Ⅱ. 대외/대남 정책 결정 구조

북한 체제의 특성상 대외정책 결정에 있어서도 국가기구보다는 당 기구가 우위에 있으며, 모든 정책의 결정·집행은 최고지도자 중심으로 이루어진다. 물론 최고지도자가 모든 것을 결정할 수는 없기 때문에 하의상달(下意上達)의 구조도 존재하는 것이 사실이지만, 최고지도자의 의중에 벗어나는 정책결정이나 집행을 기대하기는 어렵다.

---

4) 국립통일교육원, 『2023 북한 이해』, 국립통일교육원, 2023, p. 133.

5) 『노동신문』, 2021년 1월 9일자.

▌[그림 3-1] 북한 외교정책 결정-집행 체계

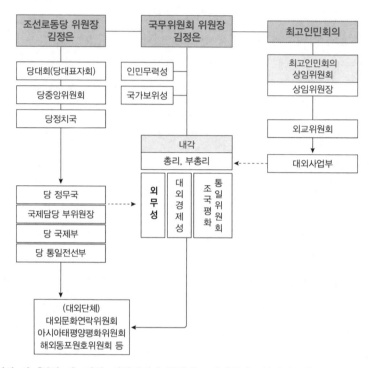

자료: 김진하 외, 『북한 외교정책: 정책패턴과 북핵외교 사례분석』, 통일연구원, 2019, p. 97.

2019년 개정된 현행 북한 헌법에 따르면 북한 국무위원회 위원장은 국가를 대표[6]하며, 다른 나라에 주재하는 외교 대표를 임명 소환하거나 다른 나라와 맺은 중요 조약을 비준·폐기하는 권한을 가진다. 과거 다른 나라 주재 외교대표의 임명·소환권은 최고인민회의 상임위원회가 가지고 있었으나, 이를 국무위원장에게로 이관한 것이다. 현행 북한 헌법에서 최고인민회의 상임위원회는 △다른 나라와 맺은 조약의 비준·폐기, △대사권, △다른 나라 국회, 국제의회기구들과의 사업 등을 담당한다. 외국과 체결한 조약의 비준·폐기 권한은 최고인민회의의 권한에도 명기되어 있다.

북한의 외교활동을 담당하는 주체는 국가 이외에 당이 있으며, 외국의 민간단

---

6) 1998년 헌법 개정에서 국가주석 직 폐지 이후 최고인민회의 상임위원장이 국가를 대표해왔으나, 김정은 집권 이후 2016년, 2019년 헌법 개정을 거치면서 외교에 있어 국무위원장의 역할이 점차 강화되는 추세.

체를 상대하는 관변단체들도 존재한다. 국가 차원에서 북한의 외교를 담당하는 조직은 외무성, 대외경제성 등이 있으며, 의회 간 외교는 최고인민회의 산하 외교위원회가 담당한다. 당차원의 외교는 당 국제부가 담당한다. 대남 사업을 담당하는 내각 기구는 조국평화통일위원회이며, 당 차원에서 대남 사업은 통일전선부에서 담당한다. 하지만 2023년 말 개최된 제8기 제9차 전원회의에서 북한이 대남정책 전환을 선언하였기 때문에 대남정책 담당 기구의 폐지 및 위상 변화가 불가피해 보인다.

외무성이 국가 차원의 외교업무를 담당한다면 당 국제부는 사회주의 국가 및 북한에 우호적인 국가 정당들과의 교류업무를 담당한다. 동구 사회주의권 국가들의 체제전환이 이루어지면서 사회주의 정당 간 교류보다는 국가 간 외교를 담당하는 외무성의 역할이 증가하였지만, 북한 체제의 특성상 기본적으로 당 국제부가 외교정책 방향을 결정하면 외무성이 이를 집행하는 구조라고 볼 수 있다. 당 국제부에는 외무성과 연계된 권역별 부서가 있으며, 당 외곽단체들의 국제업무 지도부서,

▌[그림 3-2] 당 국제부 조직체계와 기능

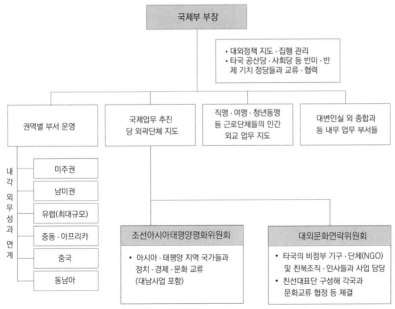

자료: 박영자, 『김정은 시대 조선노동당의 조직과 기능: 정권안정화 전략을 중심으로』, 통일연구원, 2017, p. 194.

근로단체 외교업무 지도부서, 그리고 대변인실·종합과 등 내부업무 부서들이 있다. 이외에 민간 차원의 외교는 당 외곽단체인 조선아시아태평양평화위원회, 대외문화연락위원회 등이 담당한다. 사회주의애국청년동맹이나 조선직업총동맹 등 근로단체들도 관련 분야 대외활동에 참여하고 있다.[7]

아래 그림에서 볼 수 있는 것처럼 북한의 외무성 조직은 각 권역을 담당하는 지역국과 전문 및 일반 기능국, 외무성의 기능을 지원하는 보장국, 그리고 산하기관 등으로 구성되어 있다. 최근에는 외무성을 대표하는 외무상 이외에 국제기구나, 러시아·미국 등 지역담당 부상이나 국장들은 물론 산하 연구소 연구원들까지 나서서 각종 국제현안에 대한 담화나 입장을 발표하고 있는 추세이다.

▌[그림 3-3] 북한 외무성 조직도

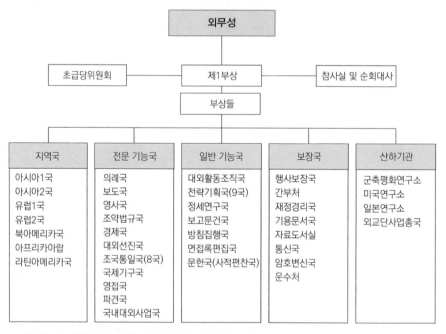

자료: 김진하 외, 『북한 외교정책: 정책패턴과 북핵외교 사례분석』, 통일연구원, 2019, p. 103.

---

7) 국립통일교육원, 『2023 북한 이해』, p. 135.

　　당 정무국 전문부서 가운데 통일전선부는 대남정책을 담당한다. 통일전선부는 남북대화 지도, 대남 심리전 및 자료수집, 해외 대상의 통일전선공작 등 업무를 총괄한다. 형식적으로는 조국평화통일위원회(이하 조평통)가 국가기구로 전환되었으나 사실상 통일전선부의 지도를 받는 구조이다. 이외에 '민족화해협의회'(이하 민화협) 등을 통해 민간교류를 조정하고, '조선아시아태평양평화위원회'(이하 아태평화위), '해외동포원호위원회' 등을 통해 해외동포 및 조총련 등의 사업을 총괄한다.

　　하지만 2023년 말 개최된 당중앙위 제8기 제9차 전원회의에서 북한은 대남정책 전환 및 대남 기구의 폐지 및 위상변화를 선언한 상태이다. 2024년 8월 현재까지 구체적 내용이 알려지지는 않았으나, 조평통, 민화협 등 대남 교류협력 업무를 담당하던 부서들이 폐지되고, 통일전선부의 위상 역시 축소될 것으로 전망된다.

▌[그림 3-4] 통일전선부 조직체계와 기능

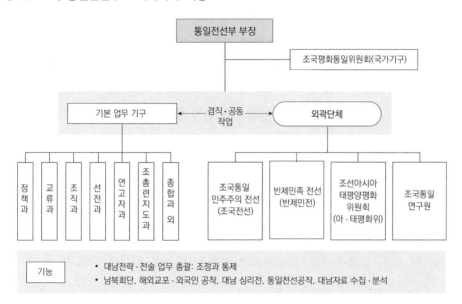

자료: 박영자, 『김정은 시대 조선노동당의 조직과 기능: 정권안정화 전략을 중심으로』, p. 191.

제2절 북한 대외/대남 정책의 변천

I. 냉전기 북한외교

냉전시대 북한 외교는 사회주의 국가들과의 관계에 집중하였지만, 그 과정에서 자주를 표방하는 등 변화를 보였다. 김일성의 집권 과정에서 사회주의 우방인 소련의 역할이 결정적이었으며, 정권 출범 초기 북한은 정치·경제·군사 등 다양한 영역에서 소련에 전적으로 의존하였다. 예컨대 1946년과 1948년 개최된 1-2차 당대회에서는 본 의제 심의 이전에 '스탈린 대원수에게 드리는 편지'를 채택하였는데, 이는 정권 출범 초기 소련에 대한 북한의 의존성을 보여주는 사례이다.[8] 1949년 중국에서 국공내전이 끝나고 신중국이 출범하자 중국과의 관계도 빠르게 발전하기 시작하였으며, 6.25전쟁에 중국이 참전하면서 양국관계는 혈맹으로 발전하였다.

정전협정이 체결된 1953년 7월까지 북한은 소련, 중국 등을 포함한 12개 국가와 수교하였다. 정전협정 체결 이후 북한 외교의 최우선 과제는 소련과 중국의 무상원조 등 대외경제지원 확보에 있었다. 1940-50년대 소련과 중국에 대한 북한의 높은 의존도는 역설적으로 주체·자주의 논리가 싹트는 토대가 되었다. 1953년 스탈린(Stalin)이 사망하고 흐루시초프(Khrushchev)가 집권하면서 소련은 대내외 정책 전환을 시도하였는데, 이와 같은 소련의 정책 전환은 북한에도 영향을 미쳤다. 예컨대 1956년 개최된 제20차 소련공산당 당대회에서 흐루시초프는 스탈린 격하 운동과 서방과의 평화공존 정책을 표방하였다. 이에 따라 북한 내에서도 개인숭배에 대한 비판이 제기되자 김일성 등 당 지도부는 "제20차 소련공산당 당대회 문헌을 분석함에 있어 교조주의적·형식주의적 오류를 범하지 말아야 한다"며 북한 자체의 특수성을 강조하는 방식으로 대응하였다.[9] 개인숭배 비판은 1956년 4월 개최된 제3차 당대회에서도 제기되었으며, 동년 8월 당중앙위 전원회의에서 김일성에 대한 소련파와 연안파의 조직적 반발로 이어졌다. 1956년 8월 30-31일 개최된 당중앙위 전원회의에서 당시 소련파, 연안파 등 김일성 반대파들은 조직적으로 김일

---

8) 국토통일원, 『조선노동당대회자료집(제1집)』, 국토통일원, 1980, pp. 18, 110.

9) 서동만, 『북조선 사회주의체제 성립사: 1945-1961』, 선인, 2005, pp. 529-537.

성에 반발하였지만, 김일성에 의해 일거에 제압·축출되었다. 하지만 자신들에게 우호적인 인사들이 해임·출당 당한 사실을 알게 된 중국과 소련은 김일성에게 이들의 복권·복당을 요구했다. 당시 중국과 소련에 정치·경제·군사적으로 크게 의존하고 있던 김일성은 중소의 요구를 수용할 수밖에 없었다. 중국과 소련이라는 사회주의 강대국들이 북한의 내정에 간섭한 이 사건을 북한에서는 '8월 종파사건'이라고 부른다. 동 사건은 북한이 사회주의 국가들과의 관계라고 하더라도 강대국들에 의해 간섭받지 않는 '자주' 혹은 '주체' 외교를 내세우는 계기가 되었다.[10]

흐루시초프의 개인숭배 비판, 서방 국가들과의 평화공존 정책, 전쟁가피론 등은 중국과 소련 간 노선 갈등으로도 이어졌다. 중국의 마오쩌둥(毛澤東)은 '제국주의'와 일대 결전이 불가피하다는 입장이었고, 개인숭배 비판 역시 자신에 대한 비판으로 이어질 가능성이 높았기 때문에 반대하였다. 중소 갈등 초기 북한은 중소 간 등거리 외교를 추진하였다. 1961년 북한은 중소 양국 모두와 안보조항을 포함한 조약을 체결하여 중소 양국으로부터 안보 지원을 확보하였다. 하지만 중소 갈등이 심화되면서 중국과 소련은 사회주의 국가들에게 양자택일적 선택을 주문하기 시작하였다.

1960년대 초반 북한은 중국에 편향적인 모습을 보였다. 당시 북한이 중국에 동조하게 된 이유로는 1962년 쿠바 미사일 위기에서 소련이 물러선 것, 중국-인도 분쟁에서 소련이 중립 입장을 취한 것, 1963년 미국과 소련이 제한적 핵무기시험금지 협정을 체결한 것 등이 거론된다. 하지만 베트남 전쟁 과정에서 중국이 미국과의 충돌을 회피하면서 북한과 중국 사이에도 갈등이 발생하기 시작하였다.

북한은 1966년 8월 『노동신문』에 '자주성을 옹호하자'라는 사설을 발표했다. 이 사설에서 북한은 수정주의(소련)와 교조주의(중국) 모두를 반대하는 자주노선을 표방하였고, 이후 북한은 중소 양국과 거리를 두는 등거리 노선을 공식화하였다. 하지만 1966년 중국에서 발생한 문화혁명을 계기로 중북관계가 악화되기도 하였다. 당시 북한은 중국을 교조주의라고 비판하였고, 중국의 홍위병들은 북한을 비난하였다. 결국 베이징 주재 북한 대사관을 폐쇄하는 정도까지 악화되었던 중북관계는 1970년대 데탕트 시기를 거치면서 다시 회복되었다.[11]

10) 김용현 편, 『북한학 개론』, pp. 143-144.
11) 이상숙, "중소분쟁 시기 북한 등거리외교의 특성과 현재적 함의", 『IFANS 주요국제문제분석』

1960년대 북한은 중국, 소련 등 사회주의 국가들과의 관계 이외에 비동맹외교에도 관심을 보이기 시작하였다. 비동맹외교 노선은 인도네시아의 수카르노 전 대통령이 주도한 것으로 1955년 4월 인도네시아 반둥에서 개최된 '세계평화와 협력 촉진에 대한 공동선언'(이하 반둥 10원칙)12)에 기반한다. 북한은 1956년 개최된 제3차 당대회에서는 외교 다변화를 표방하고, 1961년 제4차 당대회에서는 사회주의 국가와 단결 이외에 제국주의 반대 및 신생 독립국가와의 관계 등을 강조하였다. 북한은 1970년대에도 비동맹외교에 더욱 주력하여 1980년까지 66개 국가와 수교하는 등 사회주의 진영외교 의존도를 낮추려는 시도를 보이기도 했다.13)

1970년대 북한이 비동맹외교의 비중을 높인 것은 당시 미중 데탕트 분위기와도 무관하지 않다. 중국은 1971년 유엔에 가입하였고, 1972년에는 일본과 1979년에는 미국과 국교를 정상화하였다. 미국과 중국이 관계 개선 움직임을 보이자 북한은 6.25 전쟁 이후 처음으로 남북협상에 나서 1972년 7.4남북공동성명을 채택하는 등 남북관계에서 과거와 달라진 모습을 보이기도 했다. 물론 미중 데탕트에도 불구하고 냉전의 구조가 근본적으로 변화한 것은 아니었기 때문에 남북관계의 변화 역시 제한적일 수밖에 없었다. 하지만 국제정세의 변화에 따라 북한의 대외·대남정책 변화가 발생했던 것은 사실이다.

또한 북한은 데탕트와 같은 국제환경 변화를 반영하여 서방 국가들과의 관계 개선에도 관심을 보였다. 예컨대 1960년대까지 북한의 대외무역에서 사회주의 국가들의 비중은 압도적이었다. 그런데 1972년부터 선진 자본주의 국가들로부터 기계·플랜트 등의 수입을 늘렸다. 1974년에 이르면 OECD국가와 개도국을 포함한 자본주의 국가들로부터의 수입이 북한 전체 수입의 53.7%를 차지하여, 사회주의 국가들로부터의 수입을 앞질렀다.14) 하지만 북한이 자본주의 국가들로부터의 수입

2020-60, 국립외교원 외교안보연구소, 2020, pp. 4-17.

12) 반둥 10 원칙 내용은 ① 기본적 인권과 국제연합헌장의 목적·원칙의 존중, ② 주권과 영토보전의 존중, ③ 인종 및 대소 국가의 평등, ④ 내정불간섭, ⑤ 국제연합헌장에 입각한 개별적·집단적 자위권의 존중, ⑥ 대국 이익을 위한 집단적 군사동맹에의 참가거부, ⑦ 상호불가침, ⑧ 평화적 수단·방법에 의한 분쟁의 해결, ⑨ 상호이익과 협력의 촉진, ⑩ 정의와 국제의무의 존중 등임. 국립통일교육원, 『2023 북한 이해』, p. 138.

13) 국립통일교육원, 『2023 북한 이해』, pp. 138-139.

14) 양문수, "1970년대 북한 경제와 장기침체 메커니즘의 형성", 『현대북한연구』 제6권 1호, 2003, pp. 61-62.

을 급격히 확대하던 시기인 1973년부터 오일쇼크가 발생하여 석유가격이 급등한 반면, 북한의 주력 수출 품목인 비철금속 가격은 폭락하였다. 결국 북한의 무역수지는 급격하게 악화되었고, 북한의 해외 차관 상환이 늦어지면서 대외신인도 역시 추락하였다.

1980년대로 넘어가면서 대부분 사회주의권 국가들의 계획경제는 한계를 보이기 시작하였으며, 북한 역시 실질 경제성장을 기록하지 못하였다. 반면 베트남과 중국 등은 점진적 개혁·개방노선을 선택하였다. 북한도 1984년 합영법을 공표하는 등 제한적 개방 시도를 하였지만 별다른 성과를 거두지 못하였다. 특히 1983년 '아웅산 묘소 폭파 사건'과 1987년 'KAL기 폭파 사건' 등을 계기로 국제사회에서 북한의 입지는 크게 축소되었으며, 서방을 향한 북한의 이른바 '실리외교'는 결실을 맺지 못하였다.

II. 탈냉전기 북한 외교

동구 사회주의권의 급격한 붕괴와 함께 도래한 탈냉전 시대 초기 북한은 경제난과 외교적 고립이라는 대내외적 어려움에 직면하였다. 내부적으로는 경제난·식량난이 갈수록 악화되고 있었으며, 1990년대 중반 자연재해까지 겹쳐지면서 북한이 스스로 '고난의 행군'이라고 명명한 대량 아사 사태를 겪었다. 국제적으로는 1990년 한소수교, 1991년 남북한 동시 유엔가입, 1992년 한중수교가 이루어지면서 냉전시대의 이른바 '북방삼각'이 해체되었다. 반면 북한은 미국, 일본 등과 국교정상화에 진전을 이루지 못하였을 뿐만 아니라 동구 사회주의권이 붕괴하면서 국제적 고립이 크게 심화되었다. 이러한 국제환경의 변화는 북한 스스로가 제국주의 국가들에 의해 포위되어 있다고 인식하는 피포위 의식(siege mantality)을 크게 강화시켰다. 이 시기 김일성은 한국이 북한을 흡수통일하려 한다고 비난하기도 하였는데, 이는 탈냉전 초기 북한의 위기의식을 반증하는 사례이다.[15]

이러한 위기 속에서 북한은 중국이나 베트남과 같은 개혁·개방 노선 대신 핵개발을 선택하였다. 당시 북한이 처한 경제난과 외교적 고립 탈피를 위해서는 개

---

15) 조성렬, 『김정은 시대 북한의 국가전략』, 백산서당, 2021, p. 142.

혁·개방이 필요하였지만, 개혁·개방이 정권안보에 위협적이라고 인식한 북한 지도부는 핵개발을 통해 미국을 상대하기로 선택한 것이다. 1990년 초반 북한 영변에서의 의심스러운 핵활동을 계기로 촉발된 1차 핵위기는 북한과 미국 양자 협상을 통해 해결이 시도되었는데, 북한이 미국과 직접 양자협상 테이블에 앉은 것은 이때가 처음이었다. 1차 북핵위기는 1994년 '제네바 합의'를 통해 일단락되었으며, 북한이 핵의 유용성에 대해 각성하는 계기가 되었다.

제네바 합의 이후 북한과 미국은 미사일협상을 진행하는 등 관계 진전을 보이는 듯하였다. 탈냉전 초기 북한은 일본과의 국교 정상화도 시도하였는데, 1991-1992년 기간 동안에만 8차례 협상을 개최하였지만, 북핵위기로 인해 북일수교 교섭은 진전을 보지 못하였다. 미북 제네바 합의 이후인 1995년 일본과 북한은 국교 정상화 회담 재개에 합의하였지만 1998년 북한이 일본 열도를 넘어가는 장거리 로켓 발사 시험을 실시하면서 양국관계는 다시 냉각되었다.

1994년 김일성 사망 이후 3년의 유훈통치 기간을 거쳐 집권한 김정일 체제에서 북한은 이른바 '전방위 외교'를 추진하였다. 2000년 6.15정상회담을 통해 남북관계를 개선하였고, 한국 정부의 협력으로 2010년까지 북한은 유럽연합 25개 회원국과 외교관계를 수립할 수 있었다. 2000년대 북한은 전통적 우방인 중국 및 러시아와의 관계 강화에도 관심을 보였다. 예컨대 김정일은 집권 시절 8차례 중국을 방문하였으며, 중국의 장쩌민·후진타오도 1회씩 북한을 방문하였다. 2000년부터 2002년 기간 동안 김정일은 러시아를 2회 방문하였으며, 러시아의 푸틴도 1회 북한을 찾았다. 뿐만 아니라 북한은 베트남, 라오스, 캄보디아, 태국, 말레이시아, 인도네시아 등 동남아시아 국가들과의 관계 강화에도 노력을 기울였다.[16]

이와 같은 김정일 시기 북한의 '전방위 외교'는 2차 북핵위기에 따른 미북관계 악화로 빛이 바랬다. 2차 북핵위기는 2002년 북한의 우라늄 농축 문제에 대한 미국의 문제 제기로 촉발되었다. 1차 북핵위기가 미국과 북한 간 양자회담을 통해 진행되었던 것과 달리, 2차 북핵위기는 미일중러와 남북한이 모두 참가하는 6자회담을 통해 해결이 모색되었다. 6자회담에서는 '9.19공동성명', '2.13합의' 등이 채택되기도 하였지만, '검증' 단계를 넘지 못하였다. 결국 북핵문제에 대한 북한과 주변국 간 입장 차이는 해소되지 못하였고, 미국과 북한 간 불신의 골은 더욱 깊어졌다.

---

16) 국립통일교육원, 『2023 북한 이해』, pp. 143-144.

6자회담은 2008년 12월 수석대표회담을 마지막으로 더 이상 개최되지 못하였다.

북한과 일본은 관계 정상화를 위해 1991년부터 2000년까지 11회의 수교회담을 개최하였으며, 2002년 9월에는 양국 정상 간 '평양선언'을 발표하기도 하였다. 하지만 북한의 핵과 미사일 개발, 일본인 납치문제 등으로 양국관계 역시 별다른 진전을 보지 못하였다.

탈냉전 시기 북한 외교의 초점은 미북 관계에 맞추어져 있었다. 그 배경에는 탈냉전 국제질서가 미국이 주도하는 단극체제라는 북한의 인식이 있었다. 따라서 북한은 정치군사적 긴장을 조성하여 자신의 협상력이 제고되었다고 판단되면, 다시 협상 국면으로의 전환을 시도하는 패턴을 보였다. 문제는 그 과정에서 몇 번의 합의가 있었지만, 매번 합의는 이행되지 못하였고 북한의 핵능력은 지속적으로 증가하였다는 점이다. 결국 양국 사이에는 불신이 깊어졌으며, 미북 관계 개선은 더욱 어려운 과제가 되었다.

제3절 김정은 시기 북한의 대외/대남정책[17]

I. 김정은 시기 북한 대외정책 변화

김정은 집권 시기 북한의 대외관계는 몇 가지 단계로 구분할 수 있다. 우선 2011년 12월 김정일 사망 이후 2013년까지는 권력이양기라고 할 수 있다. 김정은이 집권하였지만 새로운 정책을 내세우기보다는 이른바 '유훈통치'가 이루어지던 시기로 북한의 대외정책은 김정일 시기 대외정책의 연장선에 있었다. 2008년 가을 6자회담이 사실상 결렬된 이후 북한은 핵과 미사일 개발에 다시 속도를 내기 시작했다. 2009년 1월 출범한 미국의 오바마 행정부는 북한과의 대화 재개 의지를 보였지만, 북한은 미국과의 협상에 별다른 관심을 보이지 않았다. 예컨대 오바마 대통령이 프라하에서 '핵 없는 세상'을 주제로 연설하던 2009년 4월 5일 당일 북한은 장거리 미사일을 발사했으며, 5월 25일에는 2차 핵실험을 실시하는 등 미국과의 대화 여지를 없애버렸다. 이어서 6월 13일 북한은 자신들이 보유한 플루토늄 전량

---

17) 이하의 내용은 최용환, "북한의 국제정세 인식과 대외전략", 이관세 외,『신냉전 시대는 도래하는가?』, 경남대학교극동문제연구소, 2024, pp. 231-260의 내용 일부를 발췌·재정리 한 것임.

무기화 및 우라늄 농축 착수를 선언하기도 하였다. 김정은 집권 직후인 2012년 2월 미국과 북한은 '2.29합의'를 도출하였지만, 불과 2달 후인 4월 13일 북한의 장거리 로켓 '은하 3호' 발사로 별다른 진전을 거두지 못하였다.

2013년부터 2017년까지 기간은 북한이 핵무기 개발에 몰두한 시기이다. 2013년 3월 당중앙위 전원회의에서 북한은 '경제건설과 핵무력건설 병진노선'을 새로운 전략적 노선으로 채택했다. 이후 북한은 2017년 11월 '국가핵무력완성'을 선언할 때까지 핵무기 개발에 집중하였다.

이 시기 북한의 대외환경을 살펴보면 2010년 천안함 사건을 계기로 실시된 5.24조치로 인해 남북교역이 크게 위축되었다. 5.24조치에도 불구하고 개성공단은 예외로 남아있었지만 북한의 핵과 미사일 개발이 지속되면서 2016년 2월 개성공단 중단 조치가 내려졌다. 당시 남북교역의 대부분을 차지하고 있던 개성공단이 중단되면서 남북 간의 규모 있는 교류협력 사업은 사실상 모두 사라졌다. 이처럼 남북관계가 위축되자 북한 대외무역에서 중국 의존도가 지속적으로 증가하였다. 북한의 대중국 무역의존도는 2005년(52.6%) 50%를 넘긴 이후 지속적으로 상승하여 2014년 90%를 넘어섰다.[18]

하지만 경제적 대중 의존도 증가와 별개로 이 시기 북한과 중국의 관계는 크게 악화되었다. 2013년 3월 시진핑 주석 취임을 앞둔 중국이 우려와 반대 의사를 표명하였음에도 불구하고, 2013년 2월 북한은 3차 핵실험을 강행했다. 이에 2013년 3월 유엔 안보리는 대북제재 결의 제2094호를 채택하였으며, 중국은 이 결의에 찬성하였다. 유엔 안보리 대북제재 결의안이 채택된 이후 불과 한 달도 지나지 않은 3월 31일 북한은 '경제건설과 핵무력건설 병진노선'을 국가 전략노선으로 채택하여 핵개발 의지를 더욱 노골화하였다. 시진핑 체제 출범 초기 북한은 총정치국장 최룡해를 베이징에 보내 시진핑 주석을 비롯한 중국 고위급 인사들과 교류를 시도하는 등 중북관계 관리에 관심을 보이기도 하였다.[19] 하지만 2013년 말 중북 경제협력을 주도하는 등 북한 내 중국통으로 알려진 장성택이 처형되면서 북한과 중국 관계는 빠르게 경색되었다. 급기야 탈냉전 이후 중국 지도자들이 집권 이후 한국보다 북한을 먼저 방문했던 관례를 어기고, 2014년 7월 시진핑 주석은 북한보다

18) KOTRA, 『2022 북한 대외무역 동향』, kotra, 2023, p. 15.
19) 김용호 외, 『INSS 국가행동분석: 북한』, 국가안보전략연구원, 2022, pp. 26-27.

먼저 한국을 방문하기도 하였다. 반면 김정은 집권 이후 북한과 중국 간 정상회담은 2018년 2월에 가서야 처음으로 개최되었다. 2017년까지 중국은 북한의 핵과 미사일 개발이 한반도의 안정을 해친다는 입장을 견지하였으며, 유엔 안보리 대북제재 결의안에 모두 찬성하였다.[20]

아래 표에서 볼 수 있는 것처럼 김정은 집권 이후에만 북한은 4차례 핵실험을 강행하였다. 뿐만 아니라, 중거리탄도미사일(IRBM: Intermediate Range Ballistic Missile)급 '화성-12형' 및 대륙간탄도미사일(ICBM: intercontinental ballistic missile)급 '화성-14형'과 '화성-15형'은 물론 위성발사 명분의 장거리 로켓 시험발사 등을 멈추지 않았다.[21] 북한이 핵과 미사일 개발을 지속하자 국제사회의 대북제재 수위도 점차 높아졌다. 2016년 이전 대북제재가 북한의 핵과 미사일 개발에 직접 책임이 있는 개인과 단체를 대상으로 하는 표적제재였다면, 2016년부터는 북한 경제 전반에 타격을 줄 수 있는 포괄제재로 변화하였다. 예컨대 2016년 3월에 채택된 유엔 안보리 대북제재 결의 제2270호는 북한에 대한 인도지원 활동 및 경제활동 등에 부정적 영향을 미칠 의도가 없다는 내용을 담고 있는데, 이는 역설적으로 유엔제재가 북한의 경제활동이나 민생에 부정적 영향을 미칠 가능성이 있음을 유엔이 인식하고 있었다는 점을 시사한다.[22]

▌[표 3-1] 1차 핵실험 이후 유엔 안보리 주요 대북제재 결의

배경	1차 핵실험 (2006.10.9.)	2차 핵실험 (2009.5.25.)	장거리 발사체 시험 (2012.12.12.)	3차 핵실험 (2013.2.12.)	4차 핵실험 (2016.1.6.)
결의	1718호 (2006.10.14.)	1874호 (2009.6.12.)	2087호 (2013.1.22.)	2094호 (2013.3.7.)	2270호 (2016.3.2.)
배경	5차 핵실험 (2016.9.9.)	탄도미사일 발사*	ICBM급 미사일 발사 (2017.7.4./28)	6차 핵실험 (2017.9.3.)	ICBM 발사 (2017.11.29.)
결의	2321호 (2016.11.30.)	2356호 (2017.6.2.)	2371호 (2017.8.5.)	2375호 (2017.9.11.)	2397호 (2017.12.22.)

* 인근시기 북한의 연이은 탄도미사일 발사 및 발사 시도를 이유로 유엔안보리 대북결의 2356호 채택.

---

20) 최장호 외, 『김정은 시대 북한의 대외관계 10년: 평가와 전망』, 대외경제정책연구원, 2022, p. 28.
21) 대한민국 국방부, 『국방백서 2020』, 2020. 12, p. 296.
22) 대북제재가 북한 주민의 인도적 위기를 의도하지 않고 있음을 강조하는 문구는 2013년 1월 채택된 유엔 안보리 대북제재 결의 2087호에서도 발견되지만, 유엔 제재가 포괄제재로 전환된 것은 2016년부터라고 할 수 있음.

2018-2019년 기간 동안 한반도와 그 주변 정세는 크게 요동쳤다. 2017년 11월 ICBM급 미사일 '화성-15형'을 발사한 직후 '국가 핵무력 완성'을 선언한 북한은 2018년 신년사를 통해 대화 의지를 표명하였고, 이후 남북·미북 간 협상이 빠르게 진행되었다. 이 시기 남북한은 물론 중국, 미국 등 한반도 주변국들 간 연쇄 정상회담이 개최되었다. 2018-2019년 기간 동안에만 남북 정상회담이 3회, 미북 정상회담이 2회 개최되었으며, 중국과 북한은 무려 5회의 정상회담을 가졌다. 당시 북한은 평창동계올림픽을 계기로 남북관계를 개선하여 미국과의 협상을 시도하는 한편, 미국과의 본격적인 협상에 앞서 중국과의 관계 개선을 꾀하였다. 북한은 남북 및 미북 정상회담을 개최하기 전에 반드시 중북정상회담을 개최하여, 미북협상에 대한 안전판을 확보하려 하였다.

2018년 한반도 정세 전환은 2017년 트럼프 행정부 출범 이후 미중 전략경쟁이 본격화하는 상황에서 진행되었다는 점을 기억할 필요가 있다. 미국은 2017년 국가안보전략서(*The National Security Strategy*)에서 중국을 전략적 경쟁자로 규정하고, 무역 역조 시정을 명분으로 대중국 보복을 시작하였다. 이후 미중 전략경쟁이 전방위로 확산되자 중국에 있어 북한의 전략적 가치가 상승하였다.[23] 즉, 2018년 이후 북한과 중국 관계 개선은 미국을 상대하기 위해 중국이라는 후원국이 필요한 북한과 미중 경쟁을 위해 북한이라는 완충지대가 필요한 중국의 이해관계가 수렴한 결과라고 볼 수 있다.

하지만 2019년 하노이 미북정상회담이 결렬되면서 한반도 정세는 다시 경색되었다. 하노이 노딜 이후 한동안 혼란스러운 모습을 보이던 북한은 2019년 4월 12일 김정은 시정연설을 통해 최초로 정리된 입장을 내놓았다. 이 시정연설에서 김정은은 연말시한을 설정하며 미국의 입장 변화를 주문하는 한편, 한국에 대해서는 '중재자', '촉진자'가 아닌 '당사자'가 되어줄 것을 요구하였다.[24] 시정연설 이후 북한은 러북 정상회담(4월 25일)과 중북 정상회담(6월 20-21일)을 연달아 개최하는 한편, 관광산업을 통한 제재 극복을 시도하였다. 일부 연구에 따르면 2019년 북한을 방문한 중국인 관광객은 24만-27만 명으로 2018년 대비 30-50% 증가한 것으로

---

23) Oriana Skylar Mastro & Sungmin Cho, "North Korea Is Becoming an Asset for China", *Foreign Affairs* (February 3, 2022).

24) 『노동신문』, 2019년 4월 13일자.

추정되기도 하였다.[25] 또한 김정은은 삼지연 지구, 원산-갈마 지구 그리고 양덕온천 지구 건설 등을 이른바 3대 핵심사업으로 선정하여 국가적 역량을 집중하였다.

하지만 북한이 설정한 2019년 말까지 미북관계는 진전이 없었으며, 남북관계 역시 국제사회 대북제재의 틀을 넘어서지 못하자, 결국 북한은 2019년 12월 29-31일 당중앙위 제7기 제5차 전원회의를 개최하여 '정면돌파전'을 선언하였다. 이 회의에서 북한은 미국과의 대립이 장기전이라면서 '제재 해제 따위에 얽매이지 않고, 전략무기 개발을 중단 없이 추진할 것'이라고 공언하였다.[26] 즉 북한의 정면돌파전은 핵과 미사일 등 전략무기를 지속적으로 개발하겠다는 것으로, 미국과의 경색국면 장기화를 각오한 것이라고 할 수 있다. 미국은 북한이 핵과 미사일 개발을 고집하는 한 제재를 지속하겠다는 입장인 반면 북한은 제재를 버텨낼 수 있음을 보여주어 미국의 제재유용론을 무력화하겠다는 것이어서 양자 간 갈등이 불가피했다.

하노이 이후 북한은 미국과의 협상에 적극성을 보이지 않았으며, 남북관계 역시 경색국면을 벗어나지 못하였다. 김정은은 2019년 10월 금강산 현지지도에서 '남에 의존하려 했던 선임자들의 잘못된 정책'을 비난하며 금강산 지구 남측 시설물 철거를 지시하기도 하였다.[27] 급기야 2020년 6월 북한은 접경지역에서의 대북전단 살포를 빌미로 남북공동연락사무소를 폭파하기에 이르렀다. 이 과정에서 북한은 남북관계를 대적관계로 전환한다며 북한군 총참모부가 직접 나서기도 하였다.

그런데 2020년 예상하지 못한 코로나19의 충격과 수해 등 악재가 겹쳐지면서 북한경제에 어려움이 가중되었다. 보건의료체계가 허약한 북한은 물자와 인력 이동에 대한 강력한 차단 조치로 코로나19에 대응하였는데 이는 대외무역 감소와 관광산업 충격으로 이어졌다. 특히 관광산업은 북한이 제재 정면돌파전의 주력으로 삼았던 부문인데, 감염병 확산으로 인해 심각한 타격이 불가피했다. 결국 2020년 8월 19일 북한 노동당중앙위원회는 '예상 못했던 도전으로 계획했던 국가 경제 목

---

25) 최장호·이정균·민지영, "북한의 대외관계 평가와 2020년 전망: 북중·북러를 중심으로", 『KIEP 오늘의 세계경제』 Vol. 20, No. 7, 2020. 2. 20, pp. 6-7.

26) 『노동신문』, 2020년 1월 1일자.

27) 『노동신문』, 2019년 10월 23일자.

표가 달성되지 못했고, 인민생활에도 뚜렷한 향상이 없었다'며 경제 정책 실패를 인정하기도 하였다. 뿐만 아니라 2020년 여름 발생한 수해는 북한이 여전히 자연재해에 취약한 국가임을 재확인하는 계기가 되었다. 실제로 2021년 미국 정보위원회는 기후변화 고위험 11개 국가 가운데 하나로 북한을 지목하기도 하였다.[28]

2021년에는 미국의 바이든 행정부가 출범하였다. 바이든 행정부는 '조정되고 실용적인 접근'(calibrated practical approach)을 표방하는 등[29] 오바마 행정부의 '전략적 인내'와 다른 정책 차별성을 추구하였지만 북한과의 관계 개선을 위한 적극적 조치를 취하지는 않았다. 북한은 미국에게 이른바 '새로운 접근법'을 요구하였지만, 미국은 북한의 '조건 없는 대화 복귀' 입장을 바꾸지 않았다. 조건 없는 대화 복귀는 북한의 협상 복귀 자체에 대해 보상하지 않겠다는 것으로, 과거 북한에게 반복적으로 속아왔다는 미국측의 인식이 담겨 있었다. 뿐만 아니라 바이든 행정부는 미중 전략경쟁을 비롯한 국내외 현안이 산적해 있는 상황이었기 때문에 단기에 성과 창출이 불투명한 북한 문제의 정책 우선순위가 높지 않았다.

2021년 1월 북한은 제8차 당대회를 개최하여 기존의 '정면돌파전' 기조를 재확인하였다. 북한의 '정면돌파전'은 일종의 이중전략인데, 한편으로는 제재에도 불구하고 자신들이 버틸 수 있음을 보여주어 미국의 제재유용론을 무력화시키고, 다른 한편 핵과 전략무기 개발을 가속화하여 시간이 지날수록 한미가 지불해야 할 비용이 증가할 것임을 보여주겠다는 것이다.[30] 실제 북한은 코로나19 확산을 계기로 3년에 이르는 국경봉쇄를 실시하였지만, 1990년대 후반과 같은 심각한 경제위기를 겪지는 않았다. 또한 제8차 당대회에서 개발을 공언한 다양한 전략무기 개발을 지속하고 있다.

2022년 한국에서는 새로운 정부가 출범하였다. 윤석열 대통령은 2022년 8.15 경축사를 통해서 남북관계 개선과 북핵문제 해결을 연계한 '담대한 구상'을 제안하였지만, 북한은 자신들의 핵폐기라는 전제가 잘못되었다며 한국 정부의 제안을 일축하였다.[31] 또한 북한은 2022년 9월 핵무기 사용 임계점을 낮춘 핵무력정책법을

---

28) National Intelligence Council, *Climate Change and International Responses Increasing Challenges to US National Security Through 2040*, 2021, pp. 11-12.

29) Nandita Bose, "Biden administration sets new North Korea policy of 'practical' diplomacy", *Reuters* (May 1, 2021).

30) 최용환, "2021년 한반도 평화프로세스의 전망과 과제", 『INSS 이슈브리프』 238호, 2021. 1. 18.

제정하여 공세적 핵독트린을 공식화하는 한편, 2023년 9월에는 헌법을 개정하여 핵무기 고도화 관련 내용을 삽입하는 등 핵개발을 지속할 것임을 분명히하고 있다. 뿐만 아니라 북한은 한국의 주요 군사시설과 항구, 공항 등을 목표로 하는 타격훈련은 물론, 남한 전 영토점령을 목표로 하는 작전계획 검토를 공개하는 등 위협 수위를 낮추지 않고 있다. 급기야 2023년 12월 말에 개최한 당중앙위 제8기 제9차 전원회의에서 북한은 남북관계를 '적대적 두 국가 관계, 전쟁 중인 교전국 관계'라고 규정하기에 이르렀다. 남북관계 부침의 역사를 돌이켜 볼 때 북한이 대남관계를 적대적 관계로 규정한 것이 새로운 것은 아니지만, 북한의 국제정세 인식과 대외정책 변화 추세 등을 고려할 때 남북관계 경색국면 장기화가 우려되는 것이 현실이다. 2024년 1월 시정연설에서 김정은은 적대적 남북관계 규정을 재확인하는 한편, '통일, 화해, 동족' 등의 개념 폐기를 공언하였다. 이 시정연설에 김정은은 자신들의 주권 영역을 명기한 헌법 개정, 남북관계 관련 부서·기구의 폐지 및 위상변화, '조국통일3대헌장기념탑' 및 남북연결 도로 등 접경지역 시설 철거 등을 지시하였다.[32] 특히 '조국통일3대헌장기념탑'의 경우 자신의 할아버지인 김일성의 업적과 관련된 것이며, 남북 연결 도로 등 인프라는 아버지 김정일 시기의 성과와 연관된 것이어서, 선대의 정책과 차별화된 정책전환을 추구하고 있음을 시사하고 있다.

Ⅱ. 하노이 이후 북한의 국제정세 인식과 대외·대남 정책 특징

앞에서 검토한 바와 같이 탈냉전 이후 북한의 대외정책 최우선 순위는 미국과의 관계에 초점을 맞추고 있었다. 이는 탈냉전 국제질서가 미국 중심의 단극체제라는 북한의 정세 인식에 기초한 것이다. 하지만 미중 전략경쟁과 러시아-우크라이나 전쟁 등으로 미중·미러 관계가 악화되면서 북한은 중북·러북 관계를 개선하면 미국과 국제사회의 압력을 극복할 수 있다고 판단하고 있는 것으로 보인다. 즉, 북한은 현 국제정세를 이른바 '신냉전'으로 규정하고, 냉전적 갈등구조를 적극 활용하는 방식으로 정책을 전환하고 있다.

국제정세 변화에 대한 북한의 인식은 김정은 시정연설이나 주요 회의 결정문을

---

31) 『노동신문』, 2022년 8월 19일자.
32) 『조선중앙통신』, 2024년 1월 16일자.

통해 명확하게 확인할 수 있다. 예컨대 2021년 9월 시정연설에서 김정은은 국제관계 구도가 '신냉전'으로 변화되었다고 규정하고, 변화된 국제관계 분석에 기초한 대미전략 집행 과업을 제시하였다.[33] 2018년 협상국면으로의 전환을 시도하던 당시에는 북한이 국제정세를 '신냉전'이라고 규정하지는 않았지만, 이미 북한의 정책은 미중 전략경쟁을 염두에 두고 있었던 것으로 보인다. 2018년에는 미국의 트럼프 행정부 출범 이후 미중 전략경쟁이 본격화되고 있었으며, 북한은 중국과의 관계 개선을 우선 추진하면서 한미와의 협상을 시도하였기 때문이다. 2018년 4.27 판문점 정상회담 한 달 전에 개최된 중북정상회담은 김정은 집권 이후 최초의 중북정상회담이었으며, 2018년 6월 싱가포르 미북 정상회담은 물론 9월 남북정상회담과 2019년 2월 하노이 미북정상회담 직전에도 한번도 거르지 않고 중북 정상회담을 개최하였다. 즉 북한은 미국과의 본격적인 협상에 앞서 협상력 제고는 물론 협상 실패의 안전판으로 중국과의 관계를 활용하려 시도하고 있었다. 하노이 정상회담이 별다른 성과를 거두지 못하고 실패하자 북한은 중국 및 러시아와의 관계에 더욱 관심을 기울였다. 하노이 미북정상회담 직후인 2019년 4월에는 푸틴과의 정상회담을 개최하였고, 6월에는 시진핑과 정상회담을 개최하였다. 2019년 6월 개최된 중북정상회담은 시진핑 주석 집권 이후 최초로 북한을 방문하는 형식을 취하였으며, 이는 중북관계 변화를 강력하게 시사하는 것이었다.

우크라이나 전쟁이 발발한 2022년 시정연설에서 김정은은 국제정세가 미국이 주도하는 일극체제에서 다극체제로 전환되고 있다고 주장했다. 또한 이 시정연설에서 김정은은 긴장된 정세가 자신들의 군사력 강화에 훌륭한 조건과 환경 그리고 명분을 제공해준다고 강조하였다.[34] 이와 같은 김정은의 국제정세 인식은 2022년 말 개최된 당중앙위 제8기 제6차 전원회의에서도 재확인된다. 이 회의에서 북한은 국제관계 구도가 '신냉전' 체제로 명백하게 전환되고 '다극화' 흐름이 더욱 가속화되고 있다며, 이러한 정세 인식에 기초하여 대외사업원칙을 수립하였음을 강조하였다.[35]

하노이 미북정상회담 결렬 이후 북한이 선언한 정면돌파전은 기본적으로 미중

---

33) 『노동신문』, 2021년 9월 30일자.
34) 『노동신문』, 2022년 9월 9일자.
35) 『조선중앙통신』, 2023년 1월 1일자.

전략경쟁을 활용하겠다는 구상이었다. 단 이 전략은 중국에 대한 의존도가 매우 높고, 자체 성장 동력을 마련하지 못하는 한 수세적 전략을 벗어나기 어려운 한계가 있었다. 2021년 1월 제8차 당대회에서 북한이 예상하지 못한 도전으로 경제목표들을 달성하지 못하였으며, 현 단계 자신들의 경제전략은 '정비전략, 보강전략'이라고 강조한 것은 이러한 한계를 보여준다.[36] 당시 북한은 국제사회의 제재와 자연재해, 그리고 코로나19 등 위기가 겹쳐지면서 정면돌파전 추진을 위한 내부 동력이 약화되었던 것으로 보인다. 하지만 2022년 러시아-우크라이나 전쟁이 발발하면서 북한의 이른바 '신냉전 구조 활용 전략'은 다시 탄력을 받았다. 북한은 중국이나 러시아와 관련된 국제정치 이슈에 있어 적극적으로 중러의 입장에 동조하는 정책을 취하였다. 예컨대 러시아의 우크라이나 침공에 대한 유엔 규탄 결의안 투표에서 북한은 시리아, 벨라루스, 에리트리아, 러시아 등과 함께 반대표를 던진 소수 국가의 하나였다. 러시아-우크라이나 전쟁에서 러시아가 점령한 도네츠크, 루한스크, 헤르손, 자포리자의 러시아 편입에도 북한은 어느 국가보다도 빠르게 찬성하는 입장을 표명하였다.

열병식(2023. 7. 27.)

출처: 『조선중앙통신』, 2023년 7월 28일자.

2023년 7월 6.25전쟁 정전 70주년 행사에서는 북한의 신냉전 구조 활용 전략을 상징하는 장면이 연출되었는데, 북한의 열병식 연단 중앙에 김정은과 함께 중국과 러시아 대표단이 나란히 선 모습이 그것이다. 당시 북한의 열병식에는 그 시험발사가 유엔 안보리 대북제재 대상인 ICBM 등 무기체계가 등장하였는데, 유엔 안보

---

36) 『노동신문』, 2021년 1월 9일자.

리 상임이사국인 중국과 러시아의 대표단이 마치 이를 묵인하는 듯한 장면을 보여 준 것이다.

2023년 북한은 러시아와의 밀착에 더욱 속도를 냈다. 특히 2023년 9월에는 러시아의 우주기지가 있는 보스토치니에서 러북정상회담이 개최되었다. 우크라이나 전쟁 발발 이후 북한과 러시아 사이에 포탄 등 군사거래가 있다는 국제사회의 의구심이 팽배한 상황에서 첨단 우주기지라는 상징성이 높은 장소에서 정상회담을 개최한 것이다. 실제로 우크라이나 전쟁이 장기화하면서 북한과 러시아의 협력 범위와 심도는 점차 확대·심화되고 있다. 예컨대 2023년 2월 러시아는 관광비자 관련 제도를 수정하였는데, 그 결과 북한 주민은 숙박시설 예약증만으로 6개월 간 러시아에 체류할 수 있게 되었다.[37] 이는 러시아가 북한의 노동력을 활용할 수 있는 우회로를 열어 놓은 것으로 평가된다. 2024년 6월 푸틴 러시아 대통령은 북한을 방문하였다. 6월 19일 러북은 '포괄적·전략적 동반자관계 조약'(이하 러북 신조약)을 체결하였다. 러북 신조약은 양국 간 협력 범위의 포괄적 확대를 규정하고 있을 뿐만 아니라 유사시 자동개입[38]이 가능한 내용을 담고 있다. 러북 신조약 체결 이후 약국 간 협력이 더욱 확대·심화되면서 러북 간 군사협력의 수준과 범위, 우크라이나 전쟁 이후 러북 관계의 변화 가능성, 러북 협력이 중러북 협력으로 확대될 것인지 여부 등에 대한 국제사회의 관심이 높아지고 있다.

미중·미러 갈등이 심화되면서 중국과 러시아 역시 북한문제에 대한 입장을 바꾸었다. 2017년까지 중국과 러시아는 북한의 핵과 미사일 개발이 한반도의 평화와 안정을 해치는 원인이라고 규정하였고, 유엔안보리 대북제재에 모두 찬성하는 입장을 보였다. 하지만 2021년 중국과 러시아는 북한에 대한 제재 완화 결의안을 제출하였으며 추가 대북제재에도 반대하고 있다.[39] 이미 통과된 대북제재 결의안에

---

37) 민지영·김경민, "러북 정상회담의 주요 이슈와 러시아의 평가", 『KEIP 세계경제 포커스』 Vol. 6, No. 38, 2023. 10. 11, p. 4.

38) 북한과 러시아는 1961년 유사시 자동개입 조항을 포함한 '조소 우호협력·상호원조조약'을 체결하였으나, 1996년 러시아의 연장 만료 조치로 동 조약은 폐기되었다. 이후 2000년 '러북 우호·선린·협력조약'을 체결하였으나, 1961년 조약에 있었던 자동개입 조항은 삭제되었다. 그런데 2024년 조약에서 '체약국 중 일방이 무력침공을 받을 경우 군사적 및 기타 원조제공' 조항을 부활시킨 것이다. 다만 '유엔헌장 제51조와 양국의 법적 절차'라는 단서 조항이 존재한다는 점 등은 1961년 조약과 차별성이 존재한다.

39) Edith M. Lederer, "China, Russia urge UNSC to end key sanctions on North Korea", *AP* (November 4, 2021).

따르면 탄도미사일 기술을 활용한 북한의 어떠한 발사체 시험도 금지되며, 유엔 안보리 대북제재 결의 2397호는 추가 핵실험이나 ICBM급 미사일 시험발사가 있을 경우 북한에 대한 유류 수출을 추가 제한하도록 명기하고 있다.[40] 하지만 2019년 이후 북한의 ICBM 시험발사가 수차례 강행되었음에도 불구하고 중러의 반대로 추가 대북제재는 이루어지지 않고 있다. 뿐만 아니라 2024년 3월에는 러시아의 반대로 유엔 안보리 대북제재위원회 산하 전문가패널의 임기 연장이 이루어지지 않아, 대북제재 결의 이행 감독 기능 약화가 우려되는 실정이다.

이 같은 북한의 정세인식 및 대외정책 변화가 과거와 다른 것은 첫째, 북한의 대외정책 초점이 분산되고 있다는 점이다. 앞서 언급한 바와 같이 탈냉전기 북한의 대외정책 최우선 순위는 대미관계에 있었다. 하지만 미중 전략경쟁과 러시아-우크라이나 전쟁 등으로 미중·미러 관계가 악화되자, 북한의 대외정책에서 중국 및 러시아의 비중이 높아지고 있다. 북한은 미국과의 장기 갈등 관계를 극복하기 위해서는 중북·러북 관계 강화가 중요하다고 판단하고 있으며, 현재의 냉전적 갈등구조가 자신들에게 불리하지 않다고 인식하고 있는 것으로 보인다.

북한이 현 국제정세가 자신들에게 불리하지 않다고 인식하고 있다면, 미북관계 경색국면은 장기화될 우려가 크다. 과거 북한은 정치군사적 긴장을 조성하더라도 자신들의 협상력이 확보되었다고 판단되면 협상국면으로 전환을 시도하곤 했다. 하지만 중국과 러시아라는 우군이 존재하는 상황에서 대미 관계 개선에 대한 북한의 간절함은 과거보다 감소한 것으로 보인다. 실제로 북한이 핵과 미사일 개발을 가속화하고 있음에도 불구하고 중국과 러시아는 추가 대북제재에 반대하고 있으며, 오히려 한미일 안보협력 강화 등 미국의 군사 블록화 시도가 한반도의 안정을 해친다는 북한의 입장에 동조하고 있다. 이런 상황에서 북한이 미국과의 관계 개선이나 협상에 조급하게 나설 가능성은 높지 않은 것이 현실이다.[41]

이처럼 북한은 중국·러시아 등 전통적 우방을 활용한 신냉전 구조 활용 전략을 구사하는 한편, 글로벌 사우스(Global South)에 대한 접근에도 관심을 보이고 있

---

40) United Nations Security Council, "Resolution 2397", December 22, 2017. <https://documents-dds-ny.un.org/doc/UNDOC/GEN/N17/463/60/PDF/N1746360.pdf?Op enElement>.

41) 최용환, "신냉전 국면 下, 북한의 대외전략과 북중러 관계 전망", 『북한의 새로운 5개년 계획(21-25년) 중간 평가와 2024년 전망』, 동국대학교 북한학연구소 2024 신년포럼 자료집, 2024. 1. 5, pp. 14-15.

다. 글로벌 사우스는 서구가 주도하는 글로벌 웨스트(Global West)나 중러가 주도하는 글로벌 이스트(Global East)와 차별화되는 개념으로, 주로 북반구 저위도 및 남반구에 위치한 개발도상국들을 지칭한다. 글로벌 사우스는 우크라이나 전쟁을 계기로 그 존재감이 재부각되고 있다. 이들의 대다수는 서구에 의한 식민지 경험을 가지고 있는 국가들로 러시아의 우크라이나 침공이 잘못된 일이지만, 러시아에 대한 서구의 대응방식 역시 위선적이라고 본다. 또한 글로벌 사우스 국가들은 동서 어느 진영에도 속하지 않으면서 자신들의 국익에 따른 실용주의적 외교를 추진하고 있는 것으로 평가된다. 냉전시기 비동맹외교의 경험이 있는 북한으로서는 과거 비동맹그룹의 21세기 버전이라고 할 수 있는 글로벌 사우스와의 연대에 관심을 보이지 않을 이유가 없다.

2023년 말 개최한 당중앙위 제8기 제9차 전원회의에서 북한은 '미국과 서방의 패권전략에 반대하는 반제자주적 나라들과의 관계 발전'에 대한 관심을 표명한 바 있다. 실제 북한은 2024년 1월 우간다 캄팔라에서 개최된 제19차 비동맹운동 정상회의 등을 비롯하여 글로벌 사우스 국가들에서 개최되는 다양한 국제회의에 적극 참여하는 모습을 보이고 있다. 물론 최근 북한 대외관계의 최우선 순위는 중국 및 러시아와의 관계이지만, 서방의 주장에 동조하지 않는 글로벌 사우스 국가들과의 관계 개선에도 관심을 보이고 있는 것이다. 안보·경제 등 핵심 이슈에 대해서는 중국이나 러시아와 협력하면서, 사회·문화 영역을 중심으로 글로벌 사우스와의 관계 확대를 시도하고 있다.

최근 북한 대외정책이 과거와 다른 두 번째 특징은 남북관계 개선에 대한 낮은 관심이다. 2018년 북한은 대미협상 이전에 한국과의 관계를 먼저 개선하였다. 이러한 북한의 정책은 서울을 통해 워싱턴으로 가려는 것으로 비유되기도 하였다. 실제 한국은 북한과 미국의 협상을 적극 주선하였지만, 미북 협상은 별다른 성과를 거두지 못하고 결렬되었다. 이 과정에서 북한은 한국의 이른바 '대미종속성'이 구조적인 것으로 판단하였으며, 이러한 북한의 판단은 한국 정부의 '중재자, 촉진자' 역할에 대한 불만 표시로 이어졌다.[42]

---

42) 『노동신문』, 2019년 4월 13일자. 2019년 4월 12일 시정연설에서 김정은은 한국에 대해 "오지랖 넓은 '중재자', '촉진자' 행세를 할 것이 아니라 … 민족의 이익을 옹호하는 당사자가 되어야 한다"며 불만을 표시.

2018-19년 협상국면에서 북한은 핵문제를 남북정상회담에서 구체적으로 거론하는 등 과거와 다른 행태를 보였다. 그 이전 북한은 핵문제가 미북 사이의 이슈라며 남북대화의 의제로 상정하지 않았던 것에서 태도를 바꾼 것이다. 예컨대, 2019년 9.19 평양공동선언에서 남북 정상은 비록 '미국이 상응조치를 취하면'이라는 조건을 내걸었지만, '영변 핵시설의 영구적 폐기' 및 '동창리 엔진시험장과 미사일 발사대 폐기' 등 핵폐기와 관련된 구체적 내용에 합의하기도 하였다. 하지만 9.19평양공동선언에서 남북 간에 합의된 영변시설 폐기를 조건으로 협상에 나선 하노이 미북정상회담은 결렬되고 말았다. 물론 하노이 미북 정상회담의 결렬이 한국 정부의 책임이라고 볼 수는 없지만, 결과적으로 북한은 한국 정부의 역할에 대해 크게 실망한 것으로 보인다.

하노이 노딜 이후 점차 악화되던 남북관계는 2023년 말 전원회의에서 '민주를 표방하든, 보수의 탈을 썼든' 한국 정부의 본질은 동일하다는 북한의 비난과 남북관계 재규정으로 이어졌다. 북한이 김일성·김정일 등 이른바 선대의 정책과도 달리 남북관계를 별개의 두 국가 관계로 규정한 이유는 첫째, 미국과의 관계 개선 필요성이 낮아진데 기인한다. 북한이 신냉전 구조 활용에 몰두하는 한 미국과의 관계 개선을 서두를 필요는 없다. 따라서 미국을 협상으로 이끌어내기 위한 수단이자 통로로서 한국의 필요성 역시 감소하였다고 볼 수 있다. 둘째, 중국이나 러시아라는 자원 확보 대체지가 마련되면서 남북교류나 남북관계 개선에 대한 북한의 관심도 낮아졌다. 또한 대북제재의 수위가 높아지면서 규모 있는 남북교류협력 사업이 불가능한 현실도 한국에 대한 북한의 기대를 낮추는 원인이 되었을 것이다. 반면 대북제재와 관련하여 중북·러북 관계는 남북관계와 다른 측면이 있다. 물론 중국과 러시아는 기존 제재를 준수할 것이라고 주장하고 있지만, 중러의 적극적 협력이 없다면 대북제재의 효과는 제한적일 수밖에 없다. 뿐만 아니라 이미 국제사회의 강력한 제재 대상이 되고 있는 러시아의 경우 국제사회의 제재를 두려워하지 않고 북한과의 협력을 확대할 것임을 분명히하고 있다. 실제 2024년 러시아와 북한 간 국제관광이 재개되었으며, 경제·농업·임업·수산·체육 등 다양한 분야에서 양국 대표단의 상호방문이 이루어지고 있다. 셋째, 북한이 남북관계에서 동족·민족 개념을 폐기하는 등 남한을 타자화하는 것은 북한의 핵전략 변화와도 관련성이 있어 보인다. 하노이 이후 북한은 한반도와 그 주변지역을 대상으로 하는 전술핵무기 개발에 박차를 가하고 있으며, 한국을 대상으로 하는 핵무기 사용을 직접 위협하고 있는 상황이다. 따라서 북한으로서는 핵위협의 신빙성을 제고하기 위해서라도 남북관계를 적대관계로 규정할 필요가 있었을 것이다.

북한의 대외·대남 정책 전환이 과거와 다른 세 번째 특징은 북한의 핵능력 및 핵전략 변화를 수반하고 있다는 점이다. 북한의 핵능력이 지속적으로 증가하고 있는 것은 새로운 일이 아니지만, 과거와 달리 하노이 이후 북한은 협상을 통한 핵폐기 가능성을 일축하면서 사실상의 핵보유국 지위 기정사실화를 추구하고 있다. 북한은 거듭되는 성명을 통해 핵폐기 협상에 나서지 않을 것임을 분명히하는 한편 핵무력정책법을 제정하여 공세적 핵독트린을 공식화하였다. 핵무력정책법에서 북한은 핵무기 사용 조건을 제시하고 있는데, '작전상 필요', '핵무기 대응이 불가피한 상황' 등 자의적 핵무기 사용 가능성을 열어 놓았다.43) 동 법률 제정 이후 북한은 한국에 대해 핵무기 선제적 사용을 위협하거나,44) 한국 내 주요 공항·항구 및 주요군사지휘시설 등을 목표로 전술핵무기 사용 훈련을 실시하기도 하였다. 북한이 개발을 공언하였거나 개발 중인 무기체계의 용도, 그리고 그들의 공세적 핵독트린을 고려하면 북한의 핵무기가 억제용 수단에서 사용 가능한 핵무기로 변화하고 있는 것으로 보인다. 물론 북한이 핵무기 사용 임계점을 하향 조정한 공세적 핵전략을 채택한 것은 한미에 비해 종합국력과 재래식 전력에서 열세인 상황에서 억제력을 제고하려는 목적이 더 클 것이다. 하지만 이러한 핵전략의 신뢰성 제고를 위해서는 유사시 정말 핵무기를 사용할 수 있음을 위협해야 한다. 그런데 문제는 그것이 우발적 충돌 가능성 증가로 이어질 우려가 크다는 점이다.45)

---

43) 동 법률 제6조에 규정된 핵무기 사용조건은 ① 조선민주주의인민공화국에 대한 핵무기 또는 기타 대량살륙무기공격이 감행되었거나 림박하였다고 판단되는 경우, ② 국가지도부와 국가핵무력지휘기구에 대한 적대세력의 핵 및 비핵공격이 감행되었거나 림박하였다고 판단되는 경우, ③ 국가의 중요전략적대상들에 대한 치명적인 군사적 공격이 감행되었거나 림박하였다고 판단되는 경우, ④ 유사시 전쟁의 확대와 장기화를 막고 전쟁의 주도권을 장악하기 위한 작전상필요가 불가피하게 제기되는 경우, ⑤ 기타 국가의 존립과 인민의 생명안전에 파국적인 위기를 초래하는 사태가 발생하여 핵무기로 대응할 수밖에 없는 불가피한 상황이 조성되는 경우 등임.

44) 이 담화에서 김여정은 '전쟁 초기 주도권 장악 및 상대방의 전쟁의지 소각' 등을 위해 핵무력을 동원 할 수 있다고 언급. 4월 25일 군 창건 90주년 열병식에서 김정은은 '핵이 전쟁 방지라는 하나의 사명에만 속박되지 않는다며, 자신들의 근본이익을 침탈하려 든다면 북한의 핵무력은 둘째가는 사명을 결행할 것'이라고 위협.

45) 최용환, "북한의 핵전략 분석 및 대응과제: 파키스탄, 러시아 사례와 비교", 『INSS 전략보고』 No. 269, June 2024, p. 11.

실제 북한의 군사적 긴장 조성 행태에서도 변화가 관찰된다. 과거 북한은 한미연합훈련이 실시되면 이를 비난하면서도 정착 군사훈련이 진행되는 기간 동안에는 도발을 자제해왔다. 하지만 최근 북한은 한미연합훈련이 실시되는 기간에 맞추어 핵무기 사용 훈련을 실시하는가 하면, 동해 북방한계선 이남으로 탄도미사일을 발사하기도 하였다. 뿐만 아니라 '남반부 전 영토 평정',[46] '대한민국 초토화'[47] 등을 위협하기도 했다.

이처럼 북한이 위협의 수위를 높이는 것은 이제 자신들은 사실상 핵무기를 보유한 국가라는 자신감과도 관련이 있는 것으로 보인다. 예컨대 2022년 9월 채택한 핵무력정책법 서문에서 북한은 '자신들의 핵무력은 국가의 주권, 영토완정, 근본이익 수호 수단'이라고 언급하고 있다. 그런데 이는 중국이 양안관계에서 사용하는 표현과 동일한 것으로, 이제 자신들이 남북관계를 주도할 수 있다는 자신감을 시사한다.[48] 또한 북한은 이제 스스로를 핵보유국으로 규정하는 한편 주변 강대국들과의 대등한 관계 설정 의지를 피력하고 있다. 예컨대 중국이나 러시아와 북한의 관계를 과거 대국과 소국 관계로 규정하던 것에서 벗어나 이제는 대국과 강국의 관계라고 주장한다. 또한 미국과 북한의 관계 역시 핵보유국과 비핵국가 관계가 아니라 대응한 핵보유국이 되었다고 본다. 이러한 북한의 변화된 입장은 2023년 말 개최한 당중앙위 제8기 제9차 전원회의에서 언급한 '강국의 지위에 맞는 공화국의 외교사'를 써나가겠다는 표현 등에서도 확인할 수 있다. 핵보유국으로서 북한의 자신감은 미북·일북 관계에서 보다 적극적 행태로 나타날 수 있다. 예컨대 2018년 국면에서는 미북협상을 위해 한국이 필요했지만, 이제는 미국과의 직접 협상을 선호할 가능성이 있다. 일북관계에 있어서도 최근 북한은 비록 물밑협상이지만 일본과의 직접대화를 추진하고 있는 것으로 알려지고 있다. 또한 어느 시기에 가서는 북한이 다시 한번 미국과 협상을 시도하려 할 가능성도 있다.[49] 특히 2024

---

46) 『조선중앙통신』, 2023년 12월 31일자.

47) 『조선중앙통신』, 2024년 1월 10일자.

48) 최용환, "2023년 북 신년 메시지 분석과 전망: 정치·군사 부문", 『2023년 북 신년 메시지 분석과 정세전망』, 이화여자대학교 통일학연구원·우리민족서로돕기운동 평화나눔센터 공동주최 토론회 자료집, 2023. 1. 2, p. 3.

49) 황일도, "최근 북한의 중장기 국가비전 언급: 대외·경제정책과의 연관성", 『IFANS 주요국제문제분석』 2022-37, 외교안보연구소, 2022, p. 20.

년 미국 대선에서 트럼프가 당선된다면 북한과 미국 간의 직접 교섭이 이루어질 수도 있을 것이다.

그렇다면 이와 같은 북한의 대외·대남 정책 변화를 어떻게 평가할 수 있을까? 2024년 현재 북한의 이른바 신냉전 구조 활용 전략은 일정한 성과를 거두고 있는 것으로 보인다. 북한의 핵과 미사일 개발이 지속되고 있음에도 중국과 러시아의 반대로 유엔의 추가 대북제재는 이루어지지 않고 있다. 또한 중러의 적극적 협력이 없다면 기존 대북제재의 효과가 제한적일 우려도 있다. 실제로 유엔 대북제재 위원회 전문가패널 보고서에 기초하여 2018년 이후 북한의 정제유 반입량을 추산한 연구결과에 따르면 유엔 안보리 결의 2397호 상의 정제유 반입 상한선인 연간 50만 배럴을 넘는 양의 정제유가 북한에 지속적으로 반입된 것으로 판단된다.[50]

하지만 북한의 대외전략이 앞으로도 성공적일 것이라고 단정할 수는 없다. 그 이유는 첫째, 북한의 신냉전 구조 활용 전략은 중국와 러시아에 대한 의존도가 지나치게 높다. 일반적으로 국력 격차가 있는 비대칭 동맹에서 강대국에 대한 안보 의존도가 높아질수록 약소국의 자율성이 훼손되는 딜레마가 발생한다.[51] 실제 중북·러북관계의 역사를 살펴보아도 이들 관계가 가까운 것은 분명하지만, 항상 사이가 좋았던 것은 아니다. 김정은이 집권한 이후 시기만 보더라도 장성택 처형으로 중북관계가 경색되었던 시기가 있었다. 탈냉전 이후 러시아는 남북한 등거리 외교를 표방하였지만, 실제로는 한동안 한국에 경사된 외교 행태를 보였던 것이 사실이다. 또한 2017년까지 중국과 러시아 모두 유엔 안보리 대북제재에 모두 찬성했었다. 그렇다면 현재의 중러북 협력 역시 일시적·국면적 현상일 가능성이 있다.

뿐만 아니라 중러북 3국 관계에는 미묘한 긴장관계가 존재한다. 우크라이나 전쟁 발발 이후 북한이 러북밀착에 속도를 내는 것은 기존의 일방적 대중의존도 극복을 위한 나름의 위험분산 전략이라고 볼 수 있다. 즉 북한은 필요시 중국의 도움을 받지만, 중국이 자신들의 정책에 구체적으로 관여하는 것을 수용할 생각이 없다. 이는 러북 관계에서도 마찬가지이다. 과거 냉전시대에도 북한은 중소분쟁을 계

---

50) 신정수, "팬데믹 전후 북한 에너지 수급 변화", 『KDI 북한경제리뷰』 제25권 제9호, 2023. 9, pp. 78-79.

51) James D. Morrow, "Alliance and Asymmetry: An Alternative to the Capability Aggregation Model of Alliance", *American Journal of Political Science*, Vol. 4, November 1991.

기로 중국과 소련 사이에서 줄타기 외교를 구사하기도 했다.

또한 북한의 신냉전 구조 활용 전략은 미중 관계가 좋지 않을수록 잘 작동하는 전략이다. 반대로 이야기하면 미국과 중국이 북한 문제에 있어 협력을 시도한다면, 현재 북한의 대외전략은 크게 흔들릴 수밖에 없다. 물론 현재의 미중 전략경쟁이 확대·심화되는 추세를 볼 때, 미중 갈등은 한동안 지속될 가능성이 높은 것이 사실이다. 하지만 현재의 미중 갈등은 과거 냉전시대의 미소 간 갈등과 다르다는 점을 기억할 필요가 있다. 미소 냉전이 이데올로기를 기준으로 모든 분야에 걸친 전면적 대립이었다면, 미중 전략경쟁은 갈등과 협력이 교차하는 영역이 다수 존재하고, 갈등의 경계가 사안별로 달라지거나 모호하다는 점에서 과거와 다르다. 실제로 미국은 중국이 전략적 경쟁자라는 점을 부인하지 않으면서도 기후변화·공중보건 등 이른바 공유된 도전(shared challenges) 영역에서는 협력이 가능할 것이라고 주장한다.[52] 뿐만 아니라 미국은 북핵문제 역시 미중협력이 가능한 이슈의 하나라는 입장이다. 물론 북핵문제에 관한 한 중국의 입장이 크게 후퇴한 것이 사실이지만, 핵비확산 문제에 대한 중국의 원칙적 입장은 변화하지 않았다. 비록 중국이 '북한의 합리적 안보우려'를 강조하고, 핵폐기에 대한 북한의 책임보다는 '한반도의 안정을 위협하는 미국의 군사블록화'를 지적하고 있지만 유엔 안보리 상임이사국이자 핵무기비확산조약(NPT) 상 5개 핵무기국(P5)으로서 국가로서 중국이 가지는 위상과 입지를 포기하려 하지는 않을 것이다.

둘째, 북한과 중국, 러시아 간 상이한 이해관계가 3국간 협력에 장애로 작용할 가능성이 높다. 예컨대 북한과 러시아는 이미 국제사회의 강력한 제재 대상이다. 따라서 러시아와 북한은 국제사회의 제재를 두려워하지 않고 협력을 추구할 수 있다. 하지만 중국은 여전히 세계시장이 필요한 상황이다. 당면한 경제난 해소를 위해서는 미국과 유럽 시장이 여전히 필요한 중국과 상대적으로 서구와 경제적 유대가 약한 북한·러시아의 이해관계가 같을 수 없다.

러시아와 중국의 관계는 과거 어느 시기보다 밀접하지만, 양국 관계 자체도 순탄하리라고만 볼 수는 없다. 2013년 시진핑 주석은 집권 이후 첫 해외 순방지로 모스크바를 선택하였다. 그리고 2023년 자신의 3연임 확정 후에도 러시아가 시진

---

52) The White House, *National Security Strategy*, October 2022, p. 24.

핑의 첫 해외 순방지였다. 뿐만 아니라 최근 중러는 정상회담을 연거푸 개최하면서 양국 간 공조를 강화하고 있어 표면상 중러관계가 매우 돈독해 보이는 것이 사실이다. 하지만 양국 간에는 국력 격차 등에 따른 이해관계 차이가 존재한다. 냉전 시대와 달리 현재 중국은 종합국력에서 러시아에 비해 월등하게 강한 국가이다. 그 결과 우크라이나 전쟁 이후 러시아 내부에서는 자신들의 기대에 못 미치는 중국의 지원에 대한 불만, 동남아 및 아시아 지역에서 러시아의 영향력 감소에 대한 우려, 중국과의 협상력 비대칭성 등에 대한 비판의 목소리가 존재한다. 물론 러시아 내에서는 중국 편중이 불가피하거나 최대한 중국을 활용할 필요가 있다는 입장이 다수이지만 과도한 대중 편중을 경계하는 목소리가 병존하고 있는 것이다. 이는 대중 관계를 바라보는 러시아의 전략적 셈법이 복잡하다는 것을 반증한다.[53]

미중 전략경쟁 국면에서 북한 및 러시아와의 협력이 필요한 중국은 북한이나 러시아와의 양자 관계 차원의 전략적 협력은 유지하면서도, 중러북 진영화에는 소극적 모습을 보이고 있다.[54] 중국은 북한이 주장하는 신냉전론에 대해 유보적이거나 부정적 입장을 보여 왔다. 중국은 미국의 동맹 정책이 냉전적 사고라고 비판하면서 '신형국제관계', '인류운명공동체' 등 이에 반대하는 중국식 대안을 제시해왔다. 즉, 미중 전략경쟁 국면을 고려할 때 중국에 있어 북한의 전략적 가치가 높아진 것은 사실이지만, 북한이 희망하는 중러북 연대에 중국이 전면적으로 동참하기는 쉽지 않을 것이다.[55]

셋째, 현 북한의 대외·대남 전략은 지속가능성에 문제가 있다. 우선 북한은 핵과 미사일 개발 이외에 첨단 재래식 무기 개발을 병행하고 있다. 비록 북한이 핵무기 사용을 위협하고 있지만, 실제 한반도에서 발생 가능성이 높은 것은 재래식 무기를 활용한 국지전이다. 따라서 북한이 핵무기를 가지고 있더라도 재래식 무기 개발을 소홀히 할 수는 없을 것이다. 문제는 이것이 과도한 국방비 지출로 이어질 것이고 중장기적으로 북한 경제에 부담이 될 수밖에 없다는 점이다.[56] 핵무기를

53) 이태림, "우크라이나 전쟁 이후 러중관계 심화에 대한 러시아내 논쟁 동향 분석", 『IFANS 주요국제 문제분석』 2023-15, 외교안보연구소, 2023. 6. 9.

54) 김한권, "2023 북러 정상회담에 대한 중국의 대응 및 전망: 북중러 협력에 대한 중국의 우려", 『IFANS 주요국제문제분석』 2023-29, 외교안보연구소, 2023. 10. 25, p. 19.

55) 이동률, "북한의 '신냉전론'에 대한 중국의 인식과 셈법", *Global NK Zoom & Connect*, 동아시아연구원, 2023. 2. 28. <https://www.eai.or.kr/new/ko/pub/view.asp?intSeq=21713&board=kor_issuebriefing&keyword_option=&keyword=&more=>.

개발하는 것보다 그것을 실전 배치하여 운용하고 지속적으로 갱신하여 준비태세를 유지하는 것은 더 많은 비용을 수반한다. 또한 SLBM을 발사할 수 있는 잠수함, 철도 기동 미사일, 수중발사핵무기는 물론이고 군사정찰위성의 개발과 유지 등 북한이 추진하는 군사력 증강을 지속하기 위해서는 대규모 자원의 지속적 투자가 요구된다.

집권 초기 김정은은 핵무기를 개발하면 국방비를 더 늘리지 않고도 국방력을 제고하여 경제건설과 인민생활 향상에 기여할 수 있다고 주장했다.[57] 하지만 현재 북한이 처한 현실은 그 주장이 잘못되었다는 것을 보여준다. 이미 2017년에 국가 핵무력 완성을 선언했지만, 그 이후에도 인민생활 향상과 경제성장을 보류하면서 국방력 강화에 지속적으로 투자해야 하기 때문이다. 북한이 핵무기 이외에 첨단 재래식 무기 개발을 병행하는 것은 핵무기를 가지고 있다고 해서 재래식 무기의 필요성이 감소하지 않는 한반도의 현실을 반영한 것이다. 전쟁에서 핵무기를 사용하는 것은 아무리 북한이라고 하더라도 쉽지 않은 선택이 될 수밖에 없다. 예컨대 러시아-우크라이나 전쟁에서 러시아가 핵무기 사용을 위협하면서도 실제 사용에 나서지 못하는 것은 실전에서 핵무기 사용의 어려움을 보여준다. 또한 우크라이나 전쟁에서 러시아의 핵무기 사용 위협이 대부분 전략적으로 열세(劣勢)에 몰려 있던 시기였다는 점을 고려한다면, 압도적 핵무기를 보유한 국가에게도 핵무기는 공격보다 억제에 더 효과적인 무기라고 보아야 할 것이다. 또한 언제든 국지적 군사충돌이 발생할 수 있는 한반도 현실을 고려하면 재래식 군비의 확충과 현대화는 불가피한 측면이 있다. 예컨대 접경지역에서의 소규모 충돌에 핵무기를 사용할 수는 없을 것이다. 따라서 북한은 낙후된 자신들의 재래식 무기 현실을 고려하여 핵개발 이외에 재래식 군비 현대화에도 높은 관심을 보이고 있다.[58] 하지만 핵과 재래식 군비를 모두 부담할 수 있을 만큼 북한의 자원은 충분하지 않다.[59] 북한처럼

---

56) 최용환, "북한 군사력 강화 정책의 딜레마", 『INSS 전략보고』 No. 173, 국가안보전략연구원, 2022. 8, pp. 11-15.

57) 『노동신문』, 2013년 4월 2일자.

58) Kyle Mizokami, "Fact: North Korea Has Thousands of Tanks, But Can They Fight?", *The National Interest*, September 7, 2019.

59) Defense Intelligence Agency, *North Korea Military Power*, Washington D.C.: U.S. Government Publishing Office, 2021, p. 39.

경제 규모가 작고 만성적 식량난·경제난에 시달리는 국가가 장기적으로 대규모 국방비를 지출하는 것은 커다란 부담이 될 수밖에 없다. 즉, 북한의 군사력 강화 정책은 지속가능성이 떨어질 수밖에 없다. 이러한 문제 극복을 위해 우방인 중국과의 관계 강화에 주력하면, 이는 앞서 언급한 비대칭 동맹에서의 안보-자율성 딜레마 심화로 이어질 것이다.

제4절 결론: 전망과 과제

하노이 이후 북한의 대외·대남 정책은 현 국제정세가 냉전적 갈등구조로 회귀하고 있다는 정세인식에 기반하고 있다. 특히 북한은 한미일 대 중러북의 냉전적 갈등구조가 자신들에게 불리하지 않다고 판단하고 이를 적극 활용하려는 정책을 추진하고 있다. 문제는 이러한 북한의 정세인식과 대외·대남 전략 하에서는 남북관계 개선이나 남북교류에 대한 관심이 높지 않다는 점이다. 하노이 노딜 과정에서 한국 정부의 대미 종속성을 비난해 온 북한은 이제 남북관계 개선을 통해 미북관계를 개선하기보다는 미국과 직접 협상을 시도하려 할 가능성이 있다. 또한 중국과 러시아라는 자원 확보처이자 우방이 존재하는 상황에서 국제사회의 대북제재 틀을 벗어나지 못하는 남북교류에 별다른 기대를 걸지 않고 있는 듯하다.

특히 북한은 자신들의 핵폐기를 전제로 하는 협상에 더 이상 나서지 않을 것이라며 핵과 미사일 등 전략무기 개발 속도를 더욱 높이고 있다. 이는 한편으로는 신냉전 구도라는 기회를 활용하여 최대한 핵능력을 증가시키려는 것이고, 다른 한편으로는 혹시 있을지도 모르는 협상국면에 대비해서도 핵능력을 증가시키는 것이 유리하다고 판단하였기 때문일 것이다. 문제는 한미일 대 중러북의 냉전적 갈등구조가 심화될수록 북한의 전략이 작동할 여지가 커진다는 점이다.

단기적으로 북한의 대외·대남 정책 기조는 바뀌지 않고 유지될 전망이다. 미중 전략경쟁 장기화는 물론이고 러시아-우크라이나 전쟁 이후에도 한동안 러시아와 미국 및 서방의 관계 개선 역시 쉽지 않아 보이기 때문이다. 이와 같은 국제정세를 '신냉전'으로 규정하고 있는 북한은 현재의 국면을 최대한 활용하여 핵과 미사일 개발을 멈추려하지 않을 것이다. 북한이 핵과 미사일 개발을 지속하는 한 미북관계는 물론이고 남북관계의 근본적 개선은 어려울 수밖에 없다.

하지만 앞서 살펴본 바와 같이 현 국제정세는 과거 냉전 질서와 다르다. 냉전 시대와 달리 중국, 러시아, 북한은 사회주의 이념을 함께하지 않는다. 물론 이 3국은 반미(反美) 정서를 공유하지만, 각 국가의 이해관계가 상충하는 측면도 있어서 북한의 기대와 다른 상황이 조성될 여지가 얼마든지 존재한다. 예컨대 러시아-우크라이나 전쟁 종료 이후 러시아와 북한의 중장기적 관계는 현재와 같지 않을 것이다. 북한은 러시아가 계속 필요하겠지만, 러시아에 있어 북한의 전략적 가치는 전쟁 종료와 함께 달라질 수밖에 없기 때문이다. 뿐만 아니라 탈냉전 이후 한중·한러 관계는 냉전 시기와 현저하게 다르다는 점도 기억할 필요가 있다. 미중 전략 경쟁과 우크라이나 전쟁 등으로 한중·한러 관계가 예전 같지 않은 것도 사실이지만, 한중·한러는 상호 수교한 국가이자 중요한 무역파트너라는 점은 변화하지 않았다. 따라서 한국으로서는 이른바 '신냉전' 구조가 고착화되지 않도록 주변국 관계를 관리할 필요가 있다. 북한이 원하는 대로 한미일 대 중러북의 냉전적 갈등구조가 강화되면 북핵문제의 해결은 더욱 어려워질 것이며, 남북관계를 적대적 두 국가 관계로 재규정하려는 북한의 시도가 탄력을 받을 우려가 크기 때문이다. 정치군사적 긴장이 높아지고 있는 한반도의 현실을 고려할 때, 단기적으로 가장 중요한 과제는 위기관리가 될 것이다. 북한의 도발에 대해서는 단호하게 대응해야 하겠지만, 중장기적으로는 북한의 태도 변화를 이끌어 낼 수 있는 외교전략이 요구된다.

참고문헌

[북한 자료]

조선백과사전편찬위원회 편, 『광명백과사전 3』, 백과사전출판소, 2009.

『노동신문』.

『조선중앙통신』.

[남한 자료]

• 논 문

김한권, "2023 북러 정상회담에 대한 중국의 대응 및 전망: 북중러 협력에 대한 중국의 우려",
　　　『IFANS 주요국제문제분석』 2023-29, 외교안보연구소, 2023. 10. 25.

민지영·김경민, "러북 정상회담의 주요 이슈와 러시아의 평가", 『KEIP 세계경제 포커스』
　　　Vol. 6, No. 38, 2023. 10. 11.

신정수, "팬데믹 전후 북한 에너지 수급 변화", 『KDI 북한경제리뷰』 제25권 제9호, 2023. 9.

양문수, "1970년대 북한 경제와 장기침체 메커니즘의 형성", 『현대북한연구』 제6권 1호,
　　　2003.

이상숙, "중소분쟁 시기 북한 등거리외교의 특성과 현재적 함의", 『IFANS 주요국제문제분석』
　　　2020-60, 국립외교원 외교안보연구소, 2020.

이태림, "우크라이나 전쟁 이후 러중관계 심화에 대한 러시아내 논쟁 동향 분석", 『IFANS 주
　　　요국제문제분석』 2023-15, 외교안보연구소, 2023. 6. 9.

최용환, "2021년 한반도 평화프로세스의 전망과 과제", 『INSS 이슈브리프』238호, 2021. 1.
　　　18.

＿＿＿, "2023년 북 신년 메시지 분석과 전망: 정치·군사 부문", 『2023년 북 신년 메시지 분
　　　석과 정세전망』, 이화여자대학교 통일학연구원·우리민족서로돕기운동 평화나눔센터
　　　공동주최 토론회 자료집, 2023. 1. 2.

＿＿＿, "북한 군사력 강화 정책의 딜레마", 『INSS 전략보고』No. 173, 국가안보전략연구원,
　　　2022.

＿＿＿, "북한의 국제정세 인식과 대외전략", 이관세 외, 『신냉전 시대는 도래하는가?』, 경남
　　　대학교극동문제연구소, 2024.

_____, "북한의 핵전략 분석 및 대응과제: 파키스탄, 러시아 사례와 비교", 『INSS 전략보고』 No. 269, June 2024.

_____, "신냉전 국면 下, 북한의 대외전략과 북중러 관계 전망", 『북한의 새로운 5개년 계획 (21-25년) 중간 평가와 2024년 전망』, 동국대학교 북한학연구소 2024 신년포럼 자료집, 2024. 1. 5.

최장호·이정균·민지영, "북한의 대외관계 평가와 2020년 전망: 북중·북러를 중심으로", 『KIEP 오늘의 세계경제』Vol. 20, No. 7, 2020. 2. 20.

황일도, "최근 북한의 중장기 국가비전 언급: 대외·경제정책과의 연관성", 『IFANS 주요국제 문제분석』 2022-37, 외교안보연구소, 2022.

• 단행본

김용현 편, 『북한학 개론』, 동국대학교출판부, 2022.

김용호 외, 『INSS 국가행동분석: 북한』, 국가안보전략연구원, 2022.

김진하 외, 『북한 외교정책: 정책패턴과 북핵외교 사례분석』, 통일연구원, 2019.

박영자, 『김정은 시대 조선노동당의 조직과 기능: 정권안정화 전략을 중심으로』, 통일연구원, 2017.

서동만, 『북조선 사회주의체제 성립사: 1945-1961』, 선인, 2005.

조성렬, 『김정은 시대 북한의 국가전략』, 백산서당, 2021.

최장호 외, 『김정은 시대 북한의 대외관계 10년: 평가와 전망』, 대외경제정책연구원, 2022.

• 기 타

국립통일교육원, 『2023 북한 이해』, 국립통일교육원, 2023.

국토통일원, 『조선노동당대회자료집(제1집)』, 국토통일원, 1980.

대한민국 국방부, 『국방백서 2020』, 2020.

KOTRA, 『2022 북한 대외무역 동향』, kotra, 2023.

이동률, "북한의 '신냉전론'에 대한 중국의 인식과 셈법", *Global NK Zoom & Connect*, 동아 시아연구원, 2023. 2. 28. <https://www.eai.or.kr/new/ko/pub/view.asp?intSeq=21713&board=kor_issuebriefing&keyword_option=&keyword=&more=>.

[영문 자료]

Skylar Mastro, Oriana, & Sungmin Cho, "North Korea Is Becoming an Asset for China", *Foreign Affairs* (February 3, 2022).

Bose, Nandita, "Biden administration sets new North Korea policy of 'practical' dip-lomacy", Reuters (May 1, 2021).

Lederer, Edith M., "China, Russia urge UNSC to end key sanctions on North Korea", *AP* (November 4, 2021).

Mizokami, Kyle, "Fact: North Korea Has Thousands of Tanks, But Can They Fight?", *The National Interest*, September 7, 2019.

Morrow, James D., "Alliance and Asymmetry: An Alternative to the Capability Aggregation Model of Alliance", *American Journal of Political Science*, Vol. 4, November 1991.

Defense Intelligence Agency, *North Korea Military Power*, Washington D.C.: U.S. Government Publishing Office, 2021.

National Intelligence Council, *Climate Change and International Responses Increasing Challenges to US National Security Through 2040*, 2021.

The White House, National Security Strategy, October 2022.

United Nations Security Council, "Resolution 2397", December 22, 2017. <https://docu mentsddsny.un.org/doc/UNDOC/GEN/N17/463/60/PDF/N1746360.pdf?Op enElement>.

제 4 장

북한의 경제

이 종 민

북한의 경제

제1절 서론

광복 이후 자본주의 시장경제체제를 선택한 남한과 달리 북한은 사회주의 계획경제체제를 채택했고 동유럽, 소련, 중국 등 다른 사회주의권 국가들이 대부분 경제체제 전환을 경험한 이후에도 여전히 이를 고수하고 있다. 그러나 지난 80년 가까운 시간 동안 북한경제는 끊임없이 변화해왔고, 김정은 집권 이후에도 경제 각 부문에서 많은 변화가 관찰된다. 오늘날 북한경제는 시장경제적 요소와 계획경제적 요소가 공존하며, 1인 독재체제를 뒷받침하는 특유의 요소가 더해져 복잡하면서도 독특한 구조를 이루고 있다. 본 장에서는 경제체제, 경제성장, 대외무역, 기업과 산업, 금융 등의 주제를 중심으로 북한경제를 전반적으로 조망하고 김정은 집권 시기에 나타난 변화에 대해 살펴본다. 이를 통해 현재의 북한경제 구조와 상황에 대해 이해하고, 앞으로 북한이 나아갈 방향을 전망하는데 있어 유의 깊게 살펴보아야 할 경제적 동인은 무엇인지 가늠해보고자 한다.

제2절 북한의 경제체제

북한은 사회주의 계획경제를 바탕으로 하면서도 자신들이 처해 있는 대내외적 환경과 정치적 목적에 맞추어 일반적인 사회주의 시스템과는 차별화되는 고유의 경제체제를 구축했다. 이 절에서는 북한 경제체제의 특징과 시기에 따른 변화 과정을 살펴보고, 김정은 시기 들어 진행된 경제개혁 조치가 북한 경제체제에 갖는 의미를 평가한다.

Ⅰ. 사회주의 계획경제체제

경제체제란 한 사회가 경제 문제를 해결하는 방식, 즉 희소한 자원을 활용하고 분배하는 방식에 대해 정립된 각종 제도의 총체를 의미한다.[1] 현대 경제체제는 두 가지 기준에 따라 구분할 수 있다. 먼저 생산수단의 소유 주체에 따라 사인(私人)이 소유하는 경우 자본주의, 국가 등 공공단체가 소유하는 경우 사회주의로 나누어진다. 그리고 경제적 의사결정의 주체와 이를 조정하는 기제(mechanism)에 따라 사적 판단으로 의사결정이 이루어지고 이것이 시장에서의 자유로운 거래에 의해 조정되는 체제를 시장경제, 국가의 중앙계획으로 결정되고 조정되는 체제를 계획경제로 분류한다. 자본주의는 시장경제와, 사회주의는 계획경제와 호환성이 높기 때문에 대부분의 현대 국가들은 자본주의 시장경제체제 또는 사회주의 계획경제체제를 운영해왔다. 물론 이러한 경제체제의 구분을 이분법적으로 적용하기는 어렵다. 즉, 자본주의 시장경제체제에 해당하는 국가라고 해도 어느 정도는 사회주의 계획경제의 요소를 혼합하여 운영하는 것이 일반적이며 그 반대도 마찬가지이다.

현대의 사회주의 계획경제는 자유로운 사익추구에 기반한 시장경제체제가 과도한 부의 집중, 열악한 노동환경과 빈곤 등의 폐해를 보이자 이에 대한 비판 과정에서 등장하였다. 이에 사유재산제와 자유로운 의사결정, 시장에서의 경쟁 대신 공동 소유와 중앙통제기구에 의한 분배를 표방하였다. 그러나 이러한 사회주의 체제 역시 오래 지나지 않아 운영 과정에서 한계를 나타내게 되었다.

---

1) KDI 경제정보센터 웹사이트(https://eiec.kdi.re.kr/material/conceptList.do?depth01=00002000010000100002&idx=27), "경제개념 – 경제체제"(검색일: 2024.3.28.).

우선, 사회주의 체제는 자본주의에 비해 효율성이 매우 낮았다. 자원 분배의 효율성을 달리 설명하면 희소한 재화나 서비스가 더 필요한 곳에 공급된다는 것이다. 자본주의 시장경제의 경우 가격메커니즘이 자원분배를 결정한다. 자본주의 사회에서 어떤 재화나 서비스를 필요로 하는 정도는 가격으로 표현되고, 높은 가격을 지불할 의사가 있는 사람에게 우선적으로 분배되기 때문에 국가의 개입이 없어도 효율성을 담보할 수 있다. 반면 사회주의 체제의 경우 국가 정책기구의 결정에 따라 자원이 분배된다. 이것이 효율적이기 위해서는 각 경제주체가 특정 자원을 필요로 하는 정도에 대해 국가가 정확히 판단할 수 있어야 한다. 즉 국가 내의 모든 경제주체와 물적 요소에 대한 세부적이고도 정확한 정보가 요구되는데, 이는 현실적으로 불가능하기 때문에 사회주의 경제는 전체적인 효율성이 떨어지는 것이다. 실제로 하버드대의 아브람 버그슨(Abram Bergson) 교수가 1950-80년대 경제체제에 따른 효율성을 비교해 본 결과 구 사회주의 국가는 자본주의 국가에 비해 40%나 생산성이 낮은 것으로 나타났다.[2]

또한 사회주의 하의 국영기업은 국가가 지급한 생산 시설과 원부자재를 사용하여 국가가 부여한 생산목표를 달성하기만 하면 되었기 때문에 생산성을 향상시킬 유인이 없었다.[3] 심지어 사회주의 기업의 관리자들은 정부가 당해의 생산량에 따라 이듬해의 생산 목표를 결정할 것을 예상하여 의도적으로 생산성을 하락시키기도 했다. 또한 정부와 기업 간의 온정주의적 관계로 인해 사회주의 국영기업은 파산할 우려 없이 경영자의 정치적 입지를 높이기 위한 수단으로서 기업의 규모 확대를 추구했고 이는 과잉투자와 과잉 재고로 이어졌다.[4] 기업이 이렇게 불필요한 물자를 축적하는 동안 한편에서는 민간의 소비재 부족 현상이 심화되었다. 이렇듯 사회주의 계획경제는 '부족'(shortage)과 '불균형'(disequilibrium)의 경제로 특징지을 수 있다.

2) Abram Bergson, "Communist Economic Efficiency Revisited", *The American Economic Review* 82(2), 1992, pp. 27-30.

3) Martin Weitzman, "The "Ratchet Principle" and Performance Incentives", *Bell Journal of Economics* 11(1), 1980, pp. 302-308.

4) Janos Kornai, "The Soft Budget Constraint", *Kyklos* 39(1), 1986, pp. 3-30.

Ⅱ. 전통적인 북한 경제체제의 특징

북한경제는 기본적으로 사회주의 계획경제체제를 표방하면서도 북한이 처해 있는 정치적, 지정학적 상황과 맞물려 고유의 특성을 갖는 체제로 진화해왔다. 전통적인 북한 경제체제의 특징을 이해하기 위해서는 먼저 북한의 경제발전전략을 살펴볼 필요가 있다. 북한의 장기적인 목적은 '사회주의 건설'과 '체제의 생존'으로 요약할 수 있다. '사회주의 건설'이란 쉽게 말해 남한 그리고 서구 사회와의 체제경쟁에서 승리하는 것이며, '체제의 생존'은 현재의 북한 정권이 무너지지 않고 살아남는 것이다. 북한에게 경제발전은 이러한 체제의 승리와 생존을 위한 중요한 수단이며, 군사력 강화와 경제적 자립성을 확보하는 것이 경제발전의 최우선 목표가 되었다. 이러한 목표에 따라 북한 경제발전전략은 중공업과 군수경제를 우선시하는 방향으로 설계되었고 주민들의 소비를 희생하면서 축적된 자원을 이 부문들을 개발하는데 투입하도록 했다. 이를 달성하기 위해 사상적으로는 '주체사상'을 바탕으로 '자력갱생'과 같은 구호를 내세우고, 제도적 기반으로는 강력한 중앙집권적 계획경제체제를 확립하게 된다.[5]

이러한 북한의 경제발전전략이 잘 나타나 있는 것이 1960년대 도입된 대안의 사업체계와 계획의 일원화·세부화이다. 대안의 사업체계는 1961년 김일성이 평안남도 남포의 '대안전기공장' 방문 당시 제안한 기업관리방안으로 중앙집권적 의사결정과 생산사슬 관리 강화를 골자로 한다. 대안의 사업체계로 인해 기업의 관리체계는 기존의 지배인 관리 체제에서 집단지도체제로 전환되었고, 이후 지배인 대신 당비서가 기업의 주요 의사결정을 주도하게 되면서 당의 지도적 역할이 강화되었다. 계획의 일원화·세부화는 1964-65년경 도입되었다. 계획의 일원화란 중앙정부 기구인 국가계획위원회의 유일한 계획에 따라 기업의 모든 활동이 이루어지도록 시스템을 구축한 것이다. 계획의 세부화는 전반적인 경제발전전략과 기업의 세부적 경영활동을 밀접히 연결시키는 것이다. 즉 국민경제가 부문 간, 기업 간, 지역 간에 잘 맞물려 돌아가도록 세부적, 구체적으로 계획을 수립하는 것을 의미한다.[6]

---

5) 양문수, "북한 경제발전전략 70년의 회고와 향후 전망", 『통일정책연구』 제24권 2호, 2015, pp. 33-66.

6) 양문수, 『북한경제의 구조: 경제개발과 침체의 메커니즘』, 서울대학교출판부, 2001.

이와 함께 북한이 정치적으로 강력한 1인 독재체제를 구축하면서 북한식 계획경제는 다른 사회주의 국가와 구별되는 독특한 요소를 갖게 되었다. 그것은 '현지지도'와 '주석펀드'로 대표되는 최고지도자의 임의적 개입이다. 현지지도란 "최고지도자가 군대, 공장, 기업소, 협동농장, 기관, 학교 등의 현장에 직접 내려가 행하는 북한 특유의 정책지도방법"을 말한다.[7] 그 내용은 생산하는 물품, 원재료, 공법 등 기관 운영 전반을 포함하며, 현지지도를 받은 기관에서는 최우선순위로 이를 실행해야 했다. 이렇게 현지지도는 최고지도자의 영도력을 강조하며 우상화를 심화시켜 1인 지배체제를 더욱 공고히 하는데 적극 활용되어 왔다. 주석펀드는 최고지도자의 재량 하에 사용할 수 있는 일종의 통치자금으로 각 기관들로부터 받은 상납금을 통해 조달하며 주로 현지지도와 동반하여 기업이나 공장의 애로사항을 해소하거나 격려하는 차원에서 베푸는 특별 자금의 형태로 사용된다. '현지지도'와 '주석펀드'는 예기치 못한 환경변화 등으로 기존의 계획이 정상적으로 달성되기 어려울 때 정책 우선순위가 높은 부문에 우선적으로 자원을 공급하여 신속하게 대응할 수 있게 해준다는 순기능도 있다. 그러나 이러한 최고지도자의 임의적 개입이 반복·일상화되고, 경제에서 차지하는 비중도 높아지면서 결과적으로는 중앙계획에 의한 자원분배를 방해하고 사회주의 계획경제 시스템의 정상작동을 어렵게 하는 방향으로 작용하게 되었다. 서울대 김병연 교수는 그의 저서에서 이러한 북한 경제의 특징을 '계획없는 계획경제'(a plan-less planned economy)로 규정하였다.[8]

Ⅲ. 1990년대 경제위기와 시장화

북한식 경제시스템은 외견상 양호하게 기능하는 것처럼 보였지만 사회주의 경제체제의 근본적 한계와 고유의 모순점이 결합되면서 여러 문제들이 누적되고 있었다. 그러던 중 1990년대 들어 연달아 발생한 대내외적 충격에 직면하면서 북한경제는 심각한 위기에 봉착하게 되었다.

우선 1990년대 초반 소련을 비롯한 동유럽의 사회주의 경제권이 붕괴하면서

---

7) 통일부 북한정보포털, 북한지식사전 <https://nkinfo.unikorea.go.kr/nkp/knwldg/view/knwldg. do>, "현지지도"(검색일: 2024.3.28.).

8) Kim, Byung-Yeon, *Unveiling the North Korean Economy: Collapse and Transition*, Cambridge: Cambridge University Press, 2017, pp. 59-64.

기존의 사회주의 국가와의 우호무역이 종결되어 원유 및 석유제품 등 수입 물자의 수급이 어려워졌다. 이후 1994년에는 김일성 주석이 사망하면서 정치적인 혼란이 가중된 가운데, 1995-96년의 홍수로 농업생산이 급감한 것이 결정타가 되었다. 이에 1980년대까지 그럭저럭 작동해오던 북한경제 시스템은 총체적인 난국에 빠졌고 중앙계획체계의 기능이 전반적으로 작동불능 상태에 빠졌다. 생산 측면에서는 중앙계획기구로부터의 원부자재 공급('중앙집중적 재자공급체계')과 자금 조달('유일적 자금공급 체계')이 어려워져 기업들의 생산활동에 타격을 주었고, 분배 측면에서도 식량, 생필품의 국가 배급체계(공공분배시스템)가 사실상 붕괴되었다. 한국은행의 추정에 따르면 1990년에서 1998년 중 북한의 실질 GDP는 연평균 4.2%, 누적 28.9%나 감소하였다.

1990년대 경제위기 양상에서 가장 심각했던 것은 대규모 아사자를 발생시킨 식량난이었다. 1993년과 2008년 UN에 보고된 북한 인구센서스 자료를 비교하여 분석한 연구결과들에 따르면 1990년대 중반 기근으로 인한 초과 사망자 규모는 적게는 34만 명에서 많게는 48만 명에 이르는 것으로 추정되었다.[9] 물론 여기에는 아사자뿐 아니라 기근과 관련하여 질병 등으로 사망한 인원도 포함된다는 점에 유의할 필요가 있다. 그러나 최소한 인구의 1% 이상이 아사하였고, 출생력 감소에 따른 인구 손실도 10만-30만 명에 달하는 등 막대한 영향을 미쳤다.

1990년대 경제위기는 북한경제의 구조도 크게 바꾸어 놓았다. 중앙계획기구에 의한 분배가 정상적으로 작동하지 않는 상황에서 기업소와 주민들은 생존을 위해 각자도생을 추구하게 되었다. 이 과정에서 비공식적인 시장의 역할이 중요해졌다. 이전에도 농민들이 각자 텃밭에서 생산한 물품을 교환하는 '농민시장'이 존재했다. 그러나 경제위기 이후의 시장은 합법적으로 인정되는 범위를 넘어서 공산품, 수입 물품 등을 사고파는 곳으로 역할이 점차 확대되었다. 주민들이 소속 기업소, 협동농장, 군대 등 공식 기관의 재산을 탈취, 전유하여 시장에서 거래하는 경우도 빈번했다. 기업 역시도 부족한 자금, 자재 확보를 위해 시장을 적극 활용하기 시작했다. 계획경제 하에서 시장에 의한 자원분배 비중이 확대되는 것을 '시장화'라고 한다. 북한의 시장화는 국가 정책에 의한 것이 아닌 개별경제주체들의 생존 추구로

9) 김두섭 외,『북한 인구와 인구센서스』, 통계청, 2011; 박경숙, "북한의 식량난 및 기근과 인구변동",『통일정책연구』, 제21권 1호, 2012.

부터 시장의 범위와 기능이 확대되었다는 점이 특징이며 '아래로부터의 시장화' (marketization from below)로 규정된다.

Ⅳ. 북한경제의 이중구조

1990년대 경제위기 이후 북한의 계획경제 시스템이 상당 부분 마비되기는 했으나 그 기능을 완전히 잃어버린 것은 아니었다. 재화의 생산은 여전히 대부분 국영기업에 의해 이루어지고 있으며 그 과정에서 중앙계획의 역할이 중요하다. 특히 대규모 설비가 필요한 중화학공업이나 광업 등은 민간의 진입이 거의 불가능하고 중앙계획에 의해 철저히 관리된다.

반면 주민 생활 측면에서는 시장에 대한 의존도가 매우 높다. 최근 북한이탈주민을 대상으로 한 설문조사 자료에 따르면 북한 주민들의 소득과 소비는 대부분 시장에서 유래한다. 아래 [표 4-1]을 보면 2010년대 탈북한 북한이탈주민 10명 중 약 8명은 북한거주 당시 비공식적인 부업활동에서 소득이 있었다고 응답했다. 반면 공식적인 직장에 출근하여 월급을 받았다고 응답한 경우는 절반을 밑돌았다. 소득의 규모 면에서도 비공식 소득이 공식소득을 압도했다. 비공식 부업활동에서의 월 소득은 중간값 기준 북한 돈 50만원으로 공식 소득(2천원)에 비해 250배나 높게 나타났다. 최근 공개된 통일부의 북한 경제·사회 실태 인식 보고서도 유사한 결과를 보여준다. 가계소득의 주된 출처를 묻는 설문에서, 2000년 이전에 탈북한 그룹은 절반 정도가 공식 소득이라고 응답했으나 이 비율은 최근인 2016-20년 탈북한 그룹에서는 1/4 미만으로 축소되었다.[10]

▌[표 4-1] 북한 주민의 부문별(공식/비공식) 개인 현금소득(월) 구성

	유소득 비율(%)	평균소득(천 원)	중위소득(천 원)
공식 부문	42.3	81	2
비공식 부문	76.9	1,707	500
차이(배율)	34.6%p	21.1배	250배

주: 이 표는 2013-20년 중 탈북한 북한이탈주민조사 자료에 기반하여 작성됨.
자료: 김유연 외, 『북한사회변동 2012~2020』, 2022, p. 96.

---

10) 통일부, 『북한 경제·사회 실태 인식보고서』, 2023, p. 56.

▌[표 4-2] 식량과 생필품의 배급 경험

(단위: %)

	식량 배급 경험		생필품 배급 경험			
	경험 있음	경험 없음	정기적 배급	비정기적 배급	특별한 날에만	경험 없음
전체 (n=6350)	34.1	64.3	4.3	4.7	17.1	71.6
2011년 이전(n=3333)	35.2	62.9	3.3	4.5	17.7	72.0
2012년 이후(n=3017)	32.9	65.9	5.4	4.9	16.5	71.1

자료: 통일부, 『북한 경제·사회 실태 인식보고서』, 2023, pp. 161, 165.

　생필품의 공급도 국가에서 배급받거나 국영상점에서 구입하기보다는 일반 장마당에서 시장가격으로 구입하는 경우가 대부분이었다. 통일부 조사에서 전체 응답자의 1/3 정도만 식량을 배급받은 경험이 있다고 응답하였으며, 생필품을 배급받은 경험이 있다는 응답은 1/4에 불과했다. 의복의 경우 국영상점에서 국정가격으로 구입하였다는 응답이 1% 미만에 불과하여 의생활을 대부분 시장거래에 의존하는 것으로 나타났다.[11]

　시장을 기반으로 하는 경제활동은 합법과 비합법의 경계를 오가는 경우가 많다. 예를 들어 합법적인 상업 공간인 종합시장 내에서 장사를 하는 상인들 중 당국의 허가를 받아 상점을 운영하는 경우도 있지만 허가 없이 매대에 물건을 펼쳐놓고 판매할 수도 있다. 종합시장 바깥에서 옮겨 다니며 장사를 하는 상인들도 있는데 대부분 무허가이다. 이렇게 비합법/반합법적인 시장 활동이 많아지면서 이에 따른 뇌물도 증가하고 있다. 북한 사회에서는 "모든 일이 뇌물로 돌아간다"라고 할 만큼 뇌물이 보편화되어 있다. 비공식 경제활동에 대한 단속이나 처벌을 회피하기 위한 일에서부터, 사업을 따내는 일, 직장에서의 배치나 승진, 진학, 병원 진료 등 공적 권한이 필요한 대부분의 일에서 크고 작은 뇌물이 오간다. 중간 관료(간부)들과 공공서비스 종사자들에게 생활에 충분한 월급이나 배급이 지급되지 않는 상황에서 뇌물은 이들의 생계 기반이 되고 있다.

　공식 경제와 비공식 경제의 상호작용은 기업의 생산활동에서도 찾아볼 수 있

---

11) 통일부, 『북한 경제·사회 실태 인식보고서』, 2023, p. 166.

다. 기업들은 국가 공급이 부족한 원부자재를 시장에서 구입하여 생산 계획을 달성하기도 하고 초과생산물이 있는 경우 시장가격으로 판매하여 운영 자금으로 사용한다. 기업소의 노동자들 중에서는 별도로 개인사업을 하고 소속 기업에는 일정 금액을 납부하여 출근 의무를 면제받는 사람들도 있다. 이들은 '8.3노동자'(입금조)로 불리며 기업의 자금 조달에 기여하고 있다.

요약하자면 1990년대 후반 이후 시장이 확산되고 사경제 부문이 성장하면서 기존의 중앙계획을 기반으로 한 국영경제와 사경제가 공존하는 이중적 구조가 형성되었다. 주민의 소득창출과 소비 측면에서는 시장을 기반으로 한 비공식 경제의 비중이 매우 크지만 생산측면, 특히 대규모 시설을 바탕으로 한 제조업 생산에서는 국영 부문의 역할이 여전히 압도적이다. 다만 주민들의 비공식 경제활동이 운수, 유통, 금융 등 서비스 부문을 중심으로 널리 확산되어 국영경제의 생산활동에도 영향을 미치고 있으며, 뇌물 등을 통해 국가 기관의 운영에 있어서도 시장이 중요한 역할을 하게 되었다.

V. 북한의 경제개혁

사회주의 계획경제가 운영과정에서 여러 가지 한계를 드러내면서 구 사회주의 국가들은 대부분 시장경제적인 요소를 체제 내에 도입하는 개혁을 실시하였다. 북한도 이와 마찬가지로 몇 차례의 경제 개혁을 통해 중앙집권화되어 있던 경제적 의사결정을 분권화하고 시장메커니즘을 일부 수용하였다. 여기에서는 2000년대 이후 북한당국이 실시한 주요 경제개혁조치인 '7.1조치'와 '우리식경제관리방법'을 중심으로 소개하고자 한다.

먼저 7.1조치는 김정일 집권시기인 2002년 7월 1일 발표된 전반적인 경제 관리에 대한 개혁 정책으로 공식명칭은 '7.1 경제관리개선조치'이다. 이 시기 북한경제는 시장과 무역 확대를 축으로 '고난의 행군' 이후의 완만한 회복세를 보이고 있었다. 정부의 계획을 통한 원부자재 공급, 생필품 공급이 사실상 어려워진 상황에서 북한의 기업과 주민들은 시장에서의 거래를 통해 버텨나가고 있었으며, 사회주의 국가 내의 무역 대신 인접국가인 한국, 중국, 일본과의 교역이 크게 확대되면서 외부 물자 공급이 경제에 숨통을 틔워주었다. 중앙계획이 본연의 역할을 제대로 수행하지 못하게 되면서 자연스럽게 경제 전반에서 개별주체의 자율성이 확대되고 정부의 역할은 축소되었다. 기업의 경우 다시 지배인(경영자)이 역할이 강화되면서 중앙의 영향력이 약화되었고, 생산 목표에서도 물량을 기준으로 설정된 지표 대신 그에 상응하는 가격을 달성하면 인정해주는 경향이 만연해졌다.

7.1조치는 이렇게 아래에서부터 자생적으로 나타나고 있었던 시장경제적 요소를 사후적으로 승인한 것으로 경제적 의사결정을 분권화하고 시장메커니즘을 일부 수용하는 방향성을 보였다. 공장과 기업소의 경영 자율성을 확대하고 개인에 의한 상업 및 서비스 소규모 사업체 운영을 사실상 허용하였으며, 국정 가격을 시장가격 수준으로 조정하는 등의 조치가 이루어졌다. 대외경제에 있어서도 신설 무역회사가 사업계획을 제시하면 국가의 심사에 의해 무역허가권을 획득하여 대외무역에 종사할 수 있도록 분권화되었다.[12] 그러나 이는 경제체제 전환의 초기단계까지 나아가지는 못하였고 사회주의 체제 내의 경제개혁에 머무른 것으로 평가된다.

다음으로 우리식경제관리방법은 2014년을 전후하여 실시된 김정은 시기의 경제개혁을 일컫는다. 김정일 집권 말기 화폐개혁 등 반시장적 정책을 펼쳤던 것과 달리 김정은은 정권 초기부터 시장을 배척하기보다는 활용하는 방향으로 선회하였다. 김정일 사망 직후인 2011년 12월부터 김정은은 경제관리방법의 개선에 대한 연구를 지시한 것으로 알려져 있으며, 몇 차례의 시범 실시 단계를 거쳐 2014년 5월 30일 공식적으로 우리식경제관리방법을 발표하였다. 산업과 기업관리 분야에서는 '사회주의기업책임관리제'가 실시되어 기업의 자율성이 생산량 및 가격의 결정에 이르기까지 더욱 확대되었다. 농업에서도 '포전담당제'가 공포되면서 협동농장의 분조당 인원을 3-5 가구 단위로 축소하고 잉여생산물에 대한 처분권을 부여하는 인센티브 개혁이 이루어졌다.[13] 우리식경제관리방법은 자본주의 시장경제적 요소의 제도화 수준이나 분권화 정도에서 7.1조치에 비해 진일보한 것으로 평가되지만 역시 체제이행 수준까지는 미치지 못한 것으로 보인다.[14]

---

12) 양문수, 『북한경제의 시장화: 양태, 성격, 메커니즘, 함의』, 한울, 2010; 양문수·임송, "북한의 경제체제에 관한 연구: 실태와 평가", 『경제분석』 제28권 3호, 2021, pp. 53-106.

13) 양문수, "김정은 시대 시장의 제도화와 국영경제의 변화", 이석 편, 『북한경제의 변화와 남북한 경제통합 분석』, 한국개발연구원, 2017; 이석기 외, 『김정은 시대 북한 경제개혁 연구』, 산업연구원, 2018.

14) 시장 메커니즘을 부분적으로 수용하는 것을 넘어 노동제도의 개혁과 실질적인 소규모 사유화가 진행되는 경우 체제이행 초기에 진입한 것으로 볼 수 있다. 예컨대 집단농장을 가족농으로 전환하여

▌[표 4-3] 7.1조치와 우리식경제관리방법의 비교

	7.1조치	우리식경제관리방법
시장의 지위	− 시장을 합법화 − 다만 시장은 계획경제 밖의 존재로서 인정	− 시장을 합법화 − 특히 시장을 계획경제 체계 내에 편입시킴
시장의 제도화 수준	− 낮음 − 법률에 의해 뒷받침되지 않음 − 최고지도자의 공개적 언급 없음	− 중간 정도 − 법률에 의해 뒷받침 − 최고지도자의 공개적 언급 빈번
시행 및 지속 기간	2−3년	7−8년 이상
기업에 대한 명령성 지표 감축	소폭	대폭
기업, 농장, 무역회사의 자율성 확대	소폭	대폭
개혁의 범위	기업, 농업, 무역, 가격, 재정 등	기업, 농업, 무역, 가격, 재정 + 계획시스템, 금융

자료: 임사라·양문수, "김정일 시대와 김정은 시대의 경제개혁 조치 비교 연구", 『현대북한연구』 제25권 1호, 2022, p. 79.

제3절 북한의 경제성장

Ⅰ. 북한의 장기 경제성장 추이

아래 [그림 4-1]은 1956년에서 2022년까지 북한의 장기 경제성장률 추이를 보여준다. 시기별로 살펴보면 우선 1956−60년 중 연평균 10%가 넘는 경제성장을 달성한 것으로 추정된다. 전후 시기 소련의 원조 등으로 물적자본의 투입이 빠르게 증가하였고, 천리마 운동과 같은 대규모 대중 동원으로 노동 투입 또한 단기간에 늘어난 것이 이 시기의 고성장을 견인한 것으로 보인다. 1960년대 이후로는 더 이상 자본 및 노동 투입을 빠르게 증가시키기 어려워지면서 높은 성장세를 이어가지

생산물 중 일정량의 할당량을 제외하고 임의로 처분할 수 있는 권리를 농가에 부여하는 한편, 소규모 개인사업을 허가제에서 신고제로 전환하고 소규모 투자의 자유와 생산물을 사적으로 처분할 권리를 인정하는 등의 제도 변화가 필요하다. 자세한 내용은 이장로 외, 『남북한 경제통합: 전략과 정책』, 2014, pp. 56−59; 김석진, "최근 북한연구의 현황과 과제", 『통일과 평화』 제11집 1호, 2019, pp. 56−58 등을 참조하도록 한다.

못하였다. 1960년대의 연평균 성장률은 4.1%로 크게 하락하였고, 1970년대와 80년대에는 2%대의 성장률을 보인 것으로 추정된다. 1990년대 들어서는 구 사회주의권의 붕괴와 연이은 자연재해 등으로 경제위기를 겪으며 1990-98년 중 연평균 경제성장률이 -4.2%에 달하는 큰 폭의 역성장을 경험하였다. 1999년에서 대북제재 강화 이전인 2016년까지는 연평균 성장률이 1.4%로 완만한 회복세를 보였다. 2017-22년에는 대북제재 강화와 코로나19의 여파로 연평균 -2.0% 역성장하였다. 정리하면 북한은 1950년대 후반 반짝 고속 성장한 이후 장기적인 침체에 빠진 것이다.

이렇게 1960년대 이후 북한의 경제성장률이 급격히 하락하면서 남한과의 소득 수준도 역전되기에 이르렀다. 사실 일제강점기 주요 공업시설이 한반도 북쪽에 밀집되어 있었기 때문에 북한은 남한에 비해 경제발전에 더욱 유리한 초기조건을 가지고 있었다. 또한 1950년대 중후반 북한이 매우 높은 성장률을 기록하며 1인당 소득 수준에서 남한을 앞서갔다. 남북한 간의 소득수준이 역전된 시기는 1960년대

▌[그림 4-1] 북한의 장기 경제성장률 추이: 1956-2022

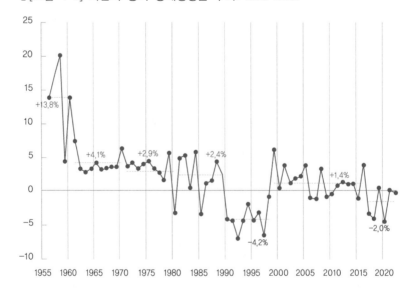

자료: 1955-1989년은 조태형·김민정, "북한의 장기 경제성장률 및 국민소득 추정: 1956-1989년", 『경제학연구』 제69권 1호, 2021; 1990-2022년은 한국은행 경제통계시스템 <http://ecos.bok.or.kr> (검색일: 2024.3.22.).

후반 무렵으로 추정된다. 아래의 [그림 4-2]에서는 1955년 남북한의 1인당 실질 GDP가 동일하다는 가정에 기반하여 1969년부터 남한의 평균 소득 수준이 북한을 앞지른 것으로 추정하였다. 다만 전쟁 직후에도 북한이 남한에 비해 경제 여건이 양호하였을 가능성을 고려하면 소득 역전 시기를 1970년대 초반 정도로 볼 여지도 있다.[15] 이후에도 북한이 저성장의 늪에서 빠져나오지 못하면서 2022년 현재는 남한의 1인당 실질GDP가 북한의 약 20배에 달할 정도로 격차가 크게 벌어져 있다.

▌[그림 4-2] 남북한의 소득수준 비교: 1955-2022

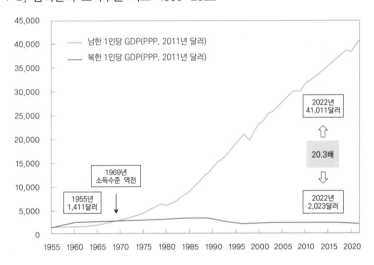

주 : 1955년 남북한의 1인당 GDP가 동일한 수준이었다는 가정하에 이후의 북한 GDP는 경제성장률 및
　　 인구증가율 추정치를 적용하여 계산함.
자료: 남한의 1955-2018년은 Maddison Project Database 2020 <https://www.rug.nl/ggdc/historical
　　 development/maddison/releases/maddison-project-database-2020?lang=en>(검색일: 2024.3.22.);
　　 북한의 1955-1989년은 조태형ㆍ김민정, 2021; 북한의 1990-2022년 및 남한의 2019-2002년은 한
　　 국은행 경제통계시스템 <http://ecos.bok.or.kr>(검색일: 2024.3.22.).

---

15) 북한경제에 대한 진지한 연구가 이루어지기 이전에는 1970년대 중반까지도 북한이 남한보다 잘 살
　　 았던 것으로 알려져 있었다. 그러나 북한의 장기적인 경제 성장에 대한 연구 결과들이 축적되면서
　　 소득 역전 시기를 대략 1960년대 후반에서 1970년대 초반 무렵으로 보는 시각이 대체적인 컨센서
　　 스를 이루고 있다. 자세한 내용은 Kim, Kim and Lee, "Assessing the economic performance of
　　 North Korea, 1954-1989: Estimates and growth accounting analysis", *Journal of Comparative
　　 Economics*, vol. 35, Issue 3, 2007, pp. 564-582; 조태형ㆍ김민정, "북한의 장기 경제성장률 및 국
　　 민소득 추정: 1956-1989년", 2021 참조.

　　대안적 자료를 사용한 경우에도 비슷한 추세가 나타난다. 신뢰할만한 거시경제 지표를 얻기 어려운 경우 평균 신장은 해당 사회의 경제적인 발전 정도 또는 주민들의 평균적인 생활 수준을 보여주는 대리 지표로 활용되곤 한다.16) 한국에 입국한 북한이탈주민의 출생시기별 평균 신장을 일반 남한 주민과 비교해보면 1960년대에 출생한 코호트부터 남북한 주민 간 평균 신장 격차가 확대되는 추세가 나타나는 것을 볼 수 있다.17) 일반 남한 주민 내에서는 최근 출생 코호트일수록 평균 신장이 큰 추세가 명확하게 나타나는 반면, 북한이탈주민의 경우 1960년대에서 1980년대에 출생한 집단 간에 평균 신장이 큰 차이 없이 유지되고 있기 때문이다. 이는 해당 기간 중 북한의 경제적 발전, 소득 수준의 성장이 정체되어 있었음을 다시 한번 확인시켜주는 자료이다.

▍[그림 4-3] 북한이탈주민과 일반 남한주민의 출생시기별 평균 신장 비교

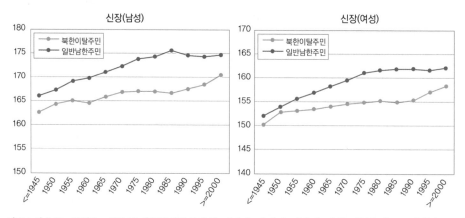

자료: 정승호·위혜승·이종민, "북한이탈주민의 건강과 경제적 적응에 대한 연구", 『BOK경제연구』 제 2023-19호, 2023.

---

16) Richard Steckel, "Stature and the standard of living", *Journal of Economic Literature*, vol. 33 no. 4, 1995, pp. 1903-1940; Richard Steckel, "Biological measures of the standard of living", *Journal of Economic Perspectives*, vol. 22, no. 1, 2008, pp. 129-152; Kim and Park, "Measuring living standards from the lowest: Height of the male Hangryu deceased in colonial Korea", *Explorations in Economic History*, vol. 48, Issue 4, 2011, pp. 590-599.

17) Pak et al., "Height and living standards in North Korea, 1930s-1980s", *The Economic History Review*; 정승호·위혜승·이종민, "북한이탈주민의 건강과 경제적 적응에 대한 연구", 『BOK경제연구』 제2023-19호, 2023.

Ⅱ. 북한 경제성장의 기여요인별 분해

경제적으로 가치가 있는 재화나 서비스를 생산하기 위해서는 토지, 생산 설비 등 자본이 필요하며 여기에 사람의 수고, 즉 노동이 결합되어야 한다. 이런 이유로 경제학에서는 자본과 노동을 생산요소라고 한다. 또한 같은 양의 자본과 노동이 투입되었다 하더라도 작업 방식 등에 따라서 생산물의 양이 달라질 수 있다. 이것을 국가 전체에 적용하면 일국의 경제 내에서 생산되는 재화와 서비스는 아래와 같이 자본과 노동의 투입량, 그리고 생산성의 함수로 나타낼 수 있다.

$$Y = A \times F(K, L),$$ A: 생산성, K: 자본 투입량, L: 노동 투입량

이는 경제성장 역시 자본투입량의 증가, 노동 투입량의 증가, 생산성의 증가로 이루어진다는 것을 의미한다. 경제성장률을 이러한 각 요인의 기여도로 분해하는 방법을 성장회계(growth accounting)라 한다. 서울대 표학길 교수, 한국은행 경제연구원의 조태형, 김민정 박사는 북한의 자본 스톡(자본 투입량)에 대한 장기 시계열을 구축하는 작업을 통해 1950년대부터 2010년대까지 북한의 경제성장률을 기여요인별로 분해하였으며, 아래 [표 4-4]와 같이 결과를 제시하였다.

▌[표 4-4] 북한 경제성장률의 기여요인별 분해결과

(단위: %, %p)

	경제성장률 (%)	자본투입기여도(%p)	노동투입 기여도(%p)	총요소생산성 증가율(%)
1956-69년	7.0	2.6	3.4	1.1
1970-89년	2.8	1.7	1.9	-0.8
1990-99년	-3.3	0.9	-0.9	-3.3
2000-09년	1.3	0.6	1.0	-0.4
2010-18년	-0.2	0.8	0.7	-1.7

자료: 표학길·조태형·김민정, 『북한 자본스톡 추정 및 시사점』, 2020, p. 38.

　　1950년대에서 1960년대 사이 북한은 연평균 7.0% 성장하였는데, 이 중 노동투입이 2.6%p, 자본투입이 3.4%p를 기여하였고 생산성 증가는 연평균 1.1%에 불과했다. 1970년대에서 1980년대 사이에도 요소투입 증가에 따른 경제성장이 이어졌다. 이 시기 노동투입과 자본투입의 성장 기여도는 각각 1.7%p, 1.9%p를 기록하였는데, 생산성은 오히려 연평균 0.8% 하락하여 경제성장을 저해했다. 1990년대 이후로는 이전과 같은 요소투입 증가를 기대하기 어렵게 되면서 성장률이 더욱 하락하였다. 노동과 자본투입의 기여도가 연평균 1%p 이하로 떨어진 가운데 생산성 증가율이 지속적으로 마이너스를 보이면서 경제성장률은 시기별로 −3.3%~1.3%에 불과하였던 것으로 추정되었다.

　　이를 정리해보면 북한이 장기적인 저성장의 늪에 빠진 것은 짧았던 고성장시기 이후 사회주의 경제체제가 가지고 있는 한계점이 드러나고 여기에 북한경제 고유의 모순점이 더해지면서 경제적 비효율성이 심화되었기 때문으로 볼 수 있다. 1980년대까지는 이러한 비효율성에도 불구하고 자본과 노동의 투입량 증가를 통해 어느 정도 성장할 수 있었으나 이러한 외연적 성장이 한계에 봉착한 1990년대부터는 역성장하거나 매우 느린 성장세를 보이게 된 것이다.

Ⅲ. 김정은 시기의 경제성장

　　2010년대 들어 북한경제는 대외경제 여건의 개선에 힘입어 전반적으로 개선되었다. 특히 지하자원, 의류제품 등을 중심으로 대중 수출이 급증하였는데 중국의 철강생산 및 건설수요 급증과 임금상승으로 인한 경공업 수익성 악화가 주요하였다. 중국, 러시아 등에 파견한 노동자로부터 벌어들이는 수입도 증가하였으며 이에 따라 정권 차원의 외화수급 사정과 재정 여건도 매우 양호했을 것으로 추정된다. 다만 이렇게 유입된 외화가 대규모 토목 건설 등 선전성 사업으로 낭비되면서 장기적인 경제성장의 토대를 마련하는데 사용되지 못하였다는 것이 아쉬운 점이다.

　　또한 김정은 집권 이후 시장에서의 경제활동에 대한 통제가 약화되어 시장에서 거래가 활발해지고, 특히 무역 확대를 통해 유입된 수입품도 시장에 풀리면서 주민들의 생활 여건 개선에 기여하였다. 국영기업의 생산활동도 시장화의 진전, 개별 주체의 자율권 확대와 수입 중간재 및 자본재 유입 등을 바탕으로 활기를 띠었다.

대북제재가 강화되기 이전인 2012-16년 중 북한의 경제성장률은 한국은행 자료 기준 연평균 1.2%로 추정된다. 그러나 한국은행의 경제성장률 추정치는 주로 공식 부문의 생산활동에 대한 관측값을 바탕으로 하기 때문에 이 기간 중 비공식 부문의 성장세를 충분히 반영하기 어렵다는 한계가 있다. 즉, 이 시기 북한의 경제성장률은 1.2%보다는 약간 더 높았을 수 있으며, 이는 김정은 집권 이후 5년간 꽤 양호한 성장 실적을 기록했을 가능성을 의미한다.

김정은 집권 5년차인 2016년 5월 제7차 당대회에서 발표된 '국가경제발전 5개년 전략'(2016-20년)에서는 대외경제관계의 확대 발전과 '우리식경제관리방법'의 전면적 확립, 그리고 '사회주의기업책임관리제'의 바른 실시가 역설되었다. 이는 김정은 시기 경제성장에 기여한 두 축인 무역 확대와 시장화를 계속 밀고 가겠다는 의지를 짐작케 하며 양호했던 경제 성과에 근거한 자신감이 엿보이는 대목이다. 아울러 무역, 투자 등 대외경제 부문에서 중국에 대한 과도한 의존성을 탈피하겠다는 방향성이 제시된 것으로 전해진다. 즉, 전반적으로 개혁적이면서도 야심찬 정책 기조와 비전이 제시되었음을 알 수 있다.

〈참고〉 북한의 경제성장 지표 관련 최근 논의

북한경제 연구자들 사이에서는 2000년대 중반 이후 북한의 경제성장률 추정치에 대한 다양한 논의들이 있어 왔다. 가장 주된 쟁점은 한국은행의 경제성장률 추정치가 이 기간 중 북한경제의 회복세를 다소 저평가하고 있을 가능성에 대한 것이다. 북한 경제성장률의 저평가 요인으로는 주로 비공식 시장을 기반으로 한 부문(서비스업 등)의 성장세 반영이 미흡한 점과 대중 광물 수출의 확대에도 불구하고 낮게 추정된 광업 부문의 성장률 등이 꼽힌다. 그러나 이러한 요인들을 보정하더라도 북한이 1990년대 이전의 소득 수준을 회복하지 못했을 것이라는 점에는 대부분의 북한경제 연구자들이 동의하고 있으며 해당 시기 연평균 5% 이상의 고성장을 달성했을 것이라는 일각의 주장은 전혀 지지받지 못하고 있다. 예컨대 김석진(2019)은 2000년대 중반에서 2015년 사이 북한의 경제성장률이 한국은행 추정치 대비 연평균 2%p 정도 높았을 가능성을 제기하였으며, 김병연(2019)은 2012-15년 중 연평균 성장률이 1.8%로 한국은행 추정치 대비 1.2%p 정도 높은 것으로 추정하였다.[18]

아래 그림은 1990년 이후 북한의 실질GDP 추이를 1989년을 기준연도(=100)로 환산한 것이

---

18) 김석진, "최근 북한경제 연구의 현황과 과제", 『통일과평화』 제11집 1호, 2019, pp. 40-43; 김병연, "김정은 체제의 북한경제", 윤영관 편저, 『북한의 오늘 Ⅱ』, 늘품플러스, 2019, pp. 90-97.

다. 파란색 선은 총 GDP를, 검은색 선은 1인당 GDP를 나타내며 한국은행 추정치를 그대로 적용한 값(실선)과 2005-16년 중 한국은행 추정치 대비 매년 +2%p 더 성장하였다고 가정한 경우(점선)의 추세를 비교한 것이다. 단, 이는 엄밀한 근거에 기반한 것이 아닌 비교를 위해 매우 단순한 계산을 적용한 결과라는 것에 유의하여 받아들일 필요가 있다.

한국은행 경제성장률 추정치를 그대로 수용하면 2016년 북한의 실질GDP는 1989년 대비 대략 80% 수준까지, 1인당 GDP는 70% 수준까지 회복된 것으로 추정된다. 2000년대 이후 성장률이 한국은행 추정치보다 매년 2%p 높았다고 가정하면 2016년 GDP는 1989년 대비 110%를 달성하며 1인당 GDP는 90%에 가까운 수준까지 회복된 것으로 계산된다. 즉, 한국은행 추정치의 과소평가 가능성을 고려하여 성장률을 상향 조정하더라도 북한의 1인당 소득은 1990년대 경제위기 이전 수준을 아직 회복하지 못한 것으로 볼 수 있다.

▌[그림 4-4] 북한의 실질 GDP 및 1인당 실질 GDP 추이: 1990-2022

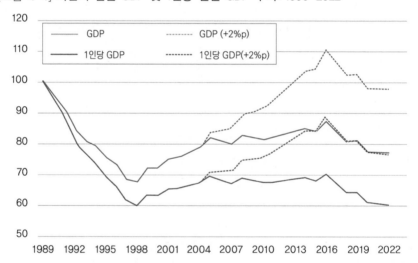

자료: 한국은행 경제통계시스템 <http://ecos.bok.or.kr>(검색일: 2024.3.22.) 및 UN World Population Prospect 2022 <https://population.un.org/wpp/>(검색일: 2024.2.15.) 자료를 바탕으로 저자 계산.

Ⅳ. 대북제재와 코로나19의 영향

2000년대 이후 완만한 회복세를 지속해오던 북한경제는 핵개발 가속화에 대한 대응으로 UN의 대북제재가 강화되면서 2017년부터 하락세로 전환하였다.

▌[표 4–5] 2016년 이후 UN 안전보장이사회의 대북제재 결의 도입 현황

UN안보리 결의	배경 (채택일)	무역 관련 조치	파견 노동 관련 조치
2270호	4차 핵실험 (2016.3.7)	• 석탄, 철(광석), 금, 희토류 수입 금지 (민생용 제외)	
2321호	5차 핵실험 (2016.11.30)	• 석탄 수입 상한선 설정 (4억불, 750만 톤 중 적은 쪽) • 은, 동, 니켈 수입 금지	• WMD 개발과 관련된 해외 노동자 파견에 대하여 우려 표명
2371호	화성–14형 발사 (2017.8.5)	• 석탄, 철(광석), 납(광석), 수산물 수입 금지	• 해외 파견노동자 규모를 현재수준으로 동결
2375호	6차 핵실험 (2017.9.12)	• 섬유 제품 수입 금지 • 원유 수출량 동결, 정유 제품 수출량 상한선 (200만 배럴) 설정	• 해외 파견노동자 신규 노동허가 발급 금지
2397호	화성–15형 발사 (2017.12.23)	• 수입 금지: 식용품, 농산물, 기계류, 전자기기, 목재류, 선박 • 정유제품 상한 축소(200만→50만 배럴) • 수출 금지: 산업용 기계, 운송 차량, 철강 제품 등	• 기존 해외 파견노동자 24개월 이내 송환

자료: 대한민국 외교부, "유엔 안보리 대북한 제재 결의 2270호 채택(16–131호)", 2016.3.3.; "유엔 안보리 대북제재 결의 2321호 채택(16–859호)", 2016.11.30.; "유엔 안보리 대북제재 결의 2371호 채택(17–442호)", 2017.8.6.; "유엔 안보리 대북제재 결의 2375호 채택(17–537호)", 2017.9.12.; "유엔 안보리 대북제재 결의 2397호 채택(17–882)", 2017.12.23., <https://www.mofa.go.kr>(검색일: 2024.4.21.)

사실 UN 차원의 대북제재는 이전에도 있었다. 2006년 10월 14일 북한의 1차 핵실험에 따라 소집된 UN 안전보장이사회에서 대북제재 결의안이 처음 가결된 (UN안보리 결의 제1718호) 이래 2016년 이전까지 4차례에 걸쳐 대북제재가 발효되었다. 그러나 이 시기의 제재는 북한경제에 직접적인 영향은 없었던 것으로 평가된다. 2016년부터 발효된 제재가 이전과 달리 북한경제에 큰 타격을 주기 시작한 이유는 제재의 목표와 범위가 달라졌기 때문이었다. 2016년 이전까지의 제재는 대량살상무기(WMD) 개발과 관련된 개인, 기관에 대한 제재 및 전용 가능성이 있는 기술과 물자의 제공 금지를 주요 내용으로 한다. 즉, 제재의 목표가 대량살상무기 개발을 직접적으로 제약하는데 있었기 때문에 이와 관련된 구체적 대상을 지목하여 금지하는 방식으로 이루어졌다. 반면 2016년부터는 [표 4–5]에서 볼 수 있듯이

제재의 내용이 북한의 주요 수출품에 대한 금수조치, 해외 파견 노동자에 대한 제한 등으로 변화하였다. 이는 북한에 유입되는 외화 수급루트를 차단하여 자금줄을 말리고 북한 정권에 경제적 고통을 주어 핵개발을 포기하게 만드는 것으로 제재의 전략이 바뀌었음을 의미한다.

미국의 2차제재(secondary boycott) 또한 대북제재의 충격을 강화하는데 일조하였다. 2차제재란 주 제재 대상과 거래하는 제3국의 개인, 기관에 대해 미국이 부과하는 제재를 의미한다. UN은 대북제재 결의 이행을 회원국의 의무사항으로 규정하고 있지만 이를 불이행한 경우 강제할 수단은 없다. 실제로 2019년 UN안전보장이사회 전문가 패널 보고서에 따르면 56개 회원국이 대북제재 위반에 연루된 것으로 지목되었으나, 이를 명시하여 거론하는 것 이외에 UN 차원에서 별도의 불이익을 줄 수는 없었다.[19] 이런 상황에서 미국의 2차제재는 대북제재에 강제력을 제공하는 장치로 기능했다. 미국은 2016년 대북제재강화법을 제정하여 대북제재 위반에 연루된 개인, 기업, 또는 금융기관에 대해 미국 내 자산 동결 및 몰수, 금융시스템 퇴출 등과 함께 민형사상 사법조치까지 가능한 강력한 장치를 마련하였다. 즉, 달러 표시 자산을 가지고 있거나 국제금융시스템을 활용해야 하는 기업 또는 기관은 대북제재 위반이 적발될 경우 정상적인 사업 지속이 어려울 정도의 타격을 받을 수 있게 된 것이다.

이에 대북제재 이후 북한경제는 큰 폭의 역성장을 경험하게 된다. 2017년과 2018년 경제성장률이 -3.9%, -4.1%를 기록하여 고난의 행군 시기 이후 최악의 성장 실적을 나타냈다. 산업 부문별로 살펴보면 광업과 중화학공업이 2년 연속 10%가 넘는 역성장을 기록하여 가장 큰 타격을 입었다. 광업의 경우 석탄, 철광석 등 북한의 주요 수출 광물에 대한 금수조치가 직접적 영향을 미쳤으며 중화학공업의 경우 기계 장비, 화물차량 등 자본재에 대한 수입이 금지되면서 설비 노후화가 심화되었기 때문으로 해석된다.

---

19) UN Security Council Resolution, S/2019/171.

▌[그림 4-5] 부문별 실질GDP 추이

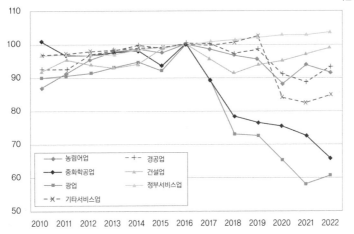

(단위: 2016=100)

자료: 조태형 외, "최근 5년의 북한경제(2017–2022) 및 향후 전망", 2022, p. 4의 그림을 2022년까지 연장.

2020년대에는 지속된 대북제재의 영향에 코로나19 국제적 확산 여파까지 더해지며 다시 한 번 큰 폭으로 역성장하였다. 북한 당국은 코로나19의 국내 유입을 막기 위해 초기부터 외국과의 인적교류를 전면 차단하는 방식의 강력한 방역조치를 시행하였다. 이에 다른 국가들에 비해 대규모 확산시기를 늦추는 데에는 성공했지만 경제적 충격은 피하지 못했다. 2020년 북한의 경제성장률은 -4.5%로 추정되었고, 특히 민생 분야와 연관성이 큰 경공업과 기타 서비스업 부문의 성장률이 크게 하락하였다. 경공업 생산의 악화는 국경 통행 차단 이후 의류 등 경공업 생산에 필요한 원부자재 및 중간재 수입이 미미한 수준으로 감소했기 때문이었다. 기타 서비스업은 음식업, 숙박업, 도소매, 유통업 등인데 지역 간 이동 통제, 대면 활동에 대한 제한 조치 등의 영향으로 크게 부진하였다.

대북제재와 코로나19에 따라 경제성장의 여건이 악화되면서 김정은의 경제 정책에도 조정이 있었다. 2021년 1월 제8차 당대회에서 발표된 새로운 국가경제발전5개년(2021–2025년) 계획은 경제성장 목표보다는 정비와 보강에 초점을 맞추고 다소 수세적인 정책 방향을 제시했다. 김정은 집권 초기 실시된 시장 친화적이고 분권적인 경제개혁 조치들은 언급이 실종되었다. 오히려 국영 상업망 발전과 "국가의 통일적 지도"에 의한 경제 관리를 강조하는 등 분권화에 역행하는 모습도 보였다. 무역 등 대외경제 부문에 대한 내용도 크게 축소되었다.

▌[표 4-6] 북한 제7차 당대회와 제8차 당대회 경제부문 주요내용 비교

	제7차 당대회	제8차 당대회
경제발전계획	경제발전 5개년 전략(2016–2020)	경제발전 5개년 계획(2021–2025)
기본 방향	야심찬 성장 목표 제시 인민경제의 주체화, 현대화, 정보화, 과학화	경제의 질적 개선에 초점 정비와 보강 자력갱생, 자급자족
중점 산업	전력 → 금속, 석탄, 기계 → 농업, 경공업 순	금속, 화학 → 전력, 석탄, 기계 → 농업, 경공업 순
경제 관리	우리식 경제 관리방법 사회주의 기업 책임관리제	우리 실정에 부합하는 경제 관리방법 기존 개혁조치 언급 無 국영상업망 발전
대외경제	가공품수출, 기술봉사무역 합영합작, 경제개발구 개발	관광사업 대외무역 관련 언급 최소화
기타	과학기술 강조	재정, 금융, 지방경제 강조

자료: 조태형 외, 2022, p. 14.

제4절 북한의 대외무역

Ⅰ. 북한의 무역의존도

북한을 폐쇄경제로 볼 수 있을까? 북한의 경제발전 전략에서 지속적으로 강조되어 온 것이 '자립적 민족경제 건설'의 원칙이었다. 대외 의존성이 높은 경제는 외부의 충격에 취약하고 국제정치적인 입지 약화를 불러와 체제의 생존을 위협할 수 있다고 판단하였기 때문에 북한경제는 기본적으로 국내완결적인 생산 체계를 추구하는 방향으로 설계되었다. 그러나 이것은 현실적으로 어려운 목표였고 북한은 오히려 이른 시기부터 사회주의 진영 내의 무역의 혜택을 누렸다. 사회주의 내의 무역은 시장가격에 비해 낮은 가격을 적용하는 협정가격에 기반하고 있었고, 특히 우호적인 가격설정을 통해 경제 원조적 성격으로 진행되기도 했다. 1970년대에는

서유럽, 일본 등 서방국가와도 교역을 확대하였다. 1990년대 이후에는 경제위기 여파로 기존의 생산사슬이 제대로 작동하지 않게 되었고 현대경제의 구조가 점점 복잡화되면서 무역의존도가 더욱 높아졌다. 북한은 전자제품 등 높은 기술을 요하는 제품 대부분을 수입에 의존하게 되었고 생산에서도 중간투입과 고정자본 투자의 상당 부분이 수입 물자를 기반으로 이루어졌다. 기술 수준이 낮은 북한은 수입품과 유사한 품질의 중간재를 생산하여 대체하기 어렵기 때문에 무역의 중단이 곧 생산 차질로 이어지는 구조가 되었다.

대외무역은 2000년대 이후 시장화의 확산과 함께 북한경제의 회복을 견인하였다. 내부 생산 기반이 취약한 북한은 광물, 수산물 등 큰 기술을 필요로 하지 않는 품목을 수출하고 부족한 공산품을 수입하였다. 남북교역을 합산한 북한의 대외무역 총액을 GDP로 나눈 값은 2000년대 초반 20%대에서 점차 증가하여 2010년대 초중반에는 50% 내외를 나타냈다.[20) 이 지표는 무역의존도를 평가하는 기준으로 널리 활용되는데 2015년 기준 전세계 평균값이 56%로 나타나 이 시기 북한의 무역의존도는 일반적인 자본주의 개방경제 국가들과 유사한 수준으로 볼 수 있다. 즉, 북한경제는 폐쇄경제보다는 개방경제에 가까운 모습이다.

---

20) 여기에서는 UN이 제공하는 GDP 자료를 바탕으로 무역의존도를 산출하였다. UN의 북한 GDP데이터는 북한이 2000년대 중반 자체 산출하여 제출한 통계자료를 바탕으로 이후 시기에 대해서는 한국은행이 추정한 경제성장률을 적용하는 것으로 알려져 있다. 그런데 북한이 UN에 제출한 데이터는 국제 원조를 획득하기 위한 목적 등으로 과소보고되었을 가능성이 있으며, 제3절에서 설명한 것처럼 2000년대 중반 이후 한국은행 경제성장률이 실제보다 다소 낮게 추정되었을 가능성도 배제할 수 없다. 이러한 점을 고려하면 2010년대 북한의 무역의존도는 40-50% 수준이 아닌 30% 내외로 계산될 수 있다. 그러나 이 수치 또한 북한이 개방경제에 해당함을 보여주는 것이며, 대외무역에서도 공식 데이터에 잡히지 않는 개인 단위에서의 밀무역이 상당 규모 존재했을 것으로 추정되기 때문에 북한경제의 대외의존도가 낮지 않음을 주장하기에는 무리가 없다.

▌[그림 4-6] 북한의 대외무역 규모와 무역의존도: 2000-2022

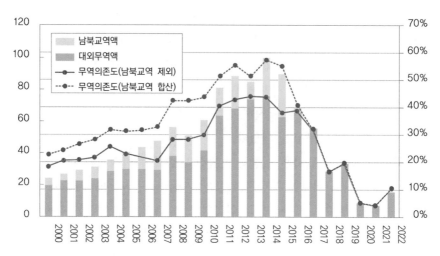

자료: UN Data. "GDP by Type of Expenditure at current prices – US dollars" <https://data.un.org/Data.aspx?d=SNAAMA&f=grID%3A101%3BcurrID%3AUSD%3BpcFlag%3A0>(검색일: 2024.4.22.); KOTRA, 『북한의 대외무역동향』, 각년호; 통일부 주요사업통계, "남북교류협력" <https://www.unikorea.go.kr/unikorea/business/statistics/>(검색일: 2024.4.22.).

〈참고〉 북한의 무역 데이터

북한경제를 파악하는 데 있어 직면하게 되는 가장 큰 난관은 통계자료의 부족이다. 일반적인 국가들과 달리 북한은 대부분의 공식 통계자료를 외부에 공표하지 않고 있다. 1960년대 이전까지의 주요 통계는 「조선민주주의인민공화국 인민경제발전통계집」에서 확인이 가능하지만, 이후 시기에 대해서는 정기적으로 공개되는 자료는 없으며, 필요에 따라 국제기구에 대한 보고자료, 관계자의 국제회의 발표나 외신 인터뷰 등을 통해 간헐적, 산발적으로 공개될 뿐이다.

북한경제 관련 데이터 중 공신력이 있으면서도 지속적으로 접근 가능한 것이 바로 무역데이터이다. 무역은 북한과 거래하는 상대 국가가 있기 때문에 북한에서 자료를 공개하지 않더라도 상대 국가에서 발표한 자료를 취합하여 북한의 무역 현황을 파악할 수 있다. 이러한 무역자료의 특성을 거울통계(mirror statistics)라고 한다. 북한의 무역데이터는 여러 자료원을 통해 접근할 수 있다. 우선 무역 관련 전세계 데이터를 취급하는 국제기구들이 있다. UN이 제공하는 Comtrade 데이터베이스와 IMF가 제공하는 Direction of Trade 자료가 대표적이다. 한국에서는 대한무역투자진흥공사(KOTRA)가 북한 무역자료를 취합, 연 1회 발표한다. 국제기구들이 별다른 확인 절차 없이 보고된 원자료를 거의 그대로 제공하는 반면 KOTRA는 해외 각국에 파견되어 있는 무역관을 통해 데이터를 수집하고, 확인 및 보정 절차를 거쳐 공개하기 때문에 오류의 가능성은 적다. 다만, 무역관이 존재하지 않는 국가에 대해서는 데이터 수집 및 확인이 어려울 수 있으며 UN자료와 달리 세부적인 품목 분류를 제공하지 않는다는 점이 한계이다. 최근에는 북한 무역의 대부분을 차지하는 중국에서 제공하는 자료를 통해 북한의 무역 현황을 보다 빠르게 파악할 수 있다. 중국 해관은 매월 중순경 전월의 무역자료를 집계하여 발표하며, 상대 국가 및 품목별로 세부적인 자료까지 공개하기 때문에 북한경제의 실시간 동향 파악에 중요하게 활용되고 있다.

거울통계로서 북한 무역데이터를 다룰 때에는 몇 가지 유의할 점이 있다. 우선 가격 표시 기준 조정이 필요하다. 국제 기준상 거래 가격은 수출의 경우 본선인도조건(Free on Board, FOB), 즉 화물을 운송수단에 적재하기까지의 비용 기준으로, 수입은 운임보험료 포함 조건(Cost, Insurance, Freight)을 기준으로 기록하도록 되어 있다. 즉 같은 가치의 상품인 경우 수입 가격이 수출 가격보다 높게 기록되는 것이다. 상대국이 보고한 수출(수입)은 북한의 수입(수출)이 되기 때문에 이러한 기준에 맞게 보정되어야 한다. 두 번째 문제는 상대국이 북한과의 무역을 보고하는 과정에서 오류를 범할 가능성이 있다. 가장 유명한 것이 남한과의 거래를 북한과의 거래로 잘못 기록하는 오류이다. 남북한 모두와 장기간 꾸준한 교류가 있었던 동아시아 국가들에서는 이러한 문제가 적겠지만 특히 제3세계 국가들에서는 남한과 북한을 혼동하여 기록할 가능성이 낮지 않다. 이에 북한경제 연구자들은 품목별-국가별 수출입 데이터 원자료를 일정한 기준으로 재가공하여 이러한 오류의 가능성을 줄이고자 노력하였다. 대표적으로 2010년 KDI 연구진에 의해 작업된 자료와 2023년 한국은행 연구진에 의해 작업된 자료를 활용할 수 있다.[21]

Ⅱ. 북한 대외무역의 구조적 특징과 변화

여기에서는 북한 대외무역의 구조적 특징을 상대국가별, 품목별로 살펴본다. 우선 [표 4-7]은 북한 대외무역의 상대국가별 비중을 1960년대부터 2010년대까지 정리한 것이다. 북한은 1990년대 이전까지 무역의 대부분을 사회주의 진영 내 거래에 의존하였다. 1960년대 구소련, 동유럽, 중국이 북한의 수출과 수입에서 차지하는 비중을 합하면 90%를 상회하였고, 이 비중은 이후 점차 감소하였으나 1980년대까지도 70% 이상을 기록하였다. 특히 구소련 국가와의 교역은 같은 기간 수출입 모두 40% 내외로 가장 큰 비중을 차지하였다. 1990년대 들어서는 사회주의권이 붕괴하고 남북 및 북일 관계 개선 분위기가 조성되면서 한국과 일본이 주요 무역 상대국으로 부상하고 사회주의 진영 내의 무역, 특히 구소련 및 동유럽 국가와의 무역 비중이 크게 감소하였다.

---

21) 김민정·김다울, "북한 장기 수출입 데이터 재구축 및 분석 : 1962-2018년", 『BOK경제연구』 2023-9호, 2023; 이석·이재호·김석진·최수영, 『1990~2008년 북한무역통계의 분석과 재구성』, 2010-07, 한국개발연구원, 2010.

2000년대에는 북-일간의 납북자 문제 협상 결렬, 북한의 핵실험 등으로 일본의 대북제재가 시작되면서 일본과의 교역 비중이 크게 감소한 반면, 한국 및 중국과의 교역 비중은 증가하였다. 그러던 중 2010년 천안함 피격사건, 2016년 4차 핵실험 등의 여파로 남북교역 역시 단계적으로 중단되면서, 2010년대 이후에는 중국의 비중이 더욱 증가하였으며, 현재까지도 중국 일변도의 양상이 나타나고 있다. 요컨대, 북한은 국제정치적 상황 변화에 따라 인접한 국가 중 주요 상대국을 바꾸어가며 무역을 영위하였다고 할 수 있다.

▌[표 4-7] 북한 대외무역에서 주요국의 비중 추이(1962-2018)

구분	시기	구소련	동유럽	중국	일본	한국
수출	1962-69년	45.7	10.0	34.8	8.4	-
	1970-79년	39.0	13.1	29.1	12.0	-
	1980-89년	45.7	10.5	20.1	14.1	0.1
	1990-99년	10.2	5.1	13.8	34.6	18.7
	2000-09년	0.5	0.4	36.1	15.8	36.1
	2010-18년	0.2	0.1	74.7	-	20.6
수입	1962-69년	45.5	12.0	37.4	4.6	-
	1970-79년	40.1	12.4	26.8	16.4	-
	1980-89년	48.6	8.1	19.4	18.7	0.0
	1990-99년	14.9	3.8	43.3	18.7	4.8
	2000-09년	1.5	0.1	54.3	7.7	17.4
	2010-18년	0.8	0.0	80.9	-	14.8

주: 구소련은 러시아 및 과거 소련 소속이었던 독립국가와의 교역 비중을 합산한 것임. 동유럽은 유럽의 구 사회주의 국가 중 소련 소속이 아니었던 국가와의 교역 비중을 합산한 것임. 한국은 남북교역 중 상업적 거래(일반교역, 위탁가공무역, 상업적 경제협력사업)에 해당하는 교역 자료를 바탕으로 산출.
출처: 김민정·김다울, "북한 장기 수출입 데이터 재구축 및 분석 : 1962~2018년", 2023, p. 42.

품목 구조는 수출과 수입에서 매우 다른 양상이 나타난다. 우선 북한의 수입과 수출이 얼마나 다양한 품목에 분산되어 있는지 또는 소수 품목에 집중되어 있는지를 확인해보려고 한다. 집중화 정도는 간단하게 북한의 수출입 중 상위 10개 품목이 전체에서 차지하는 비중을 통해 알아보았다. 국제통일 상품분류체계인 HS(Harmonized System) 4자리 분류 기준으로 북한의 상위 10개 수출 품목이 전체 수출에서 차지하는 비중은 2000년에는 30.9%였으나 2016년에는 66.0%까지 증가하였다.[22] 반면 수입의 경우 상위 10개 품목이 2000년에는 전체의 37.3%를 차지했으나, 2016년에는 22.7%로 오히려 감소하였다. 이와 유사하게 2016년 북한의 대중무역에서 수입한 품목의 개수는 HS 6자리 분류 기준으로 3,032개, 수출 품목의 개수는 515개로 큰 격차를 보였다.[23] 즉, 북한은 자신들이 생산할 수 있는 소수의 품목을 집중적으로 수출하고 내부 수요에 따라 다양한 품목을 수입하는 무역 구조를 갖추었으며, 이러한 경향은 2000년대 이후 대중무역이 지배적인 역할을 하게 되면서 더욱 심화된 것으로 보인다. 주민 생활 여건이 개선되고 경제 구조가 복잡해지면서 수요로 하는 품목의 가짓수가 더 늘어나 수입 다양성은 확대된 반면, 수출의 경우 내부 산업 기반의 한계와 수출 가능 국가의 축소로 인해 품목의 다양성이 확대되지 못한 것이다.

[그림 4-7]은 2000년대 이전까지 소득수준 및 제도가 유사했던 동남아시아의 체제전환국들과 북한의 수출 품목 다양성 지표 추이를 비교한 것이다.[24] 2000년대에서 2010년대 중반 사이 북한은 베트남, 미얀마, 캄보디아 등과 마찬가지로 수출의 전체 규모는 크게 확대되었다. 그러나 이들 국가들에서 양적 성장과 함께 자연스럽게 나타나고 있는 거래 품목의 다양화가 북한에서만큼은 나타나지 않고 있으며 소수 품목에 대한 집중화 현상이 더욱 심화되고 있는 것으로 보인다.

---

22) Growth Lab at Harvard University, "Atlas of the Economic Complexity Dataverse", <https://dataverse.harvard.edu/dataset.xhtml?persistentId=doi:10.7910/DVN/T4CHWJ>(검색일: 2024.5.2.) 자료를 바탕으로 저자 계산.

23) 한국무역협회, "중국무역통계", <https://stat.kita.net/stat/istat/cts/CtsWholeList.screen>(검색일: 2024.5.2.).

24) 수출 품목의 다양성 지표는 여러 가지 기준을 적용할 수 있으나 여기에서는 무역 상대국의 전체 수입액 대비 북한의 수출이 존재하는 상품 집합의 수입액 비중으로 계산한 것이다. 이 값은 1에 가까울수록 수출 품목이 다양함을 의미하며, 수식으로는 다음과 같이 표현된다.

$$EM_{jm} = \frac{\sum_{i \in I_{jm}} x_{kmi}}{\sum_{i \in I} x_{kmi}}, \quad x_{kmi}: \text{북한 이외 국가}(k)\text{의 상대국}(m)\text{에 대한 품목 } i \text{ 수출액}$$

I: 전체 상품 집합, I_{jm}: 북한(j)이 상대국(m)에 수출한 상품 집합

▌[그림 4-7] 수출 품목 다양성 지표의 국제 비교

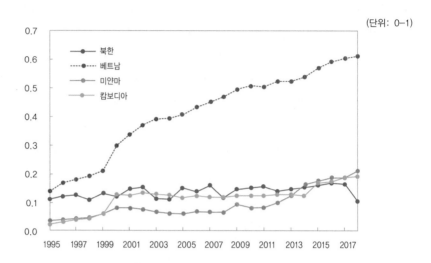

(단위: 0~1)

자료: Growth Lab at Harvard University, "Atlas of the Economic Complexity Dataverse", <https://data
verse.harvard.edu/dataset.xhtml?persistentId＝doi:10.7910/DVN/T4CHWJ>(검색일: 2021.5.2) 바
탕으로 저자 계산.

　그렇다면 북한의 주요 수출품은 어떤 것들일까. 2000년대에는 경공업 제품인
의류와 1차 상품인 수산물 등이 주를 이루었다. 2000년대 중반부터는 석탄, 철광
석 등 광물성 생산품의 비중이 높아졌으며, 이러한 추세는 2010년대 들어 더욱 심
화되었다. 특히 중국의 철강생산 및 건설수요 급증으로 인해 석탄 수출이 크게 증
가하였고, 이 시기 국제 석탄 가격까지 급증하며 석탄이 북한의 최대 수출상품이
자 외화 획득의 원천으로 자리매김하였다. 2017년 이후에는 광산품, 섬유 · 의류제
품, 수산물 등 기존의 주요 수출품이 모두 대북제재의 대상이 되면서 이를 대체할
수 있는 수출 산업을 발굴하고자 한 것으로 보인다. 이에 시계 부품 등 임가공 제
품과 선철, 비철금속 정광 등 비제재 대상 광물제품 수출이 증가하였고 포스트－코
로나 시기에는 가발, 가수염, 속눈썹 등 인모가공제품의 수출이 급격히 확대되고
있다. 그러나 기존의 주요 품목에 비하면 그 규모가 크지 않으며, 특히 임가공 수
출의 경우 북한의 부가가치는 임가공 수수료에 지나지 않기 때문에 총 수출금액에
비해 북한경제에 미치는 영향이 작은 것으로 평가된다.

▌[표 4-8] 북한의 상위 5대 수출 품목 추이

(단위 : SITC3, %)

순위	2000년	2005년	2010년	2015년	2018년
1	남성 자켓 [14.1]	비냉동어류 [13.9]	석탄 [23.7]	석탄 [38.4]	시계 [10.0]
2	비냉동어류 [13.0]	석탄 [13.4]	남성 자켓 [13.3]	남성 자켓 [28.6]	선철 [9.1]
3	기타전자기기 [10.1]	남성 자켓 [10.1]	철광석 [11.6]	비냉동어류 [4.0]	비철금속정광 [8.1]
4	선박 및 보트 [7.7]	철광석 [7.2]	선철 [4.9]	비철금속정광 [3.3]	비전자 기계부품 [6.8]
5	플라스틱 합성수지 [6.5]	플라스틱 합성수지 [4.7]	비냉동어류 [3.8]	철광석 [2.6]	플라스틱 합성수지 [4.8]

주: [ ] 내는 총수출액에서 차지하는 비중을 의미.
자료: 김민정·김다울(2023)이 재구축한 장기 수출입 데이터에서 SITC3 분류를 활용하여 작성.

Ⅲ. 밀무역

북한의 대외거래 중에는 거울통계 자료에 기록되지 않는 밀무역이 존재한다. 밀무역은 '비공식 밀무역'과 '공식 밀무역'으로 구분할 수 있다. 먼저 비공식 밀무역은 주로 접경지역의 주민들이 생계를 위해 당국의 허가를 받지 않은 상태에서 무역에 참여하는 경우를 가리킨다. 1990년대 경제위기 이후 시장화의 확산 및 경제적 분권화 과정에서 '무역허가권'을 획득한 소규모 무역상들이 많아졌다. 이와 동시에 허가를 받지 않은 일반 주민들이 중국에 도강하여 물건을 판매하거나 들여오는 일이 빈번하게 발생하게 되었다. 해외에 거주하는 가족, 친지들을 통해 물자나 외화를 들여오는 경우도 드물지 않다. 세관이나 국경 통행을 관리하는 관료들은 뇌물을 받고 무역허가권이 없는 주민들이 대외거래에 참여하는 것을 눈감아주었으며 이에 일반 주민들에 의한 밀무역이 크게 증가하게 되었다. 통일부 북한 경제·사회 실태 인식보고서에 따르면 북한이탈주민 7명 중 1명(14.3%)은 북한 거주 당시 밀수에 참여했다고 응답했으며, 2016-20년에는 이 비율이 19.4%까지 증가한 것으로 나타났다.

▌[그림 4-8] 북한 주민들의 사경제 활동 유형 상위 1-5위

자료: 통일부, 『북한 경제·사회 실태 인식보고서』, 2023, p. 95.

'공식 밀무역'은 국가적으로 수행되는 밀무역을 의미한다. 이것은 주로 대북제재를 회피하거나 우회하는 과정에서 발생한다. 북한은 2000년대부터 대북제재가 금지하고 있는 무기 개발 관련 물자나 사치품을 일부 우호적인 국가들을 통해 밀반입해 왔다. 이러한 공식 밀무역이 크게 활성화된 것은 2017년 대북제재로 북한의 주요 수출품인 석탄 수출이 차단되고 석유 제품의 유입 상한선이 설정된 것이 계기가 되었다. 북한은 중국, 러시아 등 상대국의 해관에 기록하지 않은 상태에서 선박 간 환적 방식 등을 통해 금지 품목을 거래해 온 것으로 알려진다. UN대북제재위원회 전문가 패널 보고서에서는 북한산 석탄 수출 전면 금지 조치가 발효된 2018년 이후에도 북한은 매년 적게는 수만 톤에서 많게는 6백만 톤 이상의 석탄을 수출해온 것으로 추정했다. 다만 이는 대북제재 강화 이전보다는 훨씬 적은 규모로 제재 영향을 무력화할 정도는 아닌 것으로 평가된다.

이와 유사하게 2017년 12월 발효된 대북제재 결의 2397호에는 북한에 대한 정유제품 공급을 연간 50만 배럴 이하로 제한한다는 조항이 포함되어 있으나, 이 상한선을 훨씬 상회하는 규모의 공급이 이루어지고 있다. 2018년 이후 대북제재위원회에 공식 보고된 정제유 반입 물량은 연간 50만 배럴 이내로 유지되고 있지만 석탄 거래와 마찬가지로 선박 간 환적 등 우회적인 방식을 통해 반입되는 규모가 공식 자료보다 훨씬 더 많은 것으로 의심된다. [표 4-9]에는 북한의 정제유 밀반입 규모 추정치가 제시되어 있는데, 코로나19로 인한 국경봉쇄 조치가 한창이었

던 2021-22년을 제외하고는 200만 톤 이상의 정제유 밀반입이 있었던 것으로 추정된다.

■[그림 4-9] 북한의 석탄수출 추이: 2013-2023

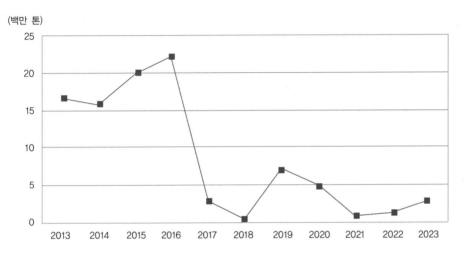

자료: UN안전보장이사회 대북제재위원회, S/2024/215.

■[표 4-9] 북한의 정제유 밀반입 규모

(단위: 천 배럴)

연도	기간	보고서 추정 물량[1]	연간 환산 물량[2]
2018	1.1−8.18	2273	3209
2019	1−10월	3894	4673
2020	1−9월	4410	5880
2021	1−9월	525	700
2022	1−8월	792	1189
2023	1.1−9.15	1523	2151

주 : 1) 북한의 정제유 밀반입에 참여하였을 것으로 추정되는 유조선이 최대적재량 대비 90%를 운반하였다고 가정하였음.
    2) 보고서는 1년 중 특정 기간에 대한 추정치를 제공하고 있는데, 보고에 포함되지 않은 기간은 보고된 기간의 평균과 동일한 수준의 물량이 지속적으로 반입된 것으로 가정하여 환산한 것임.
자료: UN안보리 대북제재위원회 전문가패널 각 연도 보고서(S/2019/171, S/2020/151, S/2021/211, S/2022/132, S/2024/215)를 바탕으로 저자 계산.

Ⅳ. 외화수급 상황

북한은 수입 규모가 수출 규모를 지속적으로 상회하는 만성적인 무역수지 적자를 겪어왔다. 이는 북한의 경제적 여건상 수출 역량에 비해 필요로 하는 수입량이 훨씬 많기 때문이었다. 1990년대까지는 경제위기로 인해 무역 자체가 위축되어 무역수지의 적자가 심각하지 않았지만, 2000년대부터는 주변국과의 무역이 크게 증가하면서 적자 규모도 확대되었다. KOTRA 자료를 기준으로 볼 때, 2000년에서 2016년 중 북한의 무역수지 적자는 연평균 10억 달러에 달했다.

▌[그림 4-10] 북한의 무역수지: 2000-2022

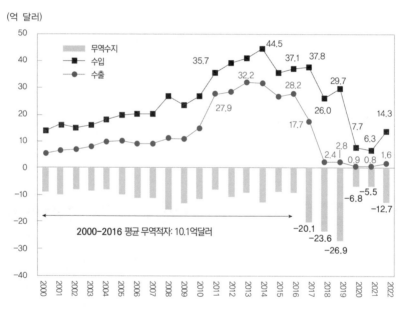

자료: KOTRA, 『북한의 대외무역동향』, 각년호.

그렇다면 이 시기 북한에서는 대규모의 외화 순 유출이 있었던 것으로 볼 수 있을까? 매년 10억 달러 이상의 외화 유출을 감당했다는 것은 북한이 경제위기 직후인 1990년대 말 기준 백억 달러가 넘는 외화를 보유하고 있었다는 의미이므로 현실적이지 않다. 즉, 북한은 2000년대 이후 막대한 무역 적자를 다른 부문에서의 외화 유입으로 메울 수 있었다고 보는 것이 합리적이다.

외화수지는 무역수지 외에도 요소소득수지, 경상이전수지, 서비스수지, 자본수지 등의 합으로 결정된다. 2000-16년 중 북한은 이들 부문에서 상당폭의 흑자를 기록하였을 가능성이 높다. 우선 요소소득수지는 북한 주민이 외국에서 벌어 국내로 유입한 소득에서 외국인이 북한에서 벌어 국외로 유출한 소득을 차감한 것이다. 북한은 외화벌이 사업 명목으로 중국, 러시아, 중동 등에 자국 노동자들을 파견해 왔으며, 2000년대 이후 이 규모는 더욱 확대된 것으로 알려진다. 이들의 소득에 의해 요소소득수지는 지속적으로 흑자를 기록했을 것이다. 경상이전수지는 해외 거주자와 국내거주자 간에 대가 없이 이전되는 거래의 차액을 의미한다. 가족, 친지 간의 국제 송금, 국제기구나 외국정부의 무상원조 등이 이러한 이전 거래에 해당한다. 경제위기 이후 북한은 국제사회로부터 상당한 규모의 무상원조를 받았으며 해외에 거주하는 가족들로부터의 송금액도 많았을 것이므로 경상이전수지 역시 흑자였을 것으로 추론할 수 있다. 주로 국제 관광 등에 의해 결정되는 서비스수지, 자본 투자의 유출입 차이를 의미하는 자본 수지도 외화수지에 긍정적으로 기여하였을 것이다.

이를 모두 합산하면, 1990년대 후반에서 대북제재 강화 이전 시기까지 북한의 외화수지는 평균적으로 흑자를 기록한 것으로 추정된다. 장형수·김석진(2019)에 따르면 1991년에서 2016년 사이 북한은 약 30억 달러의 외화를 축적하였으며, 경제위기 이후인 1998년 이후로 한정하면 약 38억 달러의 순 유입이 있었던 것으로 추정된다.[25] 그런데, 2017-19년 중에는 수입에 비해 수출이 크게 어려워지면서 무역수지 적자가 연간 20억 달러 이상으로 확대되었다. 또한 해당 시기 해외 노동자로부터의 수입, 국제사회의 지원도 줄어 큰 폭의 외화 순 유출이 불가피했을 것이다.

현재 북한의 외화보유고는 정확히 알 수 없으나 연구자들의 추정을 통해 가늠해 볼 수 있다. 장형수·김석진은 2018년 말 기준 북한의 외화보유액이 최소 25억 달러에서 최대 58억 달러인 것으로 추정하였고 이를 연장한 장형수(2021)에 따르면 2020년 말 기준 17억-50억 달러까지 감소했다.[26] 북한의 외화보유고가 이보다

---

25) 장형수·김석진, "북한의 외화수급 및 외화보유액 추정과 북·미 비핵화 협상에 대한 시사점", 『현대북한연구』 제22권 1호, 2019, pp. 8-43.

26) 장형수, "국제사회의 대북제재가 2016~20년 북한 외화수급에 미친 영향", 이석 외, 『대북제재의 영

훨씬 많았을 것으로 보는 시각도 있다. 그 근거로 주로 제시되는 것이 북·중 간의 무역 관행에 따라 무역 적자 규모가 통계보다 적을 가능성이다. 중국과 북한의 무역업자들이 공모하여 북한의 수출 시에는 실제보다 낮은 가격으로 기록하고 수입 시에는 실제보다 높은 가격으로 기록한 뒤 그 차액을 착복하는 경우가 많다고 알려져 있다.[27] 이 경우 북한의 수출은 실제보다 과소계상되고, 수입은 과대계상되므로 북한의 무역수지는 통계 자료에 기반하여 계산된 수치에 비해 더 나을 수 있다. 또한 최근 암호화폐 탈취 등 불법적 활동으로 인해 외화수급 사정이 다소 개선되었을 가능성도 배제할 수 없다. 임수호 외(2022)[28]는 이러한 점들을 감안하여 북한의 외화보유액이 기존 예상보다 훨씬 많은 2021년 말 기준 최대 87억 달러로 추정하였다. 다만 어떤 수치를 받아들이더라도 북한이 2017–19년 수준의 무역적자를 장기간 감당하기는 어려울 것으로 전망된다. 최근 거론되고 있는 사이버 범죄 수익과 대북제재를 우회하는 노동자 파견 등이 어느 정도 규모로 이루어질 수 있을지가 관건이다.

제5절 북한의 산업과 기업

I. 북한의 산업구조

산업구조는 국가 또는 지역 경제에서 산업 부문들이 차지하는 비중을 의미하며, 종사자 수, 사업체 수 등 여러 기준으로 나타낼 수 있다. 가장 일반적으로 사용되는 지표는 총생산에서 각 산업 부문의 생산활동이 차지하는 비중을 살펴보는 것이다. [표 4–10]은 북한 국내총생산의 산업 구성을 시기별로 제시하고 있다.[29]

향력과 북한의 경제적 미래』, 한국개발연구원, 2021.

27) 임수호·양문수·이정균, 『북한 외화획득사업 운영 메커니즘 분석: 광물부문(무연탄·철광석)을 중심으로』, 대외경제정책연구원, 2017, pp. 130–138.

28) 임수호·김성배·이기동, "북한의 주요 불법거래 수입 추정: 2017~2021년의 시기를 중심으로", 『국가안보전략연구원 전략보고』 제163호, 2022.

29) 한국은행이 추정하는 북한의 명목GDP는 품목별 생산량 추정치에 남한의 가격을 적용하여 나타낸 것이다. 따라서 이 추정치를 바탕으로 계산한 북한의 산업 부문별 비중 변천은 남한의 상대 가격 변화에 영향을 받는다. 다시 말해서, 남한에서 가격이 상승한 품목군의 경우 북한 내의 생산량 변화

▌[표 4-10] 북한의 산업 구조: 생산액 비중 추정치

(단위: %)

	1955	1960	1970	1980	1990	2000	2010	2020
농림어업	59.9	46.4	40.7	30.2	27.4	30.4	20.8	22.4
광업	6.4	9.5	8.6	10.3	9.0	7.7	14.4	10.8
제조업	11.2	20.6	26.9	31.2	31.8	17.7	21.9	17.3
(경공업)	5.9	6.1	6.8	6.1	6.2	6.5	6.6	6.9
(중화학공업)	5.4	14.3	20.0	25.1	25.6	11.2	15.3	10.5
전기가스수도업	2.7	3.9	4.2	4.5	5.1	4.8	3.9	5.6
건설업	2.3	7.6	6.6	8.0	8.6	6.9	8.0	10.0
서비스업	17.5	12.0	13.0	15.8	18.0	32.5	31.0	33.8
(정부서비스업)	10.8	5.3	6.3	9.1	11.0	22.6	22.4	26.5
(기타서비스업)	6.7	6.7	6.7	6.7	7.0	9.8	8.6	7.3
국내총생산	100.0	100.0	100.0	100.0	100.0	100.0	100.0	100.0

자료: 1955-1989년은 조태형·김민정, 2021, p. 24; 1990-2022년은 한국은행 경제통계시스템 <http://ecos.bok.or.kr>(검색일: 2024.3.22.).

　우선 전쟁 직후인 1950년대 중반까지 북한은 남한과 마찬가지로 농업 중심의 경제구조를 가지고 있었다. 1955년을 기준으로 총생산의 60% 가량이 농림어업 부문에서 유래했다. 1950년대 후반부터는 북한식 경제발전 전략의 기초가 점차 확립되면서 제조업의 비중이 높아졌다. 특히 군사력 발전과 연관되는 중화학공업을 우선시하는 정책을 펼침에 따라 총생산에서 중화학공업이 차지하는 비중이 1955년 5.4%에서 1960년 14.3%, 1970년 20.0%로 급격히 상승하였다. 1980년대에는 농림어업의 비중이 30% 안팎으로 축소되고 제조업 비중이 농림어업을 넘어서면서 공업 국가의 면모를 갖추었다. 1990년 기준 북한의 산업구조는 농림어업(1차산업)이 27%, 광업, 제조업, 건설업 등을 포함한 공업부문(2차산업)이 55%, 서비스업이 18%로 공업에 대한 집중도가 매우 높은 산업구조를 나타냈다.

　그런데 1990년대 경제위기를 겪으며 제조업 기반이 흔들리고 중앙계획에 따른 생산체계가 기능부전에 빠지면서 제조업 비중이 크게 축소되었고, 서비스업의 비

와 무관하게 그 비중이 증가할 수 있다. [표 4-10]을 해석할 때 이 점에 유의해서 받아들일 필요가 있다.

중이 크게 증가하여 제조업 비중을 상회하게 되었다. 2000년대 이후에는 고난의 행군 시기 침체에 빠졌던 공업 기업들의 생산이 일부 회복세를 보여 제조업 비중이 다시 상승하였고, 석탄, 철광석 등 광물 수출이 급증하면서 광업의 비중도 상승했다. 최근 시기인 2020년 기준 북한 경제에서 농림어업, 공업, 서비스업이 차지하는 비중은 각각 22%, 44%, 34%로 나타났다.

II. 북한의 국영기업 현황

북한은 생산수단의 사적소유를 인정하지 않는 사회주의 계획경제 체제를 표방하기 때문에 북한의 기업은 기본적으로 국유기업이다. 2000년대 이후에는 시장화의 진전에 따라 사적으로 경영되는 사업체들이 생겨나고 있지만 이들은 대부분 유통, 운수, 요식업 등 서비스업과 일부 소규모 경공업에 국한되어 있다. 공식적인 조직과 생산 설비를 갖춘 공장, 기업소는 국가에 의해 운영된다.

북한의 기업소는 규모와 소속 관리 기관에 따라 분류할 수 있다. 중앙기업은 보통 종업원 규모 500명 이상인 특급기업 또는 1-3급 기업이며 당 위원회, 내각의 성 또는 군부 등에서 관리한다. 전후방 연관효과가 크고 자본집약적인 금속, 기계 등 기간 공업 부문의 기업들이나 광산 기업, 발전소 등은 대부분 중앙기업에 해당된다. 식품, 의류, 생필품 등 주민들에게 공급되는 소비재 생산 기업은 보통 각 지역별로 관리하며 4-7급 수준으로 규모도 비교적 작은 경우가 많다.

북한의 전통적인 공업 기업 배치는 경제발전 전략에 맞추어 이루어졌다. 전쟁 이후 북한은 중앙의 재정 부담을 경감하고 유사시에도 각 지역이 중앙의 지원 없이 자급자족하여 버틸 수 있도록 지역자립체제를 추구했다.[30] 이 때문에 주민들의 생활과 관련된 소비재 생산 기업들은 최대한 지역별로 균등하게 배치하여 주민들의 수요를 자체적으로 충당하도록 했다. 반면 원료 수송비용이 높고 대규모 생산 설비를 필요로 하는 중공업, 광업은 주요 물자의 운송이 유리하도록 원료 산지 근처에 배치하거나 연관 산업 간의 집적 배치를 추구하여 국가 전략사업의 효율적 수행을 도모하고자 했다. 북한에서 발간된『조선지리전서』를 토대로 북한의 공업

---

30) 김병로,『북한의 지역자립체제』, 통일연구원 99-12, 1999, p. 25-28.

배치 현황을 살펴본 연구에 따르면 1980년대 시·도별 공업 기업 분포의 불균등도는 지니계수 기준 경공업이 0.31, 중공업이 0.42, 광업이 0.66 순으로 나타났다. 중공업 중에서도 일상용품 또는 건설 등의 원자재로 활용성이 높은 시멘트, 유리, 도자기, 화학 산업은 균등배치 경향이 나타났으며, 전력, 수송기계 등은 특정 거점에 집중적으로 배치되는 경향이 나타났다.[31]

산업연구원에서 구축한 북한 산업·기업 DB 자료를 살펴보면, 2000년대 이후 북한 공식매체의 보도를 통해 존재가 확인된 국영기업의 수는 3,557개로 파악된다.[32] 산업별로 나누어보면 경공업 기업이 1,611개로 가장 많았고 중화학공업이 1,292개, 광업이 395개, 전력 등 에너지 부문이 230개로 나타났다. 지역별로 살펴보면 평안남도 소재 기업이 569개, 평양 소재 기업이 554개로 많았으며, 량강도는 104개, 강원도는 219개로 기업 배치가 드물게 이루어졌다. 또한 소재 기업 개수의 지역별 분포는 인구 분포와 매우 유사한 것으로 나타나 앞서 문단에서 제시한 '균등 배치의 원칙'을 다시 한 번 확인할 수 있었다. 특히 경공업과 중화학공업의 경우 인구 분포와의 유사도가 높았으며 광업, 에너지 기업은 비교적 특정 지역에 편중되어 분포하는 경향이 있는 것으로 보인다.

▌[표 4-11] 북한의 지역별, 부문별 기업 현황

(단위: 개, %)

	경공업	중화학공업	광업	에너지	전체 기업	인구
강원도	106 (6.6)	75 (5.8)	18 (4.6)	19 (8.3)	219 (6.2)	154 (6.3)
량강도	48 (3.0)	26 (2.0)	17 (4.3)	13 (5.7)	104 (2.9)	75 (3.1)
자강도	117 (7.3)	78 (6.0)	17 (4.3)	62 (27.0)	275 (7.7)	135 (5.6)
평안남도	246 (15.3)	213 (16.5)	86 (21.8)	22 (9.6)	569 (16.0)	416 (17.2)
평안북도	169 (10.5)	144 (11.2)	44 (11.1)	19 (8.3)	378 (10.6)	283 (11.7)
평양	294 (18.3)	230 (17.8)	17 (4.3)	8 (3.5)	554 (15.6)	342 (14.1)
함경남도	175 (10.9)	170 (13.2)	45 (11.4)	28 (12.2)	420 (11.8)	318 (13.1)
함경북도	141 (8.8)	123 (9.5)	53 (13.4)	26 (11.3)	345 (9.7)	240 (9.9)

---

31) 류학수, "북한 공업배치구조의 특징과 남북경제협력 방안", 『KDI 북한경제리뷰』 2019년 1월호, 2019, pp. 57-67.

32) KIET 북한 산업·기업 DB <http://nkindustry.kiet.re.kr/count/kiet.do>(검색일: 2024.5.20.).

황해남도	112 (7.0)	65 (5.0)	36 (9.1)	0 (0)	213 (6.0)	241 (10.0)
황해북도	155 (9.6)	120 (9.3)	38 (9.6)	26 (11.3)	339 (9.5)	217 (9.0)
미상	48 (3.0)	48 (3.7)	24 (6.1)	7 (3.0)	141 (4.0)	
총계	1,611 (100)	1,292 (100)	395 (100)	230 (100)	3,557 (100)	2,421 (100)

자료: KIET 북한 산업·기업 DB <http://nkindustry.kiet.re.kr/count/kiet.do>(검색일: 2024.5.20.); Democratic People's Republic of Korea, *SOCIO-ECONOMIC, DEMOGRAPHIC AND HEALTH SURVEY*, 2014, p. 21을 바탕으로 저자 작성.

제6절 북한의 금융

I. 북한의 사회주의 금융제도 특징

사회주의 계획경제체제와 자본주의 체제의 금융제도는 크게 두 가지 측면에서 구분된다. 하나는 은행 시스템의 차이이고, 다른 하나는 화폐의 유통구조 또는 지급결제 운영방식의 차이이다.

우선 은행 시스템을 살펴보자. 일반적으로 은행은 일반인들 또는 기업을 대상으로 예금을 받고 대출을 해주는 금융중개의 기능을 하며 금융상품을 개발하여 판매하기도 한다. 한편 한국은행, 일본은행 등 중앙은행은 일반인들과 직접 거래하지 않고 은행을 상대로 예금과 대출 업무를 담당하며 금융기관 간의 최종결제 기능을 한다. 또한 한 국가의 화폐를 독점적으로 발행하는 권한을 가지고 통화량을 조절하여 거시경제의 안정을 도모하는 역할을 한다. 자본주의 체제에서는 일반적인 상업은행과 중앙은행이 기능적으로 명확히 구분되어 있는데, 이를 이원적 은행제도(two-tier banking system)라고 한다. 반면 사회주의 계획경제 하에서는 중앙은행이 화폐 발행 등 중앙은행 업무를 수행함과 동시에 일반 상업은행의 역할노 수행하게 되어 있다. 이를 일원적 은행제도 또는 단일은행제도(mono-bank system)라 한다.

북한은 다른 사회주의 국가들과 마찬가지로 중앙은행인 '조선민주주의인민공화국 중앙은행'(조선중앙은행)을 중심으로 일원적 은행제도를 구축했다. 조선중앙은행은 북한 원화를 발행하며 중앙집권적 지급결제제도를 운영하는 등 중앙은행 업무를 수행하면서 개인과 기업으로부터 예금을 받고 기업에 대출을 해주는 등 일반 상업은행의 기능도 담당한다. 북한에는 조선중앙은행 이외의 은행들도 존재한다.

단, 이들은 자본주의 사회에서 흔히 찾아볼 수 있는 영리추구 목적의 상업은행은 아니고 조선중앙은행의 업무를 보완하는 차원에서 각 부문별로 특별한 목적 하에 설립된 은행들이다. 외화 및 대외금융 관련 업무를 위한 은행들이 대표적인데 내각의 대외금융 업무를 담당하는 조선무역은행, 노동당 산하로 무역회사들의 대외 결제업무를 수행하는 조선대성은행 등이 잘 알려져 있다.

다음으로 화폐의 유통, 지급결제의 운영 측면에서 사회주의 계획경제체제는 실제 구매력을 가진 현금과 구매력은 없고 회계적인 기능만 존재하는 무현금이 구분되어 있다는 것이 특징이다. 현금의 기능은 일반 자본주의 국가의 그것과 유사하다. 보통 사회주의 경제에서도 모든 소비재를 일일이 주민들에게 수량을 정해두고 배급하지는 않았다. 소비재의 총 공급량은 국가의 계획으로 결정하되 실제로 어떤 물건을 얼마만큼 구매할 것인지는 주민들이 각자 결정하고 국가(중앙은행)가 발행한 현금 화폐를 지불하여 구매하도록 했다. 주민들이 월급 등의 수입으로 획득한 현금 화폐는 소비재 구입 시에 구매력을 발휘하기 때문에 '능동적 화폐' (active money)로 정의된다. 또한 사회주의에서는 각 재화의 가격을 국가에서 정해 두고 있었기 때문에 중앙은행의 현금 통화량 조절 기능은 물가 안정을 도모하는 것이 아니라 소비재의 공급량과 주민들의 구매력을 일치시키는 수단으로 활용되었다. 한편 무현금 화폐는 사회주의 지급결제 시스템의 독특한 요소이며 기업 간 중간재, 생산재 거래에 사용되었다. 이 때, 실제로 현금이 오가는 것이 아니라 중앙계획에 따라 기업 및 기관이 중앙은행에 가지고 있는 계좌 간에 무현금 화폐로 결제가 진행되었다. 즉 무현금 화폐는 단순히 중앙계획을 보조하는 회계단위의 역할을 하는 것이었으며 일반 상점에서 사용할 수 있는 구매력은 갖지 못하도록 되어 있었다는 점에서 '수동적 화폐'(passive money)로 지칭된다. 무현금 화폐를 통한 결제 시스템은 기업의 생산활동과 거래에 관해 국가계획을 수립하고 이를 화폐 단위로 표시함으로써 화폐의 흐름을 통해 국가 경제의 흐름을 통제하고 중앙계획의 집행 현황을 감독할 수 있도록 하는 목적에서 구축되었다. 이를 소련경제에서는 '루블에 의한 통제' 북한에서는 '원에 의한 통제'로 표현되었다.

북한의 전통적인 지급결제제도 역시 현금과 무현금을 엄격히 구분하였고, 현금 통화는 주민들이 소비재를 구매하는데 무현금 화폐는 중앙계획에 의한 청산 결제에 사용하도록 규정하였다. 다만 소련과 동유럽 등 구 사회주의권 국가들과 달리 북한은 식량 및 생필품에 대한 포괄적인 배급을 실시했기 때문에 현금 화폐의 구매력이 온전히 기능하지는 못했다. 예컨대 북한 주민들이 국영상점에서 쌀을 구매하기 위해서는 국정가격에 해당하는 현금과 함께 배급 쿠폰을 제시해야 했다. 즉, 북한에서 현금 화폐의 구매력은 배급제의 대상이 되는 품목에 한해서는 미리 정해진 배급량에 따라 제약을 받았으며, 이런 의미에서 '제한된 능동적 화폐'라고 규정할 수 있다.33) 일반 주민들과 기업의 은행 계좌도 이러한 현금의 기능에 맞게 구분되어 있었다. 주민들은 조선중앙은행에 저축계좌(저금돈자리)를 개설할 수 있었는데, 이는 현금이 가지고 있는 구매력을 은행에 저장하고 필요 시 인출하여 사용할 수 있도록 하는 용도였다. 계좌이체 등 지급결제 서비스를 이용하거나 대출은 받을 수 없었다. 반면 기업은 현금을 보유하지 않기 때문에 구매력을 저장하는 저축계좌는 가질 수 없었으며 무현금 결제 용도의 결제계좌(예금돈자리)만을 개설할 수 있었다.

▌[그림 4-11] 북한의 은행제도

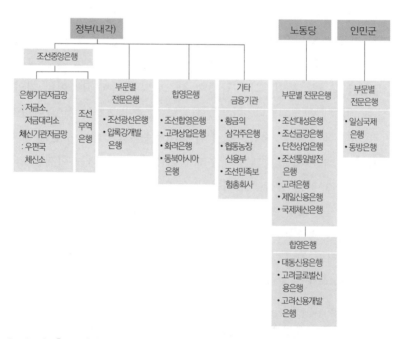

자료: 양문수 외, 『2000년대 북한경제 종합평가』, 산업연구원 정책자료 2012-182, 2012, p. 188.

---

33) 김민정·문성민, "김정은 시대 북한 금융제도 변화", 『경제분석』 제27권 4호, 2021, pp. 77-78.

Ⅱ. 김정은 시기 금융제도 변화

김정은 집권 이후 기업관리 및 농업 부문을 중심으로 경제개혁 조치들이 시행되었다는 것은 앞서 1절에서 살펴보았다. 금융 부문에서도 일부 제도적인 변화가 나타나고 있는 것으로 관찰되며, 자본주의 시장경제의 금융제도를 일부 수용하는 개혁적 방향성을 보이는 것으로 평가된다. 한국은행 연구진이 북한에서 발간된 문헌 자료를 수집하여 분석한 논문에 의하면, 김정은 시기 금융제도 변화는 크게 두 가지로 파악된다.[34]

첫째는 은행 시스템의 변화로 중앙은행과 상업은행이 분리된 것이다. 북한은 2000년대 중반 중앙은행법과 상업은행법을 제정하여 각각의 기능을 규정해두었다. 중앙은행의 역할은 화폐발행과 통화조절 등을, 상업은행의 업무로는 예금, 대부, 결제 등으로 자본주의 체제의 그것과 크게 다르지 않은 것이었다. 그러나 이후

▌[그림 4-12] 김정은 시기 북한의 은행조직체계 변화

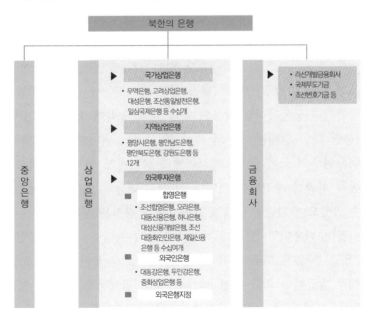

자료: 김민정 · 문성민, 2021, p. 84.

---

34) 위의 글, pp. 83-93.

에도 상업은행이 신설되지 않아 조선중앙은행에 금융 업무가 집중된 상황이 지속되었다. 그런데 2015년 이후 새롭게 신설된 지방 은행의 명칭이 주요 인사의 언급을 통해 알려지기 시작하면서 은행 제도의 실질적 변화 가능성을 시사했으며, 2016년에는 상업은행이 신설 및 분리된 새로운 은행 조직체계가 북한의 공식 문건을 통해 확인되었다.[35] 변화된 북한의 은행 조직은 중앙은행, 상업은행, 금융회사로 구분되며, 상업은행은 다시 국가상업은행, 지역상업은행, 외국투자은행으로 구분된다. 이 중 국가상업은행과 외국투자은행은 주로 대외거래 목적으로 설립된 전문은행과 합영은행 등 기존의 특수목적 은행들이 재분류된 것이었다. 새롭게 신설된 지역상업은행은 평양시은행, 평안남도은행, 평안북도은행, 강원도은행 등 12개 은행이라고 설명되며 도 단위마다 하나씩 설립된 것으로 추정되는데 각 지역에서 예금을 받고 대출을 주는 등 자금 중개기능을 담당하는 것으로 보인다.

둘째는 화폐유통 및 지급결제수단의 변화로 '현금-무현금'의 구분이 느슨해진 것이다. 우선 기업들이 현금을 저축 및 인출할 수 있는 '현금 돈자리'가 신설되면서 기업 간 현금결제가 공식적으로 가능하게 되었다. 사실 이미 2000년대 들어 중앙계획에 의한 자재공급체계가 정상적으로 작동하지 않게 되면서 무현금 결제시스템을 통한 계획 미이행 사례가 많아졌으며, 시장화의 확산에 따라 중간재 구매를 위해 기업 간에도 비공식적으로 현금결제를 하는 사례가 빈번한 상황이었다. 이에 2002년 7.1조치 당시 기업 간 현금거래를 일부 용인했는데 김정은 시기 들어서는 한걸음 더 나아가 현금돈자리를 활용한 대금 결제 방식이 공식화된 것이다. 현금돈자리를 이용한 대금 결제는 기존의 회계처리로서의 의미만 존재했던 무현금 결제와는 달리 자본주의 국가에서의 계좌이체와 유사하게 실제 구매력으로 전환될 수 있는 능동적 화폐를 주고받는 것이다. 일반 주민들의 경우 기존에는 저축계좌만 개설할 수 있었으며 저금과 인출만 가능했으나 김정은 시기 들어서는 결제계좌를 개설하는 것이 허용되었다. 이에 계좌이체 등 은행망을 기반으로 한 지급결제시스템을 활용할 수 있게 되었다. 특히 전자결제카드 사용이 장려되고 있는데, 조선무역은행에서 발급하여 외화 상점, 백화점, 호텔 등에서 사용할 수 있는 '나래카드'와 조선중앙은행에서 발급하고 국영상점에서 사용가능한 '전성카드'가 대표적이

---

35) 조선대외경제투자협력위원회, 『조선민주주의인민공화국 투자안내』, 조선민주주의인민공화국 외국문출판사, 2016.

다. '나래카드'는 외화를 충전하여 사용하는 선불식 카드로 신상정보를 요구하지 않아 익명성이 보장되고 전성카드는 은행 계좌를 기반으로 결제 및 계좌이체를 할 수 있는 직불카드이다.

┃[그림 4-13] 김정은 시기 상업은행 계좌를 통한 기업간 대금결제 예시

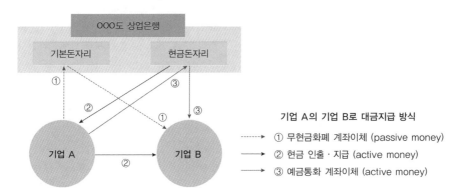

자료: 김민정·문성민, 2021, p. 88.

Ⅲ. 북한 금융시스템의 한계와 외화통용현상

김정은 시기 진행된 금융개혁이 성공적으로 정착하기 위해서는 무엇보다도 공금융에 대한 주민들의 신뢰가 중요하다. 2000년대 이후 시장거래의 비중이 높아지면서 시장의 높은 인플레이션으로 인해 국정가격과의 괴리가 심화되었고, 높은 가격을 받을 수 있는 시장 부문으로 물자가 이동하면서 경제에 대한 국가 통제력이 악화되었다. 이러한 인식 하에 북한당국은 상시적으로 유휴화폐를 환수하기 위한 노력을 기울였고, 북한의 은행들도 북한 주민들의 저금 인출을 까다롭게 했다. 은행 저금 시 이자를 기대하기도 어렵기 때문에 북한 주민들은 은행이나 저금소를 이용하기보다는 현금 그대로 집에 보관하는 경우가 대부분이다. 게다가 2009년 몰수형 화폐개혁의 실시로 인해 북한 주민들의 공금융에 대한 신뢰가 크게 훼손되어 은행 이용을 더욱 기피하게 되었다. 통일부의 북한이탈주민 설문조사에 따르면 재북 당시 여유자금을 은행이나 저금소에 보관했다는 응답 비율은 1.6%에 불과했으며, 최근 시기인 2016-20년 탈북한 그룹에서도 2.9%로 크게 증가하지 않았다.

〈참고〉 2009년 북한의 화폐개혁

1990년대 경제위기 이후 아래로부터의 시장화가 빠르게 진행되면서 중앙계획경제를 점차 잠식해나가자 북한당국은 2008년경부터 시장 참여자를 제한하거나 시장의 개장시간을 규제하는 등 시장을 통제하는 조치를 실시해왔으나 별다른 효과를 거두지 못했다. 또한 기업의 무현금 화폐가 구매력을 가진 현금 화폐로 전환되는 경우가 점차 많아지고 기업에서 가계로 지급된 화폐가 은행으로 환수되지 못하면서 통화량 증가와 시장 부문의 고인플레이션을 유발하였다.

이에 북한당국은 2009년 11월 30일 기습적으로 자국 화폐에 대해 100:1로 액면 단위를 변경하는 디노미네이션(denomination)을 단행했다. 문제는 기존의 구권 화폐 보유를 모두 인정해주지 않은 것이었다. 북한 주민들은 가구당 10만~20만원 한도 내에서 구권 100원 당 신권 1원으로 교환받을 수 있었으며 나머지 보유 현금은 은행에 예치해야 했다. 이렇게 무리한 화폐개혁을 단행한 데에는 시장가격 상승 압력을 완화하고 신권 주조차익(seniorage)을 통해 재정여건을 개선하고자 하는 목적이 있었다. 즉, 시중에 유통되거나 축장되어 있는 과잉화폐를 강제적으로 환수 및 폐기함으로써 추가적인 인플레이션을 막고, 신규 화폐 발행을 통해 부족한 재정을 보충하여 정권의 핵심 사업에 투입하거나 지지기반을 확대하는데 임의적으로 활용하고자 하는 의도였던 것으로 해석된다. 또한 정책 효과를 극대화하기 위해 시중에서 통용되는 달러, 위안화 등 외화의 사용도 2010년 1월 1일부로 금지했으며, 달러당 신권 30원으로 교환을 제시하며 환수를 시도했다. 그러나 핵심계층의 반발이 커지자 2010년 2월 들어 외화사용 금지 조치는 해제되었다.

북한의 2009년 화폐개혁은 의도한 목적을 달성하지 못하였을 뿐 아니라 심각한 부작용을 야기하며 철저한 실패로 귀결되었다. 우선 화폐개혁 직후 주민들의 반발을 무마하기 위해 노동자 임금을 대폭 인상해주는 등 대규모 화폐증발(增發)이 뒤따랐던 데다가 시장 상인들이 정책 불확실성 속에 판매 상품을 거두어들이면서 하이퍼인플레이션 현상이 나타났다. 화폐개혁 직후인 2010년 1분기 물가상승률은 전분기 대비 1,134%에 달했으며, 2011년 중반에는 물가가 디노미네이션 이전의 명목수준에 도달하기에 이르렀다.[36] 즉 2년이 채 되지 않는 기간 동안 100배의 물가상승을 기록한 것이다. 이러한 고인플레이션은 2012년 하반기 이후에야 진정되었다. 또한 부유층은 권력자들로부터 정보를 입수하여 미리 현금을 외화로 환전하는 등 대비를 한 경우가 많았으며, 정보가 부족하고 내화 이용 거래 비중이 높았던 소상공인들에게 피해가 집중되었다. 화폐개혁 후 상당 기간은 시장에서의 상품유통, 특히 식량 유통이 막혀 주민 생계에도 막대한 악영향을 끼쳤다. 극심한 경제적 혼란과 함께 주민들의 반발이 커지면서 북한당국은 개혁 추진의 동력을 상실했다. 결국 2010년 초 김영일 내각 총리가 주민들에게 공식 사과하고 박남기 계획경제부장에게 책임을 물어 경질 후 총살하는 것으로 마무리되었다.

---

36) 한국은행 경제통계시스템, <https://ecos.bok.or.kr>(검색일: 2024.05.13.).

▌[그림 4-14] 북한 주민들의 여유자금 보관방법

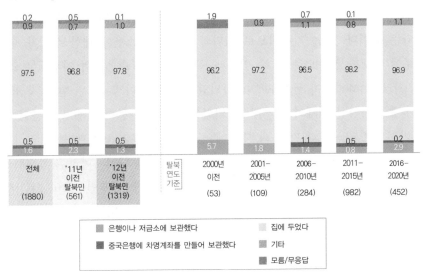

자료: 통일부, 『북한 경제·사회 실태 인식보고서』, 2023, p. 91.

이렇게 은행 계좌를 이용하는 주민들이 드물기 때문에 전자지급수단의 확산 노력에도 불구하고 실제 사용자는 많지 않은 것으로 알려지며 여전히 대부분의 거래는 현금을 통해 이루어진다. 다만 최근에는 무선통신망을 통해 이용자 간 전달이 가능하다는 점을 이용해 선불식 전화이용권을 구입한 뒤 이를 송금이나 대금결제 수단으로 이용하는 경우가 많아졌다. 북한 주민들은 전화이용권이 화폐와 유사한 기능으로 활용되는 점에 착안해 이를 '전화돈'이라고 부른다.[37] 이주영(2021)에 따르면 2010년대 초반 탈북한 북한이탈주민 중 전화돈 사용 경험이 있는 주민은 4.5% 에 불과했으나, 이 비율은 2015-19년 북한이탈주민 그룹에서 16.9%까지 증가한 것으로 나타났다.[38] 같은 기간 외화카드의 사용 경험 비율은 5.4%에서 14%로 증가했으며, 내화카드의 사용 경험 비율은 0%에서 6.8%로 증가했다. 정리하면 최근 전자지급수단의 사용은 선불충전식 결제수단(전화돈, 외화카드) 중심으로 확산되고 있으며

---

37) 북한 손전화는 기본 이용분을 소진한 후 추가 이용을 하기 위해 추가로 구입하여 사용할 수 있는 일종의 크레디트가 존재하는데 이것이 손전화망에서 이용자 간 송금을 통해 실제 화폐처럼 통용되는 현상이 나타나고 있다. 자세한 내용은 손광수, "북한 주민의 전화돈 활용사례 연구", 『KB북한연구』 2020-08, 2020 참조

38) 이주영, "북한 소비자 지급수단 조사 및 분석", 『BOK경제연구』 2022-11호, 2022, p. 10.

은행 계좌를 기반으로 하는 방식(내화카드)은 여전히 이용률이 저조한 상황이다.

북한의 금융실태에 있어서 또 한 가지 특징적인 모습은 외화 사용의 비율이 매우 높다는 점이다. 이는 기본적으로 내화와 공금융 시스템에 대한 신뢰가 부족하기 때문에 발생한 현상으로 볼 수 있는데, 특히 2009년 화폐개혁 이후에는 외화통용현상(달러라이제이션)이 급속도로 심화되었다. 달러라이제이션은 현금 자산을 외화로 대체하는 자산 대체와 상거래 시 외화를 사용하는 통화 대체로 구분할 수 있다. 일반적으로 자산 대체가 통화 대체에 선행하는 경우가 많은데 북한 역시 마찬가지인 것으로 보인다. 현금 자산의 대부분을 몰수당한 화폐개혁의 경험으로 인해 북한 주민들은 내화 화폐 보유를 꺼리고 있다. 화폐개혁 이후인 2010-14년 중 북한 주민의 현금 자산에서 외화의 비중은 접경지역 83%, 비접경지역은 73%에 달한 것으로 추정되었다. 같은 기간 현금 지출 시 외화를 사용하는 비중은 자산 보유보다는 낮으나 접경지역 58%, 비접경지역 39%로 나타났다. 현금을 이용한 거래의 외화 대체율이 높아지는 데에는 한계가 존재한다. 각 단위의 화폐가 모두 외화로 존재하기 어려워 소액 결제, 거스름돈 등에는 내화가 사용될 수밖에 없기 때문이다.

▌[표 4-12] 북한 주민들의 현금자산, 현금 지출 중 외화의 비중

(단위: %)

		화폐개혁 이전		화폐개혁 이후	
		접경	비접경	접경	비접경
현금 자산 중 외화 비중	북한 원화	42.7	40.2	16.9	27.2
	중국 위안화	48.0	27.8	78.3	22.4
	미국 달러	9.3	32.0	4.8	50.4
현금 지출 중 외화 비중	북한 원화	76.7	71.8	42.1	61.3
	중국 위안화	22.1	5.7	57.4	8.6
	미국 달러	1.1	22.5	0.5	30.1

주: 2006-14년 탈북한 231명을 대상으로 설문한 결과이며, 응답자별로 외화의 비율을 계산한 후 평균한 것임.

자료: Sung-min Mun and Seungho Jung, "Dollarization in North Korea: Evidence from a Survey of North Korean Refugees", *East Asian Economic Review*, vol. 21, no. 1, 2017, pp. 85-86.

Ⅳ. 사금융

시장화의 진전에 따라 생계를 위해 도소매 장사나 편의봉사(서비스업) 등 비공식 개인사업에 종사하는 주민들이 많아지면서 사업 밑천 마련 등을 위한 자금 수요가 크게 증가하였다. 그런데 앞서 살펴본 바와 같이 공식 금융 시스템에 대한 주민들의 신뢰는 회복되지 않고 있으며 국영기업이 아닌 일반인에 대한 대출 제도도 아직 미비한 상황이다. 이에 돈이 필요한 주민들이 사적으로 돈을 빌리고자 하는 경우가 많아지면서 사금융이 발달하고 있다. 북한의 사금융은 친척, 친구 등 지인 간 거래를 중심으로 이루어져 왔으나, 최근에는 시장 활동 또는 대외무역에 종사하며 부를 축적한 뒤 대부업을 하는 경우도 많다. 이들은 '돈주'라고 불리며 사업 밑천이 필요한 일반인에게 고리로 대출을 해주거나, 국가사업에 자금을 제공하기도 한다. 지급결제 측면에서도 은행망을 이용한 신용거래가 불가능한 상황에서 지인 또는 이웃 간 외상으로 거래하는 경우도 많다. 이주영·문성민(2020)이 2010년대 탈북한 북한이탈주민 212명을 대상으로 사금융 수단별 이용 경험을 조사한 결과에 따르면, 북한 거주 당시 외상 거래를 이용한 비율은 11.6%, 금전대차를 경험한 비율은 17.8%로 나타났다.

그러나 이러한 사금융은 제도적으로 보호를 받지 못하기 때문에 크게 확대되기는 어려운 상황이다. 돈을 빌리거나 외상 거래로 물건을 가져간 사람이 이를 상환하지 않는 경우 공식적인 대처 방안이 없어 사적인 제재에 의존할 수밖에 없기 때

▌[표 4-13] 북한 가계의 사금융 수단별 이용 경험 비율

(단위: %)

	상거래신용	금전대차	계	비공식금융
전지역	11.6	17.8	1.2	27.8
북중접경지역	20.3	14.6	1.6	30.3
내륙 시 지역	22.2	15.6	2.4	35.0
내륙 군 지역	0.0	20.6	0.0	20.6

주: 2012-2018년 탈북한 212명을 설문한 결과이며, 비공식금융은 상거래신용, 금전대차, 계 중 어느 하나라도 경험한 가구 비중을 의미함.
자료: 이주영·문성민, "북한 비공식금융 실태조사 및 분석·평가", 『BOK경제연구』 2020-16호, 2020, p. 11.

문이다. 또한 금전대차의 경우 금액 규모가 작고 이자가 높은 경우가 많다. 평균 금리가 월 10%를 상회하며, 월 20-30%에 달하는 초고금리 금융도 드물지 않은 것으로 알려진다.

제7절 결론

북한경제의 현재는 북한이 처한 대내외적 환경 변화와 '체제의 생존'이라는 북한 정권의 목표, 그리고 북한 주민, 중간 관료 등 북한 내부의 행위자들이 끊임없이 상호작용한 결과물이다. 특히 1990년대 수십만 명의 아사자를 발생시킨 경제위기와 이후 회복 과정에서 시장이 확산되고 사경제 부문이 성장하여 기존의 중앙계획경제와 공존하는 이중구조가 형성되었다. 김정은 시기 들어서는 이전까지 자생적으로 성장해오던 시장 부문을 제도적으로 인정하는 개혁이 이루어졌다. 또한 광물자원 및 경공업 제품을 중심으로 수출이 크게 확대되었고 다양한 품목을 수입할 수 있게 되면서 내부 산업 기반이 취약한 북한은 주민 소비와 기업 생산사슬의 상당 부분을 무역에 의존하게 되었다. 그러나 대북제재와 코로나19의 영향 하에 대외무역이 크게 축소되면서 북한경제는 계단식으로 역성장하는 모습을 보였다.

2024년 현재 북한경제는 코로나19의 영향에서 벗어나 회복세에 있다. 그러나 향후 전망을 그렇게 밝게 보기는 어렵다. 북한경제를 제약하는 현실은 내부적 요인과 외부적 요인으로 나눌 수 있다. 외부적 요인은 지속된 대북제재로 인한 고정자본 투자의 제약과 외화 수급 사정의 악화를 들 수 있다. 내부적 요인은 경제개혁의 정체로 인해 북한 경제체제가 가지고 있는 비효율성이 완화되지 못하고 있는 것이다. 하노이 북미정상회담이 결렬되고 단기간에 제재 완화를 기대하기 어려워진 상황에서 북한은 '자력갱생'과 '정면돌파전' 등의 구호를 내세우며 자체적인 기술과 자원으로 상황을 타개해 보겠다는 의지를 보였으며 소재 국산화를 강조하는 등 고립 하에서의 버티기를 시도하고 있다. 2020년대 들어서는 '국가유일무역제도'의 복원 시도, '양곡관리소'를 통한 곡물 거래의 일원화 등 경제에 대한 중앙정부의 장악력을 강화하려는 시도가 이어지고 있다. 이것이 김정은 시기 이어져 온 친시장적 정책 기조로부터의 완전한 전환을 의미하는지는 분명하지 않다. 다만 단기적으로 자본주의적 요소 도입을 확대하는 경제개혁이 더 진전되기는 어려운 상황으로 보인다.

　　대북제재는 향후 점차 느슨하게 집행될 가능성이 높다. 제재가 장기화되면서 국제사회에서 제재 목표와 이행 의지의 공유, 철저한 감시체제 유지 등이 쉽지 않고, 지정학적 상황 변화로 중국, 러시아 등 주요 국가의 제재 이행 협조를 기대하기 어려운 상황이 이어지고 있기 때문이다. 이는 외화수급 여건의 개선, 식량과 에너지 부족의 해소 등을 통해 북한 경제에 숨통을 틔워줄 수 있다. 그러나 근본적인 경제성장률 제고를 위해서는 시장경제의 제도화 등 체제이행 수준의 개혁이 요구된다. 또한 북한이 비핵화와 경제개방에 나선다면 국제기구를 통한 지원 및 해외기업의 대대적 투자를 통해 상당 기간 매우 빠른 성장이 가능할 수도 있다. 중국, 베트남 등의 경험에서 보듯이 정치적 체제를 유지하면서도 경제적으로는 자본주의 시장경제 체제로 전환하여 높은 성장을 달성하는 것이 가능하다는 점을 북한당국이 인식할 필요가 있다.

참고문헌

[북한 자료]

조선대외경제투자협력위원회, 『조선민주주의인민공화국 투자안내』, 조선민주주의인민공화국
　　　　외국문출판사, 2016.

[남한 자료]

• 논 문

김민정·김다올, "북한 장기 수출입 데이터 재구축 및 분석 : 1962-2018년", 『BOK경제연구』
　　　　2023-9호, 2023.

김민정·문성민, "김정은 시대 북한 금융제도 변화", 『경제분석』 제27권 4호, 2021.

김병연, "김정은 체제의 북한경제", 윤영관 편저, 『북한의 오늘 Ⅱ』, 늘품플러스, 2019.

김석진, "최근 북한경제 연구의 현황과 과제", 『통일과 평화』 제11집 1호, 2019.

류학수, "북한 공업배치구조의 특징과 남북경제협력 방안", 『KDI 북한경제리뷰』 2019년 1월
　　　　호, 2019.

박경숙, "북한의 식량난 및 기근과 인구변동", 『통일정책연구』 제21권 1호, 2012.

손광수, "북한 주민의 전화돈 활용사례 연구", 『KB북한연구』 2020-08, 2020.

양문수, "김정은 시대 시장의 제도화와 국영경제의 변화", 이석 편, 『북한경제의 변화와 남북
　　　　한 경제통합 분석』, 한국개발연구원, 2017.

_____, "북한 경제발전전략 70년의 회고와 향후 전망", 『통일정책연구』 제24권 2호, 2015.

양문수·임송, "북한의 경제체제에 관한 연구: 실태와 평가", 『경제분석』 제28권 3호, 2021.

이주영, "북한 소비자 지급수단 조사 및 분석", 『BOK경제연구』 2022-11호, 2022.

이주영·문성민, "북한 비공식금융 실태조사 및 분석·평가", 『BOK경제연구』 2020-16호,
　　　　2020.

임사라·양문수, "김정일 시대와 김정은 시대의 경제개혁 조치 비교 연구", 『현대북한연구』
　　　　제25권 1호, 2022.

임수호·김성배·이기동, "북한의 주요 불법거래 수입 추정: 2017~2021년의 시기를 중심으
　　　　로", 『국가안보전략연구원 전략보고』 제163호, 2022.

장형수, "국제사회의 대북제재가 2016~20년 북한 외화수급에 미친 영향", 이석 외, 『대북제
　　　　재의 영향력과 북한의 경제적 미래』, 한국개발연구원, 2021.

장형수·김석진, "북한의 외화수급 및 외화보유액 추정과 북·미 비핵화 협상에 대한 시사점",
　　　『현대북한연구』 제22권 1호, 2019.

정승호·위혜승·이종민, "북한이탈주민의 건강과 경제적 적응에 대한 연구", 『BOK경제연구』
　　　제2023-19호, 2023.

조태형·김민정, "북한의 장기 경제성장률 및 국민소득 추정: 1956-1989년", 『경제학연구』
　　　제69권 1호, 2021.

조태형 외, "최근 5년의 북한경제(2017-2022) 및 향후 전망", 2022,

• 단행본

김두섭 외, 『북한 인구와 인구센서스』, 통계청, 2011.

김병로, 『북한의 지역자립체제』, 통일연구원, 1999.

김유연 외, 『북한사회변동 2012~2020』, 2022.

박경숙, 『북한의 식량난 및 기근과 인구변동』, 통일정책연구, 2012.

양문수, 『북한경제의 구조: 경제개발과 침체의 메커니즘』, 서울대학교출판부, 2001.

　　　, 『북한경제의 시장화: 양태, 성격, 메커니즘, 함의』, 한울, 2010.

양문수 외, 『2000년대 북한경제 종합평가』, 산업연구원, 2012.

이석·이재호·김석진·최수영, 『1990~2008년 북한무역통계의 분석과 재구성』 2010-07, 한
　　　국개발연구원, 2010.

이석기 외, 『김정은 시대 북한 경제개혁 연구』, 산업연구원, 2018.

이장로 외, 『남북한 경제통합: 전략과 정책』, 2014.

임수호·양문수·이정균, 『북한 외화획득사업 운영 메커니즘 분석: 광물부문(무연탄·철광석)
　　　을 중심으로』, 대외경제정책연구원, 2017.

통일부, 『북한 경제·사회 실태 인식보고서』, 2023.

표학길·조태형·김민정, 『북한 자본스톡 추정 및 시사점』, 2020.

• 기 타

KOTRA, 『북한의 대외무역동향』, 각년호.

대한민국 외교부 웹사이트 <https://www.mofa.go.kr>.

통일부 북한정보포털, 북한지식사전 <https://nkinfo.unikorea.go.kr/nkp/knwldg/view/knw
　　　ldg. do>.

통일부 주요사업통계, "남북교류협력" <https://www.unikorea.go.kr/unikorea/business/stati
　　　stics/>.

한국무역협회, "중국무역통계", <https://stat.kita.net/stat/istat/cts/CtsWholeList.screen>.

한국은행 경제통계시스템 <http://ecos.bok.or.kr>.

KDI 경제정보센터 웹사이트(https://eiec.kdi.re.kr/material/conceptList.do?depth01＝000020
    00010000100002&idx＝27).

KIET 북한 산업·기업 DB <http://nkindustry.kiet.re.kr/count/kiet.do>.

[영문 자료]
• 논 문

Bergson, Abram, "Communist Economic Efficiency Revisited", *The American Economic Review* 82(2), 1992.

Kim and Park, "Measuring living standards from the lowest: Height of the male Hangryu deceased in colonial Korea", Explorations in Economic History, vol. 48, Issue 4, 2011.

Kim, Kim and Lee, "Assessing the economic performance of North Korea, 1954-1989: Estimates and growth accounting analysis", *Journal of Comparative Economics*, vol. 35, Issue 3, 2007.

Kornai, Janos, "The Soft Budget Constraint", Kyklos 39(1), 1986.

Mun, Sung-min, and Seungho Jung, "Dollarization in North Korea: Evidence from a Survey of North Korean Refugees", *East Asian Economic Review*, vol. 21, no. 1, 2017.

Steckel, Richard, "Biological measures of the standard of living", Journal of Economic Perspectives, vol. 22, no. 1, 2008.

_____, "Stature and the standard of living", Journal of Economic Literature, vol. 33 no. 4, 1995.

Weitzman, Martin, "The "Ratchet Principle" and Performance Incentives", *Bell Journal of Economics* 11(1), 1980.

• 단행본

Kim, Byung-Yeon, Unveiling the North Korean Economy: Collapse and Transition, Cambridge: Cambridge University Press, 2017.

Democratic People's Republic of Korea, *SOCIO-ECONOMIC, DEMOGRAPHIC AND HEALTH SURVEY 2014*, 2014.

• 기　타

UN Security Council Resolution, S/2019/171.

UN안전보장이사회 대북제재위원회, S/2024/215.

UN안보리 대북제재위원회 전문가패널 각 연도 보고서(S/2019/171, S/2020/151, S/2021/211,
　　　S/2022/132. S/2024/215).

Growth Lab at Harvard University, "Atlas of the Economic Complexity Dataverse",
　　　<https://dataverse.harvard.edu/dataset.xhtml?persistentId=doi:10.7910/DVN/T4C
　　　HWJ>.

Maddison Project Database 2020 <https://www.rug.nl/ggdc/historicaldevelopment/mad
　　　dison/releases/maddison−project−database−2020?lang=en>.

UN Data <https://data.un.org/>.

UN World Population Prospect 2022 <https://population.un.org/wpp/>.

제 5 장

북한의
사회구조와 변동

정은미

북한의 사회구조와 변동

제1절 서론

김정은 집권 2기를 보내고 있는 북한 사회에서 불평등 문제가 매우 뜨거운 사회적 이슈로 대두되고 있다. 2021년 1월에 개최된 제8차 당대회에서 불균형 발전 문제가 공식 의제로 다뤄졌다는 점은 사회변동 관점에서 주목할 만한 변화이다. 당대회 개최 이후 '사회주의 전면적발전' 노선이 정식 채택되었다.[1] 같은 해 12월 말에 개최된 제8기 제4차 전원회의에서 채택된 '농촌혁명강령'과 2024년 1월에 개최된 제14기 제19차 최고인민회의에서 김정은 국무위원장이 처음 발표한 '지방발전 20×10정책'은 심각한 저발전 상태에 있는 농촌과 지방의 지속가능한 발전을 위한 장기종합계획이라는 공통점을 지닌다. 또한 두 계획 모두 추진 동력이 중앙당, 중앙정부, 군대에서 나오고 있다는 점은 농촌과 지방의 불균형 발전, 즉 지역 불평등 문제가 김정은 정권의 안정에 상당히 중요한 위치에 있음을 시사한다.

불균형 발전과 사회 불평등 문제가 주요 정치 의제로 부상한 데는 한편으로는 2012년에 출범한 김정은 정권이 추진해 온 '인민생활향상'을 목표로 하는 국정 운

---

1) 북한 문헌에서는 '사회주의 전면적 발전'이 김정은의 혁명사상으로 규정되고 있다. 사회주의 전면적 발전은 정치, 국방, 경제, 문화의 동시 균형적 발전을 비롯해 노동자와 농민 간의 차이, 공업과 농업 간의 차이, 도시와 농촌 간의 차이를 없애는 것을 기본내용으로 하고 있다. 사회주의 전면적 발전 사상에 관한 상세한 설명은 "사회주의 전면적발전에 관한 사상의 본질", 『로동신문』, 2021년 11월 30일자 "사회주의 전면적발전에 관한 사상의 기본 내용", 『로동신문』, 2021년 12월 2일자를 참조할 것.

영이 평양 수도와 특권층에 편중된 데 따른 후과(後果)이며, 다른 한편으로 2002년 7.1경제관리개선조치 이후 성장과 분배에서 국가 외에 시장경제적 조정(調整)의 비중이 높아지면서 초래된 사회변동 현상이라 할 수 있다.

북한 사회는 현재 성분 중심의 사회계층이 견고하게 구조화된 기저 위에 경제적 지위 차이에 따른 제2의 사회계층화가 진행되고 있다. 표면적으로 전자보다 후자의 사회계층화가 더 두드러지게 관찰된다. 따라서 북한 사회의 구조와 변동을 설명하기 위해서는 현재 진행되고 있는 사회계층의 구조와 변화를 면밀하게 규명해야 한다. 특히, 중산층의 성장은 북한 사회의 역동성과 개방성의 증대뿐만 아니라 장기적으로 정치적 변화의 잠재적 동인(動因)으로서 역할을 기대하게 하는 중요한 사회변동 현상이다.

2017년 세계아동기금(UNICEFP)과 북한 중앙통계국이 공동 조사하여 발표한 '다중지표군집조사'(Multiple Indicator Cluster Survey: MICS) 보고서에는 개별 가구의 자산규모를 토대로 부의 크기를 세 개의 집단으로 분류한 재산지표(Wealth Index: 하위 20%, 중위 40%, 상위 40%)가 포함되어 있다. 이 지수는 북한 사회에 경제적 자원의 차등적 보유에 따른 위계적 사회구조, 즉 사회계층이 실체적 존재라는 사실을 방증한다.

북한 사회의 구조적 변동을 추동하고 있는 또 하나의 요인은 정보화이다. 김정은 정권은 초기부터 정보화사회('지식경제사회')로의 전환을 중요한 국가발전 방향으로 제시하고 정보화 정책을 적극적으로 추진하였다. 김정일 시대에 북한 사회의 구조적 변동을 이끌었던 결정적인 동력이 '시장화'였다면, 김정은 시대에는 '정보화'라고 할 수 있다.

정보통신기술의 발달과 이동통신 서비스의 보급 그리고 휴대전화의 대중화는 북한 사회의 모든 영역과 분야에서 새로운 생산양식과 생활양식의 변화를 이끌고 있다. 한편으로 정보화가 김정은 정권의 정책과 생산의 효율성을 높이는 순기능을 하면서도, 다른 한편으로는 기존의 생산양식과 생활양식의 침식을 부추김으로써 궁극적으로는 정권과 체제의 안정을 위협하는 역기능을 한다는 측면에서 '양날의 칼'과 같은 속성을 갖는다. 따라서 본 장에서는 김정은 정권에서 추진되고 있는 정보화 정책에 대한 이해를 높이고, 그 정보화의 진전에 따른 사회 구조적 변화와 김정은 정권이 직면하고 있는 도전적 과제는 무엇인지를 살펴본다.

제2절 북한의 사회계층

I. 사회계층의 구조와 변화

1. 성분 중심의 사회계층

(1) 3대 계층

북한의 모든 주민들은 성분에 따라 분류된다. 성분에는 출신성분과 사회성분이 있는데, 전자는 부모의 직업 가운데 가장 오래 유지한 직업에 의해 규정되고, 후자는 본인이 가지고 있는 직업 가운데 가장 오래 유지한 직업에 따라 규정된다.[2] 북한은 사회주의개조가 완성된 1958년부터 일정 시기마다 주민성분 조사 사업을 실시해 주민성분 분류를 갱신해왔다. 가장 잘 알려져 있는 성분 분류는 1967-1970년 시기에 실시된 주민재등록사업을 통해 주민들을 3대 계층(핵심계층·동요계층·적대계층)으로 구분하고 이를 다시 51개 부류로 나눈 것이다. 그리고 이후에도 몇 번의 주민요해사업과 공민증갱신사업이 진행되었는데 현재 알려져 있는 주민성분 분류는 1993년 사회안전부출판사에서 발간한 「주민등록사업참고서」에 수록된 것으로 기존의 3대 계층은 기본군중, 복잡군중, 적대계급잔여분자로 대체되고 부류는 기존의 51개에서 56개로 늘어났다. 이외에도 위의 자료에는 총 25개의 성분이 명시되어 있다는 점에서 기존 성분 분류의 양식과 차이가 존재한다.

[표 5-1]에 보이는 북한 주민의 성분 분류표에서 주목해 볼 집단은 기본군중이다. 기본군중은 북한 정권을 뒷받침하는 충성집단이면서 동시에 거의 모든 사회정책의 혜택을 우선적으로 받는 인구집단이다. 특히, 기본군중에 "기타"로 분류되는 인구집단의 구성을 주목할 필요가 있다. 성분 분류의 정의에 따르면 "기타"에는 "당에 충실하고 핵심적 역할을 하며 계급적 토대, 가정주위환경 그리고 사회정치생활이 건실한 노동자, 농민, 군인, 지식인"이 포함되어 있다.

---

2) 오경섭 외, 『북한인권백서 2021』, 통일연구원, 2021, p. 221.

▌[표 5-1] 북한 주민의 성분 분류표

1970년대 성분 분류[a]		1990년대 성분 분류[b]	
계층	부류(51개)	계층	부류(56개)
핵심 계층	노동자, 고농(머슴), 빈농, 사무원, 노동당원, 혁명가족, 애국열사유가족, 8.15 이후 양성된 인테리, 6.25피살자 가족, 전사자 가족, 후방가족, 영예군인	기본 군중	혁명가, 혁명가가족, 혁명가유가족, 영예군인, 영예전상자, 영웅, 공로자, 제대군인, 전사자가족, 피살자가족, 사회주의애국희생자가족, 기타
동요 계층	중·소상인, 수공업인, 소공장주, 하층접객업자, 중산층 접격업자, 월남자 가족(제2, 3부류), 중농, 민족자본가, 중국귀환민, 일본귀환민, 8.15 이전 양성된 인테리, 안일·부화·방탕한 자, 접대부 및 미신숭배자, 유학자 및 지방유지, 경제사범	복잡 군중	인민군대 입대기피자, 인민군대 대렬도주자, 귀환군인, 귀환시민, 반동단체 가담자, 일제기관 복무자, 해방전사, 건설대 제대자, 의거입북자, 10지대 관계자, 금강학원 관계자, 정치범 교화출소자, 종교인, 월남자가족, 처단된 자 가족, 체포된 자 가족, 정치범 교화자 가족, 포고되었다가 돌아오지 않은 자의 가족, 해외도주자 가족, 지주가족, 부농가족, 예속자본가 가족, 친일파가족, 친미파가족, 악질종교인가족, 종파분자가족, 종파연루자가족, 간첩가족, 농촌십장가족, 기업가가족, 상인가족
적대 계층	8.15 이후 전락노동자, 부농, 지주, 친일·친미주의자, 반동관료배, 천도교 청우다왼, 입북자, 기독교신자, 불교신자, 천주교신자, 출당자, 철직자, 적기관복무자, 체포·투옥자가족, 간첩관계자 가족, 간첩관계자, 반당·반혁명 종파분자, 처단자 가족, 출소자, 정치범, 민주당원, 자본가, 월남자가족(제1부류)	적대 계급 잔여 분자	지주, 부농, 예속자본가, 친일파, 친미파, 악질종교인, 종파분자, 종파연루자, 간첩, 농촌십장, 기업가, 상인
		성분 (25개)	혁명가, 직업혁명가, 노동자, 군인, 고농, 빈농, 농민, 농장원, 중농, 부유중농, 농촌십장, 부농, 지주, 사무원, 학생, 수공업자, 십장, 중소기업가, 애국적 상기업가, 기업가, 소시민, 중소상인, 상인, 종교인, 일제관리

출처: a) 전현준,『북한의 사회통제 기구 고찰-인민보안성을 중심으로』, 통일연구원, 2003, p. 57.
　　　b) 현인애, "북한의 주민등록제도에 관한 연구", 이화여자대학교 북한학협동과정 석사학위논문, 2008; 오경섭 외,『북한인권백서 2021』, 통일연구원, 2021, p. 222. 재인용.

(2) 핵심계층(기본군중)의 특별우대 정책

김정은 정권에서는 다양한 사회정책에서 "특별우대" 원칙이 강화되었다. 특별 우대 원칙은 핵심계층(기본군중)에 각종 사회정책의 혜택을 우선적으로 제공한다는 것이다. '고난의 행군' 시기를 거치면서 정권의 보훈 역량이 크게 줄어듦으로써 핵심계층(기본군중)의 처우가 나빠졌다. 반면에 시장을 기반으로 성공한 인구집단의 성장은 전통적인 체제 충성집단인 핵심계층(기본군중)의 계층적 지위를 위협하는 요인이 되었다. 특수한 정치적 자본을 가진 핵심계층(기본군중)의 경제적 지위는 점차 하락하고 있는 반면에 시장의 성장 속에서 성공한 '시장 세력'의 경제적 지위의 상승으로 핵심계층(기본군중)의 상대적 박탈감이 증가하게 되었다. 이러한 사회계층의 지위 변동은 정권 지지집단의 결속력을 떨어뜨려 궁극적으로는 정권의 불안정을 초래할 수 있는 위험 요인이 될 수 있다.

김정은 정권은 초기부터 '인민생활향상'이라는 국정 목표를 명분으로 "특별우대" 원칙을 내세워 각종 사회정책의 혜택을 우선적으로 제공함으로써 하락한 핵심계층(기본군중)의 지위를 복원시키고자 하였다. 코로나19 위기가 한창이던 2021년에 제정된 '사회보험및사회보장법'은 "특별우대" 규정을 별도로 구성(제73조~제78조)하였다. "특별우대"를 받는 인구집단에는 "혁명투쟁공로자, 영웅, 전쟁노병, 전시공로자, 영예군인, 영예전상자, 영예근로자, 혁명열사가족, 애국열사가족, 사회주의애국희생자가족" 등이 포함된다. 이 인구집단은 핵심계층(기본군중)에 해당한다. 이들은 이 법을 통해 정기적인 건강검진, 의약품과 보약 우선 공급, 살림집, 식량, 식료품의 보장, 교통수단 이용에서 특혜 제공, 정휴양 및 견학 등에서 우선 기회 보장, 보조기구 우선 공급 및 국가 부담, 각종 보조금 및 우대금 추가 지불 등 각종 혜택을 우선적으로 제공받는다.

그밖에 살림집법에서도 살림집 배정 원칙 제1항은 "혁명투사, 혁명열사자가족, 애국열사가족, 전사자가족, 피살자가족, 영웅, 전쟁노병, 영예군인, 제대군관, 교원, 과학자, 기술자, 공로자, 노력혁신자"에게 살림집을 우선 배정한다고 규정하고 있다. 이처럼 사회정책의 "특별우대" 원칙은 거의 모든 공적 서비스에 일관되게 적용되고 있다. "특별우대"를 강조하는 사회정책은 일반 주민들의 민생 개선보다는 김정은 정권의 충성집단에 대한 물질적 보상을 제도적으로 보장함으로써 체제결속력을 높이려는 수단으로 활용되고 있다. 결과적으로 "특별우대" 원칙을 내세운 사회

정책은 북한의 사회 불평등을 더욱 심화시키고 있다.

2. 새로운 계층의 부상

(1) 중산층의 성장 배경

시장의 확산은 북한 사회에 기존 성분 중심의 사회계층을 변화시키는 주요 동인으로 작동하였다. 경제적 요인에 의해 계층 간 그리고 계층 내 분화가 나타나고 있는데, 특히 중산층의 성장은 북한 사회의 구조적 변동을 이끌고 있다. 북한의 중산층이 성장하게 된 배경에는 첫째, 시장의 확대와 소득수준의 상승, 둘째, 무역의 확대, 셋째, 사회주의기업책임관리제, 사회주의문명국 건설과 같은 친시장 및 소비지향의 경제사회 정책 효과를 꼽을 수 있다. 북한 주민의 소득 증가는 구매력을 상승시키고, 높은 구매력은 소비 시장의 활성화를 이끌었다. 코로나19 팬데믹 발생 이전에 북한의 무역은 크게 증가하였는데, 이는 상품의 유통을 크게 증대시키고 나아가 상업 종사자 수의 증가와 더 많은 상업자본의 축적을 가능케 했다.

특히, 2014년부터 사회주의기업책임관리제가 실시되면서 기업소 운영에 필요한 경영자금 중 일부에 민간의 상업자본(흔히 '돈주'라고 불리는 사람들의 상업자본을 의미함)을 활용할 수 있는 길이 열렸다. 또한 기업소는 잉여 노동력('8.3'노동력으로 불림)을 합법적으로 내보낼 수 있게 되었는데, 이들은 기업소 밖에서 자유롭게 사경제 활동을 참여하는 대가로 정기적으로 '수입금'을 소속 직장에 납부한다. 그리고 이 수입금은 기업소의 경영자금으로 쓰인다. 따라서 기존에 노동자, 전문직 종사자, 중하위직 관료집단, 상인, 가정주부 가운데 부를 축적한 사람들이 증가하고 차별화된 새로운 생활양식을 추구하는 중산층이 북한 사회에서 성장하게 되었다.

북한의 중산층 성장에 관심을 갖는 이유는 과거 우리 사회가 그랬던 것처럼 민주주의가 발전하지 못한 권위주의적 정권에서 중산층의 성장이 사회적 변화의 동인으로 작용할 수 있기 때문이다. 한국을 비롯하여 많은 제3세계 국가들에서 중산층은 개혁이나 혁명과 같은 정치적 격변의 순간에 정치적 향방을 결정짓는 중요한 역할을 해왔다.[3]

---

3) Dale L. Johnson, *Middle Classes in Dependent Countries*, London: Sage Publication, 1985, pp. 13-41.

(2) 중산층의 유형과 특징

1) 구(舊) 중산층

역사적으로 북한의 중산층은 사회주의 개조의 대상이면서 경계 또는 적대적 인구집단으로 여겨졌다. 위의 [표 5-I]을 보면, 1970년대 주민성분 분류표에서 대체로 해방 이전 시기에 중산층에 해당하는 사람들이 대부분 동요계층으로 분류되어 있다. 구체적으로 중소상인, 수공업인, 소공장주, 중산층 접객업자, 중농, 인테리 (8.15 이전 양성) 등이 포함되어 있다. 1990년대 주민성분 분류표에서는 뚜렷하게 중산층에 속하는 사람들을 특정하여 분류하기 힘들어졌다. 다만, 복잡군중에 기업가 가족과 상인가족이 포함되어 있고, 적대계급잔여분자에 기업가와 상인이 포함되어 있다. 그리고 다시 총 25개의 성분 안에 중농과 부유중농, 사무원, 수공업자, 중소기업가, 중소상인, 상인 등이 포함되어 있다. 이처럼 성분 중심의 사회계층 분류에서 중산층은 대체로 동요계층(복잡군중)에 속하며 핵심계층(기본군중)과 비교해 열악한 사회적 지위에 놓여 있었다.

북한의 『조선대백과사전』에 따르면 중산계층은 "생산수단에 대한 사적소유와 개인로동에 기초하여 비교적 부유하게 생활하는 소상품생산자 및 그와 비슷한 경제적 처지에 있는 사회계층, 중산층"[4]으로 정의된다. 동 사전은 중농, 도시소자산계급, 지식인 등이 중산계층에 속한다고 설명하고 있다. 1973년에 발간된 『정치사전』은 중산계층을 "생산수단에 대한 사적소유와 개인로동에 기초하여 생활하는 소상품 생산자 및 그와 비슷한 경제적 처지에 있는 사회층, 중산계급, 중산층"[5]이라고 정의하며, 과거 시기의 중농, 도시 소시민, 인테리 등이 속한다고 설명한다.

---

4) 『조선대백과사전 19권』, 백과사전출판사, 2000, p. 481.
5) 『정치사전』, 사회과학출판사, 1973, p. 1068.

▌[표 5-2] 중산계층에 대한 북한 사전의 설명 비교

	정치사전(1973)	조선대백과사전(2000)
용어	중산계층	중산계층
정의	생산수단에 대한 사적소유와 개인로동에 기초하여 생활하는 소상품생산자 및 그와 비슷한 경제적 처지에 있는 사회층, 중산계급, 중산층	생산수단에 대한 사적소유와 개인로동에 기초하여 비교적 부유하게 생활하는 소상품생산자 및 그와 비슷한 경제적 처지에 있는 사회계층, 중산층
구성원	중농, 도시소시민, 인테리 등	중농, 도시소자산계급, 지식인 등
계급 위치	적으나마 생산수단이나 재산을 가지고 있다는 점에서 자산계급에 가깝고 자기의 로력으로 생활한다는 의미에서는 근로자에 속한다	적으나마 생산수단이나 재산을 가지고 있다는 점에서 자산계급에 가깝고 자기의 로력으로 생활한다는 의미에서는 근로자에 속한다

출처: 『정치사전』, 사회과학출판사, 1973, p. 1068, 『조선대백과사전 19권』, 백과사전출판사, 2000, p. 481을 참조하여 작성; 정은미·박소혜·이종민, 『북한의 중산층』, 통일연구원, 2022, p. 56 재인용.

2) 신(新) 중산층

21세기 이후 등장한 신중산층은 이전과 전혀 다른 유형과 특징을 가지고 있다. [표 5-3]에서 보이듯 신중산층은 기존의 성분 기반 사회계층의 경계를 허물고 있다. 북한의 신중산층은 세 가지 유형 즉, 권력형, 전문가형, 상업형으로 분류되며, 각 유형은 필수요건, 소득 창출 방법, 지위획득 자본, 직업에서 고유한 특징을 갖고 있다.

▌[표 5-3] 북한의 신중산층의 유형 분류

유형	권력형 중산층	전문가형 중산층	상업형 중산층
필수 요건	입당, 군복무	대학교육	없음
소득 창출 방법	공적 지위 활용, 뇌물 수수	공식＋비공식 경제활동 겸업	상업활동
주요 업종 또는 직업	당, 행정, 군의 중하위급 간부	의사, 교원, 교수, 연구사, 기술자	도소매업, 밀수, 개인 서비스업
지위획득 자본	정치자본	학력자본	경제자본

출처: 정은미·박소혜·이종민, 『북한의 중산층』, 통일연구원, 2022, p. 79 인용.

권력형 중산층은 당, 행정, 군 안에서 지위나 권한을 이용하여 부를 축적하는 중하위직 간부 또는 관리자 집단이다. 권력형 중산층은 양호한 출신성분, 입당, 군 복무와 같은 필수요건을 요구한다. 전문가형 중산층은 특수한 지식과 기술을 습득하기 위해 고등교육을 이수한 사람들로 출신성분이 취약하나 학력자본을 활용하여 부를 축적한다. 주로 이들은 교육, 과학·기술, 보건, 예술 부문 등에 종사한다. 상업형 중산층은 일반 노동자, 가정주부, 학생, 은퇴자 등 광범위한 인구집단을 포괄한다. 이들은 대체로 하루의 노동시간 대부분을 상업활동에 할애하고, 상업활동을 통해 획득한 소득으로 생활을 영위한다.

세 유형의 신중산층은 몇 가지의 특성들을 갖는다. 첫째, 신중산층은 공식 직업으로 획득한 소득이 불충분하여 추가적인 소득 경제활동을 병행한다. 대체로 문서상 공식 직업을 유지하면서도 비공식적으로 상업활동을 병행하는 경우가 일반적이며, 이러한 이중적 경제활동은 가구의 이원적 소득구조를 형성한다.

둘째, 신중산층은 복수의 경제활동의 병행으로 인해 계급 내 모순적인 위치에 있다. 공식 직업 지위에서는 생산수단 및 노동력에 대한 통제권을 갖지 못하지만, 비공식 경제활동에서는 자본, 노동력, 의사결정 등에 대한 통제권을 갖는 경우가 많다.

셋째, 비공식적 연결망 자원은 신중산층의 계층 지위를 획득하고 유지하는 데 중요하다. 특히, 권력형 중산층은 비공식적 연결망 자원 중 혈연적 연결망 자원의 동원이 다른 유형의 중산층에 비해 상대적으로 용이하다.

넷째, 출신성분이라는 특수한 형태의 정치자본이 사회적 이동을 제약한다. 출신성분이라는 정치자본은 수직적 사회이동을 제약하는 요소로 작동할 뿐만 아니라 중산층 내에서 수평적 이동을 제약한다. 따라서 권력형 중산층과 전문가형 및 상업형 중산층 간에는 이동의 장벽이 존재한다. 북한사회에서 시장경제적 논리가 광범위하게 작동하고 부(富)의 축적이 주로 시장경제 영역을 통해 이루어짐으로써 경제자본의 위력이 점증되는 것은 사실이나, 유럽의 체제전환국 사례에서 나타났던 정치자본의 탈제도화 현상이 북한에서는 아직 눈에 띄지 않는다. 사회계층적 관점에서 북한사회에서 출신성분은 중산층이 상층으로 상향이동하는 것을 가로막는, 다시 말해서 중산층의 성원들이 상층으로 진입하는 것을 차단하는 사회적 단절

(social closure)의 기제로 작동한다.6)

다섯째, 구(舊)중산층과 신(新)중산층 간의 갈등이 내재되어 있다. 구중산층은 출신성분에 따른 계층구조에서 기본군중 가운데 영예군인, 전사자 가족, 피살자가족, 애국희생자 가족, 제대군인 등을 의미한다. 이들에 대한 국가의 보훈 및 복지역량의 하락으로 그들의 생활수준은 점차 하락하였다. 반면 출신성분의 계층구조에서 하위에 위치한 복잡군중 및 적대계급에서 속해 있던 일부 주민들은 시장을 기반으로 상업적 성공을 거둬 생활수준이 크게 향상되었으며, 이들이 신중산층으로 성장하였다. 신중산층이 성장할수록 구중산층의 상대적 박탈감은 증대할 수 있다. 따라서 자원배분을 둘러싸고 구중산층과 신중산층 간의 갈등이 발생할 수 있다. 김정은 정권에서 강조되고 있는 사회정책의 "특별우대" 원칙은 구중산층의 불만을 누그러뜨려 잠재적 갈등을 예방하는 효과를 지닌다.

II. 중산층의 생활양식

1. 구중산층의 생활양식

김일성 시대의 이상적인 중산층 생활양식은 [표 5-4]에 나타나듯, 흰쌀밥을 먹고, 좋은 옷을 입고, 좋은 집에서 살며 일상 소비품을 풍족하게 소비하는 것이었다. 1990년대 초까지 김일성은 사회주의 목표가 전체 인민의 생활수준을 지난날 중산층의 생활수준에 이르게 하는 것이라고 밝히며, 지난날 중산층의 생활수준은 "농촌에서는 지난날의 부유중농의 생활수준 이상으로, 도시에서는 지난날의 도시 중산층의 생활수준 이상"7)이라고 설명하였다. 다시 말해서, 김일성 시대에 이상향으로 추구한 중산층의 생활양식은 빈곤에서 벗어나 풍요롭고 안정적인 의식주 생활을 영위하는 것이라고 할 수 있다. 이와 같은 김일성 시대의 이상향은 김정은 시대에 '사회주의문명국' 건설이라는 이름으로 계승되고 있다.

---

6) 사회적 단절이란 "사회의 특정계급과 계층이 다른 성원의 진입을 차단하는 것"을 의미한다. 김윤태, 『사회학의 발견』, 새로운사람들, 2006, p. 263.

7) 김일성, "총련일군들앞에서 나서는 몇가지 과업에 대하여(총련일군들과 한 담화, 1973.6.1.)", 『김일성저작집』 28, 조선로동당출판사, 1984, p. 352.

▌[표 5-4] 북한의 구(舊)중산층이 지향한 생활양식

	1960년대	1990년대
중산층의 생활양식	좋은 집에서 이밥에 고기국을 먹으며 살며 일상생활에 필요한 모든 것을 마음대로 사서 쓸수 있게 되는 것	우리가 내세우고 있는 사회주의의 목표는 전체 인민의 생활수준을 지난날 중산층의 생활수준에 이르게 하자는 것 흰쌀밥에 고기국을 먹으며 비단옷을 입고 기와집에서 살도록 하자는 것

출처: 김일성, "교원들을 혁명화하며 학생교양사업을 강화할데 대하여(1967.1.27.)", 『김일성저작집』 21, 조선로동당출판사, 1983, p. 88; 김일성, "흥남비료련합기업소의 설비 대형화, 현대화 공사 준공을 축하하는 연회에서 한 연설(1991.12.1.)", 『김일성저작집』 43, 조선로동당출판사, 1996, p. 240.

2. 신중산층의 생활양식

북한은 2016년 5월에 제7차 당대회를 개최하였는데, 이는 1980년 10월 제6차 당대회가 개최된 이래 35년 만에 성사된 것이다. 김정은 정권 출범 후 개최된 제7차 당대회에서 '사회주의문명국' 건설이라는 새로운 목표가 제시되었다. 제7차 당대회에서 채택된 결정서는 사회주의문명국을 "사회주의 문화가 전면적으로 개화 발전하는 나라, 인민들이 높은 창조력과 문화 수준을 지니고 최상의 문명을 최고의 수준에서 창조하며 향유하는 나라"[8]라고 설명하였다. 이어 사회주의문명국 건설의 실천 방법으로 교육, 보건, 체육, 예술 부문의 발전과 함께 현대적인 문화시설들의 확충이 구체적으로 제시되었다.

실제로 평양시에 고급 고층아파트의 대규모 건설 사업이 계속 이어졌고, 마식령스키장, 문수물놀이장, 양덕온천문화휴양지 등 대규모 레저 시설들이 건설되었으며, 극장, 문화회관, 체육관, 편의봉사시설, 공원, 유원지, 명승지 등 리모델링 사업들이 '사회주의문명국' 건설 슬로건 하에서 적극적으로 추진되었다. 흥미로운 것은 이와 같은 다양한 '사회주의문명국 건설' 프로젝트들이 신중산층의 성장과 밀접하게 관련이 있다는 점이다.

김정은 정권에서 성장한 신중산층은 기존의 구중산층과는 다른 생활양식을 추구한다. 특히, 신중산층은 소비자 계층(consumer classes)으로서의 속성이 두드러지

---

8) "조선로동당 제7차 대회 결정서 주체105(2016) 5월 8일 조선로동당 중앙위원회 사업총화에 대하여", 『로동신문』, 2016년 5월 9일자.

게 나타난다.[9] 정은미 · 박소혜 · 이종민(2022)의 연구에 따르면, 2010년대 중후반 4인가구를 기준으로 북한의 신중산층은 1년 소득이 700-2,000달러 정도이고, 한 달에 100달러 내외의 지출을 할 수 있으며, 여유자금이 있어 소득의 10% 정도를 저축할 수 있다. 신중산층의 가구는 대체로 자전거, 선풍기, 전기밥솥 등을 자산으로 보유하고 있고, 대부분이 손전화를 보유, 이용한다. 냉장고, 세탁기, 컴퓨터와 같은 고가 전자제품에 대한 보유율이 계속 높아지면서 생활양식 측면에서 상층과의 격차가 점차 좁혀지고 있다.

[표 5-5]는 2000-2019년까지 북한의 대중국 주요 내구재 수입 수량을 보여주는데, 2000년대에 비해 2010년대에 컬러TV, 냉장고, 오토바이, 휴대전화 등의 수입이 크게 증가하였다. 반면 흑백TV의 수입은 크게 감소하였다. 이러한 내구재의 수입량 변화는 북한 주민들의 생활양식 변화를 보여준다. 경제적 지위가 상승한 신중산층이 고가 내구재의 주요 소비자로 부상한 것이다.

▌[표 5-5] 북한의 대중국 내구재 수입량의 변화(2000-2019년)

(단위: 천개)

	컬러TV	흑백TV	가정용냉장고	소형 냉동고	세탁기	전기밥솥	오토바이	휴대전화
2000년대	1,663	1,283	69	347	167	1,436	12	123
2010년대	4,075	7	258	539	247	1,979	241	5,727
합계	5,738	1,290	327	886	414	3,415	253	5,850

출처: UN Comtrade database, <https://comtrade.un.org/data> (검색일: 2022.9.26.), 재인용: 홍제환 · 김석진, 『김정은 시대 북한경제: 경제정책, 대외무역, 주민생활』, 통일연구원, 2021, p. 178.

이와 함께 신중산층의 소비 행태에서는 모방을 통한 유행과 확산이 특징으로 나타난다. 자본주의 모방 경향과 한국산 제품이 중산층 유행의 표본이 되고 있다. 신중산층의 소비는 개인의 기호와 취향이 체화된 형태의 소비, 실용주의를 넘어선

---

9) 사회주의사회의 신중산층을 소비자 계층으로 보는 시각은 Arve Hansen의 연구에서 차용하였다. 그는 '소비자 사회주의'(Consumer Socialism)와 '신소비자계층'(new consumer classes)의 개념을 통해 중국과 베트남의 사회주의 시장경제의 역동성과 신중간계급(the new middle classes)의 역할을 분석하였다. 자세한 내용은 Arve Hansen, "Consumer Socialism: Consumption, Development and the New Middle Classes in China and Vietnam", Arve Hansen, Jo Inge Bekkevold, Kristen Nordhaug ed., *The Socialist Market Economy in Asia: Development in China, Vietnam and Laos*, Singapore: Palgrave Macmillan, 2020을 참조할 것.

상징 소비, 시공간이 결합한 소비 등으로 차별화된다. 신중산층의 욕망과 정체성에서 자녀 세대의 계층 재생산 욕망과 상층으로의 지향성이 특징으로 나타난다. 그들은 자본 축적을 통해 개인주의를 체득하며 욕심과 행복, 체제 의구심 등 개인화의 욕망을 보여준다.

그러나 신중산층의 한류 및 외래문화의 소비 증가와 모방은 사회주의생활양식의 위기를 불러오고 결과적으로 체제의 위협요인으로 인식되고 있다. [그림 5-1]에 나타나듯, 김정은 정권에서 주민들의 외국영상물 시청 경험은 82.3%에 달한다. 여기서 더 주목할 사항은 바로 외래문화를 경험한 주민들의 인식 변화이다. [그림 5-2]에서 보이듯, 북한에서 남한문화를 접촉한 후 남한에 대한 호감도가 증가했다는 북한이탈주민의 응답률이 2020년 조사에서 90.2%(매우 증가 72.8%＋약간 증가 17.4%)인 것으로 나타났다. 김정은 정권은 한류 및 외래문화의 유입과 확산을 '비사회주의·반사회주의' 현상으로 규정하고 법적 통제를 강화하고 있다. 김정은 정권의 3대 사회통제 법률로 불리는 반동사상문화배격법, 청년교양보장법, 평양문화어보호법 등의 제정은 현재 김정은 정권이 직면하고 있는 사회주의생활양식의 위기를 방증한다.

▌[그림 5-1] 북한 주민의 외국영상물 시청 여부

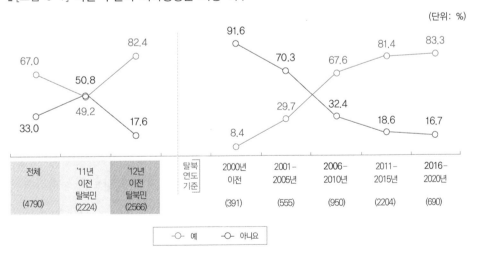

(단위: %)

출처: 통일부, 『북한 경제·사회 실태 인식보고서: 탈북민 6,351명이 알려준 북한의 실상』, 2024, p. 232.

▌[그림 5-2] 남한문화 접촉 후 남한에 대한 호감도 변화

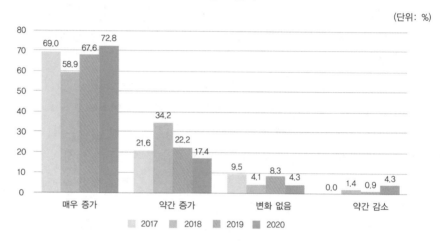

(단위: %)

출처: 김학재 외, 『북한주민 통일의식 2020』, 서울대학교 통일평화연구원, 2021, p. 85.

제3절 정보사회로의 이행

Ⅰ. 지식경제와 전민과학기술인재화

1. 정책 추진 배경

김정은 정권은 집권 초기부터 국가발전 목표로서 '지식경제강국' 건설을 제시하고 정보화 사회로의 전환을 위해 사회 재구조화를 본격적으로 실행하였다. 특히, 지식경제에 필요한 인력을 단기간에 양성하고 재생산하기 위한 사회의 대전환 프로젝트라 할 수 있는 '전민과학기술인재화'를 핵심적인 국가사업으로 추진하였다.[10] 북한 당국이 사용하고 있는 지식경제는 내용상 생산의 원천이 지식과 정보인 정보화 사회를 의미하며, 전민과학기술인재화 역시 지식과 정보를 능숙하게 처리하고 다룰 수 있는 근로자를 육성하는 것을 목적으로 한다. 또 이를 제도적으로 뒷받침하기 위해 법제를 대대적으로 정비하였다.

2019년 4월 헌법 개정은 김정은 정권의 정보화 사회로의 전환에 대한 정책 의

---

10) '전민과학기술인재화' 용어가 처음 등장한 것은 2013년 8월 25일 '선군절'기념 김정은의 담화에서다.

지를 가장 선명하게 보여준다. 경제발전의 기본 방향을 제시하고 있는 헌법 제26조에서는 기존의 "주체화, 현대화, 과학화"를 "주체화, 현대화, 정보화, 과학화"로 변경하였다. 또한 헌법 제40조의 일부 내용이 변경되었는데, 기존의 '온 사회의 인테리화'는 '전민과학기술인재화'로 바뀌었다.[11] 개정 헌법에 '전민과학기술인재화'가 포함되기 이전에 앞서 과학기술법, 교육법, 교원법, 기업소법 등에 전민과학기술인재화 규정이 추가되었다. 따라서 헌법에 '전민과학기술인재화'를 명문화한 것은 최상위법으로 그 정당성과 권위를 인정하기 위한 상징화 작업이라고 할 수 있다. 또한 2019년 헌법 개정 이후에 새롭게 채택된 법률들, 예를 들어 원격교육법, 시군발전법 등에도 '전민과학기술인재화' 조항을 넣음으로써 해당 사업이 장기적이고 구조적 변화를 목표로 하고 있음을 보여준다. 이 밖에도 2021년 내각에 정보산업을 담당하는 정보산업성을 신설함으로써 정보화 정책을 통일적으로 지도, 추진할 수 있는 제도 체계를 완비했다.

2021년 6월에 북한 당국이 유엔에 제출한 『지속가능발전을 위한 2030 의제 이행에 관한 자발적 국가 검토보고서』(약칭 VNR 보고서)는 네 번째 지속가능발전 목표로 "인민 모두를 지식형근로자로 준비"하는 것을 제시했다. '전민과학기술인재화'의 본질이 '지식형근로자'를 육성하기 위한 것이라는 점을 고려했을 때 '전민과학기술인재화'가 지식경제강국 건설이라는 국가의 장기발전 목표 달성을 위한 수단이자 정보화 사회로의 이행을 위한 핵심 정책이라는 점을 알 수 있다.

2. 과학기술보급실의 보급과 원격교육

2013년 11월에 개최된 '전국 과학자, 기술자대회'에서 김정은의 글 《과학기술발전에서 전환을 일으켜 강성국가건설을 힘있게 다그치자》가 전달되었다. 이 글을 통해 전민과학기술인재화 사업의 전반적인 윤곽(outline)이 드러났다. 이 글은 앞으로 생산과 관리의 정보화에 주력하고, 교육·체육·문화·건설 부문에 과학화를 추진함으로써 모든 근로자들이 최신 과학기술과 기술기능을 소유하고 능숙하게 활용할 수 있도록 전민과학기술인재화를 추진해야 한다는 방향성을 구체적으로 제시하

---

11) 제40조 조선민주주의인민공화국은 문화혁명을 철저히 수행하여 모든 사람들을 자연과 사회에 대한 깊은 지식과 높은 문화기술수준을 가진 사회주의건설자로 만들며 전민과학기술인재화를 다그친다. 국가정보원, 『북한법령집 上』, 국가정보원, 2022, p. 38.

였다.

'전국 과학자, 기술자대회' 개최 이후 전민과학기술인재화는 전국의 기관, 기업소, 단체 등에 과학기술보급실 설치와 원격교육을 실시하는 것에 집중되었다. 2016년 1월 과학기술전당이 준공되고 망(네트워크)으로 전국의 주요 기관, 공장·기업소, 농장, 도서관 등이 연결됨으로써 전국적 단위에서 전민과학기술인재화를 실현할 수 있는 인프라 구축이 본격적으로 추진되었다. 모든 시, 군들에서는 전자도서관, 미래원이 전민과학기술인재화의 거점이 되었고, 미래원에 전자열람실, 컴퓨터학습실, 과학기술보급실, 원격강의실을 갖추게 하였다.

하지만 2017년 6차 핵실험과 ICBM '화성-15형'의 발사 시험으로 대북제재가 강화되면서 2018년부터 전민과학기술인재화의 추진 동력이 약해졌다. 그런데 2020년 코로나 팬데믹의 발생은 전민과학기술인재화가 기존과 다른 국면으로 전개되는 계기가 되었다. 이동이 제한되고 대면 접촉이 어려운 상황에서 원격교육과 화상회의와 같이 망(네트워크)을 활용한 사업을 중심으로 전민과학기술인재화의 초점이 이동하였다.

지식형 근로자의 육성 정책은 두 개의 트랙으로 진행되었는데, 하나의 트랙은 학교 체계로 교과과정에서 정보기술 교육을 늘리고, 전국에 정보화 특성의 고급기술중학교를 신설(2020년 기준으로 190여개 신설[12])하여 지역에 필요한 정보화 인재를 자체적으로 육성하는 것이다. 다른 하나의 트랙은 직장을 다니고 있는 근로자들이 '일하면서 배우는 체계'를 통해 지식형근로자를 육성하는 경로로, 직장 내 과학기술보급실을 거점으로 원격교육체계를 구축하여 원격대학과 같은 고등교육 서비스를 제공하는 것이다.

근로자의 대학 원격교육은 김책공업종합대학에서 2010년 2월에 황해제철연합기업소 근로자 40명을 대상으로 강의를 시작하면서 출발하였다.[13] 이것을 모태로 북한에서는 원격교육을 받는 근로자의 수가 매우 빠른 속도로 증가하였다. 2018년 기준으로 전국 50여 개 대학에서 200개 이상의 원격교육학과가 설치 운영되어 10만여 명의 학생이 수강하고 있다고 보도되었다.[14] 나아가 2023년 기준 전국 원격

---

12) "전국각지에 190여개의 정보기술부문 기술고급중학교들이 나오게 된다", 『조선의 오늘』, 2020년 3월 15일자.

13) 『로동신문』, 2014년 12월 8일자.

교육 수강 근로자의 수는 13만 1천여 명에 이르는 것으로 발표되었다.[15]

　2020년 4월 12일에 최고인민회의는 법령 제5호로 원격교육법을 채택하였다. 2010년에 처음 황해제철연합기업소에서 근로자의 원격교육이 실시된 이후 무려 10년이 지나서야 원격교육법이 제정되었다는 것은 생산단위에 원격교육체계가 도입되어 안착하기까지 많은 시행착오들이 있었음을 방증한다. 더욱이 원격교육법이 제정된 시점이 세계적 보건 위기를 몰고 온 코로나 팬데믹이 발생한 때라는 점이 의미하는 바가 크다. 비상방역체계의 가동으로 국경이 봉쇄되고 물적, 인적 이동이 엄격히 통제되는 상황에서 기층 단위에서 원격교육체계를 도입하여 실행하도록 법적 강제력을 높인 것이다.

전민과학기술인재화의 추진체계도

출처: 인민대학습당 홈페이지(NK경제 사진 제공).

---

14) "비약적으로 발전하는 공화국의 원격교육 사업", 『조선의 오늘』, 2018년 7월 2일자.

15) 『로동신문』, 2023년 5월 20일자.

II. 정보통신기술(ICT)의 일상화

1. 휴대전화의 대중화

2008년에 이집트의 오라스콤 통신사와 합작한 '고려링크'로 불리는 이동통신 서비스가 북한에 본격적으로 시작되었다. 이후 2013년에 북한이 독자 설립한 이동통신사 '강성'이 서비스를 시작함으로써 이동통신 서비스 지역이 평양에서 지방까지 확대되었다. 이어 북한 주민들 사이에 휴대전화가 매우 빠른 속도로 보급되었다. 세계아동기금(UNICEF)과 북한의 중앙통계국이 공동 조사하여 발표한 2017년 '북한다중지표군집조사'(약칭 MICS) 보고서에 따르면, 전체 가구의 69.0%, 평양시의 경우 90.6%가 휴대전화를 보유하고 있는 것으로 조사됐다.[16] 38노스(38North)의 조사에 따르면, 2022년 기준 북한의 이동통신 가입자 회선 수는 총 650만-700만 개에 이르는 것으로 추정된다.[17] 휴대전화의 대중화가 진행됨에 따라 북한당국은 이동통신시설의 설치와 관리운영, 이동통신 서비스 이용에서 제도와 질서를 확립한다는 목적으로 2020년 12월 이동통신법을 제정하였다.

(1) 휴대전화 보급에 따른 생활양식의 변화

휴대전화의 보급은 주민들의 경제활동은 물론 소비 생활양식에 많은 변화를 불러일으켰다. 북한의 경제학술지 『경제연구』에 실린 한 논문은 "오늘 우리나라에서는 이동통신망을 리용하는 지능형손전화기가 급속히 보급되여 손전화기는 주민들의 생활에 없어서는 안 될 정보통신기재로 되고 있다"[18]고 기술하고 있다.

북한에서 휴대전화는 매우 고가의 제품이다. 정은미 외(2021)의 연구에 따르면, 북한에서 휴대전화를 구입하는데는 150-800달러 정도가 소요된다.[19] 일반 노동자

---

16) Central Bureau of Statistics of the DPR Korea and UNICEF, *DPR Korea Multiple Indicator Cluster Survey 2017, Survey Findings Report*, Pyongyang, DPR Korea: Central Bureau of Statistics and UNICEF, 2018, p. 31.

17) Martyn Williams and Natalia Slavney, "Twenty Years of Mobile Communications in North Korea", *38North*, 2022.

18) 리유정, "이동통신망을 리용한 주민금융봉사를 활성화하는데서 나서는 중요문제", 『경제연구』 2호, 2018, p. 42.

19) 정은미 외, 『북한의 정보화와 주민생활 변화』, 통일연구원, 2021, p. 149.

의 월 평균 공식 생활비('노임')가 약 0.25달러 수준인 점을 고려하면 일반 주민들이 휴대전화를 갖는 것은 결코 쉽지 않다. 그럼에도 불구하고 위의 조사 통계에서 나타난 것처럼 가구별 휴대전화 보급률이 높은 것은 휴대전화가 주민들의 생계 및 장사와 직결되는 경제활동의 특성에서 기인하기 때문이다. 북한 상인들은 휴대전화를 통해 시시각각 물가와 환율정보를 확인하여 상품의 판매와 소비 시기를 결정한다. 또한 상품의 확보와 주문, 일자리의 알선, 새로운 사업파트너와의 연결 등에서 휴대전화는 사업을 유지하고 영역을 확장하는 데 매우 중요한 매개수단이다.

휴대전화를 사용하게 됨으로써 이동과 거주의 제약성을 극복하고 상품의 주문 및 배송을 위탁할 수 있게 되어 거래 비용이 감소하였으며, 제품 제조의 기술 공유 및 교류 속도가 크게 개선되었다. 이뿐만 아니라 휴대전화는 국내시장과 해외시장을 연결한다. 북한과 중국은 2010년 이후 교통물류, 통신, 금융 등의 인프라를 새롭게 구축하지 않고도 무역이 비약적으로 확대되었다. 북한 상인은 해외에 나가지 않고도 휴대전화를 통해 상품 주문과 송금이 가능해졌다.

또한 은행에 대한 신뢰와 이용률이 저조한 상황에서 휴대전화 요금을 활용한 소액의 돈이 사적으로 거래되는 행위는 서민층에서 공식 금융의 공백을 대체하고 있다. 속칭 '전화돈'이라고 불리는 휴대전화 통화시간을 나타내는 소액의 금액은 분기별로 450원이 지급되는데, 전화돈 450원은 실제 북한 내화로 환산 시 4만 5천 원(전화돈 1원=북한 원화 100원)에 해당된다. 전화돈은 물건을 구입할 때 소액결제를 하는데 사용된다. 또 원거리에 사는 고객이나 지인에게 돈을 보낼 때도 전화돈이 유용하게 활용된다. 예를 들어, 원거리에 있는 지인에게 15,000원을 보내고자 할 때 전화돈 150원을 휴대전화를 통해 송금하면 동일한 금액의 가치 실현이 가능하다. 전화돈의 활성화는 북한에서 모바일 금융 소비플랫폼으로 성장할 수 있는 중요한 기반이 될 수 있다는 점에서 중요한 사회변동적 현상이다.

북한 주민의 소비지출 구조에서 나타난 괄목할 만한 변화는 통신비가 차지하는 비중의 증가이다. 북한 주민들은 휴대전화 단말기 구입, 통신요금, 유심과 휴대전화 악세사리 구입 등에 적지 않은 돈을 지출한다. 한국보건사회연구원이 추정한 북한 가구당 연간 통신비는 약 26.8만원이다.[20] 통신비 지출 규모는 북한 가구당

---

20) 통신비에는 휴대전화와 유선전화기의 구입비와 요금이 포함된다. 조성은 외, 『남북 간 사회격차 완화를 통한 한반도 평화복지체제 구축 방안 연구-북한 주민의 생활실태를 중심으로』, 한국보건사회

연간 교육비 26.2만원과 비슷한 수준이다.[21] 특히, 젊은 세대는 휴대전화를 이용한 영화, 노래 및 게임 등 디지털상품 소비에 기꺼이 비용을 지불한다. 이동과 거주의 제약을 뛰어넘어 휴대전화를 이용한 언택트 소비가 빠르게 증가하고 있다. 특히, 휴대전화를 통해 해외 상품 정보습득이 용이해지면서 북한 주민의 소비패턴이 글로벌화되고 있다는 점은 주목할 만한 사항이다.

(2) 정보통신 소비의 불완전한 구조

흥미로운 점은 북한에서 휴대전화의 대중화와 더불어 유선전화의 보급률도 함께 증가하고 있다는 점이다. 일반적으로 휴대전화의 사용이 증대하면 유선전화의 수는 감소하는 경향성을 나타내는데, 북한에서는 유·무선 전화의 보유율이 동반 상승하고 있는 특이점이 나타나고 있다. 이러한 현상이 나타나는 이유는 이동전화의 요금이 유선전화에 비해 훨씬 비싸고 지방의 경우 이동통신 시설의 부족으로 이동통신 서비스의 수발신이 불안정하기 때문에 유선전화가 더 유용하기 때문이다. 따라서 유·무선 전화를 모두 보유하는 가구의 비율이 점차 늘어나고 있다.

통일부가 10여 년 동안 북한이탈주민들을 대상으로 실시한 조사 결과에 따르면, 김정은 정권에서 유·무선 통신 단말기의 가구별 보유율이 크게 증대하였다. 특히, 제7차 당대회가 개최된 2016년을 기점으로 유·무선 통신 단말기를 보유한 가구의 비중이 크게 늘어났다. [그림 5-3]에 나타난 북한 주민의 가구 내 정보기기 보유 현황을 보면, 일반전화와 휴대전화의 보유율은 2011-2015년에 각각 32.3%, 23.8%에서 2016-2020년에 각각 52.5%, 58.8%로 모두 크게 증가하였다.

연구원, 2020, p. 268.
21) 위의 책, p. 258.

▌[그림 5-3] 가구 내 정보기기의 보유 현황

(단위: %)

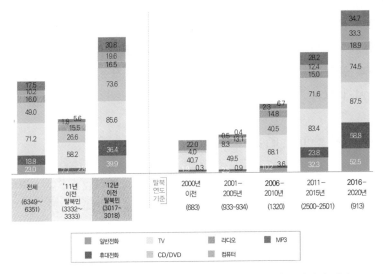

출처: 통일부,『북한 경제·사회 실태 인식보고서: 탈북민 6,351명이 알려준 북한의 실상』, 2024, p. 208.

　　북한 주민의 정보통신 이용에서 가장 큰 장애는 정보네트워크의 접근 제약에서 기인한다. 정보화 사회로 이행은 정보네트워크화의 경로를 필수적으로 거친다. 북한 당국은 정보통신기술을 경제발전의 수단으로 인식하면서도 정보통신을 통한 외부의 정보 유입과 확산에 대해서는 철저하게 경계하고 있는 상황이다. 따라서 북한 당국은 북한 주민들이 인터넷과 소셜네트워크서비스(SNS)를 이용하는 것을 불허하고 철저하게 대중적 접근을 차단하고 있다. 대신 인트라넷 중심의 불완전하고 기형적인 정보네트워크화를 추구하고 있다.

　　[그림 5-4]에서 보이듯, 북한이탈주민 가운데 북한에 살 때 인터넷을 사용한 경험이 있다는 응답률은 1%에도 미치지 못하며, 위에서 살펴본 정보통신기기의 보유율 증대와는 매우 상반된 결과를 나타낸다. 개별 가구에서 인트라넷에 접근하는 것도 거의 제약되어 있다. 북한의 2017년 MICS에서 인트라넷을 접속한다는 가구의 응답률은 1.4%에 불과하며, 정보화 수준이 가장 높은 평양시의 경우도 5.2% 수준으로 나타났다.[22] 서울대 통일평화연구원이 2015-2020년에 조사한 데이터에

---

22) Central Bureau of Statistics of the DPR Korea and UNICEF, *DPR Korea Multiple Indicator Cluster Survey 2017, Survey Findings Report*, Pyongyang, DPR Korea: Central Bureau of

서도 인트라넷을 이용한 경험률은 10% 미만으로 나타났으며, 이용 장소가 대부분 공공기관인 것으로 조사됐다.[23] 반면에 북한 당국이 2021년 유엔에 제출한 VNR은 교육용 인트라넷 접근 가능 학교 비율이 2015년 80%, 2017년 100%, 2020년 100% 라고 밝혔다.[24] 이 두 조사의 통계 수치는 북한의 인트라넷과 같은 정보망 구축과 보급이 공적 공간을 중심으로 진행되고 있고 아직 사적 공간까지 충분히 확대되지 않았음을 시사한다.

▌[그림 5-4] 북한 주민의 인터넷 사용 경험

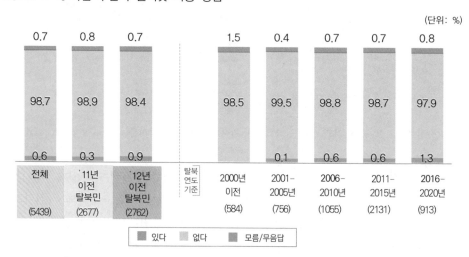

출처: 통일부, 『북한 경제·사회 실태 인식보고서: 탈북민 6,351명이 알려준 북한의 실상』, 통일부, 2024, p. 200.

2. 일상생활 속 ICT 활용

(1) 정보통신기술(ICT) 정책

ICT 부문은 이전 정권과 비교해 김정은 정권에서 매우 비약적으로 발전한 영역 이다. ICT는 정보기술과 통신기술을 이용하여 정보를 수집, 생산, 가공, 보존, 전

Statistics and UNICEF, 2018, p. 31.

23) 김학재 외, 『북한사회변동 2020: 시장화, 정보화, 사회분화, 사회보장』, 서울대학교 통일평화연구원, 2021, p. 78.

24) Democratic People's Republic of Korea, *Voluntary National Review On the Implementation of the 2030 Agenda for the Sustainable Development*, The United Nations, 2021, p. 60.

달, 활용하는 모든 방법을 의미하며, 일반적으로 디바이스(D), 네트워크(N), 컨텐츠(C), 플랫폼(P)으로 구성된다. 북한 당국은 세계적으로 통용되는 ICT의 발전 추세를 따라가기 위한 정책을 추구하고 있다.

김정은 정권에서는 휴대전화, 태블릿PC, 스마트TV 등 ICT 기기를 생산하고 있다. 그 밖에도 인공지능(AI), 증강현실(AR), 안면인식, 음성인식 등 세계적 추세의 ICT 기술을 적용한 다양한 소프트웨어 제품들과 하드웨어 제품들을 개발하여 상용화하려는 시도를 계속하고 있다. 이러한 시도들은 국가과학원, 주요 대학, 성·중앙기관 산하 연구소 등 ICT 전문 연구개발 단위들이 주도하고 있다.

특히, 휴대전화와 태블릿PC에서 동시 사용할 수 있는 소프트웨어 및 모바일 애플리케이션의 개발이 김정은 정권에서 두드러지게 나타나고 있다. 또한 만물상, 옥류와 같은 전자상거래 플랫폼을 활성화하려는 당국의 시도들이 눈에 띄게 늘어나고 있다.

전국의 국가기관, 연구기관, 교육기관, 기업소 및 농장에 이르기까지 '광명망'으로 불리는 국가정보통신망이 구축되어 있다. 평양에 있는 과학기술전당은 국가망을 통해 전국의 모든 기관, 기업소, 농장의 과학기술보급실과 지방의 전자도서관인 '미래원'의 과학기술보급실과 연결되어 있다. 이와 같은 정보네트워크의 구축으로 일반 주민들의 정보 접근 환경이 이전 정권에 비해 상당히 개선된 것은 분명하다. 아래의 <사진>은 북한 당국이 2021년 6월 유엔에 제출한 VNR에 실린 사진이다. 사진 속의 사람들은 학교, 도서관, 직장, 공공문화시설 등에서 ICT를 기반으로 한 다양한 활동들을 하고 있다. 또 사진 속의 사람들은 대부분 학생들이거나 젊은이들이다. 이들은 대체로 김정은 정권에서 정보기술교육을 받은 사람들로 기성세대들에 비해 ICT 활용능력이 월등히 뛰어나다. 다시 말해, 세대 간 디지털 격차가 크다.

북한 당국은 ICT 부문의 연구개발 성과를 공공서비스 영역에 접목함으로써 공공서비스의 공급 부족을 해소하고 질적 개선을 추구하고 있다. 예를 들어, 교육 분야에 원격시험, 원격회의, 원격교육이 활발히 도입되고 있다. 특히, 코로나19 발생 이후 북한의 거의 모든 분야에서 화상회의가 상용화되고 있다. 당, 내각, 지방정부, 근로단체 등이 화상회의를 통해 정책을 논의하게 되었다. 의료 분야에서는 평양의 중앙병원들과 지방의 병원들을 원격으로 연결하는 '먼거리의료봉사체계'를 구축함

다양한 ICT 시설을 이용하고 있는 북한 주민들

출처: Democratic People's Republic of Korea, *Voluntary National Review On the Implementation of the 2030 Agenda for the Sustainable Development*, The United Nations, 2021, p. 33.

으로써 지방의 낙후한 의료서비스의 문제점을 해소하려는 시도들이 이루어지고 있다. 그 밖에도 각종 전시회, 전람회, 발표회 형식의 대규모 행사들이 오프라인에서 온라인으로 옮겨졌다.

(2) 코로나19 팬데믹과 ICT 수요의 급증

2020년에 갑작스럽게 발생한 코로나19 대유행의 상황은 ICT의 국가적 수요를 크게 증대시켰다. 방역 및 의료역량이 취약한 북한의 경우 코로나19 전염병에 대한 일차적인 대응은 국경봉쇄와 이동 및 대면접촉을 최소화하는 것이었다. 이러한 상황에서 ICT의 도입과 응용은 경제와 산업뿐만 아니라 당, 행정, 교육, 의료, 상업, 문화, 환경 등 북한 사회의 모든 영역에서 주요 정책 이슈로 다뤄졌다.

특히 코로나19 방역 조치에도 ICT가 적극적으로 활용되었던 점은 주목할 만하다. 북한의 국가위생검열원과 정보산업성은 공동으로 '방역1.0'이라는 모바일 앱을 개발하여 2021년 8월부터 주민들이 휴대전화에 앱을 설치하도록 하였다. 특히, 무역 관련 기관, 기업소 종사자의 경우는 반드시 의무적으로 설치하도록 했다. '방역1.0'은 주민들이 타 지역으로 이동할 때 반드시 거쳐야 하는 방역초소에서 전자방역 인증자료로 기능을 하며, '방역1.0'을 설치하지 않은 주민은 타지역으로의 이동을 제한받았다. 이 앱은 야생동물, 이상한 물건, 행동질서, 방역상식문답집 등으로 구성되어 있으며, 특히 방역상식문답집의 세부 내용은 코로나19와 직접 관련된 정보를 Q&A 형식으로 제공하는 것으로 알려졌다.[25)]

2020년과 2021년에 정보화 관련 법률들이 다수 제정되거나 개정되었는데, 이러한 법제 정비는 코로나19 팬데믹 상황에서 정보화 관련 정책의 수요가 증대하였음을 의미한다. 2020년에는 원격교육법과 이동통신법이 제정되었고, 2021년에는 '쏘프트웨어보호법', '상품식별부호관리법'이 제정되었다. 그리고 2021년 1월에 개최된 8차 당대회에서 차세대 통신으로의 조속한 이행이 체신부문의 주요 과제로 채택되었는데, 이는 북한 사회에서 ICT 부문의 수요가 크게 증대하고 있음을 시사한다.

(3) ICT 기반의 여가문화 생활의 변화

정보통신기술의 발전은 북한 주민의 여가문화를 빠르게 변화시키고 있다. 2010년 『경제연구』에 실린 한 논문은 "정보기술의 발전은 근로자들의 문명한 문화생활을 보장하는 데서도 중요한 역할을 한다 (중략) 정보기술의 도입으로 영화와 교육, 문화오락분야의 창작과 보급에서 획기적인 전변이 일어나고 있다"[26)]라며 정보기술 발전이 가져올 주민들의 문화생활 양식에서의 큰 변화를 예상했다.

열악한 전기 사정으로 북한 주민들의 여가문화 소비생활은 상당히 제약을 받아왔다. 하지만 주민들은 집에 태양광 패널과 축전지를 설치하여 스스로 전기문제를 해결하기 시작했다. 서울대 통일평화연구원이 발간한 『북한사회변동 2020』 보고서에 따르면, 2019년 탈북한 북한이탈주민 109명 가운데 북한에 거주할 당시 집에 태양광 패널(북한에서는 '햇빛판'이라고 부름)을 설치했다고 응답한 비율이 72.5%에 달했다.[27)]

가구 내 전기공급 문제가 어느 정도 해소되면서 주민들의 여가문화 소비생활도 이전에 비해 달라졌다. ICT 기기의 보급으로 주민들의 문화소비 양식이 점차 변화하고 있다. 예를 들어, 과거에는 영상물을 시청하는 매체가 주로 TV나 녹화기였다면, 최근에는 컴퓨터, 휴대전화, 태블릿PC 등의 이용이 빠르게 증가하고 있다. 위

---

25) '방역1.0'과 관련된 내용은 북한 전문 유튜브 채널인 'NK투자개발'에서 2021년 8월 23일에 올린 "북한, 코로나19 대응 '방역1.0' 앱 개발"보도를 통해 처음 알려졌다.

26) 조명호, "인민생활향상에서 정보기술의 발전이 노는 역할", 『경제연구』 3호, 2010, p. 19.

27) 김학재 외, 『북한사회변동 2020: 시장화, 정보화, 사회분화, 사회보장』, 서울대학교 통일평화연구원, 2021, p. 62.

에서 언급된 『북한사회변동 2020』 보고서에 따르면, 녹화기 또는 CD플레이어의 경우 가구 내 보유율이 2019년 81.0%에서 2020년 62.4%로 급감한 반면, 컴퓨터 또는 노트북은 보유율이 2019년 40.5%에서 2020년 45.0%로 증가했다.[28]

ICT 기기의 일상생활 침투는 북한 주민의 여가문화 생활양식에 많은 변화를 일으키고 있다. 김정은 정권에서 ICT를 활용한 문화시설과 공공시설들이 확충되고, 다양한 디지털 콘텐츠의 개발이 활발히 이뤄져 북한 주민들의 문화소비 접근성과 다양성이 증대되고 있다. 기존에 TV, 극장, 영화관 중심의 문화소비는 휴대전화, 태블릿PC, 컴퓨터, IPTV 등 다양한 ICT 기기와 접목되어 게임, 음악, 영화, 드라마 등의 소비양식이 변화하고 있다. 휴대전화 사용의 증가로 기존의 집단주의적 여가 소비 양식은 점차 개인주의적 여가 소비 양식으로 변하고 있다. 김정은 시대에는 휴대전화의 보급으로 친구들과 집단으로 노는 문화가 줄어들고 대신 휴대전화로 영화를 보거나 게임을 하는 등 혼자서 노는 시간이 많아졌다. 이러한 경향은 특히 젊은이들 사이에서 두드러지게 나타나는데, 북한의 젊은 층에서 이제 휴대전화는 여가 소비 활동의 중요한 수단이 되었다.

ICT 기기의 보급과 이용 증가는 북한 사회의 문화변동을 추동하고 있다. 문화소비의 공간이 공적 공간에서 사적 공간으로 이동하고, 과거에 지배적이었던 집단주의적 문화 양식은 점차 약화되고 개인주의적 문화 양식이 점차 부상하고 있다. 다시 말해서, ICT 기반의 커뮤니케이션 채널의 증가가 개인들 간의 관계를 더욱 강화하고 있다. 특히, 휴대전화는 개인 간 소통을 활성화시키고 사적 관계를 공고화하는데 기여하고 있다.

3. 소비플랫폼의 변화

(1) 모바일 소비시장의 성장

일상생활에 ICT가 접목되면서 북한 주민들의 생활 풍경이 빠르게 달라지고 있다. 특히 '지능형 손전화기', 즉 스마트폰 보급이 확산되면서 북한 당국은 다양한 '손전화기' 응용프로그램들을 개발하여 보급하고 있다. 이것들은 주민들이 일상생활에서 접할 수 있는 공공서비스의 기능을 보완하고 편의성을 높이는 데 기여하고

---

28) 위의 책, p. 60.

있다.

예를 들어, 여객운송 분야에 ICT가 접목되면서 일상생활의 모빌리티가 변화하고 있다. 상평정보기술교류소에서 개발한 '손전화기용 응용프로그램 《평양안내》 1.0'은 일종의 내비게이션 기능을 수행한다. 이 앱에서는 "상업봉사망들과 과학, 교육, 체육, 문화, 보건기관들의 위치와 로정들"을 알려준다.[29]

대중교통수단에서도 ICT 기술이 적용되고 있다. 수도려객운수국은 2층 버스를 생산하면서 차 내에 안내전광판과 감시카메라를 설치하였다. 승객들은 액정TV로 여러 동영상을 시청할 수 있게 되었다. 운전사의 편의를 위해 궤도전차를 개조하면서 터치식 화면과 디지털 방식의 조종체계도 적용하였다.[30] 그 밖에도 2018년부터 평양에는 서울시의 공유자전거 서비스 '따릉이'와 같은 '려명' 자전거를 통해 공공자전거 무인 대여 시스템을 운영하고 있다.

의료 분야에서는 모란봉전진무역회사가 스마트폰용 '심전도프로그램'을 개발하였다. 이 프로그램은 개인의 심전도 자료를 폰으로 감시하고, 자동 분석해 진단과 처방을 알려 주는 프로그램이다. 관련 보도에서는 "위험일예보, 맥박, 부정맥, 허혈성심장병감시, 당뇨병, 암과 같은 소모성질병감시, 식물신경기능평가를 진행"을 할 수 있다고 설명한다.[31]

평양 고려의학종합병원은 의료서비스 시스템을 포함한 소프트웨어 제품을 개발하였다. 전통적인 의료서비스 지원체계인 '고려의술 3.5'는 원격의료 서비스, 기술 데이터베이스 및 전자사전, 건강 자가진단 지원 시스템으로 구성되어 있다.[32] 이와 같은 모바일 앱의 상용화는 병원에 직접 가지 않고도 북한 주민들이 일상적으로 예방의학적 조치를 스스로 할 수 있게 돕는다.

그 밖에도 건강, 미용, 식품 등과 관련 있는 프로그램 개발이 증가하는 추세이다. 중앙과학기술통보사 광명정보기술연구소는 '녀성상식열람프로그램'과 '식료품가공상식프로그램' 등을 개발하였다. 여성상식열람프로그램은 미용, 섭생 등 여성체질에 맞는 다양한 상식적 문제, 여성들의 젊음과 아름다움을 유지하는 데 필요

---

29) "생활의 친근한 길동무－손전화기용응용프로그램 《평양안내》", 『메아리』, 2017년 8월 27일자.
30) "수도거리를 달리는 새형의 2층뻐스", 『로동신문』, 2020년 1월 6일자.
31) "지능형손전화용 심전도프로그램을 개발－모란봉전진무역회사에서", 『메아리』, 2017년 8월 17일자.
32) "Apps promoted traditional Koryo medicine", *The Pyongyang Times*, 2020년 2월 29일자.

한 상식들을 열어볼 수 있는 프로그램이다. 이 프로그램은 여성들의 건강에 좋은 고려약과 그 사용 방법에 관해서도 구체적으로 알려줘 사용자들의 편리성을 보장해 주고 있다고 한다. 또한 식료품가공상식프로그램인 '보배손'은 과일, 나물, 채소, 버섯 등을 비롯해 일상생활에서 널리 사용하는 1,000가지 부식물에 대한 가공과 보관 방법을 소개하고 있으며, 해당 가공품들과 관련 있는 상식적인 내용도 간단하게 제공한다.[33]

홍미로운 것은 북한의 모바일 시장이 성장하는데 중산층의 성장이 영향을 미치고 있다는 점이다. 북한의 정보통신기술 관련 회사들이 개발하여 출시하고 있는 여러 모바일 상품들 중에서 많은 비중을 차지하고 있는 것은 교육(학습)과 건강 관련 프로그램이다. 이 두 영역은 주로 중산층에서 관심과 소비 수요가 높다는 공통점이 있다. ICT 기기에 교육과 문화생활을 접목한 지능과 놀이의 결합 형태(에듀게임)의 프로그램이 늘어나고 있다.

교육 분야에서는 스마트폰 및 태블릿PC로 학습할 수 있는 교육 프로그램 개발이 활발히 진행되고 있다. '문명'과 '천명'은 대표적인 통합형 학습지원 프로그램이다. '문명'은 문명지적제품보급소가, '천명'은 천명기술개발교류사가 개발하였다. '문명'은 과학자, 기술자, 교육자, 대학생, 근로자 등의 다방면 지식습득을 지원하는 프로그램으로, 임의의 시간과 장소에서 학습을 진행할 수 있고, PC와 이동전화 간의 자료 공유가 편리하다는 점이 장점으로 꼽히고 있다. 조선말대사전, 학술용어사전, 조선대백과사전, 다국어사전, 의학사전 등 전자사전이 다수 수록되어 있다. '천명'은 자료서버 규모가 북한에서 개발된 스마트폰용 학습지원프로그램 중 가장 큰 것으로 소개되고 있다. 전자사전, 전자책열람기, 자막형학습기, 수첩형학습기로 구성되어 있으며, 조선말대사전, 조선대백과사전, 다국어사전, 가정의학편람 등 30여 종의 전자사전이 포함되어 있다. 전자사전에서 지능검색과 고속검색이 가능하다고 홍보되고 있다. 중앙과학기술통보사에서 개발한 '견문'은 세계적인 최신 대중과학잡지에 실린 내용을 열람할 수 있는 프로그램이다. 이 프로그램은 게임 양식을 통해 북한 주민들이 바깥 세계를 경험하지 않아도 실내에서 최신의 과학기술 소식을 접할 수 있는 일종의 북한판 에듀게임으로 이러한 유형의 모바일 프로그램

---

33) "녀성들의 생활에 도움을 주는 프로그람들", 『조선의 오늘』, 2021년 4월 24일자.

들이 점차 확산하는 추세이다.[34]

건강과 관련된 모바일 상품을 보면, 김일성종합대학 첨단과학연구원 정보기술연구소가 개발한 '활력'은 AI 기술을 활용한 건강관리 앱으로 소개되고 있다. 스마트폰 장치와 센서로 혈압, 맥박, 시력, 청력, 폐활량, 호흡수, 혈액산소, 심리상태, 걸음수 등이 측정되고, 2017년에 버전1.0, 2019년에 버전2.0이 출시되었는데 후자는 인공지능 기능이 강화되었다고 한다. 어린이 대상 건강관리 관련 앱들도 다수인데, 그 중에서 '복동이'와 '요람'이 주목할 만하다. '복동이'는 대동강새기술개발소가 개발하였는데, 출생부터 5세까지 영유아 어린이의 성장 과정을 기입한 것에 기초해 과학적으로 육아할 수 있도록 지원하는 상품이다. '요람'은 락랑설림정보기술교류소가 개발하였으며, 3세 미만의 영유아 보육 상식, 아기 안마방법, 수유, 목욕방법, 증상과 치료 정보를 제공한다. 이 밖에도 당뇨병 관리 앱인 '비결', 여성의 건강관리 지원 앱인 '녀성건강일지', 금연을 장려하기 위한 '금연' 등의 앱들이 있다.

(2) 전자상거래와 전자결제

휴대전화의 대중화와 ICT의 응용은 북한 주민들의 소비플랫폼 변화를 추동하고 있다. 하지만 이러한 변화의 주체가 주로 북한 당국이라는 점에서 세계적 추세와는 상반된다. 주민들 사이에서 휴대전화를 이용한 전화돈 송금이 대중화되고 있는 가운데, 북한당국은 전자카드 사용의 문턱을 낮추고 전자카드를 이용한 송금 서비스를 허용함으로써 비공식 사금융 활동에 대응하고 있다. 북한의 중앙은행은 전자금융결제시스템을 개선하여 활성화하는 방안을 모색하고 있는데, 이러한 조치는 한편으로는 ICT 기반의 전자금융을 통해 상업의 활성화와 소비 촉진을 꾀하고, 다른 한편으로는 사금융 활동을 억제하고 민간에 유통되고 있는 통화를 효율적으로 공식 금융 부문으로 흡수하려는 의도가 있다.

북한 당국이 새로운 소비플랫폼으로 활성화하고자 하는 것은 전자상거래이다. 북한에서 전자상거래에 대한 공식적인 명칭은 전자상업봉사체계 또는 전자상점이다. 일반적으로 '옥류'가 첫 번째로 개설된 전자상점으로 알려져 있지만, 2012년 컴퓨터망을 활용한 '내나라' 전자백화점이 먼저 등장하였다. 일반적으로 북한의 전자

---

34) "지능교육 및 운동유희기구체계 사용자들속에서 호평", 『메아리』, 2020년 11월 19일자.

상거래 사이트는 PC 외에도 휴대전화로 접속가능하다. 북한 국내망에 개설된 온라인 쇼핑몰(전자상거래 사이트)은 약 22개로 파악되고 있다.[35] 만물상, 옥류, 은파산, 내나라, 앞날 등은 잘 알려진 북한의 전자상거래 사이트이다.

코로나19 팬데믹 상황에서 만물상과 같은 전자상점 플랫폼을 활용해 재자원화 사업을 진행하고 있어 눈길을 끌기도 하였다. 하지만 정보통신망 인프라 미비, 평양시 일부 단위에서만 작동하는 전자결제시스템, 물류 및 배송 시스템의 미발달 등으로 북한에서 전자상거래는 아직 활성화되지 못하고 있다.

일반적으로 전자상거래가 활성화되기 위해서는 전자결제시스템이 구축되어 대중적으로 이용되어야 한다. 흔히 '○○페이'로 불리는 모바일 간편결제 시스템의 대중화는 모바일 시대의 소비플랫폼으로 전환하는데 필수불가결한 기술변동이다. 김정은 집권 이후 선불카드 형태의 전자결제시스템 개발 및 이용이 활성화되었다. 김정은 정권은 시간과 비용 절약, 시공간 제약 초월, 소비자 선택권과 편의성 확대 등 전자상거래의 장점을 부각하며 그 사용을 독려해왔다.[36] 전자상거래를 위해서는 전자결제시스템 개발이 필수적이다. 2012년 제23차 전국프로그람경연 및 전시회에서 금융 IC카드 결제 시스템이 특등을 받아 눈길을 끌었다. 다시 말해서, 전자결제시스템의 도입에 대한 정책적 필요성은 이미 김정은 정권 초기부터 존재하였음을 알 수 있다. [표 5-6]은 북한 매체에 보도된 주요 전자결제시스템을 정리한 것이다.

▌[표 5-6] 북한의 주요 전자결제시스템 개발 현황

연도	기술	개발기관
2012	금융 IC카드 결제 시스템	평양광명정보기술사, 국가과학원 수학연구소
2015	<전성> 카드를 이용한 전자결제시스템	조선중앙은행
2016	스마트카드용 조작 시스템 <올림>	평양정보기술국
2019	비접촉식 전자카드 요금결제 시스템	영봉기술교류사
2020	손전화기에 의한 <전성> 전자결제시스템	조선중앙은행, 평양정보기술국

출처: 정은미 외, 『북한의 정보화와 주민생활 변화』, 통일연구원, 2021, p. 136.

---

35) Kotra, "북한의 전자상거래", 2021년 4월 20일자.
36) "전자상업", 『로동신문』, 2016년 7월 31일자.

4. 정보 격차

(1) 정보 격차의 양상

정보화가 진전되면서 북한사회에서도 정보 격차 문제가 발생하고 있다. 일반적으로 정보격차는 '디지털격차'(digital divide)로도 불린다. OECD는 "'정보격차'란 정보통신기술(ICT)에 접근할 수 있는 기회와 다양한 활동을 위해 인터넷을 사용하는 기회와 관련하여 사회경제적 수준이 다른 개인, 가구, 기업, 지리적 영역 간의 차이를 말한다. 정보격차는 국가 간 그리고 국가 내의 다양한 차이를 반영한다"고 정의하고 있다.[37]

북한의 2017년 MICS는 지역, 성, 연령, 재산 수준에 따라 ICT의 접근성과 활용능력에서 차이가 존재한다는 사실을 잘 보여주고 있다. 평양과 지방, 도시와 농촌, 정보기술 교육을 받은 세대와 그렇지 못한 세대, 자산보유 정도에 따라 정보격차가 뚜렷하게 나타났다.

이동전화의 경우 2017년 MICS에서 가구 보유율이 도시의 경우 80.4%에 달하는 반면 농촌은 50.6%로 나타났다.[38] 2021년 VNR에서 15-49세 연령의 인구에서 이동전화 보유율은 2017년 기준 남성 55.7%, 여성 47.9%인 것으로 나타났다.[39] 여성에 비해 남성의 보유율이 7.8%p 더 높다. 컴퓨터의 경우도 정보 격차를 잘 보여주는 지표이다. 한 번이라도 이용해 본 경험이 있는 여자의 비율은 41.7%인 반면 남자의 비율은 51.0%로 나타났다. 컴퓨터에서 파일과 폴더를 복사하거나 옮기는 것과 같은 컴퓨터 활용능력의 경우 15-19세 인구집단에서는 59.1%가 가능하다고 응답한 반면, 25-29세 인구집단은 30.3%, 35-39세 19.8%, 45-49세 11.1%로 나타났다. 재산 지수가 상위 40%인 가구의 경우 컴퓨터 보유율이 35.0%인데 반해 하위 20% 가구의 컴퓨터 보유율은 4.6%에 불과하였다.[40] 이상에서 제시된 조사

37) OECD, "Understanding the Digital Divide", *OECD Digital Economy Papers*, Paris: OECD, 2001.

38) Central Bureau of Statistics of the DPR Korea and UNICEF, *DPR Korea Multiple Indicator Cluster Survey 2017, Survey Findings Report*, 2018, p. 31.

39) Democratic People's Republic of Korea, *Voluntary National Review On the Implementation of the 2030 Agenda for the Sustainable Development*, The United Nations, 2021, p. 60.

40) Central Bureau of Statistics of the DPR Korea and UNICEF, *DPR Korea Multiple Indicator Cluster Survey 2017, Survey Findings Report*, 2018, pp. 32-34.

결과는 북한사회에서 성, 연령, 지역, 재산 수준에 따라 정보 격차가 발생하는 양상을 잘 보여준다.

(2) 정보 격차와 사회 불평등

정보 격차가 사회 불평등을 가중시키는 요인으로 작용하고 있다는 점에서 북한사회의 정보 격차는 사회구조의 변화 측면에서 중요한 문제이다. 예를 들어, 휴대전화를 보유한 상인과 그렇지 못한 상인이 물가, 환율, 고객 등의 정보를 파악하는 데 차이가 발생할 것이며 이러한 정보 격차는 소득 불평등을 초래할 수 있다. 또 코로나19 팬데믹으로 대면 수업이 제약받는 상황에서 원격교육을 받는 학생과 그렇지 못한 학생의 경우 학습 능력의 격차가 발생할 수 있다. 따라서 비상 방역 상황에서 정보 격차는 교육 불평등을 심화시키는 요인으로 작용하게 된다. 지식경제 시대에 요구하는 정보기술을 보유하고 있는 근로자와 그렇지 못한 근로자 사이의 소득 격차는 더욱 벌어질 수 있다.

김정은 정권은 정책적으로 지식정보 근로자를 육성하기 위해 물질적 보상을 적극 활용하고 있다. 노동행정 당국은 지식정보 노동에 종사하는 근로자들의 노동보수를 일반 근로자들에 비해 높여주어야 한다는 필요성을 제기한다. 지식정보 근로자의 노동보수는 정액생활비 외에 추가적으로 도급생활비를 적용하여 성과에 따라 상금, 장려금, 가급금(보너스) 등을 적극적으로 지급하도록 하고 있다. 그리고 높은 노동보수의 보장은 "지능로동을 하는 근로자들의 의욕을 높여 (중략) 자기의 사명과 임무를 다할수 있게 하는 중요한 조건"[41]이라고 설명하고 있다.

반대로 경제적 지위의 차이는 정보 접근 및 정보 구매력에 영향을 미쳐 정보 격차를 발생시킬 수 있다. 최신 휴대전화 기기를 보유하고 충분한 통신 시간을 확보하고 다양한 모바일 앱을 이용하기 위해서는 경제적 부담이 발생하기 때문에 경제적 지위가 정보 접근성과 정보 소비에 영향을 미치게 된다. 1990년대 한국 사회에서 진행되는 정보화 과정에 대해 "정보 행위가 경제활동의 핵심적 요소가 됨에 따라 이러한 정보 격차는 사회적 불평등의 새로운 계기가 될 것이다"[42]라는 비판적 전망이 북한에도 적용될 수 있다.

---

41) 김광철, "지능로동에 대한 로동보수형태를 옳바로 규정하자면", 『로동행정』 제3호, 2019, p. 27.
42) 정건화, "정보화과정에서의 사회불평등 대책에 관한 연구", 『한신논문집』 특별호, 1997, p. 14.

제4절 결론

김일성이 추구한 사회주의의 목표는 전체 인민의 생활수준을 모든 인민이 흰쌀밥에 고깃국을 먹으며 비단옷을 입고 기와집에서 살게 하는 것이었다. 김일성이 꿈꾸던 '이상적' 사회의 발전 목표는 김정은 시대에 '사회주의문명국' 건설이라는 이름으로 이어지고 있다. '인민생활향상'의 타이틀을 단 다양한 민생 정책들과 급변하는 대내외의 경제사회적 환경 속에서 사회계층의 변화가 진행되었다.

유럽의 체제전환국들과 아시아 사회주의국가들에서 나타난 중산층의 성장이 북한에서도 비슷하게 나타나고 있다. 북한의 중산층은 권력층과의 협력적 관계 속에서 성장하고 있으며, 중산층의 소비증대는 경제의 활력을 이끈다. 무엇보다도 권력과 지위의 특권이 없는 일반 주민들 가운데 상당수가 시장경제활동을 발판으로 경제적 지위가 상승하고, 개선된 생활양식과 풍요한 소비생활을 경험하였다. 중산층의 상승적 사회이동 증가는 북한사회의 역동성을 높이는 데 기여한다.

하지만 시장이 안정화되고 시장의 규모가 커지고 유통되는 자본량이 많아지자 관료들이 적극적으로 시장과 결합하기 시작했다. 따라서 정치자본의 크기가 클수록 경제자본도 더 많이 획득할 수 있게 되었다. 결과적으로 출신성분에 따른 정치적 신분체계가 경제적 불평등을 더 심화시키고 있다. 이러한 이행은 지난 20년 동안 점증하던 북한사회의 개방성을 위축시키고 있으며, 북한 주민의 임파워먼트(empowerment)을 떨어뜨린다.

북한 중산층이 지위 유지와 상승 이동을 위해 전략적으로 활용하는 사회적 자본(이웃에 대한 '덕'과 '정'의 실천, 각종 지원사업의 참여를 통해 공동체로부터 획득한 신뢰)은 개인 또는 시장의 부(富)를 공동체로 분배하는 효과를 지니며, 이로써 사회적 자본은 공동체 내에서 불평등을 완화하는 기능을 갖는다. 반대로 북한 중산층의 위축은 북한사회의 불평등을 심화시켜 전체 사회의 결속력을 약화시키는 결과를 초래할 수 있다.

북한사회에서 중산층의 성장이 잠재적으로 북한 정치 변혁의 주체세력으로 성장할 수 있는가에 대한 전망에는 두 가지 상반된 관점이 공존한다. 골드소르프(Goldthrope)의 연구에 따르면, 계층적으로 상승 이동에 성공한 사람들은 일반적으로 그 안에서 그들이 성공했던 기존 사회질서를 인정하기 때문에 불만과 변화의

욕구보다 통합과 안정을 선호하는 경향이 있다.[43] 마찬가지로 동유럽의 체제전환
국에서는 '국가의존적' 속성을 가진 중산층이 국가권력에 협력적 관계를 유지하면
서 계층재생산을 하기 때문에 민주화 요구에 적극적으로 동참하지 않는다는 주장
도 있다.[44]

북한의 중산층 역시 지위 상승과 유지(재생산)를 위해 지배질서에 순응하거나
협력적인 태도를 보인다. 정치적 신분체계의 중·하위층에 있지만 경제적 상층에
오른 가구들은 지위를 안정적으로 유지하기 위해서 정치적 신분체계의 상층에 위
치한 후견자들의 보호가 필수적이기 때문에 시장화의 진척에 따른 경제적 계층분
화가 북한의 체제이행의 동력을 이끌기에는 제한적일 수밖에 없다는 주장이 있
다.[45]

하지만 북한사회에서 중산층에 속하는 자영업자 및 중소기업가의 증대는 사회
변혁적 측면에서 중요한 현상이다. 그들은 비록 권력과의 유착관계를 형성하고 있
지만 개혁·개방을 지향하는 기업가적 정신을 함양하고 있다.[46] 따라서 북한사회
에서 중산층의 규모가 늘어나면 출신성분에 의한 불평등한 분배구조와 경제잉여에
대한 권력층의 약탈적이고 기생적인 의존행태에 대한 불만이 누적되어 사회변혁을
요구하는 시민적 임파워먼트(civic empowerment)의 증대로 이어질 수 있다.

새로운 정보통신기술에 의한 사회변동이 경제 영역에만 국한되지 않고 정치,
사회 영역으로 확장된다는 것은 학계에서 오래된 논제이다. 정보통신기술의 혁신
에 힘입어 민주주의의 중요성이 증대될 것이라는 견해가 있는가 하면, 산업사회에
서 정보사회로 이행되면서 중앙집권적인 대의민주제가 분권적 참여민주제로 전환
되는 거대 변동이 일어날 것이라고 견해도 있다. 반대로 체제의 통제위기를 극복
하기 위한 수단으로서 정보통신기술이 새로운 통제기술로 활용될 것이라는 주장도
있고, 새로운 정보통신기술이 지배의 유지나 강화를 위한 새로운 지배양식으로 작

43) John H. Goldthrope, *Social Mobility and Class Structure in Modern Britain*, Oxford: Clarendon Press, 1987, p. 340.

44) 이와 같은 주장은 Bryn Rosenfeld, *The Autocratic Middle Class: How State Dependency Reduces the Demand for Democracy*, New Jersey: Princeton University Press, 2020을 참조함.

45) 이와 같은 주장은 최봉대, "1990년대 말 이후 북한 도시 사적 부문의 시장화와 도시가구의 경제적 계층분화-개별가구의 비공식적 연결망자원의 계층화 매개효과 분석을 중심으로", 『현대북한연구』 제11권 2호, 2008, pp. 35-36을 참조함.

46) 박영자·현인애·김화순, 『북한주민의 임파워먼트: 주체의 동력』, 통일연구원, 2015, pp. 204-205.

용하여 정보통신기술이 사회 전 영역에서 감시와 통제를 강화함으로써 기존의 지배력을 더욱 공고히 할 것이라고 주장도 있다. 이러한 주장은 새로운 정보통신기술이 현대사회를 '감시사회'로 만든다고 비판한다.[47]

북한의 경우 정보통신기술의 발전이 한편으로는 경제활동의 편의성을 제공하고, 소비생활에서의 다양성을 확대하며, 사회적 커뮤니케이션을 증대시키는데 기여하고 있는 것은 분명하지만, 다른 한편으로는 발전된 정보통신기술이 북한 주민을 더욱 효과적으로 감시하고 통제하는 데 활용되고 있다. 북한에서 "더 많은 휴대폰이 반드시 더 많은 정보와 커뮤니케이션의 자유를 의미하는 것은 아니다"[48]라고 마틴 윌리엄스(Martyn Williams)는 비판적 시각을 제시했다. 그는 북한의 정보통신망에 일반 주민뿐만 아니라 엘리트 집단이 사용하는 휴대전화에도 통화와 데이터 전송을 모두 감시할 수 있는 포괄적인 감시와 통제기술이 은밀하게 구축되어 있다고 주장하였다.

경제발전을 위한 생산양식으로서 지식정보화 사회로의 전환은 김정은 정권에서 피할 수 없는 현실이다. 김정은 정권은 초기부터 '지식경제' 강국 건설을 발전 목표로 내세우고 정보화 정책을 강하게 추진하였다. '전민과학기술인재화' 사업을 통해 정보화 환경을 확충하고, 원격교육 및 정보기술 교육을 강화함으로써 지식형 인재 육성에 힘을 쏟았다. 이러한 정책 추진으로 미래 사회를 이끌 젊은 세대의 상당수는 정보기술 활용 능력이 향상되었다. 하지만 정보기술 활용 능력이 향상된 젊은 세대에서 외래문화와 정보 접촉이 증가함으로써 청년들의 사상정신적 변화, 외부 세계에 대한 동경, 외래문화의 모방 행위 등이 나타나고 있다. 결과적으로 북한 사회에서 정보화는 경제발전의 수단이면서 동시에 체제의 위협요인이 되는 '양날의 칼'이 되었다. 따라서 김정은 정권은 정책적 수요 증대에 따라 정보화 환경 구축과 정보통신기술의 활용을 계속 추구하면서도 인터넷과 SNS의 이용은 철저히 통제하는 불완전한 정보화 사회로의 이행 경로를 선택하고 있다.

정보화사회로의 이행으로 중앙집권적 권력이 분권화되고 자유와 민주주의가

---

47) 강상현, "'정보사회' 담론의 지형학: 정보/통신 기술과 사회변화의 관계에 대한 관점의 분류와 비교", 『언론과 사회』 통권 제5호, 1994, pp. 137–149.

48) Martyn Williams, "North Korea's Koryolink: Built for Surveillance and Control", *38North Commentary*, July 22, 2019.

증대될 것이라는 미래학자들이 예측한 미래사회의 모습은 근미래에 북한에서 일어나기 어려울 것으로 예상된다. 다시 말해서, 북한에서 정보화의 진전이 정치적 변동을 견인할 가능성은 낮다.

참고문헌

[북한 자료]

• 논 문

김광철, "지능로동에 대한 로동보수형태를 옳바로 규정하자면", 『로동행정』 제3호, 2019.

리유정, "이동통신망을 리용한 주민금융봉사를 활성화하는데서 나서는 중요문제", 『경제연구』
　　　 2호, 2018.

조명호, "인민생활향상에서 정보기술의 발전이 노는 역할", 『경제연구』 3호, 2010.

• 단행본

김일성, 『김일성저작집』, 조선로동당출판사.

『정치사전』, 사회과학출판사, 1973.

『조선대백과사전 19권』, 백과사전출판사, 2000.

Central Bureau of Statistics of the DPR Korea and UNICEF, *DPR Korea Multiple Indicator
　　　 Cluster Survey 2017, Survey Findings Report*, Pyongyang, DPR Korea: Central
　　　 Bureau of Statistics and UNICEF, 2018.

Democratic People's Republic of Korea, *Voluntary National Review On the Implementation
　　　 of the 2030 Agenda for the Sustainable Development*, The United Nations, 2021.

• 기 타

『로동신문』.

『메아리』.

『조선의 오늘』.

The Pyongyang Times.

인민대학습당 홈페이지(NK경제).

[남한 자료]
• 논 문
강상현, "'정보사회' 담론의 지형학: 정보/통신 기술과 사회변화의 관계에 대한 관점의 분류와
       비교", 『언론과 사회』 통권 제5호, 1994,
정건화, "정보화과정에서의 사회불평등 대책에 관한 연구", 『한신논문집』 특별호, 1997.
최봉대, "1990년대 말 이후 북한 도시 사적 부문의 시장화와 도시가구의 경제적 계층분화 –
       개별가구의 비공식적 연결망자원의 계층화 매개효과 분석을 중심으로", 『현대북한연
       구』 제11권 2호, 2008.
현인애, "북한의 주민등록제도에 관한 연구", 이화여자대학교 북한학협동과정 석사학위논문,
       2008.

• 단행본
국가정보원, 『북한법령집 上』, 국가정보원, 2022.
김윤태, 『사회학의 발견』, 새로운사람들, 2006.
김학재 외, 『북한사회변동 2020: 시장화, 정보화, 사회분화, 사회보장』, 서울대학교 통일평화
       연구원, 2021.
＿＿＿＿, 『북한주민 통일의식 2020』, 서울대학교 통일평화연구원, 2021.
박영자 · 현인애 · 김화순, 『북한주민의 임파워먼트: 주체의 동력』, 통일연구원, 2015.
오경섭 외, 『북한인권백서 2021』, 통일연구원, 2021.
전현준, 『북한의 사회통제 기구 고찰 – 인민보안성을 중심으로』, 통일연구원, 2003.
정은미 · 박소혜 · 이종민, 『북한의 중산층』, 통일연구원, 2022.
정은미 외, 『북한의 정보화와 주민생활 변화』, 통일연구원, 2021.
조성은 외, 『남북 간 사회격차 완화를 통한 한반도 평화복지체제 구축 방안 연구 – 북한 주민
       의 생활실태를 중심으로』, 한국보건사회연구원, 2020.
통일부, 『북한 경제 · 사회 실태 인식보고서: 탈북민 6,351명이 알려준 북한의 실상』, 2024.
홍제환 · 김석진, 『김정은 시대 북한경제: 경제정책, 대외무역, 주민생활』, 통일연구원, 2021.

[영문 자료]
Hansen, Arve, "Consumer Socialism: Consumption, Development and the New Middle
       Classes in China and Vietnam", Arve Hansen, Jo Inge Bekkevold, and Kristen
       Nordhaug ed. *The Socialist Market Economy in Asia: Development in China,
       Vietnam and Laos*, Singapore: Palgrave Macmillan, 2020.

Goldthrope, John H., *Social Mobility and Class Structure in Modern Britain*, Oxford: Clarendon Press, 1987.

Johnson, Dale L., *Middle Classes in Dependent Countries*, London: Sage Publication, 1985.

Rosenfeld, Bryn, *The Autocratic Middle Class: How State Dependency Reduces the demand for Democracy*, New Jersey: Princeton University Press, 2020.

Williams, Martyn, "North Korea's Koryolink: Built for Surveillance and Control", *38North Commentary*, July 22, 2019.

Williams, Martyn, and Natalia Slavney, "Twenty Years of Mobile Communications in North Korea", *38North*, 2022.

OECD, *Understanding the Digital Divide*, OECD Digital Economy Papers, Paris: OECD, 2001.

UN Comtrade database, <https://comtrade.un.org/data>.

제 6 장

북한의 문화

전 영 선

북한의 문화

제1절 서론

문화는 그 사회의 가치, 지향, 세계관을 반영한다. 당연하게도 그 사회에서 인정하는 보편적 기준을 넘어설 수 없다. 살인이나 절도 같은 범죄는 세계 모든 나라에서 죄로 처벌한다. 하지만 국가에 따라 차이를 보이는 것도 있다. 예를 들자면 마약이나 대마초 같은 것이다. 많은 나라에서 불법이지만 합법으로 인정한 나라도 있다. 얼굴을 가리거나 짧은 치마를 입거나 거리에서 담배를 피우는 것도 국가에 따라 허용하는 범주가 다르다. 음주운전에 대한 처벌 기준이나 형식도 국가별로 다르다. 문화의 보편성과 특수성 때문이다.

북한 문화에는 북한 체제의 특수성이 작동한다. 북한 문화에 작동하는 특수성의 핵심은 사상이다. 북한에서는 '주체사상'이 유일한 지도 이념이다. 수령은 역사적으로 노동계급, 인민대중의 지도자이며, 현실정치의 실질적인 최고 권력자이다. 북한 사회는 수령이 만든 사상에 따라 수령이 영도하는 사회를 만들어 가야 한다. 노동계급의 지도자로서, 노동계급의 이익을 위해 존재한다고 주장하는 수령의 이념이 모든 분야에 작동한다. 사회주의를 지향해야 하는 정치 목적에 맞추어 문화를 활용한다. 인민대중의 이익을 대변한다는 노동당의 정책에 반대하거나 부정해서는 안 된다. 부정할 수도 없는 구조이다.

북한은 외부와의 문화 교류나 문화 개방에 대해서는 매우 부정적이다. 외부 문화에 접하게 되면 반동적인 사상에 물들 수 있다고 보기 때문이다. 문화의 주체성을 잃게 될 것이기에 '우리 식 문화'를 지켜야 한다는 것이 명분이다. 국제 문화교류에 대해서도 제국주의자들이 "민족자주 의식을 마비시키고 혁명적 신념을 무너뜨리"는 데 목표를 둔 "반동적 사상문화 침투" 술책이라고 경계한다.

자본주의 방송과 신문, 출판물은 자본주의가 '돈벌이에 혈안'이 되어 '폭력적이고 색정적인 내용'으로 '사치와 부화방탕한 생활풍조를 조장시키고, 인간의 건전한 정신을 마비시키는 가장 반동적인 내용으로 일관'되어 있다고 본다. 이런 나쁜 문화에 물들게 되면 사회주의 진지가 허물어지고, '사상진지가 허물어지면 사회정치 기반이 파괴되고 결국에는 나라가 망하게 된다'는 것이다.

대외문화에 대한 경계와 거부감은 체제 위기 상황에서 더욱 엄격하게 작동한다. 북한은 위기가 고조된 2019년 이후「반동사상문화배격법」,「청년사상교양보장법」,「평양문화어보호법」 등을 연이어 제정하였다. 반동으로 규정한 외부 문화나 종교, 사상의 유입을 철저히 막고, 청년들의 사상을 교양하고, 괴뢰 말투를 사용하는 것을 비롯하여, 사회주의적이지 않은 것을 철저히 막겠다는 조치이다.

최근의 이러한 조치는 김정은 체제가 시작된 2012년부터 2018년까지의 상황과는 많은 차이가 있다. 김정은 체제가 시작하였을 때까지만 해도 김정은은 '우리(북한) 식'의 세계화를 추진했다. 김정은은 2012년 1월 1일 신년사를 통해 북한 최고지도자로 활동을 시작하면서 '사회주의 문명국 건설'을 선언하였다. '사회주의 문명국'은 사회주의 제도를 유지하면서 과학, 교육, 보건의료, 문화, 체육 분야에서 '세계적인 문명 수준'을 달성하여 인민들에게 문명의 혜택을 누리게 하겠다는 비전이었다.

사회주의 문명국 건설 비전은 '원수님의 역사적인 신년사에 제시된 중요한 과업'이자 '비약적으로 발전하는 21세기의 현실적 요구를 반영한 사상'[1]으로 평가하면서 강력하게 추진되었다. 평양에 유희장(놀이공원)을 비롯하여 수영장, 승마장 등의 체육시설, 동물원, 식물원 등의 문화시설을 건설하였다.

새로운 변화를 추진하면서 인민들에게도 '새로운 시대'에 걸맞은 과감한 인식 변화를 요구하였다. 과거에 머물지 말고, 세계적인 수준으로 물질문화와 정신문화

---

1) "우리당의 사회주의 문명국 건설 사상의 정당성",『로동신문』, 2013년 7월 14일자.

를 높여 나갈 것을 주문하였다. 김정은은 '우리(조선)의 것'을 지키면서도 세계적인 수준을 과감하게 받아들여야 한다고 강조하였다. 정치적으로는 사회주의 조선을 계승하지만 문화적으로는 '탈조선과 세계화'를 지향한다는 것을 분명히 보여주었다.

　김정은 초기에 추진하였던 '사회주의 제도를 지키면서 세계적 수준의 문명국을 건설하겠다'는 비전은 2019년 하노이회담 결렬로 사실상 실패하였다. 2019년 이후로 국제사회의 대북제재는 계속되었고, 식량난과 경제난이 이어졌다. 김정은이 직접 '고난의 행군'을 언급할 정도로 위기 국면이었다. 김정은 초기에 진행하였던 과감한 혁신과 세계화는 실현하기 어려운 목표가 되었다. 대내외의 절박한 상황에서 사회주의 진지를 '목숨으로 지켜야 한다'는 절박한 구호가 등장하였다. 그리고 북한의 갈 길은 수령의 혁명정신을 본받는 것이라면서 '백두산 혁명 전통'을 소환하였다. 눈보라 치는 백두에서 시작한 혁명이 천리마 시대의 영웅, 전승 세대의 영웅을 통해 이어졌다면서 이들을 본받는 운동을 전개하고 있다. 그리고 과학기술의 성과를 보여주고 평양을 비롯한 도시 재개발을 통해 김정은 시대의 비전을 다시 구축하였다.

북한의 구호비와 동상

출처: 필자 촬영

제2절 북한 생활문화와 전통문화

I. 식생활 문화

북한에서 먹는 문제는 가장 중요한 정책과제이다. 남한에서 생활문화를 '의·식·주'라고 하는 데 비해, 북한에서는 '식·의·주'라고 한다. '먹는 문제'를 가장 중요하게 여기기 때문이다. 북한은 만성적인 식량 부족 국가이다. 자체적으로 식량 수급이 어렵다. 북한의 인구는 남한에 비해 절반 정도이고, 국토 면적은 남한보다 조금 넓다. 땅은 넓고 인구는 절반이지만 대부분이 산악지형으로 농사지을 면적이 넓지 않다. 가뭄이나 홍수, 태풍 등의 기후에도 매우 취약하다. 농사지을 땅을 확보하기 위해 산지를 개간하고, 부족한 에너지원으로 산림을 훼손하였기 때문이다. '고난의 행군' 이후 적극적으로 나무 심기를 장려하는 이유도 자연재해로 인한 피해를 최소화하기 위해서이다.

북한은 1990년대 중반 최악의 식량난을 겪었다. 부족한 식량은 인접한 사회주의 동맹국인 중국, 소련으로부터 지원을 받았었다. 그런데 소련 연방이 붕괴되고, 중국이 경제적으로 어려워지면서 중국과 소련으로부터의 지원이 끊어졌다. 부족한 식량을 수입할 외화도 절대 부족하였다. 여기에 연이은 가뭄과 냉해, 태풍 등의 영향으로 알곡 생산이 줄었다. 먹거리가 부족했다. 부족한 먹거리를 해결하지 못해 굶주림으로 죽은 사람도 많았다. 1990년대 초반부터 후반까지의 이 시기를 '고난의 행군 시기' 또는 '미공급 시기'라고 불렀다.

'고난의 행군'이 끝난 이후로는 농업 문제 해결에 나섰다. 농업을 경제에서 가장 중요한 문제라는 의미로 '주공전선'으로 선언하였다. '쌀로서 당을 받들자'는 구호를 내세우면서 알곡(식량) 생산을 독려하였다. 쌀과 옥수수에 의존하였던 먹거리도 다양화하였다. 대표적인 작물이 '감자'였다. 남한에도 '대홍단 감자'로 많이 알려진 대홍단군에 대규모의 감자 협동농장을 조성했다. 비료가 없어도 잘 자라는 콩 재배를 독려하였다. 축산도 장려하였다. '풀과 고기를 바꿀데 대하여'라는 구호를 앞세우며 풀을 먹이로 하는 토끼와 젖염소 기르기를 장려했다. 그리고 고기와 알, 가죽을 얻을 수 있는 타조 양식을 위해 타조 목장을 조성하고, 닭 공장을 개선하였다. 양어 사업도 전국적으로 전개하였다. 열대 메기를 비롯한 양어장을 건설하여

단백질 공급원을 보충했다. 이 외에도 폐광을 이용한 버섯재배를 장려했고, 대규모의 온실농장도 건설하고 있다.

대대적인 먹거리 문제 해결 정책은 김정은 시대로 이어졌다. 김정은 체제에서는 산이나 들판에 과일이나 열매를 활용할 수 있는 나무를 심었고, 바다나물('해초'의 북한식 표현) 양식을 적극 추진하였으며, 대규모 채소 온실을 주요 지역에 세웠다.

한편으로 김정은 체제에서는 먹거리를 전통문화 유산으로 개발하면서 관광자원으로 활용하기 시작했다. '한식'이라고 하는 전통요리를 북한에서는 '민족요리'라고 한다. 전통 식생활에 대해서는 매우 긍정적으로 평가한다. '조선 민족은 인류의 문화 발전에 커다란 기여를 한 슬기롭고 재능 있는 민족으로, 자기의 고유한 식생활 풍습을 창조하고 자랑찬 전통을 이룩한 민족'으로 평가한다. 민족요리는 '자연지리적 조건과 지역적 특성, 우리 민족의 체질과 성격뿐만 아니라 기호와 도덕이 반영되어 있다'고 평가한다.[2] 북한에서는 식생활 문화를 '왕실음식', '양반가의 음식', '서민의 음식', '향토요리' 등으로 구분하는데, 북한이 주목하는 식생활 전통은 인민들의 식생활문화이다.

김정은 체제가 시작된 2012년부터는 남한의 '무형문화재'에 해당하는 '비물질문화유산'을 적극보호하기 시작하였다. 북한이 지정한 국가 비물질문화유산 목록에서 가장 많은 것이 음식문화인데,[3] 김치나 간장 같은 전통음식을 비롯하여 대중적으로 알려진 평양냉면, 전국적으로 먹는 추어탕, 명절에 먹는 절기 음식, 지역적인 특색을 가진 음식도 국가급 비물질 문화에 포함하였다.

'국가급 비물질문화유산'에는 '김치담그기풍습', '막걸리담그기', '장담그기', '평양랭면', '신선로', '감홍로양조기술', '떡국만들기', '단군술양조기술', '동지죽풍습', '록두지짐풍습', '백화술 양조법', '쑥떡만들기', '오갈피술 양조방법', '수정과', '자라

2) 과학백과사전종합출판사, 『조선의 민속전통 1 : 식생활풍습』, 과학백과사전종합출판사, 1994, 서론.
3) 권혁희, "북한의 비물질문화유산 정책의 변화와 특성", 『통일정책연구』 28-1, 통일연구원, 2019, p. 220 : "북한의 비물질문화유산 중 괄목할만한 성장을 보이는 분야가 음식문화 분야이다. 비물질문화유산 등록제도가 시행된 첫 해와 다음 해에 즉시 '김치만들기, 막걸리 담그기, 장 담그기, 평양랭면'이 등록되었다. 이후 관련 북한의 문헌과 관련보도들에 의하면 '쑥떡만들기, 록두지짐풍습, 과줄가공법, 동지죽풍습, 오갈피술 양조방법, 단군술 양조기술'이 등록되었으며, 2017년 1월에는 '수정과', '자라요리', '약밥', '신선로', '함경도 단고기장'(보신탕), '함흥 농마(감자녹말)국수'가 5월에는 명태매운탕, 숭늉이 등록되었다. 2018년에는 '추어탕'과 '고려약 음식요법', '건뎅이젓 담그기', '자라내기' 등이 추가되어 음식관련 분야가 20% 이상인 것으로 추정된다."

요리', '약밥', '함경도 단고기장', '함흥 농마국수', '맹태매운탕', '숭늉', '감주담그기', '전골', '추어탕', '두부앗기', '이강고 양조기술', '문배주 양조기술', '고려약음식료법', '자라내기', '건뎅이(곤쟁이)젓담그기' 등이 포함되었다.

북한에서는 식생활 문화를 발굴하고 보호하기 위한 요리경연대회도 자주 열렸다. 명절을 계기로 요리경연대회, 요리기술경연, 전시회 등을 개최한다. 요리 경연에는 북한을 대표하는 전문 식당인 옥류관, 청류관을 비롯하여 평양호텔, 창광산호텔, 요리기관에서 참여한다. 이 외에도 '김치담그기 경연'을 비롯하여 '막걸리경연', '감주경연', '미꾸라지요리경연'처럼 각 분야의 요리경연대회도 개최한다.

음식과 함께 주목할 식생활 문화의 하나는 술이다. 북한을 대표하는 술로는 평양소주가 있다. 평양소주는 북한의 열 가지 국가상징 가운데 하나인 국주(國酒)다. 국주인 평양 소주는 대동강식료공장에서 생산하는 희석식 소주이다.

북한의 백두산 들쭉술, 강계산머루술, 오삼술(왼쪽)
평양소주와 개성송악소주(오른쪽)

출처: 필자 촬영

Ⅱ. 의생활 문화

북한에서 의생활로 권장하는 옷차림은 정서와 미감에 맞는 옷차림, 조선 사람의 정서와 감성에 맞는 민족적인 옷차림이다. 그렇다면 민족적 옷차림이 아닌 옷차림은 어떤 것일까? 대표적인 부정적 옷차림은 '우리 여성의 몸매에 맞지 않는 옷과 옷차림'이다. 구체적으로는 '몸에 꼭 달라붙고 끼는 바지', '아랫단이 넓은 나팔바지', '청바지', '치마 형식의 바지' 등이다. 이 외에도 '바지기슭을 걷어 올리는 것',

'허리 부분을 아래로 처지게 하는 것' 등의 옷차림은 건전한 생활 풍조에 맞지 않는 옷차림으로 규정한다.[4] 또한 조선 사람의 정서에 맞지 않는 무늬나 요란한 장식이 있는 옷, 품이 너무 좁은 옷도 '우리 정서에 맞지 않는' 삼가야 할 옷차림이다.[5]

민족적인 옷차림을 가장 잘 보여주는 것은 한복이다. 북한에서는 한복을 '조선옷'이라고 한다. 풀이하자면 '조선 민족의 옷'이라는 의미다. 조선옷은 오랜 민족문화 속에서 형성된 '아름답고 고상'한 옷으로 민족문화 중에서도 가장 중요한 유산으로 평가한다. 조선옷은 "독특한 형식과 고유한 아름다움"으로 세상에 널리 알려진 옷, '아름답고 고상'한 옷으로 "우리 선조들이 창조한 우수한 문화유산들 가운데서도 특출한 자리를 차지"하기에 국가급 비물질문화유산으로 관리한다.[6]

민족문화 중에서도 복식문화는 민족성을 직접적으로 드러내는 상징적인 문화유산이다. 세계적으로 전통 복식은 명절이나 결혼식과 같은 통과의례에서 민족적 정체성을 확인하는 매개물이다.

한복이 우수한 민족문화 유산인 것은 분명하지만 남북 모두 한복을 원형 그대로만 유지하지는 않는다. 생활 방식이 바뀌고, 현대화되면서 일상에서의 복식은 양복으로 보편화되었다. 남한에서 한복은 패션계에서 민속풍 의상들이 '개성'으로 소개되면서 주목받았다. 전통문화에 대한 관심이 촉발되면서 한복도 재조명 받았다. 민족문화에 대한 새로운 해석 아래 한복은 편리함과 실용성을 겸비한 한복으로 개량되었다. 전통 한복에 대한 경색된 이미지를 탈피하고 자연스러움과 편리함이라는 기능적 요구를 수용하면서 한복의 새로운 가능성을 열어가고 있다.[7]

---

4) "옷차림을 편리하고 보기 좋게", 『로동신문』, 2009년 8월 9일자 : "녀성들의 바지는 그 형태에서 우리 녀성들의 몸매에 맞아야 한다. 아래몸에 꼭 달라붙고 끼우는 바지, 아랫단이 넓은 나팔바지는 우리 식이 아니며 우리 녀성들의 몸매에도 어울리지 않을 뿐 아니라 건강과 위생학적 견지에서도 좋지 않다. 진바지나 치마형식의 바지는 고상함과 아름다움을 추구하는 우리 녀성들의 미감에 더욱 어울리지 않는다. 녀성들의 바지 색갈은 어두운 것보다도 계절과 나이에 어울리는 밝으면서도 고운 색깔을 택하는 것이 좋다. 이 밖에 바지기슭을 걷어올리는 것, 허리부위가 꼭 조여지지 않고 아래로 처지는 것, 허리단을 귀접어 놓는 것 역시 아름다운 우리 녀성들의 외모와 우리 사회의 건전한 생활풍조에 맞지 않는다."

5) "우리 인민의 정서와 미감에 맞게", 『로동신문』, 2019년 4월 21일자.

6) "조선옷의 민족성과 그 계승발전", 『로동신문』, 2018년 3월 4일자.

7) 정진아 · 강미정, "한국인의 생활문화", 건국대학교 통일인문학연구단 저, 『코리언의 생활문화』, 선인, 2012, p. 39.

북한에서의 의생활은 정치적으로 제국주의에 대항하여 '우리 식'문화를 지키는 문제로 접근한다. 북한에서 민족옷, 즉 조선옷은 개인주의 '류행'에 맞서고, 외부 문화의 확산에 대응하는 애국의 실천으로 강조되는 전통의상이다.[8] 북한에서 조선옷은 의생활 차원을 넘어 민족을 상징하는 징표이자, 공화국의 일원이라는 정체성을 확인하는 수단이다.

북한의 조선옷 정책은 민족 의상으로서의 정체성을 지키는 것으로 시작한다. 세계의 여러 민족은 민족마다 고유한 민족의상이 있듯이 조선옷도 조선민족의 옷이다. 하지만 조선옷처럼 '민족문화를 형성하기 시작한 때로부터 오늘날까지 널리 입는 옷은 드물다'고 평가한다. 조선옷이 민족문화 형성기부터 지금까지 널리 입게 된 것은 '완전한 형식미를 갖춘 옷'으로 보기도 좋고 입기도 편리하기 때문이라고 설명한다.

조선옷의 우수성은 민족의 생활 환경과 연결짓는다. 조선옷에는 "조선 치마저고리나 조선 바지저고리, 배자, 마고자, 두루마기를 비롯한 여러 종류의 옷 형식"이 있어서, 사계절이 분명한 기후환경은 물론 나이, 장소에 따라서 맞게 입을 수 있는 옷의 종류가 다양하다는 것이다. 또한 이런 다양한 '민족 옷에는 전통적인 수법이 반영된 색깔과 무늬가 있'다는 것이다.

우리 민족 옷 유산은 '오늘도 인민들의 옷차림 문화에서 변함없이 계승'되고 있다. 조선옷의 전통이 잘 계승될 수 있었던 것은 민족성을 살리면서 '시대적 요구와 현대적 미감에 맞게 사회의 생활양식에 맞는 옷차림'을 생활화하였기 때문이라고 주장한다. '민족의 우수한 문화 전통을 고수하고 빛내여 나가고 있는 우리 당의 정책'에 의하여 "오늘날 민족옷차림 풍습은 더욱 장려되고 있다"고 있다는 것이다.[9]

조선옷에 대한 긍정적인 평가와 함께 일상에서도 조선옷 옷차림을 적극 권장한

---

8) 최희선, "(시선의 확장) 집단주의 사회 기풍을 디자인하는 북한의 의상미술", 『뉴스1』, https://ne ws.v.daum.net/v/20210116080140942(검색일 2021.3.4) : "북한미술에서 핵심적인 문예사상이론서인 김정일의 『미술론』(1992)에서도 개인주의 ≪류행≫과 대중문화 확산의 위험을 경고하며, 전통의상의 중요성을 강조하기도 하였다."

9) "민족의 우수한 옷차림풍습 – 조선바지저고리", 『로동신문』, 2018년 4월 8일자 : "결혼식에서 바지저고리차림을 장려하는 것은 새 세대들에게 민족의 우수성을 인식시키고 그것을 귀중히 여기고 발전시켜나가도록 하는데서 큰 작용을 한다고 말할 수 있다. 결혼식을 할 때 입을 남자들의 바지저고리는 신부의 조선치마저고리와의 색조화를 잘 맞추는데 중점을 두면서 형태와 색갈, 무늬에서 남자 옷으로서의 특성을 잘 살리면서도 례복으로서의 품위가 잘 보장되도록 하는 것이 중요하다. 그리고 계절과 환경에 맞게 옷감과 색갈을 잘 선택하면 결혼식 옷을 다채롭고 화려하게 할 수 있다."

다. 실제 북한 주민들이 조선옷을 입는 빈도는 남한과 비교할 때 훨씬 높다. 결혼식은 물론 주요 명절에 진행하는 행사에서 여성들은 대부분 한복을 입는다. 손님을 대하는 식당을 비롯한 '편의 봉사 시설'에서는 의례복으로 한복을 입는다. 특히 여성들에게 조선옷은 공식 행사복이자 교복이다. 어린이들에게는 어린이들의 동심을 반영하여 소매를 무지개 모양으로 꾸민 민족 옷으로서 색동옷을 입힌다.

　김정은 체제에서는 민족 옷을 장려하면서, 민족문화의 원형으로 보존하는 것에서 나아가 다양한 상품으로 개발하고 있다. '국가비물질유산'을 등록하기 시작한 2012년에 조선옷차림풍습(조선치마저고리차림풍습)을 '국가비물질유산'으로 등록하였다. 그리고 민족옷의 개발과 제작의 전문성을 높이기 위해서 평양미술대학에 의상미술 강좌를 개설하였고, 조선민예련합상사에 민족의상제작단을 꾸리고, 조선문학예술총동맹 중앙위원회에 민족의상민예품제작소를 운영하면서 민족 옷을 주민을 대상으로 한 문화상품, 대외적으로는 수출 상품으로 개발하고 있다.

조선옷을 입은 여성과 북한의 조선옷상점

출처: 필자 촬영

Ⅲ. 주생활문화

1. 북한의 주거 정책과 주거문화

　남북에서 가장 보편적인 주거 수단은 아파트이다. 한반도에 아파트가 처음 들어온 것은 일제 강점기였다. 도시로 인구가 집중되면서 주거 문제를 해결할 대안이 필요하였다. 아파트는 주거 문제를 해결해 줄 것으로 기대되었다. 하지만 땅을 디디고 살아야 한다는 정서에 맞지 않았고, 기술적인 한계도 있어서 크게 주목받지 못하였다.

　아파트가 다시 주목받은 것은 전쟁 직후였다. 전쟁으로 폐허가 된 서울과 평양에서 많은 사람을 수용할 방안이 필요했다. 당장에 눈비를 피할 공간이 절대적으로 필요했다. 아파트는 효율적인 주거대안이었다. 본격적으로 아파트 건설이 시작되었다. 북한에서는 토지의 개인 소유가 금지되어 있다. 아파트 건설을 위해 토지를 수용하거나 보상할 필요가 없어 대규모 아파트 건설에 유리하였다. 또한 전쟁이 끝난 다음 북한을 지원한 사회주의국가에서 아파트는 그리 낯선 형태가 아니었다. 아파트 건설은 전후 복구 건설의 가장 중요한 사업으로 진행되었다.

　그렇게 전쟁으로 무너진 땅 위에 아파트가 세워졌다. 아파트 건설은 남북의 체계 경쟁과 맞물려 진행되었다. 전쟁이 끝난 평양에 조립식으로 지어진 아파트가 빠르게 세워졌다. 아파트 건설의 속도와 높이, 그리고 화려한 외형은 주거를 넘어 서울과 평양으로 대표된 남북한의 경제 발전과 성장을 대표하는 상징이었다. 서울에서 강남이 본격적으로 개발된 이후 아파트는 남과 북에서 가장 보편적인 주거로 자리 잡았다. 서울과 평양은 빠르고 높게 화려해지는 아파트들로 채워졌다.

　아파트에 대한 정서도 달라졌다. 처음 건설되었을 때만 해도 전통적 정서와 맞지 않는다는 이유로 외면받았다. 부실 공사 논란도 있었다. 하지만 기술 개발을 통해 전통 양식을 접목한 온돌 보일러 아파트가 나왔고, 생활의 편리함을 더하는 주상복합아파트가 등장하였다.

　온돌은 남북의 아파트에 적용된 주거문화의 전통이었다. 초기 아파트의 난방은 서구의 라디에이터 방식이었다. 라디에이터 방식의 난방은 공기를 데워 실내 온도를 높이는 방식이다. 전통 주거문화와는 다른 방식이다. 이런 난방에서는 실내에서 신발을 신거나 카펫을 깔아야 했다. 가능은 했지만 여러 가지로 불편했다. 전통 온돌은 아니지만 온수를 이용한 난방의 개발로 신발을 벗고 생활하고, 앉아서 생활할 수 있게 되었다. 북한에서도 온돌식 아파트 난방은 민족문화를 계승하는 중차대한 문제였다.

　남북의 주거문화는 아파트라는 공통성이 있지만 남북에서 아파트는 공동 주택이라는 형식적인 공통성을 제외하고는 사회적 위상과 의미가 전혀 다르다. 남한에서 아파트는 주거의 하나이자 재테크를 상징한다. 또한 이웃의 간섭이나 영향력을 받지 않고 싶어하는 개별성이 강한 주거형태이다.

북한에서 아파트는 사회주의 제도의 우월성을 선전하는 대표적인 소재이다. 북한에서 아파트는 국가에서 지어 인민에게 공급하는 것을 원칙으로 한다. 때문에 아파트를 비롯한 살림집은 사회주의 제도의 우수성을 과시하는 동시에 '당의 은혜'를 상징한다. 북한에서 아파트가 건설되고, 주민들에게 배정하는 '입사증' 수여 행사는 언제나 언론을 통해 크게 보도된다.

또한 북한에서 아파트는 집단주의 생활, 공동체 생활을 상징한다. 이웃과 섞이기 싫어도 그럴 수 없다. 북한에서 아파트는 보통 최소 단위의 행정구역인 하나의 반으로 구성된다. 아파트 입주민이면 예외 없이 인민반 생활에 참여해야 한다. 분리수거도 자체 조직으로 해야 하고, 아파트 청소도 공동으로 해결해야 한다. 누가 아파트로 이사 오거나 이사 가면 이웃이 나와서 도와준다. 김장철이 되거나 눈이 오거나 놀이터를 만들어야 하는 문제도 모두 아파트 구성원들이 공동으로 해결해야 한다. 북한 아파트 생활에서 개인은 없다.

북한에서 아파트와 함께 주거를 대표하는 것은 '문화주택'이다. 문화주택은 집의 형태나 구조에 따라 분류한 개념은 아니다. 문화주택은 문화적인 생활이 보장된 주택이라는 의미이다. 일제 강점기에는 누리지 못했던 풍족하고 문명한 삶을 누릴 수 있는 주택을 의미한다. 도시와 농촌에서 새로운 시대에 맞추어 '사회주의 건설의 요구와 시대적 미감에 맞게 지어진 주택'을 폭넓게 의미하는 용어로 사용한다. 실제로는 '문화주택'은 주로 농촌지역에 세워진 주택을 뜻한다. 농촌도 도시 못지않은 문화생활을 할 수 있게 되었다는 것을 부각하기 위해 문화주택이라고 많이 부른다.

농업 협동화 사업에 맞추어 농촌에 집단 거주를 위한 '문화주택' 단지를 조성하였다. 협동농장을 중심으로 표준화된 형태의 단독주택을 지어 보급하였다. 농촌의 주거는 단층 주택과 2층 주택이 중심이다. 평야 지대에는 5층 이하의 다층주택도 볼 수 있다. 방 하나 부엌 하나인 2칸 주택을 기본으로 길게 늘어선 공동 주택을 '하모니카집'이라 부른다. 농촌 주택에는 텃밭이 있는데, 텃밭에서 생산되는 것은 개인의 몫이다. 수확물은 농민 시장에 팔 수 있다.

북한에서 주택을 사고팔 수는 없다. 원칙적으로는 불법이다. 하지만 국가에서 보급해야 할 주택이 부족하기에 불법적인 거래가 암묵적으로 진행된다. 북한에서 모든 소유는 '국가와 사회단체'만이 가능하다. 따라서 개인이 부동산을 소유하거나 거래하는 것은 모두 불법이다.

2009년 1월 21일 최고인민회의 상임위원회 정령 제3051호로 「조선민주주의인민공화국 살림집법」을 채택하였다. 참고로 '살림집'은 '주거'를 목적으로 한 주택이다. 북한에서는 식당을 의미하는 '국수집'을 비롯하여 집을 용도에 따라 구분한다. 아파트는 살림집의 한 가지 형태이다. 「살림집법」을 채택한 것은 주택 부족으로 인해 여러 가지 불법적인 현상이 생겼고, 이를 바로 잡기 위해서였다. 「살림집법」은 "살림집의 건설, 이관, 인수 및 등록, 배정, 리용, 관리에서 제도와 질서를 엄격히 세워 인민들에게 안정되고 문화적인 생활 조건을 보장하는데 이바지"하는 것을 목적으로 제정한 법이다.

「살림집법」에서 관리하는 주택은 소유 주체에 따라서 '국가 소유', '협동단체 소유', '개인 소유' 세 형태가 있다. '개인 소유' 주택은 개인이 집을 지은 경우이다. 도시에는 불가능하고, 중소도시 외곽이나 농촌에서 자기 힘으로 지은 집이다. 개인 주택은 수리나 보수도 개인이 해야 한다. 반면 국가 소유의 경우에는 국가에서 수리와 보수를 관리한다. 실제로는 개인이 집을 지은 경우에도 국가 소유로 등록하여 산다.

그렇다고 태어나서 죽을 때까지 한 집에서만 살 수는 없다. 결혼하거나 직장으로 배치되면 새로운 집이 필요하다. 직장을 옮길 수도 있다. 이런 일을 하는 곳이 있다. '주택배정처'이다. 북한에서 주택을 배정하고, 관리하는 기관이다. 살림집을 이용하려면 입사증이 있어야 한다. 입사증은 살림집을 이용할 수 있는 권리증이다. 집을 교환하려면 '살림집 교환 신청'하고, 승인을 받아야 한다. 살림집 배정에는 원칙이 있다. 「살림집법」 제30조에 "혁명투사, 혁명렬사가족, 애국렬사가족, 전사자가족, 피살자가족, 영웅, 전쟁로병, 영예군인, 제대군관, 교원, 과학자, 기술자, 공로자, 로력혁신자 같은 대상에게 살림집을 우선적으로 배정하여야 한다"고 하였다. 북한에서 우대하는 사회 계층이다.

2. 김정은 체제의 주거문화

북한의 주거문화는 김정은 체제에 새로운 방향으로 전개되고 있다. 대규모 살림집 건설을 중심으로 한 도시 개발을 김정은의 대표적인 성과로 추진하고 있다. 김정은의 정치 경력도 아파트 건설을 통해 시작되었다. 김정일에서 김정은으로의 후계 구도가 시작된 시기는 김정일의 건강이 악화설이 나온 2008년이었다. 김정일의 건강 악화를 계기로 내부적으로 후계를 위한 작업이 시작되었다. 후계자 시절이었던 2010년 김정은은 지지부진하던 창전거리 건설 현장을 방문하였다. 아파트 건설을 독려하고 부실 공사를 질책하였다. 김정일이 사망한 이후에는 김정일의 유훈을 명분으로 2012년 6월 만수대지구 창전거리에 45층짜리 초고층 아파트단지를 완공하였다.

2012년 김정은 시대가 본격 출발하면서부터 아파트 건설은 김정은 시대를 상징하는 사업이자 김정은의 성과를 과시하는 상징적인 사업이 되었다. 창전거리 살림집 건설 이후 아파트 건설은 수요자 대상을 중심으로 한 아파트로 김정은의 정치적 메시지를 보여주었다. 우선 대상이 된 것은 과학자들이었다. 김일성종합대학교 교원, 연구사들을 대상으로 한 김일성종합대학 과학자살림집부터 건설하기 시작하였다. 김일성종합대학 과학자살림집은 44층과 36층으로 지어졌는데, 김정은이 직접 현지지도 하면서 관심을 보였다. 2013년 8월 김일성종합대학 과학자살림집 건설장에 들린 김정은은 "자그마한 불편도 없도록 편의시설들을 그쯘히('충분하게'의 북한식 표현) 갖추어 주어야 한다"고 지시할 정도로 관심을 보였다.[10]

2013년 김일성종합대학 과학자아파트 건설을 시작으로 은하과학자거리를 건설하였고, 2014년에는 위성과학자거리와 김책공업종합대학 교육자살림집을 건설하였으며, 2015년에는 미래과학자거리 건설로 이어졌다. 김정은 체제 초기에 건설된 아파트들은 과학자를 위한 아파트였다. 김일성종합대학 교육자살림집 건설과 김책공업종합대학 교육자살림집 건설, 그리고 미래과학자거리 조성 사업은 김정은 시대의 정책이 과학기술자 중심에 있다는 것을 과시하는 확실한 메시지였다.

김정은 시대 아파트는 새로운 지도자의 비전을 도시건설과 아파트를 통해 보여주려는 듯 웅장하고 화려한 외관으로 지어졌다. 2015년 완성한 미래과학자거리 아파트는 대동강 변을 끼고 화려한 외관을 갖춘 고층아파트로 지어졌다. 일명 평양의 맨해튼이라는 의미로 '평해튼'으로 불리기도 하였다. 미래과학자아파트는 외관도 화려할 뿐만 아니라 외벽을 네온사인으로 장식하여, 명절에는 아름다운 야경을 연출할 수 있도록 하였다.

2016년부터 2017년까지는 려명거리 건설을 추진하였다. 려명거리 건설은 김일

---

10) "경애하는 김정은원수님께서 김일성종합대학 과학자살림집건설장을 돌아보시였다", 『로동신문』, 2013년 8월 14일자.

성과 김정일의 시신이 있는 금수산태양궁전에서 룡흥동 네거리를 재개발하는 사업으로 김정은 체제의 대표적인 치적으로 선전하는 사업이다. '려명'은 새벽 해가 떠오른다는 의미이다. '려명'이라고 한 것은 김정은 시대의 사회주의 문명국이 새롭게 떠오르고 있다는 상징적인 의미를 담은 명칭이다.

려명거리 건설이 시작된 2016년은 북한의 핵실험으로 인해 대북제재가 한층 강화된 시기였다. 려명거리 건설은 70층짜리를 비롯하여 44동, 4,804세대의 초고층 아파트를 건설하는 대규모 프로젝트였다. 북한은 려명거리 건설을 '미제와 그 추종세력들과의 치열한 대결전'으로 선포하고, 거리 건설을 위한 총력전을 전개하였다. 2016년 4월 3일 착공한 려명거리 건설은 1년 만인 2017년 4월 13일 태양절에 맞추어 준공식을 가졌다.

2021년 제8차 당대회에서는 매년 평양에 1만 세대 건설을 결정하였고, 해마다 1만 세대 건설을 추진하고 있다. 김정은시대 아파트 건설은 국제 제재에도 굴하지 않고, 경제를 건설하겠다는 메시지를 보여주는 정치사업이자 건설을 통한 경제 살리기로 진행되고 있다.

Ⅳ. 전통문화

남북 모두 민족문화의 우수성과 독창성을 자랑스럽게 생각하고, 적극적인 민족문화 보호정책을 추진하였다. 하지만 남북이 분단 된 이후 전통문화에 대한 해석과 보호정책에서 차이가 있다.

남한에서는 당시의 시대상을 확인할 수 있도록 원형을 보존하는 데 중점을 둔다. 반면 북한의 전통문화 정책은 현재화에 초점을 둔다. 아무리 훌륭한 전통문화라고 하여도 시대적인 한계가 있기에 '오늘날 입장에서 해석하고 보존해야 한다'는 입장이다.

'민족문화의 전통을 현대적으로 살려야 한다'는 정책은 모든 분야에 적용되었다. 예술 분야에서 전통문화의 현대화를 잘 보여주는 예로는 민족악기 개량 사업이 있다. 민족악기 개량 사업은 전통악기를 현대 음악에 활용할 수 있도록 개량하는 사업이었다.

북한 음악에서는 악기를 서양(클래식) 악기와 민족악기로 구분한다. 북한 음악에서 사용하는 민족악기는 모두 개량된 악기들이다. 민족악기를 개량한 것은 전통 음악 체계와 현대 음악 체계가 다르기 때문이다. 5음계를 주로 하는 전통음악에 활 용하는 민족악기로는 7음계의 현대 음악에 활용하기 어렵다. 민족악기를 개량하여 현대 음악에 활용하고자 하였다. 가야금이나 옥류금과 같은 현악기는 줄의 숫자를 늘렸다. 저대나 단소와 같은 관악기는 구멍을 늘리고, 보조키를 달아서 개량하였 다. 다양한 현대 음악에 활용하고, 클래식 악기와 협연을 위한 악기 구성 체계도 다시 구축하였다.

전통의 현대화에서는 가요에서도 확인된다. 북한의 가요는 민요의 전통을 살려 현대적으로 부르는 것을 기본 원칙으로 한다. 민요 중에서도 기준이 된 것은 서도 민요이다. 밝고 고운 음색을 민족적 특성으로 규정하고, 이를 현대 음악의 기준으 로 삼았기 때문에 북한 가요의 창법은 비슷하다. 북한 가요에서는 금지하는 것이 있다. 판소리계통의 음악처럼 허스키한 음색은 정서에 맞지 않는다고 평가한다. 유 순하면서도 이어지는 창법으로 노래한다. 폭발적인 창법으로 노래하지도 않는다. 북한 노래를 들으면 비슷비슷하다고 느끼는 것은 음악에 이런 원칙이 적용되기 때 문이다.

미술에서는 동양화의 전통을 계승하였다. 북한에서는 조선적인 특색이 있는 미 술이라는 의미로 '조선화'라고 한다. 캔버스를 꼼꼼하게 채우고 덧칠하는 서양화와 달리 여백을 많이 두고 강조하는 부분만 디테일하게 묘사하고, 중요하지 않은 부 분은 과감하게 생략한다. 이 외에도 자수 전통을 이어 현대 예술로 활용하는 수예, 고려청자의 색채를 재연한 공예, 고구려 고분벽화에서 색이 변하지 않은 원리를 응용한 조선보석화 등이 전통문화를 계승한 민족예술이다.

문화재 분야에서는 보호 대상이 비슷해졌다. 북한의 문화재 보호 정책은 유형 문화재(물질문화)와 무형문화재(비물질문화)로 엄격하게 나누어졌다. 북한에서는 무 형문화재를 '비물질(문화)유산'이라고 한다. '비물질(문화)유산'은 물질문화에 대응하 는 용어로 'non-physical heritage'의 번역어이다. 1982년 유네스코 산하에 '비물 질유산처'(section for the non-physical heritage)를 설치하면서 사용한 용어를 북한식 으로 번역한 용어이다.

남한에서도 문화재란 명칭은 2024년 5월 17일 시행된 「국가유산기본법」에 따 라 '문화유한', '자연유산', '무형유산'을 포괄하는 '국가유산'으로 바뀌었다.

북한에서 주로 법적으로 보호했던 분야는 물질문화였다. 북한 체제가 유물론을 바탕으로 하기에 눈에 보이는 분야를 우선 보호 대상으로 하였다. 문화재와 관련하여 제정된 최초의 법은 1994년에 제정한 「문화유물보호법」이다. 법의 명칭에서 알 수 있듯이, 성곽이나 서적과 같이 눈에 보이는 '문화유물'을 보호하는 법이다. 무형문화유산에 대해서는 학문적인 영역으로 생활 속에서 현대적으로 계승하려고 하였다.

유형문화에 대한 인식과 평가가 달라진 것은 2000년 이후이다. 민족문화 유산에 대한 올바른 태도를 가져야 한다면서 적극적으로 '애국주의 교양 사업'으로 활용하기 시작하였다.

북한이 민족문화유산 보호를 강조하는 이유의 하나는 정치적인 목적이다. 민족문화를 보호하는 것을 "민족문화유산을 통한 교양사업은 우리 선조들이 창조한 물질적 및 정신적 재부를 가지고 근로대중에게 사회주의적 애국주의와 계급의식을 높여주는 중요한 사업"으로 평가하였다. 민족유산 보호 사업은 민족유산에 대한 김일성과 김정일이 지도와 지침에 따른 결과로 선전한다. "명승지들과 국보적 의의를 가지는 력사유적들마다에는 백두산절세위인들의 거룩한 자욱과 령도업적이 아로새겨져"11) 있기에 민족의 역사와 문화에 대해 잘 알고, 우수한 민족문화를 지켜가는 것은 수령의 유훈을 이어가는 사업이자 애국자의 기본 조건으로 강조한다. 김정일 사망 이후에는 민족문화 유산 보호를 김정일의 정치적인 업적으로 선전하였다.12) 김정일 사망 이후에는 '김정일 애국주의'를 받들고 실천하는 사업으로서 민족문화 유산을 잘 관리할 것을 요구했다.

김정은 체제가 시작된 이후로는 민족문화 정책에서 큰 변화가 생겼다. 법적 보호에서 제외하였던 '비물질문화유산'에 대한 법적 보호가 강화되었다. 김정은 체제가 시작된 2012년에 「문화유산보호법」을 제정하였다. 「문화유산보호법」은 '문화유물'(유형문화재)에 '비물질문화유산'을 포함하여 확대한 것이다. 2015년에는 문화유물과 문화유산에 더하여 자연유산(천연기념물)을 포함하여 보호하도록 규정한 「민족유산보호법」을 제정하였다.

---

11) 김정은, "민족유산보호사업은 우리 민족의 력사와 전통을 빛내이는 애국사업이다-조선로동당 중앙위원회 책임일군들과 한 담화(2014년 10월 24일)", 『로동신문』, 2014년 10월 30일자.
12) "민족문화유산을 통한 애국주의교양을 강화하자", 『민족문화유산』 2001년 3호, 사회과학출판사, 2001.

2012년 「문화유산보호법」 제정에 따라서 보호해야 할 '문화유산' 목록화 작업을 시작하였다. 전국적으로 알려진 문화유산을 조사하여 국가급, 지방급으로 나누어 보호 주체를 명확히 하였다. 국가급으로 보호해야 할 목록을 정하고, 공포하였다. 북한의 국가급 비물질문화유산 목록에는 전설과 신화, 전통예술과 전통의술, 사회적 관습과 예식 및 명절 행사, 자연, 우주와 관련한 지식과 관습, 전통수공예 기술까지 망라되어 있다.[13] 「민족유산보호법」은 2019년에 한 차례 개정을 통해서 보호 범위가 넓어졌고, 보호와 이용에 관한 규정이 강화되었다. 북한의 '비물질문화유산'에 대한 규정과 확대는 국제사회의 추세를 따르는 것으로 남한에서 규정하는 문화재와 거의 같아졌다.[14]

비물질유산의 보호와 관련하여 주목하는 것은 유네스코 세계문화유산 등재이다. 북한 2012년에 조선민요 <아리랑>을 시작으로 문화유산 등재를 적극 추진하고 있다. 2015년 「민족유산보호법」을 제정하면서는 "중앙민족유산보호지도기관에서는 우리 나라의 우수한 물질유산과 비물질유산, 자연유산들을 세계유산으로 등록하기 위한 활동을 계획적으로 전망성 있게 진행하여야 한다"는 조항을 만들어 '세계유산 등록'을 위한 구체적인 계획을 세우는 것을 의무로 규정했다.

유네스코 등재 세계문화유산은 동명왕릉(왼쪽), 왕건왕릉(오른쪽)

출처: 필자 촬영

---

13) "최근년간 성과 이룩하고 있는 빗물질문화유산보호활동", 『조선신보』, 2018년 11월 20일자 : "주체 101(2012)년 8월에 비물질문화유산보호사업을 맡은 행정기구가 나온 이후 중앙과 각 도, 시(구역), 군에 이르기까지 비상설민족유산보호위원회가 조직되어 비물질문화유산들에 대한 발굴고증과 심의 평가사업이 정기적으로 진행되고 있다. 결과 현재까지 100여개의 대상들이 발굴수집되어 국가 및 지방비물질문화유산으로 등록되였으며 대황소상전국민족씨름경기, 전국민족음식전시회, 전국농업근로자들의 농악무경연 등이 진행되여 민족의 향취를 짙게 풍기고 있다."

14) 우리의 「문화재보호법」에서는 민속문화재는 "의식주, 생업, 신앙, 연중행사 등에 관한 풍속이나 관습과 이에 사용되는 의복, 기구, 가옥 등으로서 국민 생활의 변화를 이해하는 데 반드시 필요한 것"이다.

다른 한편으로 북한에서 전통문화는 우리 것을 사랑하는 애국교양과 연결한다. 북한에서 강조하는 생활은 '우리 식 사회주의 생활양식'에 맞는 것이다. '우리 식 사회주의 생활양식'이란 "우리 민족의 고유한 미풍량속에 바탕을 두고 우리 인민의 투쟁과 생활 속에서 형성되고 공고화된 가장 건전한 생활 양식이며, 사회와 인간의 발전에 참답게 이바지하는 우월한 생활양식"이라는 것이다.

북한의 민족문화 정책은 우리 민족이 예로부터 우수한 고유의 민족문화를 창조한 우수한 민족이었다는 것을 기본으로 한다. 민족의 문화는 일제 강점기를 지나면서 일제의 민족문화 말살 정책으로 인해 없어질 뻔 하였는데, 다행히 수령의 영도로 고유한 민족문화를 지켜낼 수 있었다는 것이다. '민족의 문화와 전통을 지키는 것'이 곧 '우리 식 생활양식을 지키는 것'이라는 원칙으로 진행한다.15)

구체적으로는 여성들이 치마저고리를 즐겨 입는 것을 비롯하여, 우리 말을 아끼고 사랑하는 것, 즉 외부 사상과 문화에 물들지 않는 것이다. 특히 청년세대를 중심으로 '이색적인 외래문화'로부터 조선 민족의 우수한 문화 전통을 지키며, 준법기풍, 사회주의 미풍양속을 실천할 것을 강하게 요구하고 있다.

개성 선죽교와 표지석

출처: 필자 촬영

---

15) "고상하고 아름다운 우리 식 생활양식", 『로동신문』, 2021년 3월 25일자.

제3절 북한 문화예술과 민족문화

Ⅰ. 북한 문화정책의 방향

남북의 문화는 분단 80년 가까운 시간 동안 많이 달라졌다. 남북의 문화가 지향하는 방향이 다르기 때문이다. 남한 문화는 이른바 한류, K컬처를 통해 세계화에 성공했다. 1990년 이후 세계인이 즐기는 보편적 문화를 지향한다.

반면 북한 문화는 북한 사회의 가치에 맞추어 창작되고 유통된다. 세계 모든 문화예술이 그렇듯이 북한 문화는 북한이라는 정치사회 지형을 토대로 구축되었다. 북한 문화는 북한 체제의 특수성과 문화의 보편성이 교차하여 형성된 산물이다.

문학과 예술은 태생적으로 어떤 시대, 어떤 사회이든 간에 그 사회가 허용하는 범위 안에서 창작되고 유통된다. 북한 문화에서 중요한 것은 북한 체제의 특수성을 지키는 것이다. 북한이 지향하는 문화는 '우리 식'이라고 하는 '주체 문화'이다. '주체 문화'는 보편적 가치보다는 북한 체제의 특수성을 더 많이 반영한 문화이다. 북한이 강조하는 '우리 식' 문화는 곧 남과 다르다는 것을 의미한다. 국제적으로 통용되기보다는 '우리(북한) 식'을 지키고자 한다. 북한이 문화의 독자성을 강조하는 것은 문화가 민족을 기본으로 형성되었다고 보기 때문이다. 각 민족은 고유한 민족문화를 형성하였기 때문에 문화에는 민족 고유의 특성이 반영되어 있다고 주장한다. 문화는 마땅히 '민족을 기본으로 발전시켜야 한다'는 입장이다. 문화교류를 주장하는 것은 문화침략의 전술로 본다.

북한 문화의 창작 방향에 대해서는 북한 헌법에 명시적으로 규정되어 있다. 북한 헌법에서는 "국가는 민족적 형식에 사회주의적 내용을 담은 주체적이며 혁명적인 문학예술을 발전시킨다"고 명시하였다. 이 부분은 북한 정권 수립부터 김정은 체제까지 일관되게 작동하고 있는 문화정책의 방향이다. 우수한 민족문화의 전통을 주체적으로 지키는 것도 문화를 지키기 위한 것으로 설명한다. "제국주의자들의 사상문화적 침투 책동이 우심한 조건에서", "건전하고 혁명적인 생활기풍"을 지켜나가기 위해서는 민족의 우수한 문화를 기본으로 발전시켜야 한다는 것이다. 북한에서 문화를 지키고 발전시키는 문제는 북한 체제의 유지와 관련한 중요한 문제로 접근한다.

북한 문화의 방향과 지향이 정치에 맞추어 있기에 문화 활동은 곧 인민들에게 건전한 생각과 사상을 심어주는 정치 교양사업이다. 이런 이유로 작가에 대한 관리부터 시작하여 창작품에 대한 보급까지 노동당이 직접 관리한다. 노동당의 필요에 맞추어 창작을 지시한다. 문화가 산업이나 경제가 아닌 정치사업이자 교양 사업인 이유이다. 북한에서 문학 작품을 쓰는 것도 혁명을 위해서, 노래하는 것도 인민 교양을 위해서, 그림을 그리는 것도 당의 정책 관철을 위한 것이다. 북한 문화는 혁명을 위하여 인민대중을 각성시키고 교양하는 데 복무한다.

문화의 역할은 '인민을 일깨워 혁명으로 나아가게 하는' 것이다. 사회를 변화시키고, 혁신하는 것을 '혁명'이라고 한다. 북한 문화는 그 자체로서 '혁명'을 위해 존재한다. 문학도 혁명을 위해 존재하는 '혁명문학'이고, 음악도 '혁명음악'이며, 연극이나 가극도 '혁명연극', '혁명가극'이다. 그렇게 혁명을 위해 존재할 때 가치를 인정받는다.

작가나 예술인들이 창작목적을 거부할 수는 없다. 전문작가나 예술인들은 국가 기관에 소속되어 활동한다. 작품 활동을 개인적으로 할 수 없다. 출판물이나 공연장, 전시장은 모두 국가에서 관리한다. 작품에 대한 평가 기준도 국가에 있다. 노동당에서 작가와 예술가들을 직접 관리한다. 당에서 창작 방향을 제시하고, 과업을 내린다. 작가는 당에서 제시한 창작 방향에 맞추어 창작하고, 검증받는다. 작가는 노동당이 영도하는 국가 조직에 소속되어 정기적으로 사상교육을 받아야 하고, 창작 과정에서도 몇 번의 검증 과정을 받아야 한다. 정치가 문화예술에 직접적인 영향을 미친다는 점에서 북한의 문화예술은 관제 예술이다.

북한에는 '대중문화'라는 개념이 없다. 대중매체, 문화산업이라는 개념이 없다. 북한 문화는 '인민문화'이다. 인민문화는 의미상으로는 '인민을 위한 문화, 인민이 주체가 되는 문화'이다. 인민의 교양에 도움이 되는 문화, 인민의 혁명에 도움을 줄 수 있는 문화이다. 따라서 대중을 문화상품의 소비자로 보고, 대중의 기호에 맞추는 문화기획은 존재할 수 없다.

북한에서 문학예술의 방향을 결정하는 것은 노동당(정식 명칭은 조선로동당)이다. 노동당은 북한 체제가 정립한 주체 예술의 이념과 가치를 온전하게 반영하고 실천하고 있는지를 관리한다. 예술에서도 주체사상에 입각한 '우리 식 예술'이 제대로 작동하는지를 감독한다.

　　북한 예술에서 중요한 것은 주제이다. 북한 예술은 사상이 바로 있어야 한다. 예술은 사상을 효과적으로 전달하기 위한 수단이다. 예술에서 우선은 사상이고, 주체사상과 선군사상으로 구현하였다는 노동당의 노선과 정책으로 무장하는 것이다. 북한 예술가들에게 필요한 것은 사상성을 잘 전달할 수 있는 안목이다. 인민들의 생활에 잘 녹아들 수 있는 사상을 담은 예술을 만드는 것이다.

　　북한에서 미술작품을 분석하는 이론서에는 예술과 사상에 대해 다음과 같이 기술하였다. 사상성과 예술성의 통일의 원칙에서 미술작품을 분석하기 위해서는 우선 높은 정치적 식견과 예술적 안목을 가지고 미술작품을 대하여야 한다. 높은 정치적 식견을 가진다는 것은 위대한 주체사상, 선군사상과 그 구현인 우리 당의 로선과 정책으로 튼튼히 무장하고 다방면적인 지식을 소유함으로써 모든 생활을 정책적 선에서 예리하고 폭넓게 볼 줄 아는 시야와 안목을 가진다는 것을 의미한다. 예술적 안목을 가진다는 것은 "우리 당의 주체적인 문예사상과 리론으로 튼튼히 무장하고 미술의 특성과 발전 력사에 대한 지식을 깊이 있게 체득하며 형태와 색채를 다루는 원리뿐 아니라 여러 가지 조형적 형상방법을 알고 미술작품에서 그 표현 정도를 옳게 찾아볼 줄 아는 능력을 가진다"는 것을 의미한다.[16)]

　　북한에서 유일하게 용인하는 사상은 '주체사상'이다. 주체사상은 정치를 넘어 모든 영역에 작동하는 가치관, 세계관의 기준이다. 예술은 주체사상을 실천하는 수단이다. 북한 예술 창작에서 유일하게 허용하는 원칙은 '주체 사실주의'이다. '주체 사실주의'란 주체사상에 사회주의 예술 이론을 결합한 것으로, 모든 예술은 주체사상에 맞추어 창작해야 한다는 원칙이다. 주체 사실주의 이론과 창작 원칙은 1960년대 체계화된 이후 일체의 변화 없이 온전하게 김정은 시기로 이어졌다. 북한에서도 이를 부정하지 않는다. 북한 스스로 '주체 예술'이 대를 이어 발전하고 있다고 주장한다.

---

16) 『미술작품분석리론』, 2·16예술교육출판사, 2015, p. 14.

김정일의 문화예술 자료를 모아놓은 문화성혁명사적관

출처: 필자 촬영

II. 북한의 문화예술

1. 북한 문학

북한에서 문학은 특별한 의미가 있다. 흔히 문화예술이라고 하는 것을 북한에서는 문학과 예술이라는 의미의 '문학예술'이라고 한다. 문학은 서사(이야기)를 만들고, 예술은 문학으로 창작한 이야기를 예술적인 수단으로 만든다는 의미다. 음악은 문학을 소리로 창작하고, 영화는 영상으로, 미술은 조형이나 색으로 주제를 표현한다.

문학을 예술 창작의 원천으로 보는 이유는 '주제' 때문이다. 문학에는 주제, 즉 작가가 말하고자 하는 목적이 있다. 문학에서 주제에 맞게 이야기를 잘 만들어야 예술도 주제에 충실하게 된다. 북한 예술은 재미보다는 내용이 좋아야 한다. 엄밀히 말하면 내용이 목적에 맞아야 한다. 내용도 좋아야 하지만 재미가 있어야 하는 남한의 문화예술과는 문화창작의 지형 자체가 다르다.

북한에서 문학은 '언어를 기본수단으로 하여 인간과 그의 생활을 형상적으로 반영하는 예술의 한 형태'이다. 북한 「문학예술사전」에서는 문학이 "인간과 생활을 현실에서와 같이 새롭고 진실하게 그리고 의의 있는 인간 문제를 깊이 있게 밝혀냄으로써 사람들에게 생활에 대한 풍부한 지식과 의의 있는 사상을 넣어주며 그들의 참된 삶의 길로 이끌어 주는데서 커다란 작용"을 한다고 설명한다.

북한에서 문학은 곧 다른 모든 예술을 압도한다. 문학이 이 같은 역할을 할 수 있는 것은 문학의 기본 역할이 이야기를 만드는 것과 연관되기 때문이다. 이를 잘 보여주는 작품으로 <피바다>가 있다. <피바다>는 김일성이 항일무장혁명투쟁 시절인 1936년 8월 만주 만강부락에서 '혈해'라는 제목으로 처음 공연하였다고 주장하는 작품이다. <피바다>는 1960년대 말부터 1970년대 초 사이에 김정일에 의해서 여러 예술 장르로 재창작되었다. 1969년 영화 <피바다>를 시작으로 1971년에 혁명가극 <피바다>, 1973년에 혁명소설 <피바다>가 창작되었고, 이어서 교향곡 <피바다>, 가요 <피바다> 등으로 창작되었다. 예술 장르는 달라도 내용은 한가지이다.

문학이 중요한 이유는 서사에 있다. 서사는 곧 이야기이다. 문학은 이야기를 만들어 낸다. 그렇기에 문학이 중요하다. 문학 중에서도 소설이 핵심이다. 문학 가운데서 특히 소설은 '인민들 속에서 가장 사랑받는 문학 형태'라고 하면서, '한 나라의 문학 수준은 소설 문학의 사상예술적 높이에 따라 평가 된다'는 입장이다.[17]

소설을 문학의 대표적인 형태로 평가하는 것은 소설이 문학의 여러 형식 중에서도 다양한 형상 수단을 종합적으로 이용할 수 있기 때문이다. 문학은 언어를 형상수단으로 한다. 언어를 기본으로 하는 것은 시, 희곡, 영화문학(시나리오), 가극대본도 마찬가지지만 이들 문학 장르와는 다르게 소설은 '묘사', '대사', '주정토로', '설명', '서정' 등의 여러 언어 요소를 종합적으로 이용할 수 있다는 것이다. 소설은 이러한 다양한 언어적 요소들은 '인간 성격과 생활을 폭넓게 묘사'한다. 즉 소설은 '서사적인 묘사 방법으로 인간과 생화를 보여주는 문학의 한 형태'로 "문학의 형상수단을 종합적으로 리용하면서도 어디까지나 묘사를 기본으로 하고 있다"[18]는 것이다.

문학에서 이야기를 만들면, 예술은 문학에서 만든 이야기를 기본축으로 예술수단을 활용하여, 예술적으로 형상한다. 예술이라고 해서 예술의 특수성이 강조되지는 않는다. 음악이 추구하는 소리나 미술이 추구하는 색이나 형태, 질감 등이 중요하지 않다. 문학에서 만든 이야기를 효과적으로 전달하는 보조적인 수단이다. 따라서 예술의 발전은 문학이 먼저 발전시키고, 문학창작부문에서 혁신이 일어나야 예술 전반에 걸친 발전이 이루어질 수 있다는 것이다. 문학예술의 모든 형태가 주어진 사명과 기능을 수행하기 위해서는 소설이 중요하다는 것을 강조한다.

북한 문화예술은 주제가 있어야 한다. 주제가 없는 예술은 존재할 수 없다. 북

---

17) 전영선, 『북한의 문학과 예술』, 역락, 2004, p. 75.
18) 김정일, 『주체문학론』, 조선로동당출판사, 1992, p. 239.

한에는 추상예술은 없다. 관념적 작품이나 '무제' 같은 작품은 존재할 수 없다. 구체적인 실체가 있어야 한다. 음악이든 미술이든 한 번 들으면 내용을 알아야 하고, 한 번 보면 내용을 이해할 수 있어야 한다. 혁명을 위해서 존재하는 북한 문화예술의 특징이다.

북한 문학은 주체사상을 기본으로 하는 주체문학이다. 주체사상이 사람을 중심으로 한다고 주장한다. 하지만 중심은 수령이다. 북한 문학의 중심은 수령이거나 수령에 대한 충성이나 수령에 의해 변화 발전하는 사회의 변화상이다.

김정은 체제에서도 북한 문학의 형식은 크게 달라지지 않았다. 김정일 시대의 문화예술 창작의 화두였던 선군과 관련한 주제는 현저히 감소하였다. 하지만 최고지도자에 대한 충성과 찬양의 문학은 여전하다. 김정은 위원장이 최고지도자로 활동하기 시작한 2012년의 북한 문학은 김정일에 대한 추모와 새로운 최고 지도자 김정은에 대한 충성으로 이어졌다.[19] 이후 김정은의 정치적 활동이 본격적으로 시작되면서부터는 최고 지도자에 대한 찬양의 방향이 인민 생활과 연결되어 있다. 이는 김정은 시대의 국가 아젠다로 제시된 사회주의 문명국 건설, 인민대중제일주의와 연결되는 문제이다. 김정은은 미래의 사회주의 선경을 창조하는 젊은 지도자로 형상된다.

2. 북한 영화

전성기를 지났다고 하지만 영화는 여전히 대중문화의 주요 장르 중의 하나이다. 한국 영화의 수준은 세계적이다. 해외의 유명 영화제에서도 한국 영화는 늘 주목받는 대상이다. 한국 영화는 탄탄한 인프라를 기반으로 해마다 많은 작품이 창작된다. 한 해 동안 만들어지는 영화는 수천 편에 달한다. 장르도 다양하다. 드라마, 희극, 코믹, 액션, 스릴러, 로맨틱, 환타지, 신화, 어드벤처, 스포츠, 호러, 역사물, 애니메이션 등등. 정통 장르는 물론 여러 장르가 혼합된 퓨전영화에서도 주목받고 있다.

그렇다면 북한 영화는 어떨까? 북한 영화는 기록영화, 만화영화, 과학영화, 아동영화, 예술영화가 있다. 일반적으로 '영화'라고 하는 '극영화'를 북한에서는 '예술

---

19) 이지순, "북한 서사시의 김정은 후계 선전 양상", 『북한연구학회보』 제16권 제1호, 북한연구학회, 2012, pp. 230-231.

영화'라고 한다.

북한에서는 볼 수 없는 영화 장르가 상당히 많다. 우선 공포영화가 없다. 북한에서 문학예술은 목적이 분명해야 하고, 인민 교양에 도움이 되어야 한다. 그런데, 공포영화는 인민 교양에 별로 도움이 되지 않는다. 공포영화의 주요 소재가 되는 악마, 귀신, 영혼, 사후세계는 북한체제와 맞지 않는 세계관이다. 유물론을 사상 토대로 하는 북한에서는 '비과학적인' 허황한 것이다. 좀비, 늑대인간, 구미호, 드라큘라 같은 흡혈귀도 인민의 건전한 정신생활을 좀먹는 사상이라고 본다. 점을 치거나 미래를 예언하는 것 역시 있을 수 없다. 오히려 이런 미신에 빠지지 말아야 한다고 계몽한다. 그렇다고 실제 생활에 없는 것은 아니다. 민간에서는 결혼이나 취업, 장사를 시작할 때는 몰래 점을 보기도 하고, 사주도 맞추어 본다. 하지만 공식적인 문학예술 작품에는 금지한다.

환타지 영화도 없다. 세계적인 선풍을 모은 <헤리포터> 시리즈나 <어벤저스> 시리즈, 환타지의 고전 <반지의 제왕>이나 <트와일 라잇>, <버시잭슨> 시리즈, <판의 미로> 등과 같은 신화나 마법을 소재로 한 영화는 북한에서 나올 수 없다.

북한에도 '환상'이 있고, 환상영화는 있다. 하지만 북한에서 환상 영화는 '판타지'가 아닌 공상과학영화이다. 과학적 사실을 근거로 한 영화로 미래에 가능한 영화이다. 미래 해양자원을 개발하거나 우주를 탐사하거나 번개의 전기를 잡아서 전력으로 이용하는 주제의 영화 등이다. 이런 영화들은 과학적이고 물리적인 근거를 바탕으로 한 환상이라는 이유로 유일하게 창작한다. 이런 유형의 영화를 '과학환상영화'라고 하는데, 주로 청소년용 영화로 제작한다.

무협영화, 에로영화, 범죄영화, 사회고발 영화(블랙코미디)도 없다. 무협영화는 하늘을 날고, 장풍을 날리는 것 등이 과학적이지 않고, 현실과 맞지 않기 때문이다. 에로영화, 범죄영화는 인민들의 건전한 혁명정신 함양에 도움이 되지 않기 때문이다. '블랙코미디'라고 하는 체제 비판적인 영화는 사회주의 낙원인 현실과 다르다고 본다. 블랙코미디 영화들을 포함하여, 사회에 부정적인 인식을 줄 수 있는 영화는 원천적으로 금지되어 있다.

당국의 눈을 피해 만들 수도 없다. 모든 문화 예술은 조선로동당 선전선동부의 검열을 받아야 한다. 북한 체제를 비판하는 내용이 검열을 통과할 수도 없고, 영화를 제작하는 수단과 영화를 상영하는 상영관도 국가가 관리하기 때문이다. 만약 북한에서 '사회를 비판하는 영화를 만들겠다'고 한다면, '좋은 내용으로 영화를 만들어도 되는데, 왜 구태여 부정적인 영화를 만들어서 인민들에게 좋지 못한 감정을 심어주느냐'는 비판을 받을 것이 확실하다.

북한 영화에서 금지하는 것은 장르 문제만이 아니다. 내용이나 표현에서도 북한의 이념이나 사상, 정서에 맞지 않으면 금지한다. 멋있어 보이지만 실제적이지 않은 작품은 창작할 수 없다. 멋진 자동차가 등장하지도 않고, 자동차를 타고 이리저리 도심을 질주하면서 날아오는 총알도 피해가고, 아찔아찔한 순간을 넘기면서 손에 땀을 쥐게 하는 장면도 없다. 하늘을 날아가거나 나무 사이를 날아다니거나 절벽을 차고 올라가지도 않는다. 이국적인 장소에서 멋진 풍경을 배경으로 남녀의 로맨틱한 사랑 장면도 없다. 극적이고 과장된 표현도 없다.

사실적이어야 한다. 영화는 교양물이다. 인민 교양을 위해서는 영화를 영화로 생각해서는 안 된다. 영화는 사실이어야 한다. 적어도 사실을 지향해야 한다. 인민들이 영화를 실제로 받아들이고, 주제를 배우고, 주인공을 따라 해야 한다. 현실이 아니고 예술이라고 생각해서는 안 된다. 그렇게 되면 영화를 만들 이유가 없다. 그래서 실제적이어야 한다.

캐스팅에서 사실주의 원칙을 확인할 수 있다. <우리 여자축팀>이라는 드라마가 있다. 제목에서 짐작하겠지만 북한 여자축구팀을 소재로 한 5부작 드라마이다. FIFA가 주관했던 23세 이하 세계여자축구선수권대회에서 우승했던 북한 여자 축구대표팀의 이야기를 드라마로 만든 것이다. 드라마에는 강도 높은 훈련 장면과 실제 경기 장면이 있다. 배우들은 높은 계단을 오르고, 전술훈련도 하고 슈팅도 실제와 같이 하였다. 남한에서 이런 드라마를 만든다고 한다면 배우를 캐스팅하고, 축구 훈련을 시키는 과정을 거친다. 야구를 소재로 한 <스토브리그>란 드라마에서는 야구선수와 체격 조건이 흡사한 배우를 선발하고, 드라마 장면에 필요한 기본적인 훈련을 한 다음에 출연했다.

하지만 북한에서는 이렇게 하지 않는다. 배우에게 축구 훈련을 시키지 않는다. 실제 축구팀 선수들을 선발하여, 연기 훈련을 시켜서 출연시킨다. 연기는 어설프게 보일지 몰라도 훈련 장면을 생생하게 살릴 수 있다. 경기 장면에서는 연출한 경기 장면이 아니라 실제 경기했었던 영상을 그대로 활용하였다.

북한에서도 남녀의 사랑을 주제로 한 영화가 있기는 있다. 하지만 표현 수위는 굉장히 낮다. 수위라고 말할 것도 없다. 북한의 모든 영화는 전체 관람가이다. 키스도 없고, 포옹하는 것도 찾기 어렵다. 남녀의 사랑은 당 정책을 받드는 길에 함께 한다는 것을 확인하는 순간을 통해 확인한다. 바람직한 남녀 관계는 사회적 동지로서 당에서 제시한 혁명 과업을 함께하는 동지적 관계이다. 동지적인 사랑이야말로 개인적인 사랑을 넘어서는 사회를 위한 헌신적인 사랑으로 높게 평가한다.

로봇이 변신하거나 사이보그를 주제로 한 영화도 없다. 인류의 역사는 인간이 만들어 가는 역사이어야 한다. 인간에 의해 변화되고 발전한 역사이다. 북한의 유일사상인 주체사상에 의하면 인류의 역사는 수령이 영도하는 주체적인 인민대중에 의해 변화하고, 발전한다. 로봇은 인간이 사회를 발전시키는 데 필요한 도구일 뿐이다. 북한에서 영화는 산업과 연관된 대중문화가 아니다. 북한에서 영화는 곧 당의 정책을 인민들에게 알려주는 정책 수단이자 교양선전물이다.

영화 촬영을 지도하는 모습을 형상한 조각상

출처: 필자 촬영

3. 북한 음악

북한에서 음악은 영화와 함께 선전선동의 핵심 분야였다. 음악을 정치의 중요한 수단으로 삼는다는 의미로, '음악정치'라는 용어도 있다. '음악정치'는 김정일 시기에 나온 용어이다. 북한에서는 예술을 정치 도구, 혁명의 수단으로 활용한다. 여러 예술 중에서도 특히 음악에 주목한 것은 음악이 민족성도 강하고, 일상적인 차원에서 활용하기도 쉽기 때문이다. 어렵고 힘들더라도 노래를 부르면서, 어려움을 이겨내자는 의미이다.

북한 음악이라고 하면 <반갑습니다>, <휘파람>, <대홍단 감자> 정도를 떠 올린다. <대홍단 감자>는 어린이들을 위한 동요에 가까운 노래다. <반갑습니다>, <휘파람> 정도는 그나마 남한에 알려진 노래인데, 이런 노래를 생활가요라고 한다. 생활 속에서 즐겁게 부를 수 있는 음악, 생활 속의 가볍고 흥겨운 노래를 특별히 생활가요라고 한다. 노동당의 정책이나 수령을 주제로 한 노래가 아니라 생활 속에서 일어나는 이야기를 가사로, 리듬도 편한 음악이다. 특히, 전자음악단의 연주와 노래로 아이돌급 인기를 모은 작품이다. 노래가 나온 지 30년 가까이 되지만 여전히 북한 주민들이 자주 부르는 노래들이다.

생활 속에서 가볍게 부를 수 있어서 많이 부르고 애창되기는 하지만 이런 노래는 몇 편 되지 않는다. 북한을 대표하는 노래는 당정책 가요나 전시가요, 혁명가요, 송가 등이 중심이다. 여러 노래 중에서도 가장 많은 노래는 송가(頌歌)이다. 송가는 최고 지도자를 그리워하고, 사모하는 마음을 담은 노래로, 북한에서는 당정책 가요와 함께 가장 많이 불리는 노래이다.

생활가요는 1980년대 중반에 나왔다. 북한 최초의 전자음악단인 보천보전자악단과 왕재산경음악단에서 부른 노래이다. 생활가요는 생활 속의 이야기를 소재로 한 가요이다. 특히 남녀의 개인적인 감성을 담은 가사로 큰 인기를 얻었다. 지금도 북한 가요라고 하면 가장 먼저 보천보전자악단의 노래가 떠 오를 정도로 대중적으로도 널리 알려졌다.

김정은 시대에 들면서 북한 음악은 형식과 주제에서 이전과 많이 달라졌다. 김정은 시대를 대표하는 음악 단체로 '모란봉악단'이 있다. 모란봉악단은 김정은의 '각별한 관심과 지도'로 만들어진 악단으로 김정은 체제가 시작된 2012년 7월에 시범 공연을 통해 알려졌다.

시범 공연은 본격적인 활동에 앞서서 존재를 알리는 첫 공연이다. 시범공연부터 '모란봉악단'은 과감한 퍼포먼스로 주목을 받았다. 반짝이는 미니스커트를 입은 단원들은 전자악기를 중심으로 현란한 연주를 선보였다. 전자 패널과 레이저 조명으로 꾸민 화려한 무대, 디즈니애니메이션 주제가 연주와 캐릭터 인형의 퍼포먼스는 김정은 이전에는 볼 수 없었던 연주였다. 선곡도 놀라웠다. 영화 <록키>의 주제가 'Gonna Fly Now' 연주는 북한에서는 공식적으로 한 번도 시도하지 않았던 헐리우드 영화 주제가 연주였다.

다분히 정치적인 메시지가 가득한 시범 공연이었다. 공연은 특정한 대상을 위한 공연이 아니었다. 모란봉악단의 파격적인 시범공연은 텔레비전을 통해 북한 전역으로 방송되었다. 2012년 7월 11일과 12일 저녁 8시 15분 조선중앙TV를 통하여 "경애하는 김정은 동지를 모시고 진행한 모란봉악단 시범공연"을 녹화 실황으로 방영하였다. 평양 거리가 한산했을 정도였다. 공연에서 보여준 의미는 분명했다. 변화와 혁신이었다. 북한 언론에서는 모란봉악단의 공연을 '기성 관례에서 벗어나 대담하게 혁신'한 공연으로 평가하였다. '공연의 주제와 구성으로부터 편곡, 악기 편성, 연주기법과 형상에 이르기까지 기성 관례에서 벗어나 대담하게 혁신하였다'고 평가하였다.[20]

모란봉전자악단(나중에 '모란봉전자악단'으로 명칭 변경)이 김정은 시대를 대표하는 것은 단순히 노래를 잘 부르고 연주 실력이 뛰어나서가 아니다. 모란봉악단은 정치적으로도 중요한 의미가 있다. 무엇보다 김정은 시대의 정치적 변화를 대표하기 때문이다. 김정은이 최고 지도자가 된 직후 '사회주의 문명국'이라는 새로운 시대의 비전을 선언했다. 사회주의 문명국은 사회주의 체제를 유지하면서 모든 분야에서 선진문명국을 이루겠다는 선언이었다. 사회주의 문명국으로 가기 위해서는 과거와는 다른 새로운 시대를 위한 과감한 변화가 필요하다고 주장했다. 이러한 과감한 변화, 혁신적인 변화를 모란봉악단 시범 공연을 통해 보여주었다. 노래를 불러도 옛날과는 다른 노래, 예전에는 상상할 수 없었던 무대 퍼포먼스로 개혁의 이미지를 만들었다. 예술이 곧 정치적 선전도구이기 때문에 가능하였다.

모란봉악단은 파격적인 무대 연출과 공연으로 김정은 체제의 변화와 혁신의 아이콘으로 주목을 받았고, '모란봉악단의 창조기풍'이라는 신조어까지 만들었다. 그리고 모란봉전자악단을 본받아 북한의 모든 예술단은 물론 사회 전체가 혁신할 것을 요구하였다.

모란봉악단의 인기를 이어 받은 악단은 삼지연관현악단이었다. 삼지연관현악

---

20) "경애하는 김정은동지께서 새로 조직된 모란봉악단의 시범공연을 관람하시였다", 『로동신문』, 2012년 7월 9일자.

단은 2018년에 평창에서 열린 동계올림픽 축하공연을 위해 남한을 방문해서 공연하였던 예술단이다. 원래 삼지연관현악단은 '만수대예술단 삼지연악단'으로 활동하다가 독립하여, '삼지연악단'이라는 이름으로 클래식을 연주하는 연주단이었다. 그런데 평창동계올림픽에 북한 참가가 결정되고, 남북 관계가 경색 국면에서 벗어나면서 축하공연이 결정되었다. 이에 따라서 삼지연악단의 연주팀에 가수를 포함한 특별편성으로 구성하면서, '삼지연관현악단'이라는 이름으로 축하공연을 하게되었다.

삼지연관현악단은 평창동계올림픽 축하공연에서 연주와 노래, 춤을 포함한 종합공연을 선보였다. 남한에서 1970년대와 1980년대에 유행하였던 가요도 불렸고, 걸그룹을 연상시키는 가무도 선보였다. 특히, <달려가자 미래로>에 맞추어 빨간색 민소매에 검은색 핫팬츠, 흰색 양말에 흰색 운동화 차림으로 남한의 걸그룹을 연상시키는 노래와 춤은 많은 화제를 낳았다.

이후로 삼지연관현악단은 편성을 바꾸지 않고, 축하 공연하였던 구성을 그대로 기악과 노래를 하는 종합예술단으로 활동하였다. 2018년 10월 1일에는 전용 공연장인 삼지연관현악단극장을 개관하면서 북한을 대표하는 예술단으로서의 위상을 굳혔다.

2018년 삼지연관현악단이 선보였던 <달려가자 미래로>는 김정은 시대에 가장 많이 불리는 노래의 이다. 열심히 공부해서 미래를 앞당기자는 내용의 노래다. 가사도 어렵지 않고, 리듬도 흥겨워 북한에서 열리는 공연에서 자주 부르는 노래의 하나이다.

삼지연관현악단 2018년 평창동계올림픽 축하공연

출처: 필자 촬영

삼지연관현악단이 선보였던 것처럼 북한에서도 노래와 안무가 함께 어우러지는 '가무(歌舞)'의 비중이 높아졌다. 특히 김정은 체제 출범 이후 트렌드가 된 예술단의 전국 순회공연에서는 예전에 볼 수 없었던 화려한 무대가 펼쳐지고 있다. <달려가자 미래로>를 부르면서 선보였던 검은 색 짧은 핫팬츠에 붉은색 민소매를 입고 공연하는 모습은 북한에서도 그리 낯설지 않은 풍경이 되었다.

최근 명절을 활용한 이벤트성 행사를 통해 화려한 공연을 선보이고 있다. 드론, 레이저 조명, 입체영상, 불꽃 등을 이용한 화려한 장면을 연출하고 있고, 청년세대의 취향에 맞추어 김류경, 정홍란 등의 새로운 가수들이 나와서 파격적인 율동을 선보이고 있다.

그러나 2019년 이후로는 노동당의 정책 변화에 따라 앞세우는 주제가 달라졌다. 2019년부터는 새로운 가요 창작이 급격히 줄었다. 그 대신 전쟁 때 불렀던 전시가요나 1960년대, 1970년대의 노래들을 다시 소환하였다. 어렵고 힘들었던 시기를 이겨낸 전쟁영웅, 천리마시대의 영웅을 받들어 '우리 국가제일주의' 시대를 만들어 나갈 것을 요구하고 있다.

'우리 국가제일주의'는 2017년 11월 미사일 발사를 보도한 「로동신문」에 처음 언급되었다. 2018년 이후 언론에서 점차 노출 빈도가 높아졌다. 2018년 하반기부터는 국가를 상징하는 '국가상징'에 대한 재조명이 있었다. 북한 유일의 전국 일간지인 「로동신문」에서는 국가상징을 하나하나 소개하면서, 제정 과정과 의미를 실은 기사를 연재하였다. 그리고 2019년 1월 1일 김정은은 신년사를 통해 '우리 국가제일주의'를 선언하였다.

북한이 말하는 '우리 국가제일주의'는 한 마디로 '모든 일에서 우리 국가의 제도와 정책이 가장 좋다는 긍지와 자부심'을 갖고 생활하라는 것에 다름이 아니다. '부강국가'라는 국가에 대한 자긍심, '새로운 국가부흥시대'를 건설하겠다는 의지를 갖는 것이다. 이런 의지를 확인하고 생활화하기 위한 정책이 추진되었다. 학교 교육에서는 국가상징에 대한 교육을 강화하고, 생활 속에서는 국가상징의 의미와 가치를 담은 문학예술을 즐기고, 국가상징이 그려진 옷을 입고, 괴뢰 말이나 외래어를 쓰지 않고 국어를 쓰도록 하였다.

2019년 '우리 국가제일주의' 선언 이후로는 국가를 상징하는 국가상징을 소재로 애국심을 고무하는 작품들을 소개하였다. 북한 문화예술에서 가장 많이 활용하는 국가상징은 국기(國旗)이다. 2019년 1월 1일자 「로동신문」은 국기를 소재로 가요 <우리의 국기>를 게재하였다. '노래가 참 좋다. 널리 인민들에게 보급하라'는 김정은의 글도 함께 실렸다. 이후 가요 <우리의 국기>는 모든 공식행사를 비롯하여 국기가 등장할 때마다 배경음악으로 사용되고 있다.

제4절 북한의 교육과 학교생활

I. 북한 교육이념과 체제

북한은 교육을 미래를 위한 주요 사업으로 인식하면서 국가 역량을 투입하는 중요한 분야로 간주한다. 북한의 교육 방향은 "국가는 사회주의 교육학의 원리를 구현하여 후대들을 사회와 집단, 조국과 인민을 위하여 투쟁하는 참다운 애국자로, 지덕체를 갖춘 사회주의 건설의 역군으로 키"우는 것이다.[21]

북한의 교육 목적과 방향을 규정한 「조선민주주의인민공화국 교육법」(이하 '교육법')에서는 북한 교육의 '사명과 원리'에 대해 "교육은 나라의 흥망과 민족의 장래 운명을 결정하는 중요한 사업이다. 조선민주주의인민공화국 교육법은 교육사업에서 제도와 질서를 엄격히 세워 사회주의교육을 더욱 발전시키고 자주적인 사상 의식과 창조적인 능력을 가진 인재를 키워내는 데 이바지한다"(제1조)고 규정하였다. 제3조에서는 "건전한 사상 의식과 깊은 과학기술 지식, 튼튼한 체력을 가진 믿음직한 인재를 키"운다고 하였다.

2000년대 이후 교육 분야에서 변화가 시작되었다. 기존의 암기식 교육으로는 변화하는 시대를 따라가기 어렵다고 판단하고, 창의력과 실용성을 중심으로 한 교육체계 개편을 추진하였다. 교육 분야의 개혁은 김정은 체제가 시작된 이후 더욱 속도를 내고 있다. 2012년 김정은은 교육제도를 개혁하였다. 지식경제 시대에 맞추어야 한다는 것을 명분으로 의무교육 기간을 11년에서 12년으로 확대하였다. 2013년부터 학제 개편에 따라서 초등교육 과정을 4년에서 5년으로 늘렸고, 6년 통

---

21) 「조선민주주의인민공화국 헌법」(2019년 8월 개정) 제43조.

합으로 운영하였던 중학교를 초급중학교와 고급중학교로 분리하였다. 북한의 12년
제 의무교육은 소학교 입학 전 과정인 유치원 높은 반 1년을 시작으로 소학교 5년
(이전 4년에서 1년 확대), 초급중학교 3년, 고급중학교 3년이다. 교육 기간 확대에 이
어 교과서도 전면 개편하였다. 기존의 암기식 교육에서 벗어나 지식경제 시대에
맞는 교과서로 구성하였다.

 과학기술 교육을 위한 교육 환경 개선 사업도 중점을 두고 추진하는 방향의 하
나이다. 김정은이 '교육에서 과학의 활용도를 높이라'고 지시한 이후로 첨단 전자
칠판을 비롯하여, 가상학습교실 등 IT를 활용한 교수학습 교육 자재가 개발되었고,
전국 단위 학교에 보급하고 있다.

 김정은이 지시한 교육중시, 인재중시 정책을 받들어 교육강국, 인재강국을 건
설하기 위해서는 '교육사업에 필요한 물질기술적 토대를 충분히 갖추어야 한다'는
것을 명분으로 국가의 역량이 모자란 지역에서는 지역 기업들이 학교 환경 개선에
나서도록 독려하고 있다. 구체적으로는 "높은 수준의 다기능화된 교실이 필요하며
교육의 현대화, 정보화를 위한 현대적인 수단들과 실험실습설비, 실험기구들이 원
만히 갖추"[22]는 것이다.

만경대학생소년궁전의 컴퓨터 소조

출처: 『조선중앙통신』, 2004년 5월 29일자.

---

22) 공로혁, "교육부문에 대한 전국가적, 전사회적지원열풍을 일으키자", 『로동신문』, 2021년 8월 21
일자.

Ⅱ. 김정은의 과학기술 인재양성

김정은은 교육과 기술을 경제 발전의 핵심 축으로 설정하고, 기회가 있을 때마다 교육에서의 혁신을 강조하였다. 김정은 체제에서 강조하는 교육 방향은 '지식경제 시대'에 맞는 과학인재양성이다. 경제 발전을 위해서는 과학기술의 발전이 필수적인데, 과학기술 발전을 위해서는 '교육이 혁신되어야 한다'는 것이 핵심이다. 과학기술에 대한 강조는 이전부터 있었던 일이다. 하지만 김정은 체제에서는 과학기술 교육의 중요성과 의미가 김정일 시대에 비해 더욱 높아졌다.

김정은은 2014년 9월 제13차 '전국교육일꾼대회'에서 '전민의 과학기술인재화' 실현을 강조하였다. '교육과 과학은 자력갱생 대진군의 견인기'라고 하였다. "과학기술과 교육사업의 급속한 발전에 경제건설과 인민 생활 향상에서 대비약을 이룩하기 위한 지름길이 있다"고 하면서 "과학기술과 교육사업에서 끊임없는 전진 발전을 이룩"[23]하기 위해서는 교육의 모든 역량을 과학기술에 집중할 것을 요구하였다.

김정은이 요구한 교육혁신은 교육 내용의 개선을 포함하여 교육 환경 개선이 중요한 문제이다. '지식경제 시대의 요구에 맞게 교육의 내용과 형식, 조건과 환경을 높은 수준에서 보장'할 것을 강조하였다. 구체적으로 "교육사업에 대한 국가적 투자를 늘이고 교육의 현대화를 실현하여 중등일반교육 수준을 결정적으로 높이고 대학 교육을 강화하여 사회주의 강성국가 건설을 떠메고 나갈 세계적 수준의 재능 있는 과학기술인재들을 더 많이 키워내"는 것[24]을 목표로 대학교육에서 "과정 안과 교수 요강, 교수 내용과 방법을 근본적으로 혁신하고 국가경제 발전과 과학기술 발전에서 큰 의의를 가지는 첨단 연구 성과들을 다발적으로 창조"[25]할 것을 요구하였다.

2014년 있었던 제13차 '전국교육일꾼대회' 이후 5년 만인 2019년 9월 3일에는 현장에서 교육을 담당하는 교원을 중심으로 한 '제14차 전국교원대회'를 개최하였

23) 김성남, "(론설) 과학기술과 교육은 자력갱생대진군의 견인기", 『로동신문』, 2019년 6월 17일자.
24) 김정은, 2012년 4월 6일 조선로동당 중앙책임일꾼들과 한 담화 "위대한 김정일동지를 우리 당의 영원한 총비서로 높이 모시고 주체혁명위업을 빛나게 완성해나가자."
25) 김일성종합대학 1부총장 리국철, "당의 령도 따라 국가경제발전의 전략적 목표를 성과적으로 수행할 드높은 열의-경애하는 최고령도자 김정은동지의 신년사에 접한 각계의 반향, '혁명인재육성에서 새로운 전환을'", 『로동신문』, 2019년 1월 1일자.

다. 북한은 제14차 전국교원대회를 "당의 교육혁명 방침 관철에로 총궐기시키는 데서 획기적 의의를 가지는 대회"로 평가하고, 교육사업을 '국사 중의 제일 국사'로, '사회주의 강국 건설의 생명선'이라고 하였다. 개최를 앞두고 교육 관련 기사를 집중적으로 게재하면서 교육혁신과 교원 역할을 강조하였다.

김정은은 2019년 1월 1일에 있었던 신년사에서 "사회주의 건설에서 대비약을 일으키기 위한 우리의 주되는 전략적 자원이고 무기"가 바로 인재와 과학기술이라고 하면서, "세계적 교육 발전 추세와 교육학적 요구에 맞는 교수 내용과 방법의 혁신"을 요구하였다. 김정은이 요구한 교육 혁신은 '인재 육성과 과학기술 발전사업을 목적 지향성 있게 추진하며 그에 대한 투자를 늘리고', '세계적인 교육 발전 추세와 교육학적 요구에 맞게 교수 내용과 방법'을 갖추어 가는 것이었다.

김정은의 지시 이후 과학기술 인재 양성을 위한 교육 개편을 속속 진행하였다. 북한이 과학기술 분야 중에서도 특히 집중하는 분야는 IT분야이다. 과학기술 인재 양성을 위한 핵심은 영재학교로 불리는 '제1중학교'이다. 제1중학교를 통해 과학기술 인재 양성을 체계적으로 관리하고, 별도로 보통교육 부문에서도 정보산업과 관련한 특성화 학교도 신설하였다. 정보특성화 고등학교에 해당하는 '정보기술고급중학교'를 각 도에 신설하였고, 대학에 정보보안학과, 나노재료공학과, 로봇공학과 등 정보화와 첨단과학 분야의 학과를 대거 신설하였다.

김정은 시대 과학기술 인재 양성을 상징적으로 보여주는 것은 「과학기술인재관리법」이다. 「과학기술인재관리법」은 과학기술 인재를 특별히 관리하기 위한 목적으로 2023년 4월에 제정하였다. 기존 「교육법」에 교육은 대상에 따라 학교 교육과 사회교육, 수재교육으로 나누어져 있었다. 별도 조항으로 규정하였던 과학기술인재와 관련한 내용을 별도의 법으로 제정한 것이다. 「과학기술인재관리법」은 "과학기술인재들에 대한 국가의 통일적인 장악과 관리를 보다 높은 수준에서 실현하며 그들이 경제 발전과 인민 생활 향상에서 주도적, 핵심적 역할을 수행하도록 하는 데 이바지하는 것"을 목적한다고 규정하고 있다. 각 분야에서 과학기술 인재를 중시하는 기풍을 확립하고, 과학기술인재를 체계적으로 양성하여 등록하고, 관리하는 문제를 구체적으로 규정하였다.[26]

---

26) 조선중앙통신, "조선민주주의인민공화국 최고인민회의 상임위원회 제14기 제25차전원회의 진행", 『조선중앙통신』, 2023년 4월 12일자.

북한 컴퓨터 관련 최고대학 김책공업종합대학

출처: 필자 촬영

Ⅲ. 북한의 대학

1. 대학 진학

북한에서도 대학 진학은 평생을 좌우하는 중요한 문제이다. 어떤 대학인지에 따라서 직업이 결정되고, 좋은 직장으로 배치받을 수 있다. 이른바 명문대학, 명문 중학교는 선망의 대상이다. 좋은 대학으로 보내기 위한 부모들의 열정도 대단하다.

좋은 대학으로 가려면 공부를 잘해야 한다. 당연히 성적이 우수해야 좋은 대학으로 갈 수 있다. 북한이기에 특별히 사상이나 출신 성분을 보고 뽑을 것 같은 생각이 든다. 예전에는 출신 성분이 무엇보다 중요했다. 지금도 정치나 당과 관련한 대학이나 관련 직장에서는 여전히 출신 성분이 중요하다. 하지만 핵심분야를 제외하고는 실력 중심으로 바뀌고 있다.

북한에서 대학 진학률은 높지 않다. 10~13% 정도이다. 남한의 고등학교에 해당하는 고급중학교에서 대학으로 곧바로 올라가는 진학비율은 남한과 비교하면 훨씬 낮다. 예술이나 과학, 외국어 등에서 특별한 실력이 아니면 곧바로 진학하기는 매우 어렵다. 고급중학교에서 대학으로 바로 가는 학생을 '직통생'이라고 하는데, 직통생은 아주 우수한 학생이다. 가장 확실한 것은 영재, 수재라고 하는데, 국가 차원에서 체계적으로 관리한다. 예술, 체육, 과학기술, 정보통신, 외국어 등의 분야에서 영재를 발굴해서 집중적으로 교육한다. 국가에서 조기에 선발하여 집중 교육으로 능력을 키운 다음 국가가 필요로 하는 곳으로 배치한다. 필요에 따라서 해외 유학도 보낸다.

영재학교인지 아닌지를 구분하는 간단하지만 확실한 방법이 있다. 숫자 1이 들어간 학교가 바로 영재학교이다. 제1중학교는 각 행정단위 별로 1개가 있다. 평양을 포함하여 북한에서 제일 좋은 영재학교는 '평양제1중학교'이다. 전국 각지에서 평양제1중학교로 보내기 위한 선발 시험을 본다. 이 외에도 지역별로 제1중학교가 있다. 개성제1중학교, 라선제1중학교 하는 식이다. 평양에서는 '모란봉 제1중학교'처럼 구역별로 있다. '제1중학교'를 졸업하면 김일성종합대학이나 김책공업종합대학, 리과대학 등의 학교에 입학한다. 예술 영재들은 음악종합대학, 미술종합대학 등의 예술대학으로 진학한다. 애써 키운 영재들을 군대에 보내면 10년 공백이 있기에 조기 교육을 통해 선발하고 집중적으로 관리하여 사회에 필요한 분야로 배치한다.

대학에 진학하지 못하였다고 해서 재수를 할 수는 없다. 북한에서 재수는 없다. 직통생이 아닌 대부분의 고급중학교 졸업생 대부분은 군대나 직장으로 배치된다. 북한에서 군대는 꽤 인기 높은 직업의 하나이다. 군대를 다녀와야 사람이 되고 제대로 대접받는 분위기이다. 그래서 중학교를 졸업하고 대부분 군 복무를 한다. 못 가는 경우도 있다. 그야말로 출신 성분이 불량하거나 군 복무가 어려운 신체조건인 경우이다. 군대에서 열심히 생활하거나 직장에서 모범적인 생활을 하면 대학 진학이 특별하게 주어진다.

지역이나 직장, 군대 단위별로 대학쿼터가 있다. 군대나 협동농장, 직장에서 모범적인 생활로 추천을 받아 대학에 가는 경우가 대부분이다. 이런 학생들을 '복학생'이라고 한다. 남한에서 복학생은 대학에 왔다가 군대를 다녀온 것이라면, 북한에서 복학생은 군대를 다녀와서 대학에 입학한다는 차이가 있다. 북한에서 군대 생활은 길다. 17세 정도에 입대하여, 10년 정도 근무한다. 10년 동안 공부하지 않다가 대학에 입학하기에 대학 교육에 바로 적응하기가 쉽지 않다. 그래서 대학에서는 1년 정도의 예비 과정을 운영하여 대학 교육에 필요한 기초학력을 다진다.

김정은 체제 이후 대학교육에서 가장 많이 달라진 것은 종합대학으로의 개편이다. 북한의 대학은 분야별 전문 인력 양성을 중심으로 운영한다. 정치대학, 음악대학, 농업대학, 교원대학, 경제대학, 수산대학처럼 대학 이름만으로도 대학의 성격을 알 수 있다.

하지만 김정은 체제가 시작된 이후로는 단과대학 중심에서 종합대학 중심으로 전환하고 있다. 남한의 종합대학교에 해당하는 대학체제를 갖춘 대표적인 곳은 김일성종합대학이다. 김일성종합대학은 사회과학계열과 이공계가 있는 유일한 종합대학이다. 김일성종합대학에도 인문학이나 예술대학, 체육대학은 없다. 북한에서는 인문학 자체가 없다. 인문학의 영역인 언어, 문학, 심리학 등은 모두 사회과학 분야이다. 인간과 관련한 문제는 모두 사회적인 문제로 보기 때문이다.

김원균명칭 평양음악종합대학 본관과 음악당(왼쪽), 김원균 동상(오른쪽)

출처: 필자 촬영

2. 북한의 대학교

북한의 대학은 경제대학, 음악대학, 미술대학, 체육대학, 상업대학, 교원대학, 이과대학, 교통대학처럼 대학이 목적에 따라 특성화된 대학으로 운영한다. 일종의 단과대학 중심 체제이다. 북한에도 종합대학이 있기는 있다. 하지만 우리의 대학과는 많은 차이가 있다. 김정은 시기 이전에 '종합대학'이라고 불린 곳은 세 곳이었다. 김일성종합대학, 김책공업종합대학, 고려성균관이다.

김일성종합대학은 북한 최고의 대학이다. 노동당 간부를 비롯하여 중앙당의 주요 인사 대부분이 김일성종합대학 출신이다. 김일성종합대학은 사회과학계열과 이공계열이 있는 실질적인 종합대학이다. 김책공업종합대학은 기계, 화학, 전자 계열의 학과가 모여있는 종합대학이다. 고려성균관은 개성에 있는데, 예전에는 '개성경공업종합대학'이었다. 명칭에서 알 수 있듯이 고려성균관은 경공업 분야의 종합대학으로 식품, 약학 계열의 학과가 모여 있는 종합대학이다.

김정은 체제 이후로는 대학을 종합대학으로 확대하고 있다. 특성화된 학과의 특성을 살리면서, 유사한 계열을 묶거나 지역에 있는 여러 대학을 하나로 통합한 형태의 종합대학을 추진하고 있다.

계열별 통합을 통한 종합대학의 사례로는 '평양건설건재대학'을 '평양건축종합대학'으로 확대한 것이 있다. 이 외에도 '평양철도대학'을 '평양철도종합대학'으로 개편하였다가 다시 철도 이외의 교통분야를 통합한 '평양교통운수종합대학'으로 확대하였다. '한덕수경공업대학'은 '한덕수평양경공업종합대학'으로, '장철구상업대학'은 '장철구평양상업종합대학'으로, '평양기계대학'은 '평양기계종합대학'으로 확대하였다. 이를 통해 특정한 분야와 관련하여 학과 간의 연계성을 높이고 있다. 또한 지방에 흩어져 있던 단과대학을 지역 중심으로 하나의 대학으로 통합하여, 종합대학 체제로 구축하고 있다.

김일성종합대학교 본관

출처: 필자 촬영

제5절 결론

김정은 체제가 시작된 2012년 김정은은 '사회주의 문명국' 건설을 선언하였다. '사회주의 문명국'이란 사회주의 제도를 지키면서도 인민들에게 높은 문화 수준, 세계적인 수준의 문화를 누리도록 하겠다는 비전이다. 북한 주민들에게는 김정은이 주도하는 새로운 시대가 열렸음을 알려주고 보여주기 위해 예술단을 동원하였다. 그리고 도시 개발을 통해 새로운 시대의 변화를 눈으로 확인할 수 있도록 하였다. 놀이공원도 새로 세우거나 현대식으로 바꾸었다. 거리에 체육시설을 설치하고, 공원을 조성하였다. 본보기 도시로 양덕온천문화휴양지구, 삼지연시도 개발하였다.

순조롭게 보였던 김정은 체제는 2019년부터 달라졌다. 2019년 하노이에서 열린 트럼프와 김정은의 회담이 아무런 결과 없이 끝났다. 미국과의 대화를 통해 북한이 받고있는 국제사회의 제재를 일부 완화하고, 이를 계기로 경제 발전을 추진하려던 계획은 완전히 실패하였다.

김정은에 대한 신뢰도는 급격히 떨어졌다. 최고 지도자에 대한 신뢰가 없으면, 통제력도 약화된다. 2019년 말 노동당의 핵심 간부를 비롯하여, 주요 기관, 기업소 책임자 등이 참석하는 전원회의를 개최하여 당의 정책 방향을 새롭게 정했다. 핵심은 '정면돌파전'이었다. 북한을 둘러싼 대외 환경이 매우 어렵지만 위기 상황에서 물러나지 않고, 정면으로 돌파하겠다고 결의하였다.

그러나 상황은 북한이 원하는 대로 흘러가지 않았다. 2020년부터 코로나 팬데믹이 세계를 덮쳤다. 보건 의료 수준이 취약한 북한은 전면적인 국경 봉쇄로 대응했다. 국경 봉쇄로 코로나 위기는 넘길 수 있었다. 하지만 경제가 제대로 작동하지 않았다. 국경 봉쇄로 인해 북한의 공식적인 대외무역은 물론 은밀하게 이루어지던 국경무역, 밀무역도 중단되었다. 북한경제의 95% 이상을 차지하는 중국과의 교역 단절은 북한경제에 치명적인 영향을 미쳤다. 대외무역은 비교할 수 없을 상황으로 떨어졌다. 여기에 가뭄, 태풍의 영향으로 인한 식량 위기도 불거졌다. 2021년 김정은이 '고난의 행군'을 언급할 정도로 어렵다는 것을 실토할 정도였다.

이른바 3중고(대북제재, 경제위기, 식량) 속에서 '백두산 정신'이 다시 조명되었고, '천리마'와 '전승세대'를 동원하였다. 천리마는 전쟁이 끝난 이후 사회 각 분야에서 생산성을 높이기 위해 벌였던 대중운동이고, '전승세대'는 전쟁에서 승리한 세대이다. 북한 상황이 마치 전쟁 중이거나 전쟁이 끝난 직후 폐허가 된 상황과 같다는 것을 인정했다. 그리고 이런 위기를 이겨낸 혁명 선배들을 본받아 위기를 돌파해야 한다고 설득했다.

사회가 어려워진 이후로 사회통제는 강화되었다. 북한 체제와 맞지 않는 사회적인 분위기를 일소하고, 사회주의 생활양식을 강화할 것을 천명했다. 2021년에 개최된 제8차 노동당 대회에서는 "전사회적으로 반사회주의, 비사회주의와의 투쟁을 더욱 강도 높이 벌릴데 대하여"를 노동당의 정책으로 채택했다. '비사회주의', '반사회주의'는 건전한 사회 풍조를 확립하는 차원을 넘어 체제의 안전과 직결된 국가 보위의 문제로 강조된 것이다.

이후 선전선동 사업을 담당하는 노동당의 기간 조직을 쇄신하고, 관료들에게는 인민생활 속으로 들어갈 것을 요구했다. 그리고 인민들에게는 북한 문화 이외의 문화에 대해 금지하면서 강도 높은 내부 단속 체제를 강화하였다. 2020년 12월 외부 사상, 외부 문화 유입에 대한 강력한 처벌을 규정한 「반동사상문화배격법」을 채택하였다. 체제 위기의 돌파구가 없는 상황에서 위기를 외부 요인으로 돌리면서 내부 통제를 강화한 것이다.

체제 단속의 주요 대상은 청년이다. "청년들을 어떻게 교양하고 준비시키는가 하는데 당과 혁명의 운명, 나라와 민족의 흥망성쇠가 달려있다", "현실은 새 세대들에 대한 사상교양 사업을 더욱 강화하여 모든 청년들이 전위투사로서의 책임과 본분을 다해나가도록 할 것을 요구하고 있다"면서 "청년들이 이색적인 사상문화와 변태적인 생활풍조에 물젖으면 일하기 싫어하고 개인의 향략만을 추구하며 나아가서 당과 혁명, 조국을 배반하게 된다는 것이 세계사회주의운동사가 새겨주는 심각한 교훈이다", "적들이 수단과 방법을 가리지 않고 반동적이며 퇴폐적인 사상문화적 침투책동에 집요하게 매여달리고 있는 현실"에 맞서 청년 교양에 국가적인 역량을 결집할 것을 요구하였다.[27]

'정면돌파전'에서 청년들의 역할을 촉구하는 한편으로 청년들의 사상적 해이나 외래문화에 대한 오염을 방지하는 차원에서 청년을 대상으로 한 교양 사업을 전면

---

27) "청년들을 당의 사상과 위업에 끝없이 충실한 전위투사로 튼튼히 준비시키자", 『로동신문』, 2020년 5월 22일자.

적인 사회 문제로 강조하였다. 2021년 9월에는 "모든 인민이 청년 교양의 주인"이 되어야 한다면서 청년 교양사업에 전 인민적 역량 투여할 것을 핵심으로 한 「조선민주주의인민공화국 청년교양보장법」을 채택하였다.

북한 체제의 위기 상황이 여전하고, 위기 대응 수단도 제한적이다. 북한은 위기를 외부 요인으로 돌리면서 내부 통제를 강화하였다. 2024년에는 러시아와의 관계 개선, 중국과의 경제협력을 통한 돌파구를 모색하고 있다. 이러한 전략과 사회통제가 어느 정도나 가능할지는 미지수이다.

참고문헌

[북한 자료]

"민족문화유산을 통한 애국주의교양을 강화하자", 『민족문화유산』 2001년 3호, 사회과학출판사, 2001.

과학백과사전종합출판사, 『조선의 민속전통 1 : 식생활풍습』, 과학백과사전종합출판사, 1994.
김정일, 『주체문학론』, 조선로동당출판사, 1992.
『미술작품분석리론』, 2·16예술교육출판사, 2015.

『로동신문』.
『조선신보』.
『조선중앙통신』.

[남한 자료]

권혁희, "북한의 비물질문화유산 정책의 변화와 특성", 『통일정책연구』 28-1, 통일연구원, 2019.
이지순, "북한 서사시의 김정은 후계 선전 양상", 『북한연구학회보』 제16권 제1호, 북한연구학회, 2012.
정진아·강미정, "한국인의 생활문화", 건국대학교 통일인문학연구단 저, 『코리언의 생활문화』, 선인, 2012.

전영선, 『북한의 문학과 예술』, 역락, 2004.

『뉴스1』.

제 7 장

북한의
국가기구와 법

강 혜 석

북한의 국가기구와 법

제1절 서론

　본 장은 국가기구와 법을 중심으로 사회주의 체제로 디자인된 북한의 '국가'에 대한 이해를 시도하고자 한다. 알려진 바와 같이 궁극적으로 지배와 피지배의 필요 자체가 없어진 공산주의 사회에서 국가는 소멸의 대상일 뿐이었다. 그러나 이와 같은 궁극적인 지향 및 전망과 현실의 괴리는 새로운 국가이론을 필요로 했다.

　첫째, 경제적 차원에서의 괴리이다. 마르크스와 엥겔스의 혁명이론에서 가장 핵심적인 부분을 차지했던 것은 바로 생산력의 급속한 발전에 대한 기대였다. 마르크스주의가 이른바 경제결정론이라는 비판에서 자유롭지 못했던 이유였다. 그러나 낙관적 전망과 달리 생산력의 발전은 기대만큼 가속화되지 않았다. 따라서 분명하고 지속적인 생산력의 발전에도 불구하고 그것이 '능력에 따라 일하고 필요에 따라 분배받는' 공산주의 사회로 이어질 것이라는 기대는 점차 식어갈 수밖에 없었다.

　둘째, 정치적 차원에서의 괴리이다. 생산력의 발전이라는 구조적 변수가 정치와 사회를 포괄한 말 그대로의 혁명적 변화로 이어지게 만들 핵심 변수로 상정된 것은 바로 '계급'이었다. 자본주의의 발전과 함께 필연적으로 동반될 수밖에 없는 노동계급의 성장이 자연스럽게 지배계급의 교체로 이어질 것이라는 전망이었다.

그러나 기대와 달리 노동계급의 수적인 성장과 정치적 성장은 결코 병행되지 않았다. 다양한 변수들로 인해 '노동자'이지만 '노동계급'은 아닌, 다시 말해 계급의식이 결여된 노동자들이 다수를 차지하는 상황이 지속되었던 것이다.

셋째, 대외적 차원에서의 괴리이다. 마르크스와 엥겔스의 예언에 따르면 혁명은 자본주의가 가장 발전된 선진적인 국가들에서 성장한 노동계급의 주도 하에 일어나야 했다. 그러나 실제 혁명의 불길은 오히려 열악하고 후진적인 곳에서 더 거세게 타올랐다. 러시아 혁명은 그 대표적인 사례였다. 따라서 전혀 예상치 못한 새로운 변수가 혁명의 지속과 성패를 좌우하는 키로 떠올랐다. 발전된 자본주의 국가 '들'에 의한 봉쇄와 역(逆)혁명의 압력들, 그리고 고립이 그것이었다. 사회주의 체제의 발전과정에서 가장 강력한 영향을 미친 변수 중 하나로 꼽히는 '피포위 의식' (siege mentality)의 시작이었다.

결과적으로 초기 마르크스주의의 낙관론과 상반되는 이와 같은 현실적 어려움들은 새로운 돌파를 필요로 했다. 이제 혁명은 자연스러운 발전의 결과로서보다는 인위적인 쟁취물로서 이해되기 시작했다. 혁명의 과정뿐만이 아니라 혁명의 지속을 위해서도 강력한 물리적 수단이 요구되었던 것이다. 바로 이와 같은 요구에 대한 응답의 핵심에 '당'과 '국가'가 있었다. 주로 혁명의 초기 단계, 다시 말해 전복의 단계에 집중되어 있던 레닌의 전위당 이론이 혁명 이후, 즉 건설 단계에서의 국가의 필요성과 결합되며 스탈린 시대의 '사회주의 국가'에 대한 이론들로 구체화되기 시작한 이유였다.

비록 이론과 현실의 괴리로 인한 어쩔 수 없는 '과도기적인 장치'라는 제한이 붙기는 했으나 결국 '국가를 통한 국가의 소멸'이라는 이와 같은 역설적인 전략은 '현존 사회주의'의 지배적인 현실로 굳어져 갔다. 그리고 오히려 그 과정에서 궁극적인 국가소멸론을 내용으로 하는 이데올로기가 국가의 지속을 넘어 극단적인 국가 강화의 토대가 되는 모순 역시 계속되었다. 우리가 목도하고 있는 현실 사회주의 국가로서 북한의 모습 역시 그 연장선에 있음은 물론이다. 이와 같은 차원에서 '국가'에 대한 이해는 사회주의 당-국가 체제로서의 북한에 대한 이해에 있어 당에 대한 이해와 함께 매우 중요한 부분이라 할 수 있다.[1]

---

1) 사회주의 당-국가 체제에 대한 보다 개괄적인 설명은 본 저서의 제1장 북한의 정치 체제를 참조할 것.

그렇다면 당-국가 체제 하에서 국가는 구체적으로 어떠한 기능과 역할을 수행하는가? 이해를 위한 핵심어는 바로 '인전대'(transmission belt)이다. 인전대란 혁명의 선진부대이자 지도세력인 당의 영도(directing)를 실현하는 '수단'을 의미하며 국가는 인전대를 대표하는 가장 포괄적인 조직으로 규정된다. 다시 말해 국가의 모든 기능과 역할은 반드시 "노동계급과 근로인민대중에게 올바른 노선과 정책, 전략과 전술을 제시하여 투쟁의 앞길을 밝혀 주며 그 관철에로 대중을 조직동원하여 혁명과 건설을 승리에로 이끌어 나가는 당의 조직정치활동"을 뜻하는 당의 유일영도 하에 이루어져야 한다는 것이다.2) 북한의 헌법 서문에 '조선민주주의인민공화국'에 대한 당의 영도가 명기된 것에 더해 당규약에 '인민정권'에 대한 당의 영도가 명기되어 있는 이유도 바로 여기에 있다.

여기서 또 한 가지 주의할 부분은 당의 영도의 '성격'을 정확히 이해하는 것이다. 이를 통해 당과 국가의 역할을 보다 정확히 이해할 수 있기 때문이다. 핵심은 당의 영도는 오로지 정치적인 것으로 행정적인 것이 되어서는 안되며, 프롤레타리아 독재 자체를 대체한 당의 독재로 이어져 당이 국가와 일체화되거나 국가를 대신해서는 안된다는 것이다.

다시 말해 "당과 행정(정권: 필자)과의 관계는 배에서 키를 잡은 사람과 노를 젓는 사람과의 관계"와 같아야 한다. "당이 사회주의 건설의 목표를 제시하고 방향을 바로잡아주는 키잡이라면 정권은 그 목표와 방향을 향하여 노를 저어가는 무기"가 되어야 한다는 것이다. 따라서 "당은 언제나 인민정권에 대한 영도에서 당과 행정과의 관계의 본질적 의도에 맞게 정확한 노선과 정책을 작성제시하며 사회주의건설의 목표와 방향을 바로잡아주는 키잡이가 되어야 하며 인민정권은 그것을 철저히 집행하는 강력한 무기가 되어야 한다".3) 당과 국가의 기능은 '지배'(rules)와 '관리'(governs)로 엄격히 구분되어 있으며 큰 틀에서의 프롤레타리아 독재를 실현하는 '부분'으로 작동해야 한다는 주장과 같은 의미라 하겠다.4) 실제 김일성에서 김정일, 김정은에 이르기까지 북한의 최고지도자들이 직접 나서 당의

---

2) 사회과학출판사 편, 『정치사전』, 사회과학출판사, 1973.

3) 리혜정, "당의 령도는 사회주의정권이 인민의 정권으로서의 사명과 역할을 다하기 위한 근본담보", 『친애하는 지도자 검정일 동지의 고전적로작 <사회주의건설의 력사적 교훈과 우리 당의 총로선>에 대한 해설론문집』, 사회과학출판사, 1993, pp. 204-205.

4) Darrell P. Hammer, *USSR: The Politics of Oligarchy*, The Dryden Press, 1974, p. 257.

'행정대행' 현상에 대해 끊임없이 경고와 비판을 지속해온 것도 이러한 맥락에 기인한다.

그렇다면 국가는 구체적으로 어떠한 제도와 장치를 통해 당의 영도를 '실현'하는가? '국가기구'와 '법'을 통해서가 바로 그 답이다. 북한에 따르면 국가기구란 "계급의 정치적 지배를 실현하기 위하여 조직된 국가기관체계로서 다양한 국가기관들은 그 구체적 임무와 역할은 서로 다르지만 사회에 대한 정치적 지배를 실현하기 위한 목적의 공통성으로 하여 하나의 국가기구를 이루고 있다". 또한 "국가기구는 직접 국가권력을 행사하는 조직체인 것만큼 자기 활동에서 법적 수단을 기본으로 이용한다. 이 점에서 국가기구는 지배계급의 독재체계 안의 다른 비권력적조직체들과 구별된다".[5] 즉 당의 영도는 국가를 통해 실현되며 그 구체적인 수단은 바로 국가기구와 법이라는 것이다. 본 장에서 '국가기구'와 '법'이라는 틀을 통해 북한의 국가를 살펴보려는 이유이다. 이하에서의 논의를 통해 북한의 국가기구와 법을 보다 자세히 살펴보자.

제2절 북한의 국가기구

우리에게 가장 익숙한 국가기구의 분류법은 존 로크(John Locke)와 몽테스키외(Montesquieu)의 '권력분립론'에 기반한 입법부, 사법부, 행정부의 구분일 것이다. 해당 디자인은 기본적으로 국가권력의 자의적 전횡으로부터 개인의 천부적 권리, 즉 자유와 같은 기본권을 수호하기 위해 국가권력을 입법·행정·사법으로 나누어 서로 견제하고 균형을 이루도록 한 것으로 이를 헌법에 명기한 대한민국을 비롯하여 대부분의 민주주의 국가에서도 적용되고 있는 구분이다.[6]

그러나 모든 정치체제를 지배계급과 피지배계급 간 투쟁의 관점에서 바라보고 자본주의에 기반한 자유민주주의 체제를 보편적인 의미의 '시민'이 아닌 '부르주아'라는 특정한 계급의 이해를 실현하는 계급독재의 틀에서 바라보는 마르크스 레닌

---

5) 사회과학출판사 편, 『정치사전』, 사회과학출판사, 1973.
6) 권력분립 혹은 3권분립의 원칙은 1787년 미국연방헌법에 최초로 도입되었고 1791년 프랑스헌법 등에도 반영되었다.

주의의 관점에서 볼 때 이는 본질을 은폐하는 허위일 뿐이다. 그리고 바로 이러한 마르크스 레닌주의의 틀에서 사회주의 당-국가 체제 하 일원적 통치구조를 구축해 온 북한의 관점 역시 동일하다. 권력분립은 "이론적으로나 실천적으로 불가능"하며 "권력분립론과 입법권우위론은 주권을 잡은 부르주아 계급의 정치적 지배를 보장하며 부르주아독재를 위장하기 위한 수단"에 불과하다는 것이다.[7]

그러나 이와 같은 비판에도 불구하고 북한의 국가기구 분류 역시 3권분립론에 기반한 우리의 그것과 상당히 유사하다. '국가주권기관'과 '행정적 집행기관', '사법·검찰기관'의 3분법이 그것이다. 물론 이러한 유사성의 원인은 자유민주주의와 사회주의라는 근본적인 이데올로기적 차이에도 불구하고 양 체제 모두 봉건제에 대한 비판과 반성을 기반으로 한 근대적인 관료제로부터 비롯되었기 때문이다. 그러나 이러한 표면적 유사성에도 불구하고 '견제와 균형의 원리'와 '민주집중제에 의한 당의 영도'라는 상반된 국가 운영원리에 기반한 양자는 국가기구의 기능과 역할에서 분명한 차이를 보인다.

첫째, 입법부와 국가주권기관의 차이이다. 북한에 따르면 국가주권기관은 '사회에 대한 정치적 지배를 실현하기 위하여 주권활동을 하는 국가기관으로 주로 입법기관으로서의 역할과 행정집행기관에 대한 주권적 감독, 통제의 기능을 수행'한다. 그러나 마르크스 레닌주의 관점에서 볼 때 법은 국가와 불가분의 일체로서 국가와 함께 사라질 존재에 불과했다. 따라서 기본적으로 입헌주의에 기반하고 있는 자유민주주의 체제에서의 법의 위상에 비해 사회주의 체제에서의 법의 위상은 현격히 떨어질 수밖에 없었다. 입법부의 위상과 역할 역시 마찬가지이다.

또한 입법부의 기능을 국민의 기본권을 보장하고 이익을 관철하는 것으로 이해하는 관점에서 볼 때, 입법부의 역할 역시 구체적인 입법행위에 국한하지 않고 국정감사 및 조사, 대정부질문, 청문회 등 다양한 장치들을 통해 여타의 국가기구들을 '정치적'으로 감시하고 통제하는 역할로 확대한 자유민주주의 국가와 달리 사회주의 국가의 국가주권기관에는 해당 기능이 부재하거나 매우 형식적으로만 존재한다. 이와 같은 기능은 오직 '당'이 수행하도록 되어 있기 때문이다. 북한의 국가주권기관들 역시 마찬가지이다.

---

7) 리영남, "《왕권신수설》을 반대한 록크의 정치사상", 『정치법률연구』 제38호, 2012.

둘째, 행정부와 행정적 집행기관의 차이이다. 기본적으로 자유민주주의에서의 행정부란 정부가 수행하는 각종 기능의 총체로서 그 핵심 구성원은 각 부처의 장관이다. 예를 들어 대통령을 의장으로 하고 국무총리를 부의장으로 하며 각 부처 장관들이 모두 구성원으로 되어 있는 국무회의는 행정부의 가장 핵심적인 조직이다. 그러나 행정적 집행기관의 대표인 북한 내각의 경우 정부의 모든 업무를 포괄하기보다는 경제부문에 집중되어 있다는 점에서 우리의 용례와 다르다. 정부를 대표한다는 헌법 조문에도 불구하고 북한의 내각총리가 우리의 국무총리와 달리 국정 전반의 2인자가 아니라 경제부문의 수장으로 이해되는 것도 바로 이 때문이다.

셋째, 사법부와 사법·검찰기관의 차이이다. 주지하듯 사법부를 논함에 있어서 가장 핵심적인 개념은 단연 정치적 '독립성'과 '중립성'이라 할 수 있다. 그러나 사회주의 당−국가 체제 하에서의 사법기관은 '당파성'을 핵심으로 한다. 북한의 사법기관이 당과 수령을 "정치사상적으로, 목숨으로 옹호보위하며 인민정권과 사회주의제도를 내외원수들의 침해로부터 믿음직하게 지키며 적대분자들과 법위반자들을 반대하여 투쟁하는 것"을 그 사명으로 하고 있는 이유이다. 바로 이러한 차이로 인해 검찰은 법무부를 통해 행정부가 통제하지만 사법부는 독립적인 권력기관이자 3권의 하나로 위상짓는 우리와 달리 북한은 사법기관과 검찰기관을 하나의 카테고리로 묶고 당의 영도 하에 두고 있다.

넷째, 국무위원회와 국무위원회 위원장(이하 국무위원장)의 존재이다. 북한에서 <국가주권의 최고정책적지도기관>으로 규정되어 있는 국무위원회는 '국가주권기관'과 '행정적 집행기관', '사법·검찰기관'의 3분법에 포함되지 않는다. 앞서 살펴보았듯 북한의 국가주권기관은 "주로 입법기관으로서의 역할과 행정집행기관사업에 대한 주권적 감독, 통제의 기능을 수행"하는 "인민의 진정한 대표들로 이루어진 인민회의"를 의미한다".[8] 따라서 주권적 감독, 통제의 기능을 가지고 있음에도 불구하고 국무위원회를 전형적인 주권기관으로 분류하기는 쉽지 않다. 또한 행정기관은 "주권기관에 의하여 조직되며 내각과 위원회, 성 및 각급 인민위원회"를 뜻한다는 정의에 비추어 볼 때 일부 행정적 집행기능을 가지고 있음에도 불구하고 국무위원회를 행정기관으로 보기도 어렵다.[9] 다시 말해 국무위원회와 국무위원장

---

8) 사회과학출판사 편, 『정치사전』, 사회과학출판사, 1973.
9) 과학백과사전출판사 엮음, 『조선말사전』, 과학백과사전출판사, 2010, p. 1391.

은 기존의 국가기구 분류에는 포함되지 않는 국정정반에 대한 포괄성과 대표성을 특징으로 하는 예외적이고 특별한 조직이라 할 수 있다. 따라서 별도의 설명을 필요로 한다.

이와 같은 기초적인 이해를 바탕으로 이하에서는 북한의 국가기구를 국가주권기관, 행정적 집행기관, 사법·검찰기관, 그리고 국가주권의 최고정책적지도기관이라는 특별한 지위와 역할을 부여받은 국무위원회와 그 장인 국무위원장으로 나누어 보다 자세히 살펴보도록 하겠다.

Ⅰ. 국가주권기관

1. 최고인민회의

최고인민회의는 조선민주주의인민공화국의 최고주권기관이다(제87조).[10] 우리의 국회에 해당하는 최고인민회의는 입법권을 행사한다(제88조). 최고인민회의의 임기는 5년이며 이들은 "일반적, 평등적, 직접적 선거원칙에 의하여 비밀투표로 선거된 대의원"들로 구성된다(제90조; 제89조). 북한의 최고인민회의는 아래 [표 7-1]과 같은 권한을 가진다.[11]

---

10) 국가정보원, "조선민주주의인민공화국 사회주의헌법(2019년 8월 29일 수정보충)", 『북한법령집』상권, 2022. 이하 설명에서 헌법과 관련된 내용은 별도의 언급이 없는 한 상기 법 조항을 인용한 것임을 밝힌다.

11) 헌법에 규정된 최고인민회의의 기능과 운영원리는 다음과 같이 요약된다. 최고인민회의는 정기회의(1년에 1-2차)와 임시회의(최고인민회의 상임위원회가 필요하다고 인정하거나 대의원 전원 1/3 이상의 요청이 있을 때)를 개최한다(제92조). 최고인민회의는 대의원 전원의 2/3 이상이 참석하여야 성립(제93조)하며, 최고인민회의에서 토의할 의안은 국무위원회 위원장, 국무위원회, 최고인민회의 상임위원회, 내각과 최고인민회의 부문위원회가 제출하며 대의원들도 의안제출이 가능하다(제95조). 최고인민회의는 법령과 결정을 내는데, 그 조건은 그 회의에 참석한 대의원의 반수 이상이 찬성하여야 채택된다(제97조). 단, 헌법은 최고인민회의 대의원전원의 2/3 이상이 찬성하여야 수정, 보충된다(제97조). 최고인민회의 매기 제1차 회의는 대의원자격심사위원회를 선거하고 그 위원회가 제출한 보고에 근거하여 대의원자격을 확인하는 결정을 채택한다(제96조). 최고인민회의는 법제위원회, 예산위원회, 외교위원회와 같은 부문위원회(제98조)를 두며 최고인민회의 대의원은 불가침권을 보장받는다(제99조).

▌[표 7-1] 최고인민회의의 권한(헌법 제6장 국가기구 제1절 최고인민회의 제91조)

1. 헌법을 수정, 보충한다.
2. 부문법을 제정 또는 수정, 보충한다.
3. 최고인민회의 휴회 중에 최고인민회의 상임위원회가 채택한 중요 부문법을 승인한다.
4. 국가의 대내외정책의 기본원칙을 세운다.
5. 조선민주주의인민공화국 국무위원회 위원장을 선거 또는 소환한다.
6. 최고인민회의 상임위원회 위원장을 선거 또는 소환한다.
7. 조선민주주의인민공화국 국무위원회 위원장의 제의에 의하여 국무위원회 제1부위원장, 부위원장, 위원들을 선거 또는 소환한다.
8. 최고인민회의 상임위원회 부위원장, 서기장, 위원들을 선거 또는 소환한다.
9. 내각총리를 선거 또는 소환한다.
10. 내각총리의 제의에 의하여 내각 부총리, 위원장. 상 그 밖의 내각성원들을 임명한다.
11. 중앙검찰소 소장을 임명 또는 해임한다.
12. 중앙재판소 소장을 선거 또는 소환한다.
13. 최고인민회의 부문위원회 위원장, 부위원장, 위원들을 선거 또는 소환한다.
14. 국가의 인민경제발전계획과 그 실행정형에 관한 보고를 심의하고 승인한다.
15. 국가예산과 그 집행정형에 관한 보고를 심의하고 승인한다.
16. 필요에 따라 내각과 중앙기관들의 사업정형을 보고받고 대책을 세운다.
17. 최고인민회의에 제기되는 조약의 비준, 폐기를 결정한다.

해체 전 소련에서 연방 최고소비에트는 헌법 상 소련 국가권력의 최고기관이었음에도 불구하고 상징적인 존재에 불과했다. 이처럼 일반적으로 사회주의 국가에서 입법기관인 의회는 단순히 당의 결정을 사후에 추인하는 '고무도장'(rubber stamp)에 불과하다는 평가를 받아왔다.[12] 북한 역시 기본적인 상황은 유사하나 과거에 비해서는 입법, 대의, 감독의 기능이 상대적으로 강화되고 제도화되는 경향이 발견되고 있다는 점도 주목된다.[13]

북한의 제1기 최고인민회의는 1948년 출범했다. 2011년 김정일의 사망 후 개최된 2012년 최고인민회의 제12기 제5차 회의는 사망한 김정일을 '영원한 국방위원장'으로 추대하는 대신 새로운 지도자 김정은을 신설된 국방위원회 제1위원장에 추대함으로써 집권을 정식화했다.

---

12) 김학준, 『현대소련의 해부』, 한길사, 1981, p. 103; Stephen White, Jonn Gardner, George Schopflin·서규선, 박재주 역, 『공산주의 정치체계』, 인간사랑, 1989, p. 90: 조영남, 『중국의 정치개혁과 전국인대』, 2000, p. 25.

13) 김정은 시대 북한 최고인민회의 기능들의 구체적인 변화 양상과 그 정치적 함의에 대해서는 다음을 참고할 것. 유승철·안경모, "'정치제도화'와 김정은 시대 북한 최고인민회의: 입법, 대의, 감독 기능을 중심으로", 『국제지역연구』 제27권 제4호, 2023.

한편 김정은 집권 후 첫 최고인민회의는 2014년 3월 제13기 선거를 통해 총 687명의 대의원을 선출했고 그 가운데 55%가 새로 선출된 인물로 인적 쇄신이 이루어졌다는 평가를 받았다. 이어 제14기 최고인민회의는 2019년 3월 선거를 통해 구성되었다. 최고인민회의 제14기는 역대로 가장 활발한 입법부문의 성과를 냈는데 총 10차까지의 회의가 진행되는 동안 4차 회의를 제외하고 모든 회기에서 입법활동이 이어졌다. 예컨대 2022년 9월 8일 제7차 회의에서 채택된 「핵무력정책법」은 물론 「반동사상문화배격법」, 「청년교양보장법」, 「평양문화어보호법」 등 소위 3대 악법 제정과 더불어 「북남경제협력법」, 「금강산국제관광특구법」의 폐기도 이 회기에서 이루어졌다.

최고인민회의 제14기 제10차 회의

출처: 『조선중앙통신』, 2024년 1월 16일자.

최고인민회의 제14기의 임기는 2024년 3월 10일까지여서 2024년 8월 현재 이미 경과한 상태이며, 선거공고도 게시되지 않고 있다. 이는 2023년 12월 제8기 제9차 당중앙위원회 전원회의를 통해 '2민족 2국가론'을 선언하며 급격한 변화를 예고한 대남통일정책 부분의 변화가 반영된 헌법 개정 작업과 연관된 것이 아닌가 하는 추측을 낳고 있다.[14] 또한 2024년 6월 14일 「각급 인민회의 대의원법」이 채

---

14) 김정은 위원장은 지난 2024년 1월 16일 최고인민회의 제14기 제10차 회의에서 한 시정연설에서 "현재 우리 나라 헌법에는 상기내용(국가주권이 행사되는 영토, 영해, 영공지역에 대한 정치적 및 지리적인 정의)들을 반영한 조항이 없는데 우리 공화국이 대한민국은 화해와 통일의 상대이며 동족이라는 현실모순적인 기성개념을 완전히 지워버리고 철저한 타국으로, 가장 적대적인 국가로 규제한 이상 독립적인 사회주의국가로서의 조선민주주의인민공화국의 주권행사영역을 합법적으로 정확히 규정짓기 위한 법률적대책을 세울 필요가 있습니다"라며 헌법 수정을 예고했다. 김정은, "조선민주주의인민공화국 최고인민회의 제14기 제10차 회의 시정연설: 공화국 부흥발전과 인민들의 복리증진을 위한 당면과업에 대하여", 『조선중앙통신』, 2024년 1월 16일자.

택되었다는 보도가 나온 상황에서 최종후보자 선정에 주민들이 참여하는 방식으로 2023년 개정된 「지방인민회의 대의원 선거법」이 향후 최고인민회의 대의원 선거에도 적용될 것인지 관심이 고조되고 있는 상황이라 하겠다.

2. 최고인민회의 상임위원회

최고인민회의 상임위원회는 최고인민회의 휴회 중 최고주권 기관에 해당한다 (제113조). 임기는 최고인민회의 임기인 5년이며 최고인민회의 상임위원회는 최고인민회의 임기가 종료되어도 새 상임위가 선거될 때까지 임무를 지속한다(제115조). 최고인민회의가 1년에 1-2차례 개최되는 것을 감안하면 입법기관의 실질적 기능을 행사하고 있다고 볼 수 있다. 제14기 최고인민회의 상임위원회는 2019년부터 2024년 5월 현재까지 활동하고 있으며 다양한 입법 활동을 이어오고 있다. 현재 최고인민회의 제14기 상임위원장은 최룡해가 맡고 있으며, 김영남은 제10기에서 제13기까지 총 4회기 동안 21년에 걸쳐 상임위원장직을 지냈다.

최고인민회의 상임위원회 제14기 제28차 전원회의

출처: 『조선중앙통신』, 2023년 10월 20일자.

최고인민회의 상임위원회 위원장은 국가를 대표하여 다른 나라 사신의 신임장, 소환장을 접수한다(제117조). 최고인민회의 상임위원회는 1972년 사회주의헌법 채택부터 1998년 김일성헌법 채택 이전까지 상설회의로 명명된 것을 제외하고 현재까지 명칭이 유지되고 있다. 최고인민회의 상임위원회의 임무와 권한은 다음과 같다(제116조).

▌[표 7-2] 최고인민회의의 상임위원회의 권한(헌법 제6장 국가기구 제4절 최고인민회의 제 116조)

1. 최고인민회의를 소집한다.
2. 최고인민회의 휴회 중에 제기된 새로운 부문법안과 규정안, 현행부문법과 규정의 수정, 보충 안을 심의채택하며 채택실시 하는 중요 부문법을 다음번 최고인민회의의 승인을 받는다.
3. 불가피한 사정으로 최고인민회의 휴회기간에 제기되는 국가의 인민경제발전계획, 국가예산과 그 조절 안을 심의하고 승인한다.
4. 헌법과 현행부문법, 규정을 해석한다.
5. 국가기관들의 법준수집행을 감독하고 대책을 세운다.
6. 헌법, 조선민주주의인민공화국 국무위원회 위원장 명령, 최고인민회의 법령, 결정, 국무위원회 정령, 결정, 지시, 최고인민회의 상임위원회 정령. 결정, 지시에 어긋나는 국가기관의 결정, 지시를 폐지하며 지방인민회의 그릇된 결정집행을 정지시킨다.
7. 최고인민회의 대의원선거를 위한 사업을 하며 지방인민회의 대의원선거사업을 조직한다.
8. 최고인민회의 대의원들과의 사업을 한다.
9. 최고인민회의 부문위원회와의 사업을 한다.
10. 내각 위원회, 성을 내오거나 없앤다.
11. 최고인민회의 상임위원회 부문위원회 성원들을 임명 또는 해임한다.
12. 중앙재판소 판사, 인민참심원을 선거 또는 소환한다.
13. 다른 나라와 맺은 조약을 비준 또는 폐기한다.
14. 훈장과 메달, 명예칭호, 외교직급을 제정하며 훈장과 메달, 명예칭호를 수여한다.
15. 대사권을 행사한다.
16. 행정단위와 행정구역을 내오거나 고친다.
17. 다른 나라 국회, 국제의회기구들과의 사업을 비롯한 대외사업을 한다.

위 [표 7-2]에서도 알 수 있듯 최고인민회의 상임위원회는 부문위원회와 사업을 하는데, 각 위원회 위원들의 임명과 해임은 최고인민회의에서 이루어지지만 구체적인 사업의 지도는 최고인민회의 상임위원회에서 이루어진다.[15] 2024년 현재 부문위원회는 예산위원회, 법제위원회, 외교위원회가 있으며 각 위원회 위원장은 대체로 국무위원회의 위원직을 겸하는 등 거물급 인사로 구성되는 특징을 보이고 있다.

---

15) 1998년까지 법제, 예산, 외교, 통일 정책위원회가 존재했으나 1998년 헌법개정에서 외교, 통일정책위원회가 사라졌다가 2017년 4월 최고인민회의 제13기 제5차 회의에서 외교위원회가 부활하여 현재에 이르고 있다. 박영자, 이교덕, 한기범, 윤철기, 『김정은 시대 북한의 국가기구와 국가성』, 통일연구원, 2018, 40-41쪽.

3. 지방인민회의

도(직할시), 시(구역), 군인민회의는 지방주권기관(제137조)이다. 지방인민회의는 일반적, 평등적, 직접적 선거원칙에 의하여 비밀투표로 선거된 대의원들로 구성된다(제138조). 지방인민회의 임기는 4년이며 지방인민회의 새 선거는 지방인민회의 임기가 끝나기 전에 해당 지방 인민위원회의 결정에 따라 진행한다(제139조). 지방인민회의는 대의원 전원의 2/3 이상이 참석해야 성립된다. 지방인민위원회는 해당 인민회의 휴회 중의 지방주권기관이며 해당 지방주권의 행정적 집행기관이다(제145조). 2019년 8월 수정된 북한의 헌법에 따르면 지방인민회의는 다음 [표 7-3]과 같은 권한과 임무를 가진다(제140조).

▌[표 7-3] 지방인민회의(헌법 제6장 국가기구 제6절 지방인민회의 제140조)

1. 지방의 인민경제발전계획과 그 실행정형에 대한 보고를 심의하고 승인한다.
2. 지방예산과 그 집행에 대한 보고를 심의하고 승인한다.
3. 해당 지역에서 국가의 법을 집행하기 위한 대책을 세운다.
4. 해당 인민위원회 위원장, 부위원장, 사무장, 위원들을 선거 또는 소환한다.
5. 해당 재판소의 판사, 인민참심원을 선거 또는 소환한다.
6. 해당 인민위원회와 하급인민회의, 인민위원회의 그릇된 결정, 지시를 폐지한다.

지방인민회의와 관련해서도 최근 유의미한 변화들이 관측되는데 전반적으로 기능강화의 방향에서 변화가 진행되고 있는 것으로 보인다. 예를 들어 해마다 1-2회 개최되던 정기회의는 2019년에 와서 2회로 수정되었으며(지방주권기관법 제11조) 회의 날짜 통지와 관련해서도 5일 전이었던 것이 1개월 전으로 변화되어 절차를 더욱 강화했다(지방주권기관법 제12조).[16]

특히 앞서 언급한 바와 같이 지난 2023년 11월 26일 실시된 지방인민회의 대의원 선거에서는 흥미로운 변화가 있었다. 비록 후보자를 뽑는 예비선거 단계에 국한된 것이긴 하지만 북한에 사상 최초로 복수후보자가 등장하여 주민들이 후보자 가운데 한 명을 대의원 후보로 직접 고를 수 있게 한 점이 그것이다.[17] 또한 해당

---

16) 국가정보원, "조선민주주의인민공화국 지방주권기관법", 『북한법령집』 상권, 2022, pp. 108-113.
17) 개정된 북한의 대의원선거법 전문은 아직 입수되지 않은 상황이다. 다만 『민주조선』과 『조선중앙통신』의 보도에 따르면 "대의원선거법은 대의원후보자의 선발과 제기된 대의원후보자의 자격심의를 위한

선거에서는 북한에서 1956년 이후 처음으로 반대표에 대한 보도도 있었다.[18] 비록 형식적이고 작은 변화일 수 있으나 북한 스스로 선거제도의 문제점을 인식하고 있다는 신호로도 해석될 수 있다는 점에서 향후 적용 범위 확대와 선거제도 전반의 변화 여부가 주목된다.

지방인민회의 대의원 선거

출처: 『조선중앙TV』, 2023년 11월 26일자.

Ⅱ. 행정적 집행기관

1. 내각

내각은 국가주권의 행정적 집행기관이며 전반적 국가관리기관이다(제123조). 지난 2019년 8월 김정은 정권은 헌법 수정을 통해 "내각의 역할을 결정적으로 높인다"(제33조)고 규정함으로서 내각의 기능과 역할을 강화했다. 북한의 내각은 우리나라로 치면 행정부와 유사하지만 경제 분야에 특화되어 있다는 것이 그 특징이다.[19] 따라서 남한의 행정부가 국가 전(全)영역에 걸친 정책을 다루는 것과는 뚜렷

선거자회의운영, 대의원후보자에 대한 소개와 선거선전을 비롯하여 우리 인민들이 선거에서 자기 의사를 보다 충분히 표명할 수 있게 수정보충"되었다고 전해진다. 『조선중앙통신』, "모두다 지방인민회의 대의원선거에 참가하여 우리의 혁명주권을 반석같이 다지자", 2023년 11월 26일자.

18) 북한에서는 약 67년 만에 반대표 보도가 있었다. 『조선중앙통신』(2023. 11. 28.)에 따르면 지방인민회의 대의원후보에 대해 도(직할시) 투표에서는 찬성 99.91%, 반대 0.09%라는 결과가 집계됐다고 전해진다.

19) 이와 같은 기능에 비추어볼 때 이례적인 부서가 '외무성'과 2016년 6월 내각 산하의 정식 국가 기구

한 차이를 보인다.

내각은 총리, 부총리, 위원장, 상과 그밖에 필요한 성원들로 구성된다(제124조). 내각의 임기는 최고인민회의와 동일하다. 내각은 결정과 지시를 내고(제129호) 자기사업을 돕는 비상설부문위원회를 둘 수 있다(제130조). 내각의 임무와 권한은 다음 [표 7-4]와 같다.

▌[표 7-4] 내각의 임무와 권한(헌법 제6장 국가기구 제5절 내각 제125조)

1. 국가의 정책을 집행하기 위한 대책을 세운다.
2. 헌법과 부문법에 기초하여 국가관리와 관련한 규정을 제정 또는 수정, 보충한다.
3. 내각의 위원회, 성, 내각직속기관, 지방인민위원회의 사업을 지도한다.
4. 내각직속기관, 중요행정경제기관, 기업소를 내오거나 없애며 국가관리기구를 개선하기 위한 대책을 세운다.
5. 국가의 인민경제발전계획을 작성하며 그 실행대책을 세운다.
6. 국가예산을 편성하며 그 집행대책을 세운다.
7. 공업, 농업, 건설, 운수, 체신, 상업, 무역, 국토관리, 도시경영, 교육, 과학, 문화, 보건, 체육, 노동행정, 환경보호, 관광 그 밖의 여러 부문의 사업을 조직집행한다.
8. 화폐와 은행제도를 공고히 하기 위한 대책을 세운다.
9. 국가관리질서를 세우기 위한 검열, 통제사업을 한다.
10. 사회질서유지, 국가 및 사회협동단체의 소유와 이익의 보호, 공민의 권리보장을 위한 대책을 세운다.
11. 다른 나라와 조약을 맺으며 대외사업을 한다.
12. 내각결정, 지시에 어긋나는 행정경제기관의 결정, 지시를 폐지한다.

앞서 언급한 대로 경제분야를 책임지고 있는 북한의 내각은 계획 및 실행 대책의 수립, 국가예산의 편성과 집행대책은 물론 화폐 및 은행제도와 관련된 부분까지 업무영역으로 포괄한다. 이에 따라 공업, 농업, 건설, 운수, 체신, 상업, 무역, 국토관리, 도시경영, 교육, 과학, 문화, 보건, 체육, 노동행정, 환경보호, 관광 등 국가의 다양한 분야에 대한 사업을 조직하고 집행한다.

또한 위 [표 7-4]의 9-10항에서와 같이 내각은 국가관리질서를 세우기 위한 검열, 통제사업과 사회질서유지, 국가 및 사회협동단체의 소유와 이익의 보호, 공

로 승격된 '조국평화통일위원회'였으나 외무성은 실제로는 내각총리의 지도가 아니라 국무위원회의 직할 지도를 받는 것으로 알려져 왔으며 후자는 대남통일정책의 변화와 함께 최근 폐지된 것으로 알려졌다.

민의 권리보장을 위한 대책 등 안전과 치안유지를 주관하는 기관인 동시에 주민들의 정치사회적 통제를 담당하고 있다. 하지만 실질적으로 해당 기능은 내각과 권력구조상 병렬적 위계로 보이는 3개 사정기관, 즉 국방성, 국가보위성, 사회안전성에서 수행된다. 통일부가 매년 제공하는 북한의 권력기구도에 따르면 이들은 국무위원회의 직접적 지도를 받는다. 국방성, 국가보위성, 사회안전성은 우리나라로 치면 각각 국방, 국가정보, 경찰 기능을 담당하며, 각 위원장은 국무위원회 위원들이다.[20]

다음으로 명칭 및 전반적 위상과 관련해서 1972년 체제에서의 '정무원'이 1998년 헌법 개정을 통해 '내각'으로 다시 변경된 결과라는 점을 기억할 필요가 있다. 여기서 '다시'라는 표현을 쓴 이유는 1948년 헌법 이래 1972년 사회주의 헌법 제정 이전까지도 내각이 존재했기 때문이다. 그러나 이 당시의 내각은 포괄적 의미의 정부 기능을 수행한 일반적인 용례의 내각과 유사한 조직으로 국정 전반에 대한 관리기능을 중앙인민위원회(1972-1998), 국방위원회(1998-2016), 국무위원회(2016-현재) 등에 내어주고 경제관리에 집중한 정무원 및 현재의 내각과 그 성격과 위상이 상이했다.

특히 현재의 명칭과 기능으로 전환된 중요한 계기는 1998년 헌법이었다. 해당 헌법 개정을 통해 내각은 폐지된 국가주석과 중앙인민위원회의 일부 임무와 권한을 이양받아 정무원의 '행정적 집행기관' 기능에 '전반적 국가관리 기관'으로서의 기능을 더한 조직으로 강화되었다. 또한 1998년 헌법 수정을 기점으로 내각총리가 "조선민주주의인민공화국정부를 대표"하기 시작한 점 역시 같은 맥락에서 해석될 수 있다.[21]

---

20) 특히 현재(2023년 2월 기준) 사회안전성 상은 리태섭으로 그는 국무위원회 위원, 최고인민회의 상임위원회 부문위원회인 법제위원회 위원장, 당중앙군사위원회 위원, 당중앙위원회 정치국 후보위원의 직을 겸하고 있다. 통일부, 『북한권력기구도』, 2023.

21) '정부'의 대표는 '국가'의 대표 혹은 수반과는 다른 의미이다. 이에 대해서는 국무위원회 파트에서 상세히 다룬다.

▋[표 7-5] 북한 헌법에 나타난 정무원 및 내각과 총리의 위상

시기	각 시기 헌법에 나타난 내각 및 내각총리 위상 관련 조항
1972년	제107조 정무원은 최고주권기관의 행정적 집행기관 정무원은 중앙인민위원회의 지도 밑에 사업한다
1992년	제124조 정무원은 최고주권기관의 행정적 집행기관 정무원은 **공화국 주석**과 중앙인민위원회 지도 밑에 사업한다
1998-2012년	제123조 (내각은) **최고주권**의 행정적 집행기관이며 **전반적 국가관리기관이다** 내각총리는 공화국 정부를 대표한다
2016-2019. 8. 현재	제123조 **국가주권**의 행정적 집행기관이며 전반적 국가관리기관이다 내각총리는 공화국 정부를 대표한다

현재 내각 구성은 2021년 최고인민회의 제14기 제4차회의에서 신임된 인원으로 이루어져 있으며 경제 분야를 중심으로 총 44개의 위원회, 성, 내각직속기관을 두고 있다. 경제 분야를 총괄하는 핵심조직으로서의 내각의 기능과 역할은 특히 탈냉전 이후 경제위기가 심화됨에 따라 지속적으로 강조되어 왔으며 이른바 내각책임제, 내각중심제라는 개념을 통해 김정은 시대에도 이러한 흐름이 이어지고 있다.

▋[표 7-6] 내각책임제·내각중심제

북한의 내각책임제·내각중심제는 1970년대 정무원책임제·정무원중심제로부터 비롯되었다. 1972년 국가 최고주권기관의 행정적 집행기관인 내각의 후신이었던 정무원은 주석과 중앙인민위원회의 지도 하에 사업을 전개했다. 그러나 이 시기 당 중심의 속도전으로 인해서 정무원 책임제는 그리 성공적으로 수행되지는 못했다.

한편 1990년대 북한은 당면한 경제위기에 대응하여 정무원의 기능 강화를 꾀했는데, 1992-1993년 시기 그 분위기가 점차 고조되었다. 특히 1994년 김일성의 사망과 유훈통치를 기점으로 채택된 혁명적 경제전략은 정무원책임제, 정무원중심제를 공식화하는 계기가 되었다. 그리고 그 핵심은 바로 행정경제사업에 대한 당적지도를 완화하고 경제기관들과 일꾼들의 책임성과 역할을 강조하는 데 있었다.

이후 1998년 헌법개정과 함께 중앙인민위원회가 폐지되고 내각이 정무원을 대신하게 되었다. 부활한 내각은 국가의 인민경제발전계획 작성, 실행대책수립, 예산편성과 대책수립, 국가질서 수립을 위한 검열통제사업 전개 등 이전의 중앙인민위원회의 기능을 흡수하면서 경제분야에 대한 집중을 강화했다. 그리고 정무원책임제·정무원중심제 역시 '중앙집권적' 지도가 보다 강화된 형태의 내각책임제·내각중심제로 계승되었다. 특히 1999년 제정된 인민경제계획법 제정은 이를 법적으로 보장하기 위한 제도적 조치였다. 또한 후속으로 '종합적인 관리방법론'과 '경제관리의 정규화' 등이 보강되었다.[22]

---

22) 이상의 내용에 대한 보다 자세한 논의는 다음을 참조할 것. 김갑식, 『김정일 정권의 권력구조』, 한국학술정보, 2005, pp. 177-215.

만성적인 경제침체와 대북제재의 심화 등이 맞물려 김정일 시대에 본격화된 내각책임제·내각중심제는 결과적으로 성공적이지 못했다. 하지만 내각책임제·내각중심제는 김정은 시대에도 지속적으로 강조되었다. "경제사업에서 제기되는 모든 문제를 내각에 집중시키고 내각의 통일적인 지휘에 따라 풀어나가는 규률과 질서를 철저히 세워야"한다는 김정은의 발언은 그 예이다. '전국가적, 전사회적으로 온갖 형태의 단위특수화와 본위주의를 쓸어버리기 위한 투쟁을 강하게 벌려 국가의 중앙집권적 규율을 강화'하기 위한 목표로 2021년 제정된 '단위특수화 본위주의반대법'도 그 일환이라 하겠다.

2. 지방인민위원회

도(직할시), 시(구역), 군인민위원회는 해당 인민회의 휴회 중의 지방주권기관이며 해당 지방주권의 행정적 집행기관이다(제145조). 지방인민위원회의 임기는 해당 인민회의 임기와 동일하다(제146조). 지방인민회의는 최고인민회의 상임위원회와 마찬가지로 전원회의와 상무회의를 가지며, 상무회의는 위원장, 부위원장, 사무장들로 구성된다(제148조). 지방인민위원회의 임무와 권한은 아래 [표 7-7]과 같다.

▎[표 7-7] 지방인민위원회의 임무와 권한(헌법 제6장 국가기구 제7절 지방인민위원회 제147조)

1. 인민회의를 소집한다.
2. 인민회의 대의원선거를 위한 사업을 한다.
3. 인민회의 대의원들과의 사업을 한다.
4. 조선민주주의인민공화국 국무위원회 위원장 명령, 최고인민회의 법령, 결정, 국무위원회 정령, 결정, 지시, 최고인민회의 상임위원회 정령, 결정, 지시, 내각과 내각위원회, 성의 결정, 지시, 해당지방인민회의, 상급인민위원회 결정, 지시를 집행한다.
5. 해당 지방의 모든 행정사업을 조직집행한다.
6. 지방의 인민경제발전계획을 작성하여 그 실행대책을 세운다.
7. 지방예산을 편성하며 그 집행대책을 세운다.
8. 해당 지방의 사회질서유지, 국가 및 사회협동단체의 소유와 리익의 보호, 공민의 권리보장을 위한 대책을 세운다.
9. 해당 지방에서 국가관리질서를 세우기 위한 검열, 통제사업을 한다.
10. 하급인민위원회사업을 지도한다.
11. 하급인민위원회의 그릇된 결정, 지시를 폐지하며 하급인민회의의 그릇된 결정의 집행을 정지시킨다.

김정은 시대 지방인민위원회와 관련한 법규와 정책은 전반적으로 강화되고 있다. 먼저 김정은 정권에서 북한의 「지방주권기관법」은 총 세 차례 개정되었다(2012년, 2016년, 2021년).23) 이 법은 '지방주권기관은 지방인민회의와 인민위원회'임을

23) 이 법은 1974년 제정 이래 1993년, 1999년, 2007년, 2009년, 2012년, 2016년, 2021년 총 7차례 개정

명시하고 있으며(제2조) 제3장 제24조에서는 지방인민위원회의 지위, 구성, 임무와 권한, 회의집행과 관련한 내용 등을 담고 있다.[24] 1993년 당시 이 법에 따라 지방인민위원회는 단순히 "해당 경제위원회사업을 지도"한다고 되어 있었다(1993년 지방주권기관구성법 제26조 제5항). 하지만 2012년 개정법에서는 "해당지역의 모든 행정사업을 조직집행"하고 "지방의 인민경제발전계획을 작성하며 그 실행대책을 세우"는 것은 물론 "지방예산을 편성하며 그 집행대책을 세운"다고 하여 지방경제에 대한 임무와 권한이 확대되고 구체화되었다. 또한 2012년 법에는 "해당 지역에서 국가관리질서를 세우기 위한 검열통제사업"을 담당한다고 하여 그 정치적 권한과 역할이 강화되었다. 2021년 개정법에서는 "해당 재판소의 판사, 인민참심원을 보선한다"고 하여 2012년에 있었던 "다음번 인민회의의 승인" 의무가 사라짐으로써 지방인민위원회의 보선 권한이 확대되었다.

다음으로 지난 2024년 6월 14일에는 최고인민회의 상임위원회 제14기 제31차 전원회의가 개최되어 「각급 인민회의 대의원법」이 채택되기도 했다. 법전문은 공개되지 않았지만 『노동신문』에 따르면 이 법은 "최고인민회의와 지방인민회의 대의원들이 인민대중중심의 우리식 사회주의제도를 공고발전시키기 위한 투쟁에서 인민의 대표로서의 책임과 역할을 다하도록 하는데 이바지하는 것을 사명으로" 한다고 소개되었다.[25]

세 번째로 2024년 1월 김정은의 시정연설에서 '지방발전 20×10'이 선언된 점과 관련하여 지방인민위원회의 기능과 역할이 한층 더 강화될 것으로 예상된다.[26] 지방발전을 위한 김정은의 제안은 기본적으로 지방경제 전반의 부양책으로서의 성

되었다. 본 연구에서는 이법의 1993년, 2012년, 2021년의 버전을 확보하여 가능한 범위에서의 동향을 파악하였음을 밝힌다.

24) 지방주권기관법은 헌법에서는 명시되지 않은 신소청원에 대한 처리 문제(제25조13), 해당 재판소의 판사, 인민참심원 보선(제25조15), 해당 지역의 사회주의법무생활의 장악지도(제25조11) 등에 대한 내용을 상술함으로써 지방인민위원회의 기능과 역할을 분명히 했다.

25) "조선민주주의인민공화국 최고인민회의 상임위원회 제14기 제31차 전원회의 진행", 『노동신문』, 2024년 6월 14일자.

26) "현대적인 지방공업공장건설을 매해 20개 군씩 어김없는 정책적 과업으로 당에서 직접 틀어쥐고 김화군과 같은 수준으로 모가 나게 집행하여 10년 안에 전국의 모든 시, 군들 다시 말하여 전국인민들의 초보적인 물질문화생활수준을 한 단계 비약시키자고 합니다. […] 우리 당의 이 정책을《지방발전 20×10 정책》으로 명명하고 강력하게 추진하자고 합니다." 김정은, "공화국의 부흥발전과 인민들의 복리증진을 위한 당면과업에 대하여", 『조선중앙통신』, 2024년 1월 16일자.

격을 지니고 있다는 점에서 이 사업에 조직동원책이 될 지방인민위원회의 역할이 중요할 수밖에 없기 때문이다.

마지막으로 최근 제정된 「인민반조직운영법」(2023. 12.)에 따라 인민반 조직의 기능 정상화와 인민반장의 위상 제고가 추진되고 있다. 인민반은 인민위원회의 지도 하에 운영되는 정치적 기층단위의 성격을 지닌다. 따라서 「인빈반조직운영법」의 제정은 자연히 지방인민위원회의 정치적 중요성을 강화시키겠다는 의미로 해석될 수 있다.

■ [표 7-8] 인민반

도(직할시), 시(구역), 군인민위원회는 주민행정사업의 직접적 담당자이며 인민생활을 책임진 호주(주민행정법 제6조)라는 것이 북한 당국의 설명이다. 그 가운데 '인민반'은 국가사회생활의 기층단위이며 주민생활의 거점(주민행정법 제9조)으로 인민위원회가 일정한 수의 세대를 조직한 것으로 소개되고 있다. 인민반회의에서 선거된 인민반장(주민행정법 제10조)은 방역 사업, 대대적인 건설 사업에 필요한 동원 인력 확충, 비사회주의·반사회주의 투쟁과 관련한 당국의 주민통제사업의 주요한 행위자로 주목받고 있다.

Ⅲ. 사법·검찰기관

1. 중앙검찰소

북한 헌법은 제8절에서 검찰소와 재판소를 함께 다루고 있다. 북한의 검찰은 법 집행기능뿐만 아니라 체제 수호의 기능을 겸하고 있기에 사법기관인 동시에 정치적 조직이라고 할 수 있다. 북한의 「검찰감시법」은 이러한 검찰의 정치적 역할에 대해 "검찰감시는 모든 기관, 기업소, 단체와 공민이 조선민주주의인민공화국의 법을 정확히 지키고 집행하는가를 감시하는 국가의 권력적 활동"이며 검찰의 감시활동은 "조선노동당의 정책관철을 법적으로 보장"하는 것을 목적으로 한다고 명시하고 있다.[27] 물론 이는 '중립성'이 아닌 '당파성'을 우선하는 사회주의 당-국가 체제의 특징을 반영한 결과라 할 수 있다.

특히 1990년대 체제위기 이후 검찰의 위상이 더욱 강화되어 온 점은 주목할 만하다. 실제로 1998년 헌법에서부터 검찰소가 재판소보다 먼저 명기되어 왔으며,

---

27) 국가정보원, "조선민주주의인민공화국 검찰감시법", 『북한법령집』 상권, 2022, pp. 440-445.

2024년 6월 현재 중앙검찰소 소장인 김철원은 현 중앙재판소 소장인 최근영과 그 이전의 차명남과 마찬가지로 당중앙위원회 위원에 그치고 있으나 직전 중앙검찰소장인 우상철의 경우 한 급 높은 당중앙위원회 정치국 후보위원이었다. 따라서 검찰소가 재판소에 비해 더욱 중시되고 우대되고 있다는 점은 비교적 분명하다 하겠다.[28]

한편 북한에서 검찰 사업은 중앙검찰소, 도(직할시), 시(구역), 군검찰소와 특별검찰소가 한다(제153조). 중앙검찰소 임기는 최고인민회의 임기와 동일하다(제154조). 검찰소는 다음의 [표 7-9]와 같은 같은 임무를 수행한다(제156조).

▌[표 7-9] 검찰소(헌법 제6장 국가기구 제8절 검찰소와 재판소 제156조)

> 1. 기관, 기업소, 단체와 공민들이 국가의 법을 정확히 지키는가를 감시한다.
> 2. 국가기관의 결정, 지시가 헌법, 조선민주주의인민공화국 국무위원회 위원장 명령, 최고인민회의 법령, 결정, 국무위원회 정령, 결정, 지시, 최고인민회의 상임위원회 정령, 결정, 지시, 내각 결정, 지시에 어긋나지 않는가를 감시한다.
> 3. 범죄자를 비롯한 법위반자를 적발하고 법적책임을 추궁하는것을 통하여 조선민주주의 인민공화국의 주권과 사회주의제도, 국가와 사회협동단체재산, 인민의 헌법적권리와 생명재산을 보호한다.

또한 특수 분야 사건을 담당하는 특별검찰소로는 군검찰소와 철도검찰소가 있다. 모든 검찰사업은 최고검찰소가 통일적으로 지도하며 특별검찰소는 상급검찰소가 없으므로 최고검찰소에 복종하는 시스템이라 할 수 있다. 검찰소는 우리의 검찰조직과 유사하고 사건의 수사와 공소 유지를 담당한다. 검사의 임무는 범죄자와 법위반자를 적발하여 법적 책임을 엄격히 추궁하는데 있다(검찰감시법 제2장).

북한에서 검찰의 역할과 정치적 위상은 전반적으로 강화되고 있는 추세이다. 그 근거는 크게 세 가지다.

첫째, 북한 유일의 법학 전문 잡지인 『정치법률연구』에서 법기관으로 대표되는 검찰에 대한 글이 전반적으로 증가되어 왔다. 예컨대 검찰기관의 정치적 역할, 기능, 의무, 권한 등과 관련한 논문들이 다수 소개되고 있다.

---

28) 1999년부터 최근까지 2012-2013년을 제외하고는 대체로 사회안전성(=인민보안성)의 상이 법제위원회의 위원장을 맡아왔다. 현재 북한의 법제위원장은 리태섭으로 그는 사회안전성 상, 국무위원회 위원, 당중앙군사위원회 위원, 당중앙위원회 정치국 후보위원 등을 겸직하고 있다. 이는 북한에서 법제사업의 정치적 중요성을 반영한 것이라 볼 수 있다.

둘째, 검찰의 역할과 기능을 강화한 두 가지 주요 법안 제정을 들 수 있다. 먼저 2021년 7월 채택된 「단위특수화, 본위주의 반대법」을 들 수 있다. 이 법은 모든 "기관, 기업소, 단체"가 비밀보장에 지장이 없는 한 관할에 관계없이 검찰기관의 감시를 의무적으로 받을 것을 명시했다.[29] 또한 지난 2023년 최고인민회의 상임위 제14기 제27차 전원회의에서는 「검찰기관조직법」을 새롭게 채택하여 "혁명적이며 인민적인 법기관으로서의 각급 검찰기관들의 조직과 활동원칙, 사업체계와 질서 등의 문제들"을 법제화했다.[30]

셋째, 중앙검찰소 소장의 정치적 위상이 높아지고 있다는 점이다. 2012년과 당시 북한의 최고검찰소(명칭 변경) 소장이었던 장병규는 최고인민회의 법제위원회 위원장을 겸했다. 하지만 그는 당중앙위원회 위원에 불과했다. 그러나 위에서 언급한 대로 2023년 당시 중앙검찰소 소장 우상철의 경우 법제위원장이자 사회안전성인 리태섭 보다 직제 상 아래이긴 했으나 당중앙검사위원회 위원인 동시에 정치국 후보위원에 이름을 올리며 당 내 위상을 과시한 바 있다.[31]

2022년 11월 4일 조선중앙TV는 신축 이전된 중앙검찰소 건물을 아래와 같이 보도하며 검찰소에 대한 우대 조치가 지속되고 있음을 보여줬다.[32]

중앙검찰소 신청사

출처: 『조선중앙TV』, 2022년 11월 4일자.

---

29) 국가정보원, "조선민주주의인민공화국 단위특수화, 본위주의반대법", 『북한법령집』 상권, 2022.
30) 『조선중앙통신』, 2023/08/31 보도.
31) 2023년 12월 30일 『노동신문』 보도에 따르면 중앙검찰소소장 및 당중앙검사위원회 위원으로 최철원이 임명되었다.
32) 한편 북한의 중앙검찰소는 미국의 재무부와 유럽연합(EU)로부터 북한 인권침해를 이유로 대북제재의 대상으로 선정된 바 있다.

2. 중앙재판소

북한에서 재판소는 중앙재판소, 도(직할시) 재판소, 시(구역), 군인민재판소와 특별재판소가 있으며 판결은 조선민주주의인민공화국의 이름으로 선고한다(제159조). 중앙재판소장의 임기는 최고인민회의 임기와 동일하며 중앙재판소, 도(직할시) 재판소, 시(구역), 군인민재판소의 판사, 인민참심원의 임기는 해당 인민회의 임기와 같다(제160조). 특별재판소의 소장과 판사는 중앙재판소가 임명권과 해임권을 가지고 있고, 특별재판소의 인민참심원은 해당 군무자회의 또는 종업원회의에서 선거한다(제161조). 제1심 재판소는 판사인 재판장과 인민참심원 2명으로 구성하고 2심 재판소는 판사 3명으로 구성하되 이들 중 한 명이 재판장을 맡는다.[33] 재판소의 임무는 다음과 같다(제162조).

▌[표 7-10] 중앙재판소(헌법 제6장 국가기구 제8절 검찰소와 재판소 제156조)

1. 재판활동을 통하여 조선민주주의인민공화국의 주권과 사회주의제도, 국가와 사회협동단체재산, 인민의 헌법적 권리와 생명재산을 보호한다.
2. 모든 기관, 기업소, 단체와 공민들이 국가의 법을 정확히 지키고 계급적 원수들과 온갖 법위반자들을 반대하여 적극 투쟁하도록 한다.
3. 재산에 대한 판결, 판정을 집행하며 공증사업을 한다.

북한의 재판은 공개되며 피소자의 변호권을 보장한다고 명시되어 있으며 외국인의 경우에는 재판에서 자신의 나라말을 할 수도 있다(제164조, 제165조). 나아가 북한의 재판소는 재판에서 독자적이며 재판 활동을 법에 의하여 수행(제166조)한다고 알려져 있지만, 당연하게도 실제 북한의 재판은 당의 정치적 판단과 결정으로부터 자유롭지 못하다. 북한의 헌법과 「검찰감시법」에 명시되어 있는 것과 같이 사회주의 당-국가 체제 하 북한의 법은 정치 수단화되어 있고, 수령-당-법의 관계는 비가역적인 상명하복(上命下服)의 질서를 따를 수밖에 없는 구조적 모순을 가지고 있기 때문이다.

---

33) 국가정보원, "조선민주주의인민공화국 재판소 구성법", 『북한법령집』 상권, 2022, pp. 507-511.

국제법률연단 화상회의에 참가한
북한 중앙재판소 대표단 최근영 소장

출처: 『조선중앙통신』, 2023년 10월 6일자.

한편 최근 북한도 국제사회와의 법률교류사업에 보다 적극적으로 참여하려 시도하고 있다. 중앙재판소 대표단은 해당 교류의 주체로서 최고재판소장이 단장이 되어 중국, 베트남, 라오스, 미얀마, 카자흐스탄, 키르키즈스탄의 관련 법기관들과 학술교류를 이어왔다.[34] 국제법률연단은 러시아 주도의 법률포럼으로 북한은 2015년부터 참가해왔다. 위 사진은 북한 대표단이 2023년 화상회의에 참가한 사진이다. 해당 포럼은 미국 중심의 일방적 경제제재의 반동성, 국제경제관계의 구조적 문제점, 제재 하에서의 거래, 무역, 수송 등 기존 국제질서에 대한 비판과 대응에 치중하고 있다.

Ⅳ. 국무위원회와 국무위원장

북한의 국가기구 중 가장 커다란 변화를 겪어온 조직인 동시에 가장 특수한 위상을 가지고 있으며 현재에도 지속적으로 변화하고 있는 특별한 조직을 꼽으라면 단연 국무위원회와 국무위원장을 들 수 있을 것이다. 그렇다면 해당 조직은 어떤 역할을 하고 있으며 그 함의는 무엇일까?

해당 질문에 대한 답은 '당-국가 체제에서 국가의 수반은 왜 필요할까?'라는 질

---

34) 『경향신문』, "북, 러 주도 국제포럼 참가, 미국규탄, 국제규범 강조", 2023, https://m.khan.co.kr/world/world-general/article/202310060951001#c2b. 10월 6일자.

문에 대한 답과 연동되어 있다. 북한은 사회주의 당-국가 체제로서 국가보다 당이 우선하는 체제이다. 그러나 이와 같은 근본적인 원칙에도 불구하고 두 가지의 이유로 국가와 국가수반은 중요하고 필요하다.

첫째, 당은 정치적 기구로서 올바름을 대변하는 기구이지 실무적 기구로 효율성을 담당하는 조직이 아니다. 따라서 '인전대'(transmission belt)라는 말에서 보듯 당의 의사와 지향을 전달받아 실현할 전문성을 가진 조직이 필요하다. 국가가 바로 그것이다. 이와 같은 국가의 중요성으로 인해 국가에 대한 통제 역시 당에 의한 외부로부터의 통제만으로는 부족할 수밖에 없다.[35] 국가의 직함을 통한 직접적인 통제 역시 중요하다는 것이다.

둘째, 너무나 당연하게도 세계에는 당-국가 체제보다 훨씬 많은 수의 국가 우위 체제들이 존재한다. 따라서 사회주의 국가들 간의 '당제관계'(interparty relation)만으로는 대외관계를 유지해나갈 수 없으며 일반적인 '국제관계'(international relation)가 필수적이다.[36] 북한의 최고지도자가 중국이나 베트남을 상대할 때는 당 총비서의 직함을 활용하는 반면 미국이나 남한, 일본을 상대할 때는 국무위원회 위원장의 직함을 활용하는 이유이다. 따라서 국제관계가 중요해질수록 이를 유지 관리할 카운터 파트너로서의 국가조직과 국가수반이 필요하고 중요해질 밖에 없다.

바로 이와 같은 이유들로 인해 대부분의 당-국가 체제에서 당의 총비서는 국가의 최고 직위 역시 겸직하곤 했다. 따라서 2016년 북한에 등장한 국무위원회 위원장이라는 직함 역시 대다수를 차지하고 있는 국가 우위 체제들과의 관계 확대라는 목표와 함께 전문성을 중심으로 국가의 활용도를 높여 발전과 번영을 이루려는 의도를 내포한 조치라 할 수 있다. 구체적인 변화 과정과 함의를 보다 자세히 살펴보자.

1. 2016년 이전: '중앙인민위원회'와 '국방위원회' 체제

내용적이고 실질적인 차원에서 이미 1961년 제4차 당대회를 통해 당-국가 체

---

35) 물론 당은 모든 레벨에서 '겸직'과 '병렬'을 통해 국가 '안'에도 존재한다. 예를 들어 거의 모든 국가 주요 직위자는 당원이며(겸직), 거의 대부분의 국가 주요 직위자는 당의 직위자와 '함께' 조직을 운영한다(병렬). 따라서 최고지도자의 겸직 역시 이러한 원리를 적용한 것이라 할 수 있다.

36) 예를 들어 북중관계에서는 당제관계의 원칙에 따라 당의 부서인 당국제부가 양국관계를 관리하는 데 반해 북미관계에서는 국제관계의 원칙에 따라 국가의 기관인 외무성이 대미정책을 총괄한다. 바로 이와 같은 이유로 외무성은 우리의 외교부와 달리 모든 대외관계를 총괄하지 않으며 사회주의 진영의 해체로 국제관계가 중요해진 탈냉전 이후 그 기능과 역할이 급격히 확대되었다.

제를 완성했음에도 불구하고 그것이 헌법 상에 구현된 것은 1972년 사회주의 헌법 때부터였다. 그리고 해당 헌법에서 수령 김일성의 국가에 대한 장악을 보다 확고히 하기 위해 만들어진 조직이 '중앙인민위원회'였으며 해당 조직의 수반이 바로 '주석'이었다. 즉 김일성이 당중앙위원회 총비서로서 당을, 중앙인민위원회 주석으로서 국가를 총괄하고 조직으로서는 당이 국가를 정치적으로 영도하는 체계를 갖춘 것이다.

이와 같이 유지되던 1972년 헌법 체제에 변화가 오기 시작한 것은 김정일로의 후계체제와 연관되면서부터였다. 김정일로의 공식적인 후계는 권력의 가장 핵심적인 물리력인 국방과 군사의 직책을 물려주는 것으로 시작되었다. 이미 1990년 5월 국방위원회 제1부위원장에 오른데 이어 1991년 12월 조선인민군 최고사령관 직위를 계승한 김정일의 다음 직책이 국방위원회 위원장이었던 배경이었다. 따라서 1972년 헌법 체제에서는 대내정책위원회, 대외정책위원회, 사법안전위원회 등 중앙인민위원회의 부문별 위원회 가운데 하나에 불과했던 국방위원회에 남다른 의미가 부여되기 시작했다. 1992년 헌법을 통해 원래 주석의 당연직이었던 국방위원회 위원장이 주석직과 분리되는 동시에 국방위원회와 관련한 항목이 총 6개 조로 신설되었던 것이다. 이 모든 것이 이듬해인 1993년 4월 단행된 김정일의 국방위원회 위원장 취임을 대비한 조치였음은 물론이다.

김일성의 사망 이후 이와 같은 특별함은 사회주의 정치체제로서의 정체성 자체를 흔들 만큼 이례적인 수준까지 확대강화되었다. 1994년 7월 김일성 사망 이후 3년 여의 유훈통치를 마무리하고 1997년 10월 당 총비서에 취임하며 '당의 계승'을 마무리한 이후의 절차로 모두 예상한 것은 당연하게도 주석직 취임을 통한 '국가의 계승'이었다. 그러나 1998년 9월 북한은 김일성을 영원한 주석으로 추대하며 주석직과 함께 중앙인민위원회 조직을 폐기해 버렸다. 그러나 문제는 폐기 그 자체가 아니라 이를 대체할 조직을 신설하지도 않았을 뿐더러 해당 기능과 역할을 여타의 조직에 이관하는 조치 역시 명확하게 이루어지지 않았다는 점이었다. 물론 재추대된 국방위원회 위원장의 권한이 '일체 무력의 지휘통솔'에 더해 '국방사업전반을 지도'하는 것으로 확대되었으나 국가의 수반으로서의 주석직의 역할은 어디에도 계승되지 않았다.

따라서 김정일이 당과 국가를 일원적으로 장악하고 있음이 분명한 현실에도 불구하고 공식적인 "국가의 수반"은 공석으로 놔둔 채 '최고주권기관'이라는 규정에 근거해 형식적인 '국가의 대표'만 최고인민회의 상임위원회 위원장에게 위임한 기형적인 체제가 지속되었다. 2000년 6.15 남북정상회담에서 김대중 대통령의 카운터 파트너가 실질적 권력자인 김정일 총비서 겸 국방위원회 위원장이 되어야 한다는 우리의 주장과 헌법상 국가의 대표인 김영남 최고인민위원회 상임위원장이 되어야 한다는 북한의 주장이 맞서며 진통을 겪은 이유도 바로 여기에 있다.

이와 같은 이례적인 상황은 10년 여가 지난 2009년에 가서야 해소되었다. 2009년 4월 개정헌법을 통해 국방위원회 위원장이 국가의 "최고영도자"로 규정된 것이다.[37] 물론 그 직접적인 계기는 1992년 헌법과 마찬가지로 후계문제였다. 2009년은 2008년 여름 김정일의 와병을 계기로 김정은으로의 후계체제가 갑작스레 전면화된 시기였기 때문이다. 따라서 해당 조치는 김정일과 달리 부족한 정치적 권위로 인해 공식적이고 제도적인 '권력'이 필수적이었던 후계자 김정은으로의 후계를 위한 선제적 조치로서의 성격을 띤 것이었다고 판단된다.[38]

실제 만 3년이 채 지나지 않은 2011년 12월 김정일이 심장마비로 갑작스레 사망한 이후 김정은은 김정일을 '영원한 국방위원회 위원장'으로 추대한 후 제1위원장에 취임하며 해당 규정을 활용해 공식적인 '조선민주주의인민공화국의 최고영도자'가 되었다. 또한 1992년 헌법 이후 국가주권의 '최고군사지도기관'(1992) → '국가주권의 최고군사지도기관 + 전반적국방관리기관'(1998) → '국가주권의 최고국방지도기관'(2009, 2012)으로 지속 강화되어온 국방위원회의 위상을 그대로 계승하였다.

이하의 표는 1972년 이래 국방위원회 위원장과 국방위원회의 위상과 권한을 정리한 결과이다.

---

37) 이전 시기 최고인민회의 상임위원회에 있었던 특사권이 다시 국방위원회 위원장에게 돌아간 것도 특징이다. 1972년과 1992년의 헌법에서는 주석이 특사권을 행사하는 것으로 명시했다(각 95조, 107조).

38) 물론 당시만 해도 선군정치의 미래가 열려있었다는 점에서 비공식적으로 확대강화되던 선군정치를 제도화하려는 시도라는 평가도 가능하다. 관련한 논쟁에 대해서는 본 저서의 제1장 북한의 정치 체제를 참조할 것

▌[표 7-11] 북한 헌법에 나타난 국방위원회 위원장의 지위와 권한

개정 시기	선출방식	일반적 지위	국방 관련 지위	임무와 권한
1972년	제93조 주석은 (당연직으로) 국방위원회 위원장 으로 됨.	–	–	–
1992년	제91조 최고인민회의가 국방위원회 위원장 선거 또는 소환	–	제113조 일체의 무력을 지휘 통솔	–
1998년	제91조 최고인민회의가 국방위원회 위원장 선거 또는 소환	–	제102조 일체의 무력을 지휘 통솔하며 국방사업 전반을 지도	–
2009년	제91조 최고인민회의가 국방위원회 위원장을 선거 또는 소환한 다.	제100조 공화국 최고영도자	제102조 공화국 전반적무력의 최고사령관, 국가의 일체 무력을 지휘통솔	제103조 1. 국가의 전반사업을 지도한다. 2. 국방위원회사업을 직접 지도한다. 3. 국방부문의 중요간부를 임명 또는 해임한다. 4. 다른 나라와 맺은 중요조약을 비준 또는 폐기한다. 5. 특사권을 행사한다. 6. 나라의 비상사태와 전시상태, 동원령을 선포한다.
2012년	제91조 최고인민회의가 국방위 제1위원장을 선거 또는 소환한 다.	제100조 공화국 최고영도자	제102조 공화국 전반적무력의 최고사령관, 국가의 일체 무력을 지휘통솔	제103조 1. 국가의 전반사업을 지도한다. 2. 국방위원회사업을 직접 지도한다. 3. 국방부문의 중요간부를 임명 또는 해임한다. 4. 다른 나라와 맺은 중요조약을 비준 또는 폐기한다. 5. 특사권을 행사한다. 6. 나라의 비상사태와 전시상태, 동원령을 선포한다.

▌[표 7-12] 북한 헌법에 나타난 국방위원회 지위와 권한

개정 시기	지위	임무와 권한
1972년	제105조 중앙인민위원회 부문별 위원회 가운데 하나	별도 내용 없음.
1992년	제111조 공화국 국가주권의 최고군사지도기관	제114조 1. 국가의 전반적 무력과 국방건설사업을 지도한다. 2. 중요 군사간부를 임명 또는 해임한다. 3. 군사칭호를 제정하며, 장령이상의 군사칭호를 수여한다. 4. 유사시 전시상태와 동원령을 선포한다.
1998년	제100조 국가주권의 최고군사지도기관이며 전반적국방관리기관	제103조 1. 국가의 전반적 무력과 국방건설사업을 지도한다 2. 국방부문의 중앙기관을 내오거나 없앤다(추가). 3. 중요 군사간부를 임명 또는 해임한다. 4. 군사칭호 제정하며 장령 이상의 군사칭호를 수여한다. 5. 나라의 전시상태와 동원령을 선포한다.
2009년	제106조 국가주권의 최고국방지도기관	제109조 1. 선군혁명로선을 관철하기 위한 국가의 중요정책을 세운다 2. 국가의 전반적무력과 국방건설사업을 지도한다 3. 조선민주주의인민공화국 국방위원회 위원장 명령 국방위원회 결정 지시집행정형을 감독하고 대책을 세운다. 4. 조선민주주의인민공화국 국방위원회 위원장 명령 국방위원회 결정 지시에 어긋나는 국가기관의결정 지시를 폐지한다. 5. 국방부문의 중앙기관을 내오거나 없앤다. 6. 군사칭호를 제정하며 장령이상의 군사칭호를 수여한다.
2012년	제106조 국가주권의 최고국방지도기관	제109조 1. 선군혁명로선을 관철하기 위한 국가의 중요정책을 세운다. 2. 국가의 전반적무력과 국방건설사업을 지도한다. 3. 조선민주주의인민공화국 국방위원회 제 위원장 명령 국방위원회 결정 지시집행정형을 감독하고 대책을 세운다. 4. 조선민주주의인민공화국 국방위원회 제 위원장 명령 국방위원회 결정 지시에 어긋나는 국가기관의 결정 지시를 폐지한다 5. 국방부문의 중앙기관을 내오거나 없앤다. 6. 군사칭호를 제정하며 장령이상의 군사칭호를 수여한다.

2. 2016년 이후: 국무위원회 체제

선군정치가 선포된 1998년 이래 20년 가까운 기간은 군이 노동자 계급보다 우선한다는 '군사선행'(軍事先行)의 원칙과 '선군후로'(先軍後勞)의 원칙 하에 당−국가 체제 하의 기본 원칙인 당의 영도가 크게 위협받던 시기였다. '최고사령관의 유일적영도체계'와 국방위원회 위원장과 국방위원회가 "나라의 정치, 군사, 경제 역량의 총체를 지휘통솔하여 사회주의 조국의 국가체제와 사회생활전반을 유일적으로 영도"하는 '국방중시의 국가관리체계'가 '선군정치'의 양대 핵심이었기 때문이다. 또한 바로 이와 같은 측면에서 당중앙위원회, 정치국, 정치국 상무위원회 등의 조직과 당대회, 당대표자회, 당중앙위원회 전원회의, 당중앙위원회 정치국 회의, 당중앙군사위원회 회의 등 각종 당 회의가 형해화 및 전면 중단되었다는 점은 북한 정치체제에 대한 많은 논란을 낳았다.

이러한 차원에서 2016년은 말 그대로 상징적인 전환들이 일어난 변곡점이었다.

조선노동당의 가장 큰 정치 행사로 1980년 제6차 당대회 이후 2016년 5월 자그만치 36년 만에 열린 제7차 당대회는 이와 같은 상징들의 정점에 있었다. 이미 44년 만에 열린 2010년 9월 제4차 당대표자회라는 '당의 행사'에서 당중앙군사위원회 부위원장이라는 '당의 직함'을 통해 후계자임을 공식 선포함으로써 당−국가 체제 복원의 신호탄을 쏘아올린 김정은으로의 후계체제가 향후에도 사회주의 '정상국가화'의 흐름을 지속강화할 것이라는 의미로 해석되었기 때문이다.

국방위원회의 국무위원회로의 재편은 바로 그 제7차 당대회 직후였던 동년 6월 29일 열린 최고인민회의 제13기 제4차 회의에서의 헌법 개정을 통해 단행되었다. 어찌보면 이는 당−국가 체제의 정상화가 '당의 정상화'뿐만이 아니라 '국가의 정상화' 역시 포함해야 한다는 점에서 상식적인 수순이기도 했다. 결과적으로 해당 변화를 통해 '국방'이라는 특정한 분야의 수장이 국정 전반을 관리하고 국가를 대표하는 특수한 상황은 해소되었다.

이름을 국방위원회에서 국무위원회로 바꾼 2016년 헌법개정을 통해 '국가주권의 최고국방지도기관'으로서의 지위가 '국가주권의 최고정책지도기관'이라는 국정전반을 아우르는 포괄적 개념으로 바뀌었기 때문이다. 또한 이러한 변화는 후속 헌법 수정에서도 지속되었다. 2019년 4월 헌법을 통해 1998년 헌법 이후 최고인민회의 상임위원회 위원장 항목에 포함되어 있던 "국가를 대표"한다는 문구를 국무위원회 위원장 항목으로 이동시킴으로써 국무위원장이 가진 국가 수반으로서의 지위를 명확히 한 것은 그 예이다. 또한 2019년 8월 헌법 개정을 통해 국무위원회의 권한에 "최고인민회의 휴회 중에 내각총리의 제의에 의하여 부총리, 위원장, 상 그 밖의 내각성원들을 임명 또는 해임한다"는 규정을 추가하고 결정과 지시만 가능하던 과거와 달리 정령을 통해 국가의 부문법을 채택 및 수정할 수도 있게 하였다. 이에 더해 국무위원회 위원장 권한에 "최고인민회의 법령, 국무위원회 중요정령과 결정을 공포"하는 권한과 "다른 나라에 주재하는 외교대표를 임명 또는 소환"하는 권한39)을 추가함으로써 국정 전반에 대한 장악력 역시 강화했다.

더불어 2019년 8월 헌법을 통해 국무위원회 위원장의 선출방식에 변화를 준 것도 주목할 부분이었다. "전체조선인민의 총의에 따라" 최고인민회의에서 선거(제101조)된다는 구문이 그것이다. 그동안 1998년 헌법 이래 국방위원회 위원장은 최고인민회의에서 선거 또는 소환된다고 규정되었는데, 2019년 8월 수정헌법에서는 '소환'을 삭제하는 대신 '전체 인민의 뜻에 따라'라는 표현을 추가함으로써 위상과 대표성을 강화했다. 더불어 그동안 최고지도자도 최고인민회의 대의원 선거에 입후보하던 관례에 대한 중단을 공식화하며 국무위원회 위원장은 최고인민회의 대의원으로 선거되지 않는다는 구문을 삽입해 모두의 지도자로서의 위상도 더욱 부각시켰다. 해당 조항이 최고인민회의의 세부조항이 아니라 국무위원회 위원장의 세부조항으로 변경된 것 역시 국무위원회 위원장의 헌법적 지위를 강화하려는 시도의 연장이었다. 이와 같은 조치가 북한식 표현으로 '당 사업 전반의 정규화'로 표현된 각종 당 장치들과 회의들의 정상화와 병행됨으로써 당-국가 체제의 복원이라는 보다 큰 틀에서의 변화의 '부분'으로 자리매김되었음은 물론이다.

이하의 표는 지금까지 살펴본 2016년 이후 국무위원회 위원장과 국무위원회의 위상과 권한 변화를 정리한 것이다.

---

39) 1992년까지 주석에게 주어진 이 권한은 1998년 헌법 개정 이후 2016년까지 최고인민회의 상임위원회가 지니고 있었다.

▌[표 7-13] 북한 헌법에 나타난 국무위원회 위원장의 지위와 권한

개정 시기	선출방식	일반적 지위	국방 관련 지위	임무와 권한
2016년	제91조 (최고인민회의 가) 국무위원회 위원장을 선거 또는 소환한다.	제100조 공화국 최고 영도자	제102조 공화국 전반적무력 의 최고사령관, 국 가의 일체 무력을 지휘통솔	제103조 1. 국가의 전반사업 지도 2. 국무위원회사업 직접지도 3. 국가부문의 중요간부를 임명 또는 해임 4. 다른 나라와 맺은 중요조약 비준 또는 폐기 5. 특사권 행사 6. 나라의 비상사태와 전시상태, 동원령 선 포 7. 전시에 국가방위위원회 조직지도
2019년 4월	제91조 (최고인민회의 가) 국무위원회 위원장을 선거 또는 소환한다.	제100조 국가를 대표 하는 공화국 최고영도자	제102조 공화국 무력총사령 관, 국가의 일체 무 력을 지휘통솔	제103조 1. 국가의 전반사업 지도 2. 국무위원회사업 직접지도 3. 국가의 중요간부를 임명 또는 해임 4. 다른 나라와 맺는 중요조약 비준 또는 폐기 5. 특사권행사 6. 나라의 비상사태와 전시상태, 동원령 선 포 7. 전시에 국가방위위원회 조직지도
2019년 8월	제101조 전체 조선인민 의 총의에 따라 최고인민회의 에서 선거한다.	제100조 국가를 대표 하는 공화국 최고영도자	제103조 공화국 무력총사령 관, 국가의 일체 무 력을 지휘통솔	제104조 1. 국가의 전반사업 지도 2. 국무위원회사업 직접지도 3. 최고인민회의 법령, 국무위원회 중요정 령과 결정을 공포 4. 국가의 중요간부를 임명 또는 해임 5. 다른 나라에 주재하는 외교대표를 임명 또는 소환 6. 다른 나라와 맺은 중요조약을 비준 또는 폐기 7. 특사권 행사 8. 나라의 비상사태와 전시상태, 동원령 선 포 9. 전시에 국가방위위원회 조직지도

▌[표 7-14] 북한 헌법에 나타난 국무위원회 지위와 권한

개정 시기	지위	임무와 권한
2016년	제106조 국가주권의 최고정 책적지도기관	제109조 1. 국방건설사업을 비롯한 국가의 중요정책을 토의결정한다. 2. 조선민주주의인민공화국 국무위원회 위원장 명령, 국무위원회 결정, 　지시집행정형을 감독하고 대책을 세운다. 3. 조선민주주의인민공화국 국무위원회 위원장 명령, 국무위원회 결정, 　지시에 어긋나는 국가기관의 결정, 지시를 폐지한다. 제111조 - 국무위원회는 결정, 지시를 낸다.
2019년 4월	제106조 국가주권의 최고정 책적지도기관	제109조 1. 국가의 중요정책을 토의결정한다. 2. 조선민주주의인민공화국 국무위원회 위원장 명령 국무위원회 결정, 　지시집행정형을 감독하고 대책을 세운다. 3. 조선민주주의인민공화국 국무위원회 위원장 명령 국무위원회 결정 　지시에 어긋나는 국가기관의 결정, 지시를 폐지한다. 제110조 - 국무위원회는 결정, 지시를 낸다.
2019년 8월	제107조 국가주권의 최고정 책적지도기관	제110조 1. 국가의 중요정책을 토의결정한다. 2. 조선민주주의인민공화국 국무위원회 위원장 명령, 국무위원회 정령, 　결정, 지시집행정형을 감독하고 대책을 세운다. 3. 조선민주주의인민공화국 국무위원회 위원장 명령, 국무위원회 정령, 　결정, 지시에 어긋나는 국가기관의 결정, 지시를 폐지한다. 4. 최고인민회의 휴회 중에 내각총리의 제의에 의하여 부총리, 위원장, 　상 그 밖의 내각성원들을 임명 또는 해임한다. 제111조 - 국무위원회는 정령과 결정, 지시를 낸다.

제3절 북한의 법

　　많은 이들이 근대 국가의 법이 봉건시대의 왕권만큼이나 가장 쉽고도 강하게, 그리고 일방적으로 국가가 개인의 권리를 침해할 수 있는 '제도의 외피를 쓴' 무기가 될 수 있다고 우려해 온 것은 사실이다. 사법부의 독립이라는 원칙에서도 볼 수 있듯이 자유민주주의 체제에서 국가의 권력과 법에 의한 통치원리를 일정하게 분리하려 노력해 왔던 이유였다. 그러나 마르크스 레닌주의의 관점에서 국가와 법은 불가분하게 상호연관된 사회현상으로 간주되어 왔다. 다시 말해 법은 도덕과 달리

국가권력에 의하여 창조되고 강제되며 인간사회 발전의 특정단계에 출현했던 사회적 규범의 특수한 형태라는 주장이었다.[40] 따라서 법의 운명 역시 국가와 마찬가지로 궁극적으로 소멸할 것으로 간주되어 왔다.

그러나 '국가 사회주의'라는 모순된 개념에서 볼 수 있듯이 '실제로 존재하는 사회주의'(actually existing socialism)는 국가소멸론을 무색케 하며 복잡하고 거대한 관료제라는 전형적인 '근대 국민국가'(modern nation state)의 모습으로 나타났다. 따라서 국가의 성장에 따른 관료제의 성장과 그에 발맞춘 법률 수요 증대라는 근대국가의 일반적 경향은 사회주의 국가에서도 동일하게 관찰되었다. 당의 강령에 의한 통치만으로는 거대하고 복잡한 국가 조직에 대한 효율적인 통제와 관리가 불가능했던 것이다. 결국 법(=국가)소멸론은 '일국 사회주의론'의 부상 및 1936년 「스탈린헌법」의 제정과 함께 법(=국가)활용론으로 대체되어 갔다.

또한 이와 같은 수요는 정당성보다 효율성이 강조되는 영역인 경제 분야가 확장되고 강조됨에 따라 더욱 증대되어 갔다. 시장 메커니즘의 확산이 이러한 경향을 더욱 가속화했음은 물론이다. 사적 소유에 기반한 거래는 안정성과 예측 가능성을 전제로 하지 않는 한 유지될 수 없기 때문이다. 더불어 개방의 과정 역시 중요한 촉진요인이었다. 무정부성을 기본으로 하는 국제사회에서 투자와 거래를 보장할 유일한 장치는 국제법이든 국내법이든 궁극적으로 법 제도일 수밖에 없기 때문이다.

지속적으로 법체계를 보강하고 확장해간 소련의 역사는 물론 살아남은 사회주의 국가의 경험들은 이를 잘 보여준다. 개혁개방의 대표적 사례로서 1997년 이래 의법치국(依法治國)의 모토 하에 매우 체계적으로 법치 개념을 도입하고 확장시켜 나간 중국의 사례나 1986년 개혁개방(도이머이: Đổi mới)을 선언한 이후 1991년 제7차 당대회에서 '법치국가'(nha nuoc phap quyen) 건설을 목표로 설정한 이후 2005년을 기점으로 사법개혁을 국가 발전의 사활적 과제로 내세운 베트남의 사례는 그 예이다.[41]

---

40) Veniamin Evgen'evich Chirkin, Yu. Yudin, O. Zhidhov 공저, 송주명 역, 『맑스주의 국가와 법이론』, 새날, 1990, p. 15.

41) 중국의 의법치국 관련 연구는 다음을 참조할 것. 조영남, 『중국의 법치와 정치개혁』, 창비, 2012; 조영남, "중국의 법률보급운동과 통치엘리트", 『아시아리뷰』 제1권 2호, 2011; 조영남, 『중국 의회정치의 발전』, 폴리테이아, 2006. 베트남의 사법개혁과 법치에 대한 연구는 다음을 참조할 것. 김대

다시 말해 사회주의국가에서 법의 역할과 위상은 상수라기보다는 변수로서의 성격을 가지고 끊임없이 변화해 왔다. 북한 역시 마찬가지이다. 특히 탈냉전 이후 이와 같은 변화는 더욱 두드러졌다. 김정일 시대에 제기되어 김정은 시대에 본격적으로 부상해온 '사회주의법치' 개념은 그 주요한 상징이다. 실제 많은 한계에도 불구하고 2000년대 이후 사회주의 법제의 보강과 김정은 시대 사회주의법치국가론의 부상을 통해 북한의 법치 수준이 '인치'(rule of man) 혹은 '법 없는 통치'(rule without law)로부터 '법에 의한 통치'(rul by law)를 향해 미세하나마 변화해 왔다는 점 자체에 대해서는 별다른 이견이 없다. 이와 같은 이해를 전제로 이하에서는 <북한 법의 이론과 역사>와 <북한 법의 실제>로 크게 나누어 북한의 법과 관련된 담론의 변화와 법제정 실태에 대한 이해를 시도할 것이다.

Ⅰ. 북한 법의 이론과 역사[42]

1. 김일성 시대: 법 활용론의 점진적 강화

기본적으로 궁극적인 법 소멸론에 근거한 '수단으로서의 법 활용론', 그리고 '법치에 대한 정치 우위론' 등 전통적인 사회주의 초기 법 이론의 특성은 김일성 시대에도 그대로 나타났다. "법은 정치의 한 개의 표현형식"이며 "국가의 정책을 실현하기 위한 무기"로 정치를 떠난 법은 있을 수 없다는 김일성의 발언들은 이를 잘 보여준다.[43]

이후 법에 대한 강조는 1972년 사회주의 헌법 제정을 계기로 보다 강화되었다. 또한 1970년대 후반부터 김정일이 후계자로 본격적으로 부상하기 시작하면서 그와 같은 움직임은 더욱 활발해졌다. "모든 사회성원들이 사회주의국가가 제정한 법규범과 규정의 요구대로 일하며 생활하는 것"으로 정의된 '사회주의법무생활'과 '혁명적준법정신' 등의 담론이 등장한 것은 그 대표적인 예이다. 김일성 시대 법과

인, "베트남의 법치주의 전환이 북한에 주는 함의: 행정구제를 중심으로", 『동북아법연구』 제15권 1호, 2021.

42) 이하의 내용은 강혜석, "'사회주의법치국가'론과 김정은 시대의 통치전략: 북한식 법치의 내용과 특징", 『국제지역연구』 제26권 1호, 2022의 내용을 바탕으로 한 것으로 보다 자세한 논의는 해당 자료를 참조할 것.

43) 김일성, "우리 당 사법정책을 관철하기 위하여", 1958/4/29, 『김일성저작선집』 2, 조선로동당출판사, 1958.

관련된 담론들의 특징을 정리하면 아래의 4가지를 꼽을 수 있다.

첫째, 준법정신에 대한 강조이다. "법규범을 위반하는 것은 곧 당성이 없는 행동이며 매우 수치스러운 일"로 "만일 사회 모든 성원들이 국가의 법질서를 지키지 않고 명령, 지시에 복종하지 않는다면 혁명과 건설은 고사하고 국가자체를 유지해 나갈 수 없"다고 강조한 김일성의 발언은 유사한 기조로 빈번하게 반복되었다.[44) "사회주의사회에서 법은 모든 사회성원들의 의무적인 행동규범이며 인민정권이 자기의 정치를 실현하는 기본수단"이라는 주장 역시 마찬가지이다.[45)

둘째, 엘리트들의 관료주의에 대한 비판이다. 김일성은 엘리트 즉 지도일꾼들이 법을 먼저 잘 지킬 때 "인민대중의 이익을 침해하는 관료주의가 없어지고 인민들의 민주주의적 자유와 권리가 더욱 원만히 보장"된다고 주장했다.[46) '사회주의 법무생활'이 강조되는 이유가 바로 관료주의를 없애고 인민대중의 이익을 보호하기 위함이라는 주장 역시 마찬가지의 맥락이었다.[47)

이 같은 입장은 후계자 김정일에 의해서 보다 구체화되었다.[48) "인민들의 생명재산을 침해하는 현상과 투쟁"할 것을 촉구하며 "국가기관 일꾼들이 관료주의, 전횡을 부리면서 인권을 유린하는" 현상에 대한 강한 투쟁을 통해 인민들의 권리를 보호하고 "사회안전기관들에 대한 준법감시를 강화"해야 한다는 주장은 그 예이다. 또한 신소제도가 기관과 일꾼들로부터 침해당한 이익을 법기관에 호소할 수 있도록 한 제도라는 점 역시 분명히 했다.

셋째, 경제부문과 관련된 법 규율의 강조이다. 이는 한국전쟁 이후 20여 년간 급속한 공업화와 산업화가 진행되면서 누적된 문제를 해결하는 과제와 연동된 것

---

44) 김일성, "덕천지구탄광들에서 석탄생산을 더욱 늘일데 대하여", 1977/3/31, 『김일성저작집』 32, 조선로동당출판사, 1986; 김일성, "수송사업에서 새로운 혁신을 일으킬데 대하여", 1977/4/6, 『김일성저작집』 32, 조선로동당출판사, 1986.

45) 김일성, "사회주의의 완전한 승리를 위하여: 조선민주주의인민공화국 최고인민회의 제8기 제1차 회의에서 한 시정연설", 1986/12/30, 『김일성저작집』 40, 조선로동당출판사, 1994; 김일성, "주체의 혁명적 기치를 높이 들고 사회주의, 공산주의 위업을 끝까지 완성", 1988/9/8, 『김일성저작집』 41, 조선로동당출판사, 1995.

46) 김일성, "인민정권을 더욱 강화하자", 1977/12/15, 『김일성저작집』 32, 조선로동당출판사, 1986.

47) 김일성, "조선로동당 제6차대회에서 한 중앙위원회사업총화보고", 1980/10/10, 『김일성저작집』 35, 조선로동당출판사, 1987.

48) 김정일, "사법검찰사업을 개선강화할데 대하여", 1982/11/21, 『김정일선집』 10, 조선로동당출판사, 2011.

이었다. 김일성은 "국가, 경제기관 지도일꾼들 속에서 사회주의법무생활을 강화"
해야 한다며 사회주의법무생활지도위원회의 주요 임무도 "국가, 경제기관 지도일
꾼들이 권력을 남용하지 않도록 법적으로 통제하며 온 사회에 혁명적준법기풍을
세우는 것"이라 규정했다.[49] 또한 "검찰소를 비롯한 법기관들에서는 일꾼들이 당
의 경제정책을 바로 집행하지 않는데 대하여 제때에 문제를 세우고 투쟁"해야 하
며 경제사업에서 성공하기 위해서는 당적지도와 함께 "법적 통제"를 동시에 강화
해야 한다고 주장한 것 역시 마찬가지였다.[50]

넷째, 사법·검찰기구에 대한 경고의 차원이다. 이는 앞서 언급한 관료주의에
대한 경고와도 연동되어 있었다. 김일성은 "정권기관, 사회안전기관, 사법, 검찰기
관 같은 권력기관에서 일하는 일꾼들 속에서 권력을 남용하고 법을 위반하"는 관
료주의 현상이 나타날 수 있음을 경고하며 특히 '신소제도'를 적극 활용할 것을 강
조했다.[51] 신소제도는 일종의 청원제도로 개인의 억울함을 해결하는 장치이기도
하지만 사법·검찰기구에 대한 통제의 역할도 동시에 담당하고 있기 때문이다. 김
정일 역시 "사회안전기관들에 대한 준법감시"를 강화함으로써 "인권을 유린"하는
현상을 방지해야 한다며 "관료주의와 세도, 전횡은 사법검찰일꾼들이 특별히 경
계하여야 할 매우 유해로운 사업태도, 사업작풍"이라 규정하며 김일성의 주장을
이어갔다.[52]

2. 김정일 시대: '사회주의법치국가론'의 등장과 부상

앞서 살펴본 바와 같이 일종의 법활용론에 근거한 김일성 시대 사회주의법무생
활론에서 볼 수 있듯이 북한의 법치는 인민의 기본권 보장이라는 의미에서의 진정
한 '법의 통치'(rule of law)와 거리가 멀긴 했으나 '법 없는 통치'(rule without law)에
서 '법에 의한 통치'(rule by law)로의 점진적인 변화를 보여 왔다. 그러나 이와 같은

---

49) 김일성, "인민정권을 더욱 강화하자" 1977/12/15, 『김일성저작집』 32, 조선로동당출판사, 1986.
50) 김일성, "조선로동당 중앙위원회 제6기 제7차 전원회의에서 한 결론", 1983/6/16~17, 『김일성저작
집』 38, 조선로동당출판사, 1992; 김일성, "공작기계공업과 전자, 자동화 공업발전에서 전환을 일으
킬데 대하여", 1988/11/30, 『김일성저작집』 41, 조선로동당출판사, 1995.
51) 김일성, "인민정권기관 일군들의 역할을 더욱 높일데 대하여", 1978/4/20, 『김일성저작집』 33, 조선
로동당출판사, 1987.
52) 김정일, "사법검찰사업을 개선강화할데 대하여", 1982/11/21, 『김정일선집』 10, 조선로동당출판사,
2011.

현실적 활용에도 불구하고 법치 개념 자체에 대해서는 전통적인 관점이 지속되며 비판적인 입장을 견지해왔다. 북한이 사회주의권의 붕괴와 관련한 주요한 원인을 "현대수정주의자들과 사회주의 배신자들"이 "부르주아법치" 개념에 따라 정치, 경제, 문화제도를 개혁한 "비정상적인 사태"에서 찾아 온 것은 그 대표적인 예라 할 수 있다.53)

그러나 김정일이 국방위원장에 재추대되며 고난의 행군의 여파를 털어내고 본격적인 김정일 시대의 개막을 알렸던 2003년을 기점으로 법치는 긍정의 언어로 재해석되었다. 2003년 『정치법률연구』 창간호를 통한 '사회주의법치국가론'의 등장은 그 시작을 알리는 상징이었다. 여기서 북한은 김정일이 사회주의법건설과 관련한 문제들에 대해 해답을 제시함으로써 "사회주의법치국가건설"에 불멸의 기여를 했다고 주장했다. 김정일이 "주체의 법제정사상과 방침"을 제시하고, "혁명적준법기풍" 수립을 위한 과업과 방도를 명시했으며, "사회주의법무생활지도위원회"의 기능과 역할을 강화하기 위한 원칙과 제반사항들을 규명함으로써 "인민의 참다운 사회주의법치국가건설의 튼튼한 토대"를 마련했다는 설명이었다.54)

물론 이와 같은 법치의 재해석은 앞서 언급한 바와 같이 사회주의의 붕괴를 초래한 해악으로 규정되어온 '현대사회민주주의자들의 부르주아 법치주의'와 차별적인 "인민을 위하여 복무하며 당이 영도하는" '사회주의 법치국가론'을 전제로 한 것이라는 점에서 그 한계가 명확했다.55) 그러나 민족주의의 예에서 보듯 특정한 개념의 전면적인 복권에 앞서 제한사항을 붙인 '과도기적 개념'을 설정해 온 북한의 전례에 비추어 볼 때 그 함의는 결코 적지 않았다.56)

---

53) 진문길, "사법검찰사업에서 혁명적전환의 계기를 마련한 강령적 지침: 위대한 령도자 김정일동지의 로작 <사법검찰사업을 개선강화할데 대하여>발표 20돐에 즈음하여", 『근로자』 제11호, 근로자사, 2002.

54) 진문길, "위대한 령도자 김정일동지께서 밝히신 사회주의법무생활리론은 사회주의법리론 발전과 법건설 실천에 불멸의 기여를 한 탁월한 리론", 『정치법률연구』 제1호, 2003. 진문길은 황금철, 진유현과 함께 최근까지 북한 사회주의법치론의 대표적인 논자로 활약하고 있다. 이들은 『근로자』, 「(정치)법률연구』, 『로동신문』 등 북한의 다양한 매체를 넘나들며 통치자원으로서의 법치론을 활발하게 유통해왔다.

55) 김만혁, "개념해설: 법치국가", 『정치법률연구』 제1호, 2003.

56) 민족주의의 복권 과정에 대해서는 다음을 참조할 것. 강혜석, "김정일 시대 북한 민족주의의 진화: <주체성과 민족성>과 <민족주의에 대하여>를 중심으로", 『국제정치연구』 제23권 1호, 2020; 강혜석, "정당성의 정치와 북한의 민족재건설: 주체, 우리 식, 우리민족제일주의", 『다문화사회연구』 제10권 1호, 2017.

실제 이와 같은 담론의 변화는 현실의 변화로 이어졌다. 법 제도화와 법제(법제정)사업의 본격화가 그것이다. 이러한 변화의 배경에는 이미 1980년대 후반부터 나타나기 시작한 법 현실에 대한 인식의 전환이 영향을 미친 것으로 판단된다. 이전에는 법질서가 문란한 이유가 법 자체의 부재나 부족함이 아니라 법기관들과 위원회의 잘못된 법 운영에 있다는 입장이었다면 해당 시점부터는 법률제도의 강화, 다시 말해 법규범과 규정들이 충분하게 제정되어야 한다는 쪽으로 입장이 변화하기 시작했다.[57] 1992년 헌법에 "국가는 사회주의법률제도를 완비하고 사회주의법무생활을 강화한다"는 조항(제18조)을 신설한 것이나 국적과 관련한 부분이 추가된점, 그리고 신소와 청원과 관련한 부분에 "법이 정한 절차와 기간 안에 심의처리" 해야 한다는 문구가 새로 보강된 점 역시 이러한 흐름의 연장선에 있었다.

결과적으로 이러한 변화는 사회주의법치국가론의 부상과 함께 2000년대 들어그 논리가 보다 정연해지고 주장 역시 더욱 강화되었다. 국가 전반에 "정연한 제도와 질서를 세우는 것은 법제통제를 강화"하여 북한을 "참다운 인민의 사회주의법치국가"로 만들기 위한 과제라는 주장이었다.[58] "법이 없으면 국가관리는 멈춰서게 되며 국가와 사회는 무질서와 혼란"에 빠질 것이므로 "사회주의사회에서 국가관리는 곧 사회주의법건설사업"이라는 주장이나 "법질서의 공고한 체계가 국가사회제도이며 나라의 법률제도이자 국가사회제도"라는 주장 역시 이러한 흐름을 잘보여주고 있었다.[59]

또한 법의 대중화와 법률연구의 활성화 역시 병행되었다. 앞서 언급한 바 있는법률전문잡지 『정치법률연구』의 창간은 그 결정적 전환점이었다. 물론 이전에도법률과 관련한 논문들이 『김일성종합대학학보』 등에 게재된 적은 있으나 북한에서 매우 희소한 전문학술지가 출간되었다는 것은 중요한 함의가 있었다. 새로이마련된 논의의 장을 통해 다양한 연구물이 산출되었음은 물론이다. 헌법을 비롯해사회주의법치 일반, 공민의 의무, 사회주의법무생활 등 법치의 기본 이념과 관련한주제들뿐만 아니라 국제무역, 국제조약 및 규범, 상거래, 국제투자, 합영기업외자

---

57) 김일성, "우리 나라 사회주의의 우월성을 더욱 높이 발양시키자: 조선민주주의인민공화국 최고인민 회의 제9기 제1차 회의에서 한 시정연설", 1990/5/24, 『김일성저작집』 42, 조선로동당출판사, 1995.
58) 리성국, "사회주의국가관리에서 행정법적제재의 필요성", 『정치법률연구』 제14호, 2006.
59) 진유현, "사회주의법건설은 사회주의국가관리와 건설의 합법칙적요구", 『정치법률연구』 제31호, 2010.

은행, 국제대부, 외국인 투자기업, 세무법률 등 대외개방을 염두에 둔 다양한 경제 관련 법안 및 국내 민·형법, 재판 및 변호, 국제규범 및 조약 등 사법 절차 일반에 관한 것들도 다수 게재되었다.

또한 2004년 대중용 법전이 북한에서 최초로 발간된 것 역시 중요한 사건이었다. 해당 법전의 발간은 사회주의 법제 정비 사업의 일환이었으며 2004년 초판 당시 112개의 법령이 기재되었다. 이후 2006년 발간된 증보판에는 2004년 7월부터 2005년 12월까지 신규제정 또는 수정보충된 법률 47개가, 2008년에 나온 증보판에는 2006년 1월부터 2007년 12월까지 2년 사이에 채택되거나 수정보충된 법안 53개가 추가 수록되었다.[60]

3. 김정은 시대: '사회주의법치국가론'의 전면화

김정은은 집권 초부터 사회주의법치국가론을 전면화하려 시도했다. 그 시작은 취임한 지 1년이 채 안된 2012년 11월 김정일의 <사법검찰사업을 개선강화할데 대하여> 발표 30주년을 맞아 작성된 <전국사법검찰일꾼열성자대회 참가자들에게 보낸 서한>이었다. 여기서 그는 "사법검찰기관은 수령보위, 정책보위, 제도보위, 인민보위의 중요한 사명을 지닌 우리 당의 믿음직한 정치적보위대, 인민민주주의독재의 위력한 무기"이므로 "나라의 법질서를 세우는데서 커다란 역할"을 해야 한다고 주장했다.[61] 또한 사법검찰기관은 "당의 영도 밑에서 법집행을 감독통제하고 국가의 사법권을 행사하는 독자적인 권력기관"이며 "검찰기관과 재판기관의 법적통제기능을 강화"해야만 "혁명적 법질서" 수립과 "우리 식의 사회주의법치국가" 건설이 가능하다는 주장 역시 이어갔다.

더불어 해당 대회가 있은지 약 열흘 후, 제5차 전국법무일꾼대회도 개최되었다. 이 대회는 김정일의 <사회주의법무생활을 강화할데 대하여> 발표 30주년을 기념하여 열린 대회였다. 대회에서는 "사회주의법무생활을 강화하여 온 사회에 혁

---

60) 박정원, "북한의 사회주의 법치국가 건설론과 법제 정비 동향", 『동북아법연구』 제5권 1호, 2011, pp. 6-11.
61) "사법검찰기관은 당의 령도밑에 법집행을 감독통제하며 국가의 사법권을 행사하는 독자적인 권력기관"임을 명시하고 있는데, 여기에는 인민보안기관, 검찰기관, 재판기관 등이 포함된다. 이들의 법적 '통제'기능이 강화되어야 "혁명적법질서"가 세워지고 "사회주의법치국가"건설이 가능하다는 논리였다(김정은, 2012/11/26).

명적인 제도와 질서를 확립하자!", "모두 다 법질서를 자각적으로 지켜 우리의 국가사회제도를 더욱 공고발전시키자!"는 구호를 앞세운 대대적인 교양과 교육이 전개되었다.[62]

김정은은 이후에도 지속적이고 반복적으로 사회주의 법치를 강조했다. 2014년 <신년사>에서는 "혁명적 규율과 질서"를 강조하며 "국가의 법과 결정지시"와 "법규범과 질서"를 반드시 지킬 것을 강조했으며, 2016년 5월 <조선로동당 제7차대회에서 한 당중앙위원회 사업총화보고>를 통해서는 "인민들이 사회주의헌법을 비롯한 국가의 법규범과 규정들을 자각적으로 지키도록 준법교양과 법적통제를 강화"해야 한다고 주장했다. 이후 이러한 주장은 2019년 4월 최고인민회의 시정연설인 <현 단계에서의 사회주의건설과 공화국정부의 대내외정책에 대하여>를 통해 보다 구체화되었다. 공화국법은 "혁명의 전취물을 수호하고 사회주의제도를 공고발전시키며 인민의 권리와 이익을 옹호보장하는 위력한 무기"로서 "법규범과 규정을 보다 세분화, 구체화하여 과학적으로 제정 완성하고 제때에 수정보충함으로써 사회주의국가의 인민적인 정치실현을 믿음직하게 담보" 해야 한다는 것이었다.

최고지도자의 이와 같은 강조 속에 사회주의법치국가론의 전면화를 위한 북한의 노력은 대중적 차원의 정치사상적 동원전략으로도 발전되었다. '모범준법단위칭호쟁취운동'은 그 대표적인 사례이다.

모범준법단위칭호쟁취운동은 "기관, 기업소, 단체들을 단위로 하여 일꾼들과 근로자들 속에 준법의식을 높이기 위한 사상교양사업, 준법교양을 선차적인 사업으로 진행하도록 함으로써 그들이 사회주의법규범과 규정준수집행에 자각적으로 동원될 수 있도록"하는 것을 목표로 하는 것으로 2007년 제4차 전국법무일꾼대회를 통해 시작되었다.[63]

그러나 해당 운동이 본격화 된 것은 2009년 5개 단위가 모범준법단위를 수여받은 이후 특히 김정은 시대 들어 최고인민회의 상임위원회와 각도(직할시)인민위원회가 책임을 맡고 각급 당조직이 당위원회적인 사업으로 진행한 이후였다. 최고인민회의 상임위원회 정령의 형식을 통해 부여되는 모범준법단위칭호를 받은 단위는

---

62) 전국법무일꾼대회는 2017년 10월 26일 제6차 대회로 다시 한 번 개최되었다.

63) 최은경, "모범준법단위칭호쟁취운동을 전사회적으로 힘있게 벌리는 것은 온 사회에 자각적인 준법기풍을 세우기 위한 효과적인 방도", 『정치법률연구』 제3호, 2017.

매년 늘어나 2020년 8월을 기준으로 총 13년간 2,000여개의 단위가 칭호를 수여받
았으며 『노동신문』은 해당 소식을 항상 1면 또는 2면에 실으며 중요 뉴스로 보도
해 왔다. 2021년 제8차 당대회에서부터 2022년까지 1년간 총 890개 단위가 모범준
법단위칭호를 수여받았다는 사실에 비추어 볼 때 2024년 현재까지 최소 3,000여개
가 넘는 단위가 모범준법단위칭호를 얻은 것으로 추정된다.[64]

또한 법률과 관련한 학술적 논의의 장이 확대되고 격상된 점 역시 주목된다.
먼저 북한의 대표적인 학술지 중 하나인 『김일성종합대학학보』의 경우 법률 분야
가 역사 분야와 함께 게재되던 것이 2018년 제64권 4호부터 분리되어 법률학의
이름으로 별도 게재되기 시작했다. 또한 『정치법률연구』 역시 2018년 1호부터 명
칭이 『법률연구』로 개정되고 정치와 관련한 논문들이 축소되며 독자성이 강화되
었다.

마지막으로 대대적인 법률 제정사업을 들 수 있다. 북한의 법률 제정은 김정은
집권 후에 속도를 내기 시작하여 2012년 「조선민주주의인민공화국법전」에 187개
의 법령이 실렸던 것이 2016년 버전에는 218개의 법령이 공개 및 수록되었다. 또
한 지난 2022년 국가정보원에서 발간한 『북한법령집』에 따르면 현재 북한법은 헌
법을 포함해 총 285개에 이른다. 여기에 『노동신문』 등의 보도를 토대로 신규로 제
정된 것으로 추정되는 부문법의 개수를 추가하면 2024년 현재 북한의 법은 총 301
개(「북남경제협력법」, 「금강산국제관광특구법」 폐지 반영)로 추산된다.

Ⅱ. 김정은 시대 북한 법의 실제

앞서 언급한 바와 같이 김정은 시대 사회주의 법치국가론의 전면화와 함께 가
장 실질적인 변화로 이어진 부분은 법의 제정과 개정의 활성화였다. 이하에서는
상기한 점에 착안하여 김정은 시대에 제·개정된 법들을 중심으로 최근 북한의 법
현황을 살펴보는 작업을 진행하고자 한다. 개정을 제외하고 김정은 시대에 새로이
제정된 법만 해도 100여 개가 넘는 상황을 감안하여 이하에서는 크게 네 가지 흐
름에 주목하여 선별적으로 법률을 검토한다.

---

64) "모범준법단위들이 늘어난다", 『노동신문』, 2022년 1월 23일자.

첫째, 친(親)인민적 법이다. 해당 법들은 교육, 보건, 환경, 복지 등을 키워드로 하고 있는 법들로 김정은 시대에 지속적으로 강조된데 이어 제8차 당대회를 통해 선군정치를 대신한 사회주의기본정치방식으로 규정되며 그 위상을 공고히 한 '인민대중제일주의'의 연장선에서 설명되고 있는 법들이 주를 이룬다.

둘째, 반(反)인민적 법이다. 어찌 보면 대중적인 차원에서 가장 널리 알려진 법들로 「반동사상문화배격법」, 「평양문화어보호법」, 「청년교양보장법」 등 주민들에 대한 강력한 통제를 목적으로 한 법들이 이에 해당한다.

셋째, 국제규범 관련 법이다. 김정은 시대의 주요 흐름 중 하나는 '인민대중제일주의'와 함께 강조되고 있는 '우리 국가제일주의'로 대변되듯 국가의 강화를 통해 국제사회에서의 존재감을 높이고 접점을 확대하는 것이라 할 수 있다. 해당 파트에서는 이와 관련된 법들을 살펴보도록 하겠다.[65]

넷째, 제도화와 관련된 법이다. 「법제정법」, 「형사소송법」 등의 절차법과 「민법」 및 「상법」을 비롯한 경제 관련 법 등 법률의 주요한 기능 중 하나인 자의성에 대한 통제와 예측가능하고 효율적인 국가 운영을 위해 제정된 법들이 그 대상이다.

〈참고〉 북한법의 체계와 구분

북한에서 발간한 법전에는 헌법이 가장 먼저 등장한다. 2024년 6월 현재까지 북한의 법령은 헌법을 포함하여 총 300여 개 가량으로 추정된다. 개별 법률들은 이하의 18개의 부문으로 구분된다.

주권부분, 행정부문, 형·민사부문, 재판·인민보안부문, 계획·노동·재산관리부문, 에네르기·금속·화학·기계·지하자원부문, 교통운수부문, 농업·임업·수산부문, 계량·규격·품질감독부문, 인민봉사·건설·도시경영부문, 국토·환경보호부문, 재정·금융·보험부문, 과학기술·지적소유권·체신부문, 교육·문화·체육부문, 보건부문, 사회복리부문, 북남경제협력부문, 외교·대외경제부문이 그것이다.

가장 많은 법률을 포함하고 있는 부문은 외교·대외경제부문이고 가장 적은 부분은 북남경제협력부문이다. 특히 북남경제협력부문은 총 2개의 부문법이 있었으나, 최근 북남경제협력법이 폐지됨으로써 개성공업지구법만이 남아있는 상태로 이미 유명무실해진 지 오래인 해당 법 역시 향후 폐기될 것으로 예상된다.

---

65) 인민대중제일주의와 우리국가제일주의의 등장 과정과 내용, 그리고 함의에 대한 보다 자세한 논의는 이하를 참조할 것. 강혜석·안경모, "김정은 시대 통치 이데올로기(2012-2021): '선군'에서 '국가와 인민'으로", 정영철 외, 『세계정치 34: 김정은의 전략과 북한』, ㈜사회평론아카데미, 2021.

1. 친(親)인민적 법

북한에 따르면 법 건설과 관련한 김정은의 핵심적인 업적은 "법이 인민을 지키고 인민이 법을 지키는 진정한 인민의 나라를 건설할 데 대한 사상"을 제시하고 "모든 법들이 인민대중제일주의를 철저히 구현"하도록 지시함으로써 "인민의 생활과 행복을 꽃피우는 수많은 법적무기들"을 마련한 것이었다.[66] 물론 이와 같은 북한의 일방적인 주장을 액면 그대로 받아들이는 것은 어불성설이나 적어도 담론의 차원에서 북한이 인민대중제일주의의 내용을 '인민을 위한 정치'로 채워 넣은 것은 사실이었다.

다시 말해 "인민을 하늘처럼 숭배하고" "인민들의 이익과 편의를 최우선, 절대시"하며 "인민이 바라는 일이라면 돌 위에도 꽃을 피우고 뼈를 깎아서라도 인민생활문제를 풀겠다는 각오 밑에" "헌신적으로 인민을 위하여 멸사복무"하는 "어머니당"의 모습을 갖추는 것이 인민대중제일주의의 핵심이라는 주장은 인민대중을 혁명의 주체로 내세우면서도 이를 위한 기능과 역할에 초점을 맞출 뿐 그들의 권리와 복지에 대해서는 별다른 언급이 없던 이전의 인민대중론과 차별적이라는 것이다.[67]

이와 같은 흐름 속에 북한은 자신들의 법 제·개정 활성화와 인민대중제일주의를 이론적으로 연결하려 시도했다. 2022년 9월 제7차 전국법무일꾼대회를 통해 제기된 "인민대중제일주의 법건설사상"은 그 대표적인 사례라 할 수 있다.[68] 물론 김정은의 독창적인 사상이라는 주장에도 불구하고 내용적으로 새로울 것은 없었으나 최고지도자의 독창적인 사상이라는 말 자체가 정치적 무게감을 높이는 그들 식의 장치라는 점에서 그 의미가 적지 않았다.

그렇다면 이와 같은 기조 하에 김정은 시대에 새로이 제·개정된 법안에는 어떠한 것들이 있을까? 북한에서 인민들의 복지와 관련해 『노동신문』 등 매체를 통하여 대내외에 홍보하고 있는 부문법들은 아래 [표 7-15]에 정리한 바와 같다.

---

66) "우리식 국가특유의 우월성을 담보하는 인민의 법전 사회주의헌법이 발포된 후 지난 50년간 인민대중제일주의가 구현된 수많은 법제정, 수정보충", 『노동신문』, 2022년 12월 22일자.
67) 강혜석·안경모, "김정은 시대 통치 이데올로기(2012-2021): '선군'에서 '국가와 인민'으로", 정영철 외, 『세계정치 34: 김정은의 전략과 북한』, ㈜사회평론아카데미, 2021, pp. 106-107.
68) 편집부, "제7차 전국법무일군대회: 김정은총비서 대회참가자들에게 서한", 『로동신문』, 2022년 9월 16일자.

▌[표 7-15] 김정은 시대 북한의 인민복지 관련 분야 부문법 변화 및 특징

부문	부분법	2012년→ 2024년 변화	특징
교육 문화 체육 부문	청년교양보장법(20210929); 원격교육법(20200412); 체육시설법(20191120); 산업미술법(20210627); 교육강령집행법(20160624); 교원법(20151008); 민족유산보호법(20181124); 화유산보호법(20120807); 고등교육법(20151223); 보통교육법(20151223); 교육법(20151223); 도서관법(20200315); 교육법(20210729); 명승지 천연기념물보호법(20210627); 어린이보육교양법(20130404); 교육후원법(20231221); 수재교육법(20230202); 평양문화어보호법(20230117)	8개 → 18개	• 모든 부분법이 김정은 시대 새로 제정되었거나 1회 이상 개정 • 문화유물보호법 폐지 → 민족유산보호법, 문화유산보호법 제정 • 교육후원, 수재교육법, 평양문화어보호법은 저자 추가
보건부문	수입물자소독법(20210525); 금연법(20201104); 비상방역법(20211019); 담배통제법(20160624); 약초법(20090630);마약관리법(20050517); 식료품위생법(20130404); 공중위생법(20140522); 의료법(20230322); 의약품관리법(19981210); 전염병예방법(20200822); 인민보건법(20230322)	9개 → 12개	• 3개 부분법을 제외하고 나머지 9개는 김정은 시대 제정되었거나 1회 이상 개정
국토환경 부문	연해 및 강하천운수법(20211214); 보통강오염방지법(20211029); 산림법(20210824); 재자원화법(20200412); 해상탐색 및 구조법(20191120); 재해방지 및 구조, 복구법(20201126); 공원, 유원지관리법(20140303); 대기오염방지법(20200726); 방사성오염방지법(20110829); 지진, 화산피해방지 및 구조법(20111221); 자연보호구법(20130724); 대동강오염방지법(20211026); 폐기폐설물취급법(20200726); 환경영향평가법(20200726); 간석지법(20230602); 하천법(20130724); 갑문법(20010321); 유용동물보호법(20060206); 국토환경보호단속법(20051213); 바다오염방지법(20200726); 도로법(20150107); 물자원법(20201008); 환경보호법(20210430); 토지법(19990616)	17개 → 24개	• 6개 부문법을 제외하고 나머지 18개는 김정은 시대 제정 되었거나 1회 이상 개정
인민봉사 건설 도시 경영 부문	화장법(20060808); 하수도법(20230602); 상수도법(20230602); 시,군건설세멘트보장법(20220128); 건설설계법(20211214); 시,군발전법(20210929); 사회주의상업법(20210831); 살림집법(20210706); 건설법(20210430); 량정법(20210311); 건설감독법(20201008); 주민연료법(20200520); 편의봉사법(20191211); 도시미	10개 → 18개	• 장의법과 살림집관리법은 저자 추가 • 18개 가운데 1개를 제외하고 나머지는 김정은 시대 제정되었거나 1회 이상 개정

	화법(20150107); 도시경영법(20150107); 원림법(20130724); 장의법(20230202); 살림집관리법(20231019)		
사회복리 부문	육아법(20220207); 해외동포권익보호법(20220207); 적십자회법(20210729); 사회보험 및 사회보장법(20210303); 제대군관 생활조건보장법(20200412); 녀성권리보장법(20150630); 아동권리보장법(20140305); 장애자보호법(20131121); 년로자보호법(20120403)	6개 → 9개	• 모든 부분법이 김정은 시대 새로 제정되었거나 1회 이상 개정

• 이 표는 국가정보원에서 2022년 발간한 『북한법령집』 상·하를 기본으로 하되 2022년 이후 최고인민회의 및 최고인민회의 상임위원회를 통해 수정 및 채택된 법을 추가적으로 반영하였음.
• 각 범주의 부문법들 가운데서 삭선 처리되어 있는 경우는 김정은 정권에서 수정되거나 채택된 바 없는 경우를 표기한 것임.

북한에서 18개의 부문법 카테고리 중 인민들의 복지 향상과 관련된 것들은 주로 교육·문화·체육·부문, 보건부문, 국토 환경 부문, 인민봉사 건설 도시 경영 부문, 사회 복리 부문 등 5개 부문에 걸쳐있다.[69]

먼저 교육·문화·체육·부문의 부문법들은 김정은 집권 초기인 2012년 8개에서 현재 총 18개로 증가했다. 물론 이 가운데 「청년교양보장법」과 「평양문화어보호법」은 인민을 위한 법규라고 보기 힘들지만 나머지 법들은 대체로 교육 기회를 보장하고 확대하는 내용들을 담고 있는 것을 볼 수 있다.

다음으로 보건부문의 법들은 2012년에 비해 현재 130% 증가했다. 코로나 팬데믹(COVID-19)의 세계적인 유행과 그로 인한 극단적인 국경봉쇄조치에 더해 북한에서 전개된 일련의 감염질환 예방 및 퇴치 조치들은 관련 법규의 신설과 개정을 촉진한 주요 변수 중 하나였던 것으로 보인다.

또한 국토환경부문 역시 17개에서 24개로 증가했다. 무분별한 개발로 인한 환경오염 및 생태계 파괴와 그와 연동된 경제적 손실에 초점을 맞춘 법률들이다. 더불어 홍수나 가뭄으로 인한 재해성 기후변화에 대한 대비와 지속가능한 개발에 대한 관심 역시 반영된 것으로 보인다.

인민봉사 건설 도시 경영 부문은 인민의 실질적인 생활과 관련된 법규인 만큼

---

69) "사회주의헌법을 철저히 구현하여 우리 조국을 인민의 나라로 더욱 빛내이자", 『노동신문』, 2020년 12월 27일자.

그 증가의 폭이 더욱 커서 약 180% 증가했다. 특히 한 개의 부문법을 제외하고는 모두 김정은 시대에 수정된 것으로 볼 때 이 부문에 대한 당국의 관심이 매우 강하다는 점을 확인할 수 있다. 「살림집법」과 「살림집관리법」, 「건설법」, 「건설설계법」, 「건설감독법」, 「시, 군건설세멘트보장법」 등 인민의 주거생활 향상과 관련된 법은 김정은 시대 전면적으로 추진되어온 국가 시책을 제도적으로 뒷받침하는 동시에 제재 국면 속에서 한정된 자원을 효율적으로 분배 및 관리하려는 의지를 반영한 결과로도 해석될 수 있다.

사회복리부문은 모든 법이 김정은 정권에 들어 제정되었거나 1회 이상 수정되었다. 즉 해당 부문의 법률은 말 그대로 전면적인 재검토가 진행된 것으로 보인다. 1990년대 이후 북한이탈주민의 증가로 북한 내 인권 전반에 대한 증언이 대외적으로 알려지면서 북한에서도 장애인, 영유아, 여성, 제대군인, 연로자(노인), 해외동포 등 취약계층의 인권과 복지에 대한 논의가 부상한 결과로 판단된다. 특히 국제인권보고서(COI) 제출이 있던 2014년을 전후하여 여성, 아동, 연로자, 장애인 관련 법규제정이 활성화된 것으로 나타난다.

2. 반(反)인민적 법

북한에서 비(非)사회주의적 현상이란 말 그대로 사회주의적 가치에 어긋나는 현상으로 "사치와 허례허식을 좋아하는 현상, 술판, 먹자판을 벌려놓으며 안일해이하고 부화방탕하게 생활하는 현상, 불순출판선전물을 밀수밀매하거나 보고 유포시키는 현상, 우리 식이 아닌 이색적인 옷차림과 몸차림을 하고 다니는 현상" 등 다양한 문화적, 정치적 영역을 포괄한다.[70] 김정은 시대 북한에서는 이와 같은 비(非)사회주의, 반(反)사회주의 행태에 대한 비판을 중심으로 사회통제가 눈에 띄게 강화되어 왔다. 비사회주의적 현상은 "사람들을 사상적으로 변질시켜 사회주의의 기본 진지인 정치사상진지를 약화"시키므로 "사상교양과 사상투쟁"은 물론 이를 막기 위해 "강한 법적통제"를 포함한 가용한 모든 조치가 동원되어야 한다는 것이다.[71]

---

70) 리명복, "비사회주의적 현상을 쓸어버리는 것은 사회주의수호전의 중요한 요구", 『근로자』 제6호, 2015.

71) 리명복, "비사회주의적 현상을 쓸어버리는 것은 사회주의수호전의 중요한 요구", 『근로자,』 제6호

이 같은 흐름은 2020년 말 「반동사상문화배격법」의 제정과 그로부터 한 달 뒤 개최된 제8차 당대회에서 보다 분명해졌다. 『노동신문』은 이 법의 제정 배경과 관련하여 소련 및 동구의 붕괴 책임이 바로 준법정신의 와해에 있고 그에 따라 비사회주의 및 반사회주의가 만연한 데 있기 때문이라고 주장했다.[72) 이어 제8차 당대회에서 김정은의 보고 역시 해당 인식과 대응을 분명히 했다. 보고에서 그는 "비사회주의, 반사회주의적 현상을 쓸어버리고 온 나라에 사회주의생활양식을 철저히 하기 위한 사업"을 전국가적, 전사회적 사업으로 추진해야 하며 이를 위한 "대중적 투쟁을 강력하게 전개"해야 함을 역설했다. 또한 "사회주의법치국가건설의 요구에 맞게 온 사회에 혁명적 준법기풍을 철저히 확립하고 사법검찰, 사회안전, 보위기관들이 사회주의 제도의 믿음직한 보위자로서 제도보위, 정책보위, 인민보위"의 사명을 다할 것을 당부하며 법을 사회통제의 수단으로 쓸 것임을 분명히 했다.[73) 기층 당조직 일꾼들을 대상으로 연이어 2021년 4월 개최된 제6차 당세포비서대회에서도 비사회주의와 반사회주의 척결은 핵심 과제로 제기되었으며 『근로자』 및 『정치법률연구』 등 주요 매체에서도 법질서의 강화 및 준수가 지속 강조되어 왔다.

이와 같은 인식과 주장이 실제 법률의 제·개정으로 이어졌음은 물론이다. 소위 3대 악법으로 알려진 「반동사상문화배격법」(2020. 12. 4. 제정), 「청년교양보장법」(2021. 9. 21. 제정), 「평양문화어보호법」(2023. 1. 17. 제정)은 그 대표적인 예이다.

그러나 실제 북한 당국이 사회통제를 목적으로 새로 제정하거나 수정한 법률은 그보다 훨씬 많다. 「군중신고법」(2019. 4. 28. 제정), 「국가기밀보호법」(2023. 2. 2. 제정), 「검찰기관조직법」(2023. 8. 30. 제정), 「인민반조직운영법」(2023. 12. 21. 제정) 등은 그 대표적인 예이다. 특히 형법은 1990년 제정 이래 현재까지 32차례 개정이 있었는데 그 중 17회가 김정은 시대에 집중될 만큼 강화되고 재정비되었다. 이와 같은 이해를 바탕으로 이하에서는 사회통제와 관련한 대표적인 개별 부문법들의 제정 배경과 특징을 간단히 소개한다.

2015; 리두성, "비사회주의적현상은 사회주의를 좀먹는 위험한 독소", 『근로자』 제7호, 2017.
72) "사회주의헌법을 철저히 구현하여 우리 조국을 인민의 나라로 더욱 빛내이자", 『노동신문』, 2020년 12월 27일자.
73) "우리 식 사회주의건설을 새 승리로 인도하는 위대한 투쟁강령: 조선로동당 제8차대회에서 하신 경애하는 김정은동지의 보고에 대하여", 『노동신문』, 2021년 1월 9일자.

(1) 「반동사상문화배격법」(2020년 12월 4일 제정)

「반동사상문화배격법」은 "제도를 붕괴시키려는 적들의 사상문화적 침투책동"으로부터 사상과 제도를 수호하려는 것을 목적으로 한다. 국가적 차원에서 "반동사상문화를 유입, 시청, 유포하는 행위"를 한 자는 누구든 "극형"에 이르는 법적제재를 받을 수 있다. "괴뢰 또는 적대국 영화, 녹화물, 편집물, 도서, 노래, 그림, 사진 등을 유입, 시청, 청취, 보관, 유포한 행위"는 엄격하게 금지되며 특히 법기관 또는 해당기관 종사자가 압수물품을 시청하는 것도 금지된다. 적대국 사상문화를 전파하였을 경우에는 5년 이하의 노동교화형이지만 이를 유입, 유포한 경우에는 10년 이상의 노동교화형에 처한다. 나아가 불법물이 다량이거나 혹은 다수의 사람에게 집단적으로 시청, 열람하도록 했다면 무기로동교화형 혹은 사형에 처한다.

(2) 「청년교양보장법」(2021년 9월 29일 제정)

이 법은 "청년중시정책을 관철하여 청년을 주체혁명위업의 계승자로 준비시키고 청년강국의 지위를 공고히 하는데 이바지하는 것"을 목적으로 한다. 그러나 실제 법의 구조를 보면 그들이 내세운 청년중시라는 사명은 다소 무색해진다. 총 5개 장에서 청년에 대한 복지는 한 개 장에 불과하고 나머지는 의무와 교양, 나아가 통제와 처벌에 대한 구체적 조항으로 구성되어 있다. "청년사업부문의 조건보장"과 관련한 3장은 8개 조로 이루어진 것에 비해 4장 "청년들에 대한 학교교양, 가정교양, 사회교양"은 10개 조로 이루어져 있으며, 5장 "사회주의생활양식확립"이 9개 조로 이루어져 있는 것은 이 법의 강조점을 잘 보여준다. 특히 41조 '청년들이 하지 말아야 할 16가지 사항'은 지나치게 구체적이고 일상적인 금기를 담고 있어 대표적인 독소조항으로 꼽힌다.

(3) 「평양문화어보호법」(2023년 1월 17일 제정)

「평양문화어보호법」은 "괴뢰말투를 쓰는 현상을 불식시키고 사회주의적언어생활기풍을 확립하여 문화어를 보호하고 부흥하는 것"을 그 사명으로 한다. 이 법에서 총 125회나 등장하는 '괴뢰'라는 단어는 남한을 지칭하는 것으로 남한의 말투에 대한 경계와 사회문화적 배제를 그 사명으로 한다 할 수 있다. 평양문화어는 "고유한 민족어를 현시대의 요구에 맞게 발전시킨 가장 순수하고 우수"한 언어인데 반해 "괴뢰말은 어휘, 문법, 억양 등이 서양화, 일본화, 한자화" 되어 그 근본을 상실한 "잡탕한 말로서 세상에 없는 너절하고 역스러운 쓰레기말"로 폄하되고 있다. 당국은「평양문화어보호법」자체를 전사회적인 투쟁으로 간주하고 국경에서의 검사와 경비, 적재물에 대한 공중감시 및 수색, 해외 출장 및 여행자에 대한 장악통제, 출판선전물, 전자, 전파설비, 인터넷 이용자 등에 대한 감독통제, 출판선전물 및 방송의 시청 및 유포 금지 등 말 그대로 국민의 생활 전반과 관련한 조항들을 세부적으로 명기하고 있다.

(4)「국가기밀보호법」(2023년 2월 2일 제정)

「국가기밀보호법」은 그 전문이 공개되지는 않았으나 각종 보도를 통해 해당 법의 대략적인 취지는 파악이 가능하다. 이 법은 "비밀보호사업에서 제도와 질서를 세워 국가의 안전과 이익, 사회주의 건설의 성과적 전진을 보장하기 위한 것"이라고 설명하고 있으나 그 '비밀'이 무엇인지에 대해 구체적으로 명시하고 있지 않다는 점에서 악법의 소지가 크다. 법 언어의 명료성은 범죄구성의 핵심적 조건임에도 불구하고 그 모호성으로 인해 자의적 권력 오남용이 우려된다는 것이다.「국가기밀보호법」의 경우 중국의 법규와 그 명칭이 동일하며, 시진핑 집권 이후 중국에서「국가안전법」(2015),「인터넷·데이터안보법」(2021),「신방첩법」(新防諜法 2023) 등 유사한 법들이 연이어 제·개정된바, 그 내용과 방향이 북한에도 영향을 미치고 있다는 추정도 가능하다.

(5)「인민반조직운영법」(2023년 12월 4일 제정)

인민반은 당세포와 함께 기층 조직의 핵심으로 20-24가구를 묶어서 관리하는 북한의 제도이다.『조선신보』(2024/04/04)에 따르면 이 법은 "인민반회의 소집, 가정방문, 위생관리, 교양사업 등 인민반장의 권한을 명시함과 동시에 인민반장에 대한 우대사업"을 실시하는 것을 골자로 한다고 알려졌다. 특히 주목되는 부분은 인민반을 중심으로 비사회주의와 반사회주의의 척결을 위한 지역사회의 통제 시스템을 강화하려는 의도를 담고 있을 가능성이 높다는 점이다. 다시 말해 감시체계 최말단에서 모세혈관 역할을 하는 인민반장의 권위를 세워주며 통제를 강화하려는

의지가 엿보인다.[74]

3. 국제규범 관련

2000년대 초반 북한에서 전개되었던 법치이론의 부상과 법제 연구의 시작, 법률전문 학술지의 창간 등 일련의 사업 배경에는 고난의 행군을 종료하고 비정상을 정상화하려는 당국의 고민이 담겨 있었다. 다시 말해 북한의 사회주의법치국가론의 부상과 강화는 사회통제뿐만이 아니라 낙후한 경제를 살리고 국가 운영을 정상화하려는 의도와도 연결되어 있었다는 것이다.[75]

특히 이와 같은 목표는 핵위기를 통해 국제적인 측면들과도 연동되기 시작했다. 핵실험과 미사일 개발을 둘러싼 북핵위기는 한반도와 북·미 양자관계를 넘어 역내 안보환경에 대한 불안감과 국제사회의 우려를 확산시켜 왔으며 국제 제재라는 고리를 통해 경제문제와도 밀접히 결합되어 갔기 때문이다.

비록 북한의 의도와 달리 국제사회의 공감과 동의를 이끌어내는 데는 실패했으나 결과적으로 이와 같은 상황은 유엔 등 국제무대에서의 활동들을 통해 북한이 국제사회의 문법과 동학을 학습하고 자각하는 계기로도 작동한 것으로 보인다.

UN 주재 북한 대사의 유엔총회 연설(제74차)

출처: AP, 2019년 10월 1일자.

---

74) 기층 단위에서의 당국의 통제 기조는 12년 만에 개최된 '전국 분주소장회의'를 통해서도 드러나고 있다. 분주소는 남한의 경찰청에 해당하는 사회안전성의 가장 하위 기관으로 파출소에 해당한다. 이 회의는 김정은 집권 첫해인 2012년 11월 개최되었다가 지난 2024년 5월 다시 개최되었다.

75) 예컨대 '새 세기 산업혁명에서 경제강국건설'이라는 모토가 법치와 연결될 수 있는 이유라 하겠다. 박준혁, "사회주의강성국가건설에서 법이 노는 역할", 『정치법률연구』 제51호, 과학백과사전출판사, 2015.

예를 들어 유엔과 국제사회의 인도적 지원을 받기 위해서는 여성, 장애인, 아동과 같은 취약계층에 대한 복지 시스템 구축 등 국제사회가 요구하는 최소한의 기본권 관련 기준들을 충족해야 하며 교육, 환경, 에너지, 자원, 과학기술 등 공공의 이슈에 대해서도 나름의 관심과 기여를 보일 필요가 있다는 것이다. 북한이 여성차별철폐규약 가입, SDG's와 VNR, 유엔인권보고서 제출 등 이례적인 모습을 보인 것은 그 사례라 할 수 있을 것이다.76) 아래의 [표 7-16]은 북한 법률전문학술지 『(정치)법률연구』에 김정은 시대 들어 게재된 국제법 관련 논문을 정리한 것으로 해양법, 환경법, 국제분쟁 등 국제규범과 논리들을 폭넓게 학습하고 연구하는 모습을 엿볼 수 있는 자료라 하겠다.

▌[표 7-16] 김정은 시대 『(정치)법률연구』에 게재된 국제법 관련 논문 목록

년도	권호	주제 구분	논문 제목
2012	37	국제기구	공정성을 지키는 것은 국제기구활동의 중요한 원칙
	38	국제조약	국제조약의 본질적 특성
	39	국제법	국제법률봉사무역에 대한 일반적 이해
	39	국제기구	국제기구에 복무하는 국제공무원의 법적 지위와 성격
	40	국제법	국제법의 원천에 대한 법률적 이해
	40	국제법	세계무역기구분쟁해결제도의 적용에서 제기되는 몇 가지 법률적 문제
2013	43	국제법	국제인권법의 원천
	43	국제법	외국재판소판결의 승인 및 집행과 관련한 기본원칙
2014	45	국제법	국제법과 국내법의 호상관계
	46	국제기구	세계무역기구 분쟁해결제도의 형성에 대한 이해
	47	국제법	경제수역제도확립에 대한 역사적 이해
	47	국제법	항공수송회사들의 영업활동에 관한 국제법제도에 대한 이해

---

76) SDGs(Sustainable Development Goals)는 2015년 9월 제70차 UN총회와 지속가능발전 정상회의에서 193개국이 만장일치로 채택한 국제규범이다. 2016-2030년까지 인간, 지구, 번영, 평화, 파트너십이라는 5개영역에서 인류가 나아가야 할 방향성을 17개 목표와 169개 세부목표로 제시한 바 있다. 북한은 2021년 SDGs 현황과 2030년까지의 이행계획을 담은 자발적국가리뷰(VNR)을 제출했다. 해당 보고서에 포함된 통계 및 지표의 신빙성 문제가 남아있기는 하지만 그동안 국제사회의 모니터링을 철저하게 차단했던 북한 당국의 태도에 비추어볼 때 이는 상당한 의미가 있다 할 수 있다 https://nksdg.org/sdgs-nk.

	48	국제법	각국 증권법에 규제되어 있는 증권발행절차
2015	49	국제법	제국주의자들이 표방하는 <국제법우선설>과 반동성
2015	50	국제조약	국제조약의 보류제도에서 보류 및 보류반대의 법적효력
	50	국제조약	국제세금징수협정의 본질
	50	국제법	제국주의자들이 떠벌이는 <국내법우위론>과 그 반동성
	51	국제조약	현대국제환경조약의 특징
	52	국제조약	국제조약체결에서 보류의 접수와 반대
2016	53	국제분쟁	국제특허분쟁의 특징과 류형
	53	국제법	국제투자분쟁해결쎈터중재에서의 당사자자격문제
	53	국제법	유엔아동기금과 아동관련 법안
	54	국제조약	국제조약의 보류에 대한 일반적 이해
	54	국제기구	최근 국제투자분쟁해결쎈터중재의 발전과 그 특징
	55	국제조약	새 세기 미제에 의한 요격미싸일제한조약파기의 위험성
2017	57	국제법	지구정지궤도의 국제법적지위
	57	국제조약	국가들 사이의 해양경계설정과 관련하여 규제된 국제해양법협약의 제한성
	58	국제법	2010년에 수정된 유엔국제무역법위원회 중재규정의 주요내용
	58	국제법	우주환경오염방지를 위한 국제법제도와 그 제한성
	58	국제법	국제해상화물수송계약에서 법저촉문제의 발생원인
	59	국제법	국제민사재판관관할권결정과 관련한 주요원칙
	59	국제조약	국제조약성립에서 제기되는 협의조건에 대한 법률적 이해
	59	국제법	국제인권법의 제한성
	59	국제법	국제환경법의 형성발전
	60	국제조약	국제조약 성립을 위한 당사자조건에 대한 법률적 이해
	60	국제법	국제법상 대항조치의 본질과 특징
	60	국제법	국적저촉문제와 그 해결방법에 대한 국제사법적 이해
2018	61	국제법	국제법상 대항조치제도의 발생과 변천
	61	국제기구	현시기 유엔안전보장리사회조직운영에서의 법률적 불공정성
	62	국제법	국제법상 국가자위권의 본질과 특징
	62	국제법	국제인도법상 <불필요한 고통>을 금지할데 대한 원칙과 제한성
	62	국제기구	유엔안전보장이사회와 그의 개혁문제
	62	국제기구	유엔과 유엔사무총장선거

	62	국제법	국제인권규약
	63	국제법	국제법상 자위권의 유형
	63	국제기구	세계지적소유권기구(WIPO)의 분쟁해결제도
	64	국제법	국제거래계약의 유니드르와원칙에서 규제한 계약상의무의 종류와 그 판단기준
	64	국제기구	국제투자분쟁해결쎈터중재에서 중재신청에 대한 이해
2019	65	국제기구	국제투자분쟁해결중재에서 재결취소에 대한 이해
	66	국제법	환경오염방지에 관한 국제법적 원칙
	67	국제법	국제해양법에 규제된 심의 인정조건과 해양경계설정에서의 역할
	68	국제법	사이버공간에 대한 국제법적규제의 필요성
	68	국제법	국제법상 금지되지 않는 행위로 인한 손해책임의 본질과 그 특징
	68	국제법	개인을 국제법의 당사자로 보는 견해의 부당성

4. 제도화 관련[77]

북한의 법건설은 다른 한편으로 제도화와 연동되어 진행되었다. 제도화는 자의적, 임의적, 정치적 전횡을 견제하는 역할을 하는 동시에 궁극적으로 체제적 속성 자체에도 영향을 미칠 수 있는 변수라는 점에서 중요하다. 이러한 차원에서 김정은 시대 북한에서 제정되거나 수정·보충된 법률 중 「법제정법」, 「형사소송법」 등의 절차법과 「민법」 및 「상법」을 비롯한 경제 관련 법률들이 양적으로나 질적으로 상당한 비중을 차지한다는 점에 주목할 필요가 있다.

먼저 「법제정법」과 관련한 부분을 살펴보자. 법 수립과 집행의 제도화는 법치 구현의 가장 초보적인 기반이다. 북한 내 학계에서 법제정체계의 중요성은 이미 2000년대 초반부터 제기된 바 있었다. "법제정체계는 법적으로 규정된 국가기관들 사이의 법제정 권한의 분담관계"를 의미하며 "법의 엄격성을 보장하자면 어떤 국가기관이 어떤 법을 제정할 수 있는가 하는 것을 법적으로 명확히 규정"해야 한다는 문제의식은 그 예이다.[78] 더불어 법제정사업규범은 "국가기관들이 규범적 법문

---

77) 강혜석, "'사회주의법치국가'론과 김정은 시대의 통치전략: 북한식 법치의 내용과 특징", 『국제지역연구』, 제26권 1호, 2022, pp. 294-297.
78) 리경철, "법제정체계의 본질과 종류", 『정치법률연구』 제9호, 2005.

건을 제정하는 데서 지켜야 할 준칙을 규제한 법규범들의 총체로서 국가기관들이 지배계급의 의사와 요구를 규범적 법문건의 형식으로 법화하는 과정에서 지켜야할 활동원칙과 방법들을 규제"하는 것이라는 주장도 마찬가지의 맥락이었다.[79] 다시 말해 법제정사업규범을 바로 제정하고 그것을 정확하게 지켜나감으로써 "법제정 사업의 정규화, 규범화"를 보장할 수 있다는 것이었다.[80] 「조선민주주의인민공화 국 법제정법」이 2012년 12월 19일 채택되고 2013년 7월 1일부터 시행된 것은 바 로 이러한 흐름의 귀결이었다.

또한 자의적이고 모호하며 불안정한 형식이라는 비판을 받아온 북한 입법체계 가 안정화·정교화되어온 흐름이 당–국가 체제의 정상화와 연관을 맺고 있을 가능 성 역시 주목된다. '법치'(法治)와 '정치'(政治)의 연계가 그것이다. 예를 들어 법제정 법 제1장 1조는 법제정법이 "법제정사업에서 제도와 질서를 엄격하게 세워 사회주 의 법체계를 완비하는데 이바지"해야 함을 분명히 했다. 또한 3조는 "국가는 법제 정사업에서 조선노동당의 노선과 정책을 정확히 구현하도록 한다"고 명시함으로 써 법치와 당의 영도원칙 간의 관계를 적시했다.[81] 물론 이와 같은 구문들은 '당 치'(黨治)와 '법치'(法治)의 위계를 분명히 함으로써 법치의 한계를 명시하고자 한 결과로 해석될 수 있다. 그러나 동시에 통치의 영역 안에 법치를 위치지음으로써 당의 권력 전횡이나 독단적이고 비합리적인 정책 실행에 대한 최소한의 안전장치 를 마련하려한 시도로도 해석될 수 있다.

다음으로 「형법」, 특히 「형사소송법」에 대한 북한 당국의 관심이다. 북한의 형 사소송법은 수차례 개정을 통해 인권보장과 관련한 내용을 추가했고, 형사절차에 관한 규정을 체계화하고 구체화하였다. 특히 『(정치)법률연구』에 관련 논의들이 지 속되어 왔으며, 특히 2018년을 기점으로 해당 논의가 상당한 비율로 증가한 점이 주목된다.

79) 강남철, "법제정사업규범의 본질과 그 제정의 필요성", 『정치법률연구』 제21호, 과학백과사전출판 사, 2008.

80) 리경철, "법제정법을 제정하는 것은 현시기 법제정사업을 개선하기 위한 중요한 방도", 『정치법률연 구』 제42호, 2013.

81) 법제정법은 △ 최고인민회의와 최고인민회의 상임위원회 법제정 △ 내각의 법제정 △ 내각 위원회, 성의 법제정 △ 도(직할시) 인민회의와 인민위원회의 법제정을 구분하여 명문화하고 있으며, 구체 적인 법작성과 법체계화와 관련한 내용을 세세하게 다루었다. 제74조에 따르면 법률정리는 해마다 하도록 정례화의 규정을 마련했으며, 제75조에 따라 법제정기관이 정기적으로 법규집을 편집하고 효력있는 법문건들을 수록하도록 했다.

또한 경제관련 법률의 대대적 제정과 연구사업도 중요하다. 지적 생산물의 유통 및 계약, 특허와 상표, 손해 배상, 전자상거래 및 신용카드 관련 등 북한의 경제 현실 변화 및 미래의 지향을 반영한 법률 제정에 대한 필요성이 『(정치)법률연구』 등을 통해 공론화되어 온 것은 그 대표적인 예이다. 2000년대 이후 경제관련 법률의 양적 증가는 이러한 주장이 현실화된 결과라 할 수 있다. 특히 김정은 시대 들어 북한의 대내외 경제문제와 관련한 법률의 제정 및 수정·보충은 매우 활발하게 이루어져 왔다. 2022년 국정원이 발간한 북한법령집의 대강을 검토한 [그림 7-1] 은 이를 잘 보여준다. 해당 그림에 반영되지 않은 에너지, 금속, 지하자원, 농업수산, 교통운수, 국토 환경보호부문 등 간접적인 경제관련 법까지 합하면 경제관련 북한법의 비중은 더욱 클 것으로 예상된다.

▌[그림 7-1] 북한 부문법 현황

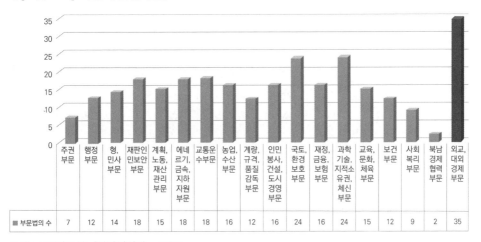

	주권 부문	행정 부문	형, 민사 부문	재판인 민보안 부문	계획, 노동, 재산 관리 부문	에네르기, 금속, 지하 자원 부문	교통운 수부문	농업, 수산 부문	계량, 규격, 품질 감독 부문	인민 봉사, 건설, 도시 경영 부문	국토, 환경 보호 부문	재정, 금융 보험 부문	과학 기술, 지적소 유권, 체신 부문	교육, 문화, 체육 부문	보건 부문	사회 복리 부문	북남 경제 협력 부문	외교, 대외 경제 부문
■ 부문법의 수	7	12	14	18	15	18	18	16	12	16	24	16	24	15	12	9	2	35

출처: 국가정보원, 『북한법령집』, 2022.

제4절 결론

흔히 사회주의 체제의 변화라고 하면 개혁·개방을 떠올린다. 그리고 개방이란 말과의 결합에서도 볼 수 있듯이 개혁이라 하면 시장화, 사유화, 분권화 등을 핵심으로 하는 자본주의로의 경제개혁을 떠올린다. 그러나 이와 같은 관점은 크게 두 개의 측면에서 한계가 있다.

첫째, 기본적으로 사회주의 체제의 변화를 자본주의와 자유민주주의라는 궁극적인 정답을 향한 진화론적인 틀에서 이해하는 경향을 강화한다는 점이다. 물론 이와 같은 도덕적인 진화론은 규범적인 차원에서 일정한 정당성을 가질 수 있다. 하지만 있는 그대로의 현실과 부합하느냐는 점은 별도의 문제이다. 다시 말해 근본적인 체제 변화에 대한 궁극적인 기대 속에 '아직'이라는 수식어를 전제로 분석과 전망에 임함으로써 눈앞에 있는 현실 자체에 대한 객관적인 분석을 소홀히 하는 경향으로 이어질 수 있다는 것이다.

둘째, '어차피' 독재에 불과하다는 전제 하에 정치적 측면의 체제 내 변화가 갖는 중요성을 저평가하는 경향을 낳을 수 있다. 사실 현존 사회주의 정치체제에 대한 우리의 거부감은 경제적인 부분에 대한 것보다는 정치적인 면에 더욱 커다란 영향을 받아왔다. 2000년대 이후 북한의 경제체제가 사실상의 부분적 시장화라는 평가를 받을 만큼 이전의 전형적인 계획 경제와 달라졌음에도 불구하고 지속되는 수령독재와 세습을 목도하며 오히려 부정적 인식이 더욱 커진 것은 이를 잘 보여준다. 그러나 최근 시진핑 집권기에 이루어진 정치적 퇴행들에도 불구하고 북한과 유사하게 마오쩌둥을 정점으로 한 개인독재가 매우 강력했던 개혁개방 이전의 중국과 정치 개혁이 지속적으로 진행되어온 현재의 중국이 판이하게 다르듯 정치개혁은 경제개혁 못지않게 중요한 함의를 지닌다.

이러한 차원에서 본 장에서 살펴본 국가기구와 법을 중심으로 북한의 정치적 변화를 독해하는 작업은 매우 중요하다. 국가기구와 법 등의 정치제도는 가장 구체적인 정치현실로서 인민들의 삶에 직접적인 영향을 줄뿐더러 좀체로 그 실체를 파악하기 어려운 사회주의 정치현실과 관련한 가장 가시적인 분석 대상이기도 하기 때문이다. 특히 국가기구와 법과 관련한 다음의 두 가지 개념은 북한의 미래에 갖는 함의가 적지 않다.

먼저 '정치 제도화'(political institutionalization) 개념이다. 정치 제도화는 정치 민주화론이 다양한 현실을 포괄하지 못하는 한계를 극복하고자 고안된 개념으로 절차적 정당성과 개인의 자유와 권리 등 민주적 가치보다는 국가의 '능력'에 주목한다. 다시 말해 국가가 국민의 보호와 복지의 증진, 법질서의 유지 등을 수행할 제도적 장치들과 운영의 능력을 갖추고 있는지를 주요한 분석의 대상으로 삼는다.

이와 같은 접근법은 특히 최근 중국 정치 연구에 적용되며 정치 민주화론이 포착해내지 못하는 '민주화 없는 효율화'를 분석하고 국가 능력의 변화를 추적하는 데 많은 유용성을 보여 왔다. 또한 대북정책을 세우는 데 있어서도 제도화된 북한과 그렇지 않은 북한이 예측 가능성 측면에서 차별적일 수밖에 없다는 점에서 중요한 함의가 있다. 다시 말해 이른바 '사회주의 문명국론'과 '전략국가론'을 통해 일종의 '붉은 부국강병'을 추구해온 북한의 정치적 변화 역시 다양한 잣대를 통해 분석될 때 보다 정확하고 풍부한 이해와 정책적 대응이 가능해질 수 있다는 것이다.[82]

다음으로는 '법치'(法治) 개념이다. 상식적인 수준에서의 법치 개념은 자의적인 '인치'(人治) 혹은 '무법적 지배'(rule without law)의 상대어라 할 수 있으나 보다 세부적인 정의에 들어가면 크게 둘로 나뉜다. 법의 내용과 관계 없이 그 수단으로서 법이 적용되느냐 여부에 초점을 맞춘 '형식적 법치', 즉 '법에 의한 지배'(rule by law)와 실제 법의 근본정신인 기본권의 보장이 이루어지고 있느냐 여부에 초점을 맞춘 '실질적 법치', 즉 '법의 지배'(rule of law)가 그것이다. 이와 같은 차원에서 2000년대 이후 활발한 법 제정과 사회주의법치국가론의 부상으로 주목받고 있는 북한의 법치는 이제 겨우 무법적 지배에서 법에 의한 지배로 조금씩 이동하고 있는 수준에 불과하다. 그러나 이러한 한계에도 불구하고 해당 개념을 통해 우리는 민주화론이 포착하지 못하는 변화의 폭과 방향을 분석할 수 있다. '의법치국'의 기치 하에 '법에 의한 지배'를 지속 강화해온 중국의 역사적 경험과 그에 대한 많은 연구들은 그 예이다.[83]

물론 현재 북한의 변화는 결코 단선적이지 않다. 정치 제도화의 흐름은 수령의 재부상 속에 주춤하는 모습을 보이고 있고, 법치의 부상을 상징하던 전문잡지『법률연구』는 2020년을 마지막으로 발간이 중지된 것으로 알려졌으며, 2022년 2월 21일『노동신문』논설을 마지막으로 사회주의법치국가론 역시 각종 매체에서 거의 언급되지 않고 있기 때문이다.[84] 또한 2022년 이후 가시화된 사실상의 핵보유와

---

82) 중국정치에 해당 개념을 적용한 개략적인 분석으로는 조영남의 글을, 북한에 적용한 연구로는 안경모의 글을 참고할 것. 조영남, "중국의 정치개혁: 성과와 한계", 이현정 편,『개혁 중국: 변화와 지속』, 한울 아카데미, 2019; 안경모, "김정은 시대 북한 정치 변화의 함의: '당-국가 체제'와 '정치 제도화' 개념을 중심으로",『아세아연구』제64권 4호, 2021.

83) 중국 사례에 대한 대표적인 연구로는 조영남을, 북한 사례에 대한 연구는 강혜석을 참조할 것. 조영남,『중국의 법치와 정치개혁』, 창비, 2012; 강혜석, "'사회주의법치국가'론과 김정은 시대의 통치전략: 북한식 법치의 내용과 특징",『국제지역연구』제26권 1호, 2022.

2023년 12월 전격적으로 단행된 통일론의 폐기는 우리의 마음을 더욱 조급하게 한다. 그러나 언제나 그렇듯 올바른 해법은 오직 차분하고 객관적인 현실 인식이 전제될 때만이 마련될 수 있다. 여러 어려움에도 불구하고 북한에 대한 진지하고 심도있는 연구가 지속되어야 할 이유라 하겠다.

---

84) 황금철, "혁명적준법기풍확립은 사회주의건설의 획기적인 전진을 위한 중요한 사업", 『노동신문』, 2021년 2월 21일자.

참고문헌

[북한 자료]

• 논 문

강남철, "법제정사업규범의 본질과 그 제정의 필요성", 『정치법률연구』제21호, 과학백과사전
　　　출판사, 2008.

김만혁, "개념해설: 법치국가", 『정치법률연구』제1호, 2003.

리경철, "법제정법을 제정하는 것은 현시기 법제정사업을 개선하기 위한 중요한 방도", 『정치
　　　법률연구』제42호, 2013.

_____, "법제정체계의 본질과 종류", 『정치법률연구』제9호, 2005.

리두성, "비사회주의적현상은 사회주의를 좀먹는 위험한 독소", 『근로자』제7호, 2017.

리명복, "비사회주의적 현상을 쓸어버리는 것은 사회주의수호전의 중요한 요구", 『근로자』제
　　　6호, 2015.

리성국, "사회주의국가관리에서 행정법적제재의 필요성", 『정치법률연구』제14호, 2006.

리영남, 《왕권신수설》을 반대한 록크의 정치사상", 『정치법률연구』제38호, 2012.

리혜정, "당의 령도는 사회주의정권이 인민의 정권으로서의 사명과 역할을 다하기 위한 근본
　　　담보", 『친애하는 지도자 검정일 동지의 고전적로작<사회주의건설의 력사적 교훈과
　　　우리 당의 총로선>에 대한 해설론문집』, 사회과학출판사, 1993.

박준혁, "사회주의강성국가건설에서 법이 노는 역할", 『정치법률연구』제51호, 과학백과사전
　　　출판사, 2015.

진문길, "사법검찰사업에서 혁명적전환의 계기를 마련한 강령적 지침: 위대한 령도자 김정일
　　　동지의 로작 <사법검찰사업을 개선강화할데 대하여>발표 20돐에 즈음하여", 『근로
　　　자』제11호, 근로자사, 2002.

_____, "위대한 령도자 김정일동지께서 밝히신 사회주의법무생활리론은 사회주의법리론 발
　　　전과 법건설 실천에 불멸의 기여를 한 탁월한 리론", 『정치법률연구』제1호, 2003.

진유현, "사회주의법건설은 사회주의국가관리와 건설의 합법칙적요구", 『정치법률연구』제31
　　　호, 2010.

최은경, "모범준법단위칭호쟁취운동을 전사회적으로 힘있게 벌리는 것은 온 사회에 자각적인
　　　준법기풍을 세우기 위한 효과적인 방도", 『정치법률연구』제3호, 2017.

• 단행본

과학백과사전출판사 엮음, 『조선말사전』, 과학백과사전출판사, 2010.

김일성, 『김일성저작집』, 조선로동당출판사.

_____, 『김일성저작선집』, 조선로동당출판사.

김정일, 『김정일선집』, 조선로동당출판사.

사회과학출판사 편, 『정치사전』, 사회과학출판사, 1973.

• 기   타

『노동신문』.

『조선중앙통신』.

『조선중앙TV』.

[남한 자료]

• 논   문

강혜석, "김정일 시대 북한 민족주의의 진화: <주체성과 민족성>과 <민족주의에 대하여>
      를 중심으로", 『국제정치연구』 제23권 1호, 2020.

_____, "'사회주의법치국가'론과 김정은 시대의 통치전략: 북한식 법치의 내용과 특징", 『국
      제지역연구』 제26권 1호, 2022.

_____, "정당성의 정치와 북한의 민족재건설: 주체, 우리 식, 우리민족제일주의", 『다문화사
      회연구』 제10권 1호, 2017.

_____, · 안경모, "김정은 시대 통치 이데올로기(2012 – 2021): '선군'에서 '국가와 인민'으로",
      정영철 외, 『세계정치 34: 김정은의 전략과 북한』, ㈜사회평론아카데미, 2021.

김대인, "베트남의 법치주의 전환이 북한에 주는 함의: 행정구제를 중심으로", 『동북아법연구』
      제15권 1호, 2021.

박정원, "북한의 사회주의 법치국가 건설론과 법제 정비 동향", 『동북아법연구』 제5권 1호,
      2011.

안경모, "김정은 시대 북한 정치 변화의 함의: '당–국가 체제'와 '정치 제도화'개념을 중심으
      로", 『아세아연구』 제64권 4호, 2021.

유승철 · 안경모, "'정치제도화'와 김정은 시대 북한 최고인민회의: 입법, 대의, 감독 기능을 중
      심으로", 『국제지역연구』 제27권 제4호, 2023.

조영남, "중국의 법률보급운동과 통치엘리트", 『아시아리뷰』 제1권 2호, 2011.

_____, "중국의 정치개혁: 성과와 한계", 이현정 편, 『개혁 중국: 변화와 지속』, 한울 아카데
      미, 2019.

• 단행본

국가정보원,『북한법령집』상권, 2022.

김갑식,『김정일 정권의 권력구조』, 한국학술정보, 2005.

김학준,『현대소련의 해부』, 한길사, 1981.

박영자, 이교덕, 한기범, 윤철기,『김정은 시대 북한의 국가기구와 국가성』, 통일연구원, 2018.

조영남,『중국의 법치와 정치개혁』, 창비, 2012.

_____,『중국의 정치개혁과 전국인대』, 2000.

_____,『중국 의회정치의 발전』, 폴리테이아, 2006.

Chirkin, Veniamin Evgen'evich, Yu Yudin, O. Zhidhov · 송주명 역,『맑스주의 국가와 법이
        론』, 새날, 1990

Stephen White, Jonn Gardner, George Schopflin ·서규선, 박재주 역,『공산주의 정치체계』,
        인간사랑, 1989.

• 기 타

통일부,『북한권력기구도』, 2023.

『경향신문』.

제 8 장

북한의 과학기술 정책과
지역혁신체제

강 호 제

북한의 과학기술 정책과 지역혁신체제

제1절 서론

'자연에 대한 체계적인 지식과 방법'을 가리키는 '과학기술'은 오늘날 경제활동에서 핵심적인 요소가 되었고, 우리 생활 전반을 근본적으로 바꾸는 힘을 지니게 되었다. 그런 만큼, 현대의 모든 나라들은 과학기술을 중심에 놓고 정책을 설계하고 미래비전을 마련하고 있다.

이는 북한도 예외가 아니다. 하지만 과학기술을 북한과 연결시켜 이야기하면 모두들 놀란다. 북한 사람들이 인공지능(AI)을 개발하고 사용하는 모습을 보고도 놀라고, 농사나 산림 관리에 드론을 활용하고 있는 모습에도 놀란다. '경제적으로 어렵다'라는 이야기를 '과학기술 수준이 뒤떨어져 있다'와 같은 뜻으로 잘못 이해했기 때문이다. 북한의 이미지가 경제적으로 어려웠던 1990년대, 즉 '고난의 행군' 시기에서 변하지 않았기 때문이기도 하다. 일종의 '북맹'(北盲) 현상이라 할 수 있다.

북한은 의외로 '과학기술의 중요함'을 일찍부터 강조했다. 김일성 시기부터 과학기술 발전을 중심에 두고 발전전략을 수립했다. 1945년 해방 직후부터 과학기술 관련 정책은 우선순위가 높은 정책이었다. 김정은은 1980년대부터 과학자들을 홀대하면 안된다는 반성과 함께 과학기술(자) 우대 정책을 강조했다. '과학기술은 핵심 전략자산'이라고 주장하는 김정은의 발언들은 과학기술자들을 우대하면서 기술혁신을 주장하던 김일성과 첨단 과학기술의 흐름을 파악하고 이를 적극 활용한 경제발전 전략을 수립하였던 김정일의 지향을 따르고 있는 모습이다.

이 글에서는 북한의 70년 역사를 과학기술 중심으로 빠르게 훑어보고 김정은 시기 북한 과학기술 정책의 특징을 몇 가지 측면에서 정리해보려 한다. 그리고 2021년부터 본격적으로 추진되고 있는 지방혁신체제 구축사업('지방발전 20×10 정책')이 과학기술 정책과 연관되어 준비되던 과정을 살펴볼 것이다. '혁신체제'(Innovation System)를 구성하는 핵심 요소인 산産-학學-연硏 조직들이 국가 차원이 아니라 지방 차원에서 형성되던 과정을 '전자업무연구소'와 '기술고급중학교'를 통해 추적해보려 한다.

제2절 북한 과학기술 정책의 역사적 변천과정

I. 토대 구축과 북한식 기술혁신체제 형성

1. 과학기술 기관 설립 및 운영

북한 지역에 정부 조직이 세워진 것은 1948년이다. 이보다 이전인 1946년에 김일성종합대학이 설립되었다는 것은 많은 사람들에게 알려져 있다. 하지만 역시 정부가 수립되기 이전인 1947년에 '북조선중앙연구소'가 세워졌다는 것을 아는 사람은 드물다. 북조선중앙연구소는 중앙 단위의 과학기술 연구소로서 국가경제발전을 효율적으로 전개하기 위해 설립되었다.[1] 경제발전을 위한 계획과 전략을 수립하고 이를 구체적으로 실행하기 이전에 과학기술 관련 연구를 먼저 진행하는 북한의 정책적 패턴이 이때부터 시작되었다고 볼 수 있다. '과학기술 우선 정책'의 시작이었다.

북한 지도부는 일제 시기 세워진 공업시설들을 효율적으로 활용하여 하루 빨리 공업국가로 만들려는 지향을 가지고 있었다. 이를 위해서는 전국에 흩어져 있던 과학기술자들을 모으고 서로 협력할 수 있는 조직을 만드는 게 필요하다고 생각했다. 이를 통해 과학기술자들이 연구에 전념하면서 경제발전에 도움이 되는 활동을 안정적으로 수행할 수 있게 해야 한다는 구상이었다. 하지만 김일성종합대학도 막 설립되었던 터라 별도의 연구기관을 만들고 운영한다는 것은 부담이 매우 큰 일이

---

1) 북조선중앙연구소에 대해서는 강호제, 『북한 과학기술 형성사 I』, 선인, 2007, pp. 101-104 참조.

었다. 무엇보다도 인재가 부족했다. 일제의 교묘한 정책으로 인해 조선인으로서 고등교육을, 그것도 이공계 고등교육을 받은 사람 자체가 많지 않았다. 해방 직후 대학을 졸업한 조선인 과학기술자는 남북한 통틀어 400여 명 밖에 되지 않았다. 그중에서 북한 지역 내에 있었던 사람은 10여 명 정도에 불과하였다. 결국 북조선중앙연구소는 제대로 운영되지 못하고 김일성종합대학으로 흡수되고 말았다.

국가 차원의 과학기술 연구소를 만들려는 시도는 1952년 12월에 가서야 결실을 맺었다. 북한 지도부는 휴전 협상과 더불어 전후 복구사업을 준비하면서 '중앙연구소'를 다시 제대로 만들고 싶었다. 이번에는 남측 지역에 머물고 있던 과학기술자들까지 월북하도록 유도하여 우수한 과학기술자들을 미리 확보했다. 뿐만 아니라 소련 등으로 유학을 보내어 사회주의 이론은 물론, 전문지식까지 익힌 전문인력을 꾸준히 양성했다. 국내 교육제도와 교육기관을 정비하여 자체적으로도 새로운 인재를 길러내었다. 이를 통해 전문 과학연구활동과 생산현장에 대한 기술지원활동을 동시에 담당할 수 있는 '과학원'(오늘날, 국가과학원)이 설립되었다.[2] 오늘날까지 과학원은 북한 과학기술계의 중추 기관으로 계속 운영되고 있다.

과학원 설립을 준비하던 시기에는 '조선과학아카데미'라는 이름으로 소련의 과학아카데미를 그대로 모방한 형태로 기획되었다. 조선과학아카데미는 전문 과학연구활동만 담당하고 생산현장에서 필요한 기술지원활동은 생산성(내각) 산하 연구소를 별도로 설치하는 구도였다. 하지만 과학원은 설립 직후 조선의 현실에 맞는 연구를 수행하고 생산현장에 대한 지원을 강화하기 위해 '공학연구소'를 과학원 내부에 설치하는 방향으로 계획을 변경하였다. 과학기술 활동의 '주체화'를 위한 첫 조치였다. 정치, 사상 부문의 주체화가 1960년대부터 가시화되었다면 과학기술계는 1950년대 초부터 시작되었던 셈이다.

2. 천리마운동과 북한식 기술혁신운동

휴전협정이 체결되던 1953년부터 시작된 전후복구사업은 계획대로 1956년에 마무리되었다. 이에 따라 본격적인 경제발전계획에 따른 '1차 5개년계획'이 1957년부터 시행될 예정이었다. 하지만 1956년 12월 접어들면서 소련은 원조 규모를 대

---

2) 북한 과학원 설립과 운영에 대해서는 강호제, "현지연구사업과 북한식 과학기술의 형성", 『현대북한연구』 6(1), 2003, pp. 199-246 참조.

폭 줄이겠다고 일방적으로 통보했다. 전후복구사업보다는 줄었지만 계획 상 수입의 상당량을 담당하던 해외 원조가 대폭 줄어들어 계획 실행 자체가 어려운 상황이 되었다.

김일성을 비롯한 북한 지도부는 12월 중순, 긴급히 전원회의를 개최하여 원래 목표를 수정하지 않겠다고 결의했다.[3] 대신 현장에서 '예비'를 철저히 찾아 활용하고, '절약'과 '증산'을 더 강하게 요구하기로 했다. 또한 새로운 작업방식, 즉 '혁신'을 통한 목표 달성을 강조하였다.[4] 이런 변화를 모든 지도부들이 생산현장에 내려가 직접 생산현장의 노동자들에게 호소하기로 결정하였다.

당시 가장 큰 문제점은 강재 생산이 부족한 것이어서 '강선제강소'를 김일성이 맡았다. 생산현장에서 중간 관료들을 제쳐두고 최고 지도부와 기층의 노동자들이 합심하여 새로운 방안을 모색한 결과, 원래 6만 톤 수준이었던 1957년 강재 생산 목표를 9만 톤으로 오히려 높일 수 있었다. 그리고 실제로는 수정된 계획보다 3만 톤이 더 많은 12만 톤을 생산하였다. '생산 현장' 중심으로 생각하고 정책을 집행해야 한다는 중요한 교훈이 만들어지는 순간이었다. 이것이 그 유명한 '천리마운동'의 시작이다.

1957년 천리마운동은 준비되지 않은, 우발적인 대중운동 혹은 기층에서 자발적으로 진행된 '혁신'운동이었다. 이것이 과학기술을 바탕으로 하는 조직적인 '기술혁신'운동으로 진화하게 된 것은 1958년 1월부터 시작된 '현지연구사업' 때문이었다. 현지연구사업이란 인력부족 등의 이유로 생산현장에 대한 과학기술적 지원활동이 부족한 상황에서 과학원에 모여 있던 고급 과학기술자들을 생산현장에 파견하여 기술지원활동과 전문 과학연구활동을 동시에 진행하라는 정책이었다.[5]

그 결과, 생산현장의 기술수준이 대폭 높아졌고 기술혁신이 가속화되었으며 생산속도도 더욱 빨라졌다. 5개년 계획의 목표치가 2년 반만에 달성되었고, 원래 계획이 4년 만에 마무리되었다. 이는 천리마운동이 단순한 혁신운동에 그치지 않고 기술혁신운동으로 전환될 수 있었기 때문에 가능했다. 현장으로 진출한 과학기술

---

3) 외부의 지원이 줄어들었지만 목표치를 오히려 더 높이면서 위기 상황을 돌파하는 과정에서 북한식 당적 지도체계가 형성되었다고 이태섭은 주장한다. 이태섭, 『김일성 리더십 연구』, 들녘, 2001, pp. 123-244.

4) 강호제는 높아진 목표치를 달성하기 위해 기술혁신을 추구하는 모습을 구체적으로 추적하였다. 강호제, 『북한 과학기술 형성사 I』, 선인, 2007, pp. 125-144.

5) 강호제, "현지연구사업과 북한식 과학기술의 형성", 『현대북한연구』 6(1), 2003, pp. 199-246.

자들은 이런 변화에 매우 중요한 역할을 수행했다. 이 과정에서 '현지지도'라는 북한 특유의 '현장중심' 전통 또한 확립되었다.

1961년은 북한 역사에서 가장 중요한 해였다. 역사상 처음으로 진행한 본격적인 경제발전계획인 '1차 5개년계획'(57-60)을 1년 조정기까지 포함하여 4년 만에 앞당겨 마무리하였기 때문이다. 당시 북한의 공업생산증가율은 36.5%였다. 이는 원래 계획인 22%를 훌쩍 뛰어 넘은 것이었는데, 이는 동시대 다른 사회주의국가들의 연평균 성장률인 9.5%보다도 높은 수준이었다.[6] 게다가 이런 경제성장이 단순한 양적 성장이 아니라 질적 성장을 동반하였다는 데 의미가 컸다. 전쟁으로 인해 성인 남성의 수가 급격히 줄었기 때문에 노력 동원만으로 높은 경제성장을 뒷받침할 수는 없었다. 오히려 과학기술계의 자체 성과뿐만 아니라 이들의 지원에 힘입은 기술혁신운동이 효과적으로 수행되었기 때문이었다.

1961년 5월, 세계 최대 규모의 비날론 공장이 준공된 것은 매우 상징적인 일이었다. 석유에서 추출한 '나일론'과 달리 '비날론'은 북한에 풍부한 석탄에서 추출한 합성섬유이다. 이를 발명한 사람도 일제 시기에 박사학위를 받은 조선인 리승기 박사였다. 즉 조선 사람에 의해 발명되고, 조선에 풍부한 자원을 원료로 삼았으며, 면과 유사한 성질을 가진 비날론을 공업화하는 정도를 넘어 세계 최대 생산규모를 가진 대규모 공업화에 성공했던 것이다. 1960년대 이후 정립된 '주체'라는 개념이 과학기술계에서, 특히 비날론 공업화를 통해 물질적 근거를 확보했다고 해석할 수 있다. 합성고무를 만드는 원료를 감자가 아니라 북한에 풍부한 카바이드로 바꾼 것과 철을 만드는데 원료/연료로 코크스를 사용하지 않는 방법 등을 개발한 것을 기반으로 '주체'의 개념이 '재료와 원료의 자립'까지 뜻하는 것으로 확대될 수 있었다.

대형, 정밀 기계장비인 자동차, 굴착기, 트랙터, 불도저, 전기기관차 등을 자체적으로 생산해낸 것도 당시 북한의 공업화 수준을 단번에 올려놓은 사건이었다. 비록 설계를 한 다음 제품을 생산하는 순서가 아니라 역으로 만들어진 제품을 보고 설계도를 마련한 다음 생산을 진행하는 '역설계'(Reverse Engineering) 방식이긴 하지만 이런 제품 생산 자체가 의미 있는 일이었다. 해방 직후 다른 공업 부문보다 기계공업 부문의 수준이 남한에 비해 뒤떨어져 있었는데 이 시기를 거치면서 기계

---

6) 김일성, "조선로동당 제4차 대회에서 한 중앙위원회 사업 총화 보고(1961년 9월 11일)", 『김일성저작집』 15, 조선로동당출판사, 1981, pp. 156-315; 김연철, "북한의 산업화 과정과 공장관리의 정치(1953-70): '수령제' 정치체제의 사회경제적 기원", 성균관대학교 박사학위 논문, 1996, pp. 254-255.

제작 수준이 급격히 높아졌던 것이다.

1961년 9월에는 전자계산기(컴퓨터)를 자체적으로 생산하기도 하였다. 컴퓨터를 활용한 생산 자동화에 대한 논의가 그 이후부터 적극 진행된 것도 컴퓨터 역사 전반으로 보아도 빠른 편이었다. 오늘날까지 자타가 공인하는 북한의 ICT 기술은 이 당시부터 시작되었다고 할 수 있다. 기계제작 기술과 ICT 기술이 결합된 CNC 기술, 즉 컴퓨터로 조종되는 공작기계 제작 기술(Computerized Numerical Control)을 북한이 빠르게 확보할 수 있었던 이유이다.[7]

3. 경제 – 국방 병진노선과 과학기술 정책의 후순위화

1962년 10월 쿠바 미사일 위기는 북한의 경제발전 전략을 큰 틀에서 바꾸는 계기가 되었다. 소련의 지원에 더 이상 기대지 않으면서 독자적인 국방력을 갖추기 위해 '경제-국방 병진노선'이 채택되었다. 여기서 '병진'노선은 단순히 '동시에' 추진한다는 의미로만 읽으면 안 된다. '완벽히 분리된'이라는 말을 추가해야 정확한 뜻이 된다. 즉 군수와 민수 2개의 영역을 완벽히 분리된 형태로 동시에 발전시킨다는 뜻이다. 이는 아직 발달이 미흡한 국방 부문을 보호하기 위한 조치였는데, 1990년대 경제난을 겪던 시기에 위력을 발휘했다. 일반 경제부문에 비해 군수 부문의 피해가 적어 군수 부문의 공장과 기업소들이 많이 살아남을 수 있었다. 40년가량 보호 육성되었던 군수부문은 2000년대 이후 역으로 민수 경제 발전의 핵심 밑천이자 선도 부문이 되었다.

무기 개발은 과학기술적 능력이 있어야만 가능하다. 그래서 북한 지도부는 국방과학원(이후 '제2자연과학원'으로도 불렸지만 다시 김정은 시기 들어와서 다시 국방과학원으로 이름을 바꾸었다)을 1964년부터 과학원(이후 국가과학원)과 별도로 조직하였다.[8] 신규 연구인력을 확보하기 위해 김책공업종합대학 기계공학부의 그 해 졸업생 전원을 국방과학원에 배속시키기도 했다. 당시까지 다른 부문에 비해 수준이 많이 떨어져 있던 기계공업은 국방 부문 강화 정책으로 인해 급격히 발달하여 1970년대

---

7) 1950-60년대 북한의 과학기술적 성과들에 대해서는 강호제, 『북한 과학기술 형성사 Ⅰ』, 선인, 2007, pp. 258-289.

8) 2024년 5월 28일 국방과학원 창립 60주년 행사에 김정은이 참석하여 축사하면서 연혁을 이야기했다. "경애하는 김정은동지께서 창립 60돐을 맞는 조선민주주의인민공화국 국방과학원을 축하방문하시였다", 『로동신문』, 2024년 5월 29일자.

부터는 첨단 기계제품이라 할 수 있는 미사일을 역설계 방식으로 개발/개량할 수 있는 수준에 도달하였다. 1980년대 접어들면서 만톤 규모의 대형 원양어선을 만들게 된 것도 국방 부문에서 발달한 기계공업의 영향이었다고 할 수 있다. 1985년에 동독으로부터 'MiG-21' 엔진 수리 기술과 공구, 공장 전반을 이전받는 협정을 체결했던 것도 북한의 기술 수준이 이를 뒷받침할 수 있는 수준에 도달했기 때문이었다고 할 수 있다.9)

문제는 한정된 자원으로 민수/군수 양쪽 모두를 발전시키려 했기에 상대적으로 민수 부문은 지원이 부족한 상황이 되었다. 우수한 인력은 물론, 자원과 자금까지 국방 부문에 우선적으로 제공되었기에 민수 부문에서 활용 가능한 자원, 자금 등은 줄어들 수밖에 없었다. 1960년대 초까지는 중앙의 지원을 바탕으로 민수 부문의 발전 전략이 수립되었지만, 1960년대 중반부터는 자체적으로 부족한 부문들을 해결하면서 발전 전략을 수행하라는 요구가 많아졌다.10) 오늘날 한쪽에서는 최첨단 기술의 집합체인 ICBM, SLBM을 자력을 개발하는 발사하는데, 다른 쪽에서는 삽과 지게 등에 의존하여 토목공사를 진행하는 양극화 현상이 여기서 시작되었다.

북한 역사 전체에서 처음이자 마지막으로 과학기술의 우선 순위가 뒤로 밀리고 과학기술자들에 대한 불신이 팽배해지는 계기가 된 사건이 1967년에 일어났다. 갑산파 사건 혹은 제2의 종파사건으로 불리는 사건이 1967년에 터졌다. 박금철, 리효순이 중심이 되어 김일성 다음가는 2인자를 자처하면서 분파를 만들었고 그들은 당중앙의 결정을 임의로 바꾸기도 했다.11) 이런 일들이 폭로되어 주동자들은 좌천되었다.

잘 알려지지는 않았지만, 이 사건 주동자 중 세 번째 순위로 거론되었던 사람이 당의 과학교육부장을 맡고 있던 허석선이다. 과학기술자들을 담당하던 과학교육부장이 종파사건에 연루되었으니 과학기술자들에 대한 불신이 생겨날 수밖에 없

9) MiG-21는 마하2의 속도를 낼 수 있는 고성능의 엔진을 장착한 것이었다. 1985년 10월, 동독과 북한 사이의 협정에 대한 문서는 공개되었지만 이를 분석한 논문은 아직 없다. 이 협정에 대한 언급은 다음 논문의 주석 64번 소개되어 있다. 박아름, "냉전의 주변부: 1986년 북한과 동독의 정상회담 연구", 『역사문제연구』 53, 2024, pp. 227-262.
10) 변학문, "북한의 기술혁명론 - 1960-70년대 사상혁명과 기술혁명의 병행", 서울대학교 박사학위논문, 2015, pp. 59-110.
11) 강호제, "선군정치와 과학기술중시 정책 : 경제발전 전략의 핵심", 『통일과 평화』 3(1), 2011, pp. 174-218.

었다. 전체 과학기술자들에 대한 사상 검열이 강하게 진행되었던 이유였다. 이 사건이 일어난 이후, 함흥분원에 현지지도가서 연구하던 과학자들을 멀리서 바라보던 김일성이 이 과학자들이 소설을 보는지 알 수 없지 않느냐는 식의 말을 했다는 일화가 있다.[12] 이는 과학기술자들에 대한 신뢰가 얼마나 많이 떨어졌는지를 잘 보여준다.

과학기술자들에 대한 홀대(?)는 김정일이 후계자로 내정된 이후인 1970년대 후반에 가서야 서서히 회복되기 시작하였다. 1980년대에 접어들면서 김정일은 직접 과학기술을 홀대(홀시)했다는 점을 인정하면서 과학기술 중심의 발전 전략을 여러 방면에서 모색하였다.[13] 오늘날 김정은에 의해 적극 강조되고 있는 과학기술 중시 정책, 과학기술자 우대 정책은 이때부터 마련된 것이라 할 수 있다.

Ⅱ. 과학기술을 통한 경제발전 전략 재정립

1. 과학기술을 통한 경제발전 전략 재부각

'주체과학'이란 연료, 원료, 인력 그리고 기술의 자립을 핵심 개념으로 삼는다. 이를 기반으로 '경제에서 자립'이라는 논리가 갖추어지면서 '국방에서 자위', '정치에서 자주' 그리고 '사상에서 주체'라는 논리가 1960년대 중반에 정립되었다.[14] '기술혁명'론에 '문화, 사상'이 결합되면서 '3대혁명론'이 만들어진 것도 1960년대 후반부터 1970년대 사이였다.[15] 1950년대 급속한 경제성장의 원동력이 되었던 현장 중심의 기술혁신 모델을 기반으로 '과학자, 기술자 돌격대'운동과 '3대혁명소조운동'이 시작된 것도 이 시기였다.

1978년에 인민경제의 발전 방향을 '주체화, 현대화, 과학화'로 정리한 것은 10

---

12) 김일성, "과학기술연구사업을 우리나라의 실정에 맞게 할데 대하여(과학기술부문 일군협의회에서 한 연설/1982년 2월 17일)", 『김일성저작집』 37, 조선로동당출판사, 1992, pp. 32-49.

13) 김정일, "과학기술을 발전시키기 위한 몇 가지 문제에 대하여(과학부문 책임일군협의회에서 한 연설/1988년 8월 31일)", 조선로동당출판사 편, 『과학교육사업을 발전시킬데 대하여』, 조선로동당출판사, 1999, pp. 171-189; 리동구, 『비약의 나래』, 문학예술출판사, 2002, pp. 42-46.

14) 이는 1965년 4월 14일 김일성이 인도네시아 사회과학원을 방문하여 연설하면서 처음 발표되었다. 김일성, 『조선민주주의인민공화국에서의 사회주의건설과 남조선혁명에 대하여』, 조선로동당출판사, 1965.

15) 북한의 기술혁명론에 대해서는 변학문, "북한의 기술혁명론 - 1960-70년대 사상혁명과 기술혁명의 병행", 서울대학교 박사학위논문, 2015 참조.

여년 과학기술 홀대 정책의 전환을 의미했다(2016년 개최된 7차 당대회에서는 여기에 '정보화'가 더 추가되었다). '과학화'를 전면에 내세워 경제의 질적 성장을 우선시하는 방향으로 경제 발전 전략을 전환하자는 제안이었다. 김정일 시대에 접어들면서 과학기술을 앞세우는 전략이 전면에 내세워진 순간이었다. 1980년, 6차 당대회 당시 제시된 '사회주의건설 10대 전망목표'는 핵심 분야별로 목표를 단순히 수치로 제시한 것이 아니라 새로운 기술혁신을 통한 경제발전 전망을 구체적으로 제시한 것이었다(2023년에는 핵심 목표로 2개의 항목이 더 늘어난 '12개의 고지'가 제시되었다). 의욕만 앞세우는 것이 아니라 수치까지 구체적으로 타산한 경제활동을 강조한 것이었다. 이는 이후 실리경제, 숫자경제를 강조하는 것으로 이어졌다.

2. 기계제작 기술과 IT의 집중 발전

오늘날 이야기되는 4차산업혁명의 가장 중요한 특징은 공장 자동화, 즉 ICT와 생산현장의 설비들이 결합되는 것이라 할 수 있다. 인간의 지능을 대신할 수 있는 인공지능(AI)의 발전은 자동화, 지능화를 더욱 가속시키고 있다. 기계기술, 그 중에서 기계를 만드는 기계인 '공작기계'를 ICT와 결합하여 자동화, 지능화한 것을 CNC(Computerized Numerical Control, 컴퓨터수치제어, 북한에서는 '자동수자조종장치'라고 부른다)라고 한다. ICBM, SLBM 등 최첨단 무기를 비롯하여, 인간의 감각을 넘어선 초정밀 기계는 CNC 기술이 확보되지 않으면 만들 수 없다.

북한에서 이러한 발전 방향을 공식적으로 결정한 것은 1988년 11월이었다. '공작기계공업'과 '전자, 자동화 공업'을 발전시킬 구체적인 정책이 채택되었다. 1986년에 시제품을 완성한 '구성-105호'의 분공장을 구성기계공장이 포함된 '4월 3일공장'에 만들어 계열생산(시제품 생산)하라는 내용이 핵심이었다.[16] 구성-105호는 CNC의 전단계인 NC공작기계였다. '구성-105호' 분공장은 아쉽게도 사회주의권 붕괴와 함께 북한 경제가 어려워지기 시작하면서 제대로 가동되지 못하였다.

이를 토대로 북한의 첫 CNC공작기계인 '구성-10호 만능선반'(4축)(련하기계)은 1990년대 초에 개발되었다고 한다. 현지지도하던 김정일이 1995년에서야 구성-10

---

16) 북한의 CNC 역사에 대해서는 강호제, "북한의 경제발전 전략 분석 : 인공위성(광명성 3호) 발사 시도와 CNC기술 개발", 『북한연구학회보』 19(2), 2015, pp. 41-65 참조.

호가 개발되었음을 뒤늦게 발견한 후 북한 지도부는 CNC기술 개발에 다시 집중하기 시작하였다.[17] 1998년 첫 인공위성 발사체인 '은하-1호'는 CNC기술이 뒷받침되지 못하면 제작될 수 없는 것이었다. 북한의 CNC기술이 본격적으로 공개되기 시작하던 2009년에는 '5축 동시조종 수력타빈날개 가공반'까지 개발되었다.[18] 5축부터는 고난이도 기술이 필요하다고 한다. 이렇게 개발된 CNC기술은 2009년 8월부터 시작된 '첨단돌파전략'의 물리적 근거가 되었다.

4월3일공장에서 제작한 '구성-104호'

출처: *President Kim Il Sung and Korea Today*, Foreign Languages Press Group, 1992.
사진 설명: '구성-104호', 북한이 처음으로 대량생산한 NC공작기계. 이후 자체 생산하는 CNC 공작기계 (련하기계)의 원형이라 할 수 있다.

3. 정보화시대 선언과 국방공업 우선 경제발전 전략

　　1990년대 중후반기를 북한에서는 '고난의 행군'(Arduous March) 시기라고 부른다. 나라 밖에서는 동독, 소련 등 사회주의 나라들이 체제 전환해버려 블록 전체가 붕괴되었고, 미국과 핵문제가 불거져 전쟁 직전까지 갔다. 나라 안으로는 최고 지도자 김일성이 죽어 리더십에 혼란이 발생했고 집중폭우, 냉해 등 자연재해가 극심했다. 연 강수량 800-1,000mm인 지역에 500-700mm의 비가 단 며칠 사이에 쏟아졌다.[19] 식량난이 심해졌고 공장 가동률이 급격히 떨어졌다. 이런 위기 상황

17) 송미란, "장군님과 CNC", 『로동신문』, 2011년 3월 3일~3월 26일자.
18) 려명희, "대형설비의 현대화를 적극 떠밀어주어 ― 국가과학원 조종기계연구소에서", 『로동신문』, 2009년 11월 10일자.
19) 유엔 산하 세계기상기구(WMO)가 2021년 발간한 보고서에 따르면 1995년 당시 북한의 홍수 피해액은 세계 10위 수준이었다고 한다. WMO, *Atlas of Mortality and Economic Losses from Weather*,

을 겨우 벗어났다는 선언이 나온 때가 1998/2000년이었다. 바닥을 쳤던 경제난이 서서히 회복세로 돌아서기 시작하였던 것이다.

이런 상황에서 북한 지도부는 과학기술을 앞세워 무너진 경제를 빠른 속도로 복구하고 정상화시키겠다는 결심을 하였다고 한다. 그래서 1998년부터 5년 단위의 '1차 과학기술발전 5개년계획'을 수립하고 집행하였다. 1993년 경제발전계획 목표 달성에 실패를 시인한 이후로 2016년에 가서야 경제발전계획/전략이 다시 수립된 것을 생각해보면, 과학기술 중심의 경제발전 계획/전략 수립을 얼마나 중요하게 여겼는지 알 수 있다. 1999년을 '과학의 해'로 지정하고 1월 11일 첫 김정일의 현지지도를 과학원에서 시작한 것 또한 과학기술을 우선시하여 경제난을 극복하겠다는 의지를 표명한 것이었다. 당시 북한의 목표는 '강성대국'이라는 말로 표현되었는데, 이를 달성하는 3가지 방법(3대 기둥) 중 하나로 과학기술이 거론되었다.[20]

2002년에는 '국방공업 우선, 경공업-농업 동시발전 전략'이 명문화되었다.[21] 우수한 기술과 인력을 보유하고 있던 국방공업을 우선적으로 발전시켜 국방력과 기술발전을 동시에 확보한 다음, 그 동력으로 경공업-농업을 비롯한 민수 경제를 발전시키겠다는 전략이었다. 군수의 민수 전환, 즉 스핀오프(Spin-off) 전략의 전면 도입이었다.

북한이 새로운 전략을 수립했던 바탕에는 '정보화 시대'가 오고 있다는 인식이 깔려 있었다. 즉 ICT기술의 발전은 이전과 성격이 완전히 다른 시대를 열게 된다는 인식이었다. '지식경제 시대', '수자경제 시대'라는 말처럼 시대를 규정하는 표현이 약간씩 변하긴 했다. 하지만 ICT기술의 발달에 따른 시대 변화에 주목했다는 측면에서는 일관성이 유지되었다. 이런 시대 변화에 대한 인식은 단순히 새로운 경제발전전략 수립에만 적용된 것이 아니었다. 가치생산이론, 사회구성이론을 비롯하여 이전 시기에 만들어진 사회주의 이론 전체도 새롭게 검토된 후 재구성되기 시작했다.

Climate and Water Extremes (1970-2019), Issue WMO-No. 1267, 2021.

20) 강성대국과 과학기술 정책에 대해서는 강호제, "선군정치와 과학기술중시 정책 : 경제발전 전략의 핵심", 『통일과 평화』 3(1), 2011, pp. 174-218 참조.

21) "국방공업 선행, 대를 이어 계승된 원칙: 조미대결에 대비한 국가경제전략", 『조선신보』, 2003년 4월 11일자.

Ⅲ. 군수의 민수전환과 지역혁신체제 구축

1. CNC를 앞세운 첨단돌파전략

2002년부터 시작된 북미 사이의 2차 핵분쟁은 수차례의 6자회담 끝에 2008년에 가서야 합의사항을 실행에 옮길 수 있었다. 하지만 협상에 의한 분쟁해결 시도는 약간의 진척을 보이긴 했지만 최종적으로 마무리를 짓지 못했다. 북핵 무력화 방안을 3단계로 합의한 상태에서 2008년 중순에 2단계까지는 잘 진행되었다. 북한은 핵활동 및 핵무기 제조에 대한 명확한 정보를 공개하였고 약속에도 없던 핵시설 냉각탑을 생중계까지 하면서 폭파했다. 미국은 중유 및 식량 지원 약속을 지켰고 미국이 설정했던 봉쇄 정책 중 일부를 해제하기도 했다. 역사상 가장 높은 수준의 합의가 이루어졌고 가장 많은 약속들이 실행에 옮겨졌다. 하지만 결국에는 사전에 합의되지 않은 미국의 강도높은 검증 요구를 북한이 거부하면서 합의가 깨어지고 말았다.[22]

더 이상 합의에 의한 관계 정상화를 기대하지 못하게 된 북한은 2009년 8월 새로운 전략을 선언하였다. CNC를 비롯한 최첨단기술을 바탕으로 국방력을 확보함과 동시에 경제발전의 속도를 높이겠다는 독자노선의 선언이었다.[23] 국방공업 부문에서 우선적으로 발전시킨 CNC기술을 토대로 더 정밀한 제품을, 더 적은 원료, 연료를 사용하여 더 빨리, 더 많이 만들겠다는 경제발전전략을 채택하였던 것이다. 이는 최첨단기술을 활용한 기술혁신 시스템을 갖추고 일반화하면서 북한 경제 전반을 업그레이드시키겠다는 구상이었다.

2009년까지 추구했던, 협상에 의한 안전 보장 및 전쟁 방지가 불가능해짐에 따라 북한 지도부는 핵무력을 완성하겠다는 계획을 2013년 3월에 공식 확정하였다. 즉 핵탄두 제조와 ICBM 개발에 대한 계획이 명확히 섰기에 핵무력을 완성하면서 동시에 경제발전을 진행할 수 있겠다는 판단을 하였던 것 같다. 실제로 북한은 5년이 채 되지 않은 2017년 11월 29일에 핵탄두를 탑재할 수 있는 ICBM, '화성-15형'을 시험발사하는 데 성공하였다. 그 이후 북한은 핵무력 완성을 선언하였고, 핵무력을 동결시

22) 북미 사이의 핵분쟁에 대해서는 강호제, "북한의 핵무력 완성 선언에 대한 과학기술적 타당성 검토 및 비핵화를 위한 대안 모색", 민화협 연구논문 공모전, 2020.

23) "(정론) 첨단을 돌파하라", 『로동신문』, 2009년 8월 11일자.

키면서 경제발전에 총력 집중한다는 새로운 전략을 2018년 4월에 채택하였다.

한쪽에서 전쟁을 방지하는 국방력 즉 핵무력을 완성하기 위한 정책이 집행되는 순간, 다른 한쪽에서는 일상생활 전반의 변화를 꾀하는 민수경제 업그레이드 정책도 차근차근 진행되었다.[24) 비록 자본과 자원의 부족으로 추진 속도는 느렸지만, 한 지점에서 모범/본보기를 만든 다음, 그 성공 사례를 일반화, 보편화하는 북한 특유의 새로운 사업 진행 방식은 차근차근 실행에 옮겨졌다. 중앙에서 시작해서 지방으로, 선행 부문에서 시작하여 다른 영역까지 확산하는 방법으로 새로운 기술 및 혁신 시스템이 개발, 도입되어 갔다.

화학공업, 철강공업, 기계공업 등 중앙에서 관리하던 핵심 경제부문들은 2000년대 중후반부터 2012년 혹은 2015년 즈음까지 크게 변화했다. 식료부문과 의료부문 등 경공업 및 농업 부문의 변화는 2010년 즈음부터 시작해서 2015년 즈음까지 한창 활성화되었다. 그리고 지방공업 부문의 변화는 대략 2015년 즈음부터 시작하여 2021년 제8차 당대회부터 본격화되기 시작하였다.

일반 생활과 관련된 변화는 2012년 즈음부터 시작해서 2015년에 가시적으로 드러나기 시작했다고 볼 수 있다. 이 시기를 기점으로 평양의 모습이 확연히 달라지는 것을 여러 사람들이 촬영한 영상을 비교해보면 대략 느낄 수 있다. 2013년과 2014년 신년사에서 중화학공업 부문보다 앞에 경공업, 농업 부문이 언급된 것도 이런 변화를 계획하고 있었기 때문인 듯하다.[25)

핵무력을 완성하고 난 뒤, 미국의 변화된 태도에 호응하면서 잠시 협상에 임했던 북한은 2020년을 기점으로 다시 자립, 주체의 길로 돌아섰다. 북미 최고지도자가 직접 만나 협상을 하게 되면 의미있는 진전을 이룰 수 있을 거라 기대했지만 결과는 2009년처럼 또 다시 실패하고 말았다.

2009년 첨단돌파전략을 선언했던 당시처럼 2020년부터 북한은 다시 과학기술을 앞세워 자립, 주체의 길로 들어섰다고 선언하였다. 1956년 12월, 믿었던 소련에게 배신당하면서 천리마운동에 돌입했던 것처럼 2020년 1월, 북한은 '정면돌파전'에 돌입하였다.[26) 어려울수록 남에게 기대지 않고 현장 중심으로 과학기술을 앞세

24) 강호제, "생존의 수단이자 번영의 수단, 북한의 과학기술", 『황해문화』 118, 2023, pp. 205-223.
25) 347쪽 "정책 우선 순위" 그림을 보면 2014년, 2015년 신년사에서 중화학공업 부문(붉은색)보다 경공업, 농업 부문(초록색)이 앞부분에서 언급되었다.
26) "조선로동당 중앙위원회 제7기 제5차전원회의에 관한 보도", 『로동신문』, 2020년 1월 1일자.

워 위기를 돌파하던 전통을 그대로 이어가겠다는 결정이었다.

2. 과학기술과 교육을 중심에 둔 경제발전 전략

2018년 4월 27일 판문점에서 남북정상이 만나기 1주일 전, 북한은 3차 전원회의를 개최하여 '경제-핵 병진노선의 결속'을 선언하고 '경제건설에 총력 집중'하기로 결정하였다.[27] 2017년 11월 29일 화성-15형 시험발사 성공을 기점으로 핵무력을 완성하였으므로 이제 경제에 집중하겠다는 선언이었다. 2013년 3월에 '경제-핵 병진노선'을 채택한 이후 5년만의 변화였다.

당시 전원회의에서는 경제건설을 위한 구체적인 대안으로 '과학교육'(과학과 교육) 강화를 내세웠다. 북한이 전통적으로 잘했던 돌격대나 속도전과 같은 형태로 경제건설에 몰입하자는 정책이 아니라, 긴 호흡으로 오랜 시간이 걸려야만 달성될 수 있는 '과학'과 '교육' 관련 정책이 새롭게 제시되었다.

핵과 경제, 두 목표 중에서 하나를 달성했으니 남은 하나인 경제에 집중하자는 결정과 과학기술을 앞세워 경제를 발전시키겠다는 결정은 지금까지 북한의 과학기술정책 역사를 살펴보면 자연스러운 흐름이라 할 수 있다. 하지만 '인재' 양성을 위한 '교육'이 구색 맞추기용이 아니라 중심과제로 부각된 것은 놀라운 지점이었다. 2018년 9월 평양 정상회담 당시, 많은 사람들의 시선을 끌었던《과학으로 비약하고 교육으로 미래를 담보하자!》라는 구호가 이런 맥락에서 만들어졌다.

사실 김정은 시기 교육 정책은 2012년부터 '새 세기 교육혁명'이라 불리면서 적극 추진되었다. 의무교육 연한을 11년에서 12년으로 늘렸고 '기술고급중학교'라는 새로운 교종을 만들었으며 기존의 교과서를 완전히 새롭게 개편하는 일이 체계적으로 진행되었다. 대학도 분야별, 지역별로 정리하는 작업이 학술일원화사업으로 불리면서 진행되었다.[28] 전국의 학교들을 광케이블로 연결하여 단일한 국가망에 가입시키는 작업도 일단락되었으며, 2018년에는 그 대상이 지방의 분교로까지 확대되었다. 교육 관련 인프라 확충에 특히 많은 노력을 기울였던 것이다.

---

27) "조선로동당 중앙위원회 제7기 제3차전원회의 진행 – 조선로동당 위원장 김정은동지께서 병진로선의 위대한 승리를 긍지높이 선언하시고 당의 새로운 전략적로선을 제시하시였다", 『로동신문』, 2018년 4월 21일자.

28) 조정아, 이춘근, 엄현숙, 『'지식경제시대' 북한의 대학과 고등교육』, 통일연구원, 2020.

교육정책은 마음먹은 대로 실현하기 쉽지 않다. 안그래도 부족한 예산으로 학교 시설까지 새롭게 바꾸라는 정책은 저항에 부딪히고 어려움에 봉착하기 쉬운 일이다. 이에 북한 지도부는 "모든 당중앙위원회 위원, 후보위원들이 과학교육사업에서 걸린 문제들을 하나씩 맡아 책임적으로 해결"라고 하면서 지방이 아니라 중앙에서 교육문제를 책임지고 챙기라는 결정을 채택하였다.[29] 그만큼 만전을 기하기 위한 조치였다. "인재와 과학기술은 사회주의건설에서 대비약을 일으키기 위한 우리의 주되는 전략적자원이고 무기"라고 강조할 정도로 북한 지도부는 교육과 과학기술 정책을 중심에 세우고 발전전략을 다듬어나갔다.

3. 지방경제 발전과 지역혁신체제 구축

2020년에 불어 닥친 Covid-19의 범람은 북한 경제에도 악영향을 미쳤다. 2016년 7차 당대회에서 결정된 '5개년 전략'의 목표들이 2021년까지 달성되지 못하였다. 2021년 1월에 개최된 조선로동당 8차 당대회에서 김정은은 "국가경제의 장성목표들이 심히 미진"하였다고 이야기하면서 목표 미달성을 솔직하게 인정했다.[30] 그리고는 5개년 전략을 '보완 및 정비'하기 위한 '새로운 5개년 계획'을 채택하였다. 김정은의 발언을 경제 정책을 넘어 체제 자체의 실패로 해석하는 것은 무리가 있다. 같은 회의에서 그는 산림조성사업과 알곡생산 등에서 성과를 거두었다고도 했다. 또한 비록 목표치에는 도달하지 못하였지만 지난 5년 동안 철강, 전력, 시멘트 등 중요 경제부문에서 진전이 많았다는 점도 언급되었다.

8차 당대회 결론에서 특히 주목해야 할 점은 '지방경제' 발전 전략이 중요 의제로 부각되었다는 것이다. 김정은은 '지금부터' '지방경제 발전'과 '지방 인민생활 향상'을 위해 주목을 돌리겠다고 이야기하였다. 그리고 국가차원에서 시멘트를 매년 1만 톤씩 모든 시, 군에 공급하겠다고 구체적인 수치를 제시하였다. 이와 연결시켜 평양에는 매년 1만 세대, 검덕지구에는 매년 5천 세대를 비롯, 지방의 살림집을 대대적으로 건설하겠다는 계획이었다. 식량생산을 위한 농업뿐만 아니라 지

---

29) "김정은원수님 지도밑에 조선로동당 중앙위원회 제7기 제3차전원회의 진행", 『로동신문』, 2018년 4월 21일자.

30) "우리 식 사회주의건설을 새 승리로 인도하는 위대한 투쟁강령 - 조선로동당 제8차대회에서 하신 경애하는 김정은동지의 보고에 대하여", 『로동신문』, 2021년 1월 9일자.

방공업 발전을 위한 정책도 다듬어 나갔다. 2024년 1월에 처음 등장한 '지방발전 20×10 정책'은 2021년부터 다듬어온 지방발전 정책을 전면화, 구체화시킨 정책이었다. 이 정책은 매년 20개씩, 향후 10년 동안 꾸준히 추진하여 전국을 혁신시키겠다는 구상이었다.[31] '기술의 중앙 지원', '원료, 인력의 지방 자립'이 이 정책의 특징이다.

지방경제 단위를 '시, 군'으로 설정하고 이를 중심으로 지역경제 발전 전략을 마련하였다는 것은 북한의 혁신체제 구축 단계가 바뀌었다는 것을 보여준다. 즉 국가 단위의 혁신체제(National Innovation System)에 전념하던 시기를 지나 지역별 혁신체제(Regional Innovation System)로 세분화, 구체화시키는 단계로 나아가고 있음을 보여준다.

제3절 김정은 시기 북한 과학기술 정책의 특징

I. 북한 과학기술계 체계

북한의 과학기술 체계는 전문 과학기술 연구기관인 '국가과학원'을 중심으로 각 '생산성 산하 연구소'와 '대학 소속 연구소', 그리고 '생산현장의 연구조직'으로 구성되어 있다. 북한 전체 과학기술 연구기관은 모두 227개인데, 그 중에서 114개가 국가과학원 소속으로 기초연구와 첨단 연구를 주로 담당하고 있고 나머지 113개는 내각 산하 연구소로 배속되어 현장에 대한 기술지원을 비롯한 응용연구를 주로 담당하고 있다.[32] 국가과학원과 개별 생산성 혹은 생산현장 사이의 협력 사업을 효과적으로 진행하고 생산현장에 대한 과학기술 지원활동을 원활하게 추진하기 위해 '[국가/도/시/군] 과학기술위원회'가 조직되어 있다. 전국 각지에 흩어져 있는 생산현장과 협력해야 하므로 국가과학기술위원회는 국가적 단위는 물론, 지방 행정조직인 모든 도/시/군에도 조직되어 있다.

---

31) "<공화국의 부흥발전과 인민들의 복리증진을 위한 당면과업에 대하여> 경애하는 김정은동지께서 조선민주주의인민공화국 최고인민회의 제14기 제10차회의에서 강령적인 시정연설을 하시였다", 『로동신문』, 2024년 1월 16일자.

32) 최현규, 강영실, 『북한 과학기술 연구기관 현황』, 한국과학기술정보연구원, 2017.

북한의 경제구조는 민수 부문과 군수 부문이 분리된 '이중 구조'로 되어 있는 것이 특징이다. 따라서 민수 부문의 연구기관 이외에도 국방 관련 연구소가 별도로 마련되어 있다. 국방 관련 연구를 전담하는 '국방과학원'과 국방과학 관련 전문가를 양성하면서 연구도 동시에 추진하는 '(김정은)국방종합대학'이 1960년대부터 운영되고 있다.[33] 국방과학원에는 30여개의 연구소가 소속되어 있다고 한다. 국방과학 부문이 민수 부문을 견인하고 있는 만큼, 김정은국방종합대학 학생들은 김일성종합대학이나 김책공업종합대학보다 실력 좋은 학생들을 먼저 선발한다고 한다. 국방과학원의 연구내용도 일반에 공개된 기술보다 앞선 것들이 많다고 한다.

II. 경제발전을 위한 과학기술 정책 - 강한 현장지향성

북한의 과학기술 정책에서 특징적인 것은 과학기술과 생산을 강력하게 연계시키는 '일체화'라고 할 수 있다. 연구소보다 생산 현장에 더 민감한 경향성을 띠고 있어서 '현장지향성'이 강하다고도 한다. 앞에서 살펴본 바와 같이, 이런 정책은 북한 경제가 급속하게 성장하기 시작한 1950년대 말의 과학기술 정책과 같은 맥락 위에 서있는 것이다. 당시 북한 과학원은 과학기술자들을 생산 현장에 파견하여 과학연구활동과 기술지원활동을 동시에 수행하는 '현지연구사업'이라고 독특한 정책을 수립하였다. 그 결과 1956년 12월부터 시작된 '천리마운동'이 '북한식 기술혁신운동'이라고 할 수 있는 '천리마작업반운동'으로 발전하는 데 크게 기여하였다. 연료, 원료, 기술 등을 수입에 의존하지 않고 생산현장에서 쉽게 구할 수 있는 것으로 대체하는 경향이 강해졌던 까닭이다. 이는 이후 주체과학 및 자립경제의 특징이 되었다.

이런 특징은 오늘날에도 이어지고 있다. 1998년부터 '제2의 천리마대진군'이 제기되면서 천리마운동이 부활하기 시작하였고, 천리마운동이 시작되었던 천리마제강연합기업소(구 강선제강소)를 김정일이 2008년 12월 24일에 현지지도하면서 천리

---

[33] 1964년 10월에 설립된 국방종합대학의 이름에 '김정은'이 붙은 사실이 신문에 처음 공개된 것은 2020년 열병식 소개기사가 처음이다. "조선로동당창건 75돐경축 열병식 성대히 거행 우리 당과 국가, 무력의 최고령도자 김정은동지께서 참석하시였다", 『로동신문』, 2020년 10월 10일자. 하지만 2017년 전국정보화성과전람회 소개 영상에 김정은국방종합대학이 비행시뮬레이션 프로그램으로 참가한 것이 공개되었다. 점점 영상으로 공개되는 정보가 더 빠르고 많아지고 있다.

마운동 시기처럼 다시 한 번 '혁명적 대고조'의 시대를 열자고 제안하였다. '지방발전 20×10 정책'이 전면화된 2024년 초부터 '새시대 천리마정신'이 강조되고 있다. 기존 인식과 달리, '천리마'는 단순한 노력동원이 아니라 '(기술)혁신'을 강조할 때 주로 거론된다. 그래서 오늘날 북한 과학기술자들은 '아늑한 연구실에 앉아 실험 결과에 만족하거나 탁상공론으로 시간을 보내는 말공부쟁이, 책상주의자'가 아니라, 현장으로 내려가 현실적 의의가 있는 기술혁명 수행의 선구자이자 지식과 기술이 요구되는 곳에는 어김없이 나타나 해결해주는 "현대판 홍길동"이 되어야 한다고 요구받고 있다.[34]

Ⅲ. 과학기술 우선 정책

북한에서 과학기술은 1960년대 후반부터 약 10여 년 간을 제외하고 항상 정책의 우선순위에 들어 있었다. 김정은 시기에는 과학기술을 우선시하는 정책적 경향이 더욱 구체적으로 표현되고 있다. 이는 김정은 시기 첫 당대회이자 36년 만에 치러진 7차 당대회에서 잘 드러나 있다. 당시 김정은은 '과학기술을 통한 지식경제강국 건설'을 미래비전으로 제시하였다. 정보화 시대보다 넓은 개념으로 '지식경제시대'를 이야기하면서 새로운 시대에 맞게 과학기술을 적극 앞세워 '새 세기 산업혁명'을 이룩하자는 제안이었다. 인류문명의 발달 단계를 농업경제(노동력경제)와 공업경제(자원경제), 지식경제(지능경제)로 구분하면서 이제 지식경제 시대로 넘어가고 있다는 시대인식을 제시하였다. 이 속에서 과학기술은 '사회주의 건설의 기관차'로 규정되었다. 7차 당대회 사업총화보고 목차에도 '과학기술강국'이 '경제강국'보다 앞에 배치되었다. 기관차의 추진력으로 모든 열차가 달릴 수 있듯, 과학기술이 경제발전의 기관차가 되어야 한다는 개념이 이즈음 정립되었다.

계획경제를 추구하는 북한은 매해 첫날, 신년사 형태로 지난 해 활동을 평가하고 새해 계획을 발표한다. 신년사에서 언급되는 순서가 각 부문별 중요도를 나타낸다고 보고 그 순서를 잘 정리해보면, 김정은 시기 과학기술이 매우 중요하게 취급되었음을 알 수 있다. 아래 그림은 신년사, 당대회 결론, 전원회의 결론에서 부

---

34) "최첨단돌파전의《홍길동》- 김책공업종합대학 자동화공학부 실장 정일철", 『로동신문』, 2011년 7월 9일자.

문별 언급되는 순서를 필자가 정리한 것이다. 김정은 시기의 첫번째 신년사인 2013년은 전통적인 순서인 중공업(붉은색), 경공업(초록색), 교육-문화(주황색) 순서로 언급되었다. 하지만 2014년부터 경공업이 앞부분에 서고, 과학기술이 앞으로 이동한다. 제7차 당대회를 포함하여 2015년부터 2017년까지 과학기술은 제일 앞자리에 놓였다. 열차로 보면 기관차 자리라 할 수 있다.

부문별 정책 우선 순위

그림 설명: 신년사, 전원회의, 당대회 결과에서 각 부문들이 언급되는 순서를 정리한 것이다. 중화학공업과 경공업/농업 부문을 각각 붉은색과 초록색으로 구분해서 표시했다.

과학기술을 앞세워 경제건설을 이루겠다는 경제강국 건설 노선은 '인민경제의 주체화, 현대화, 정보화, 과학화'를 지향한다는 말로 좀 더 구체적으로 제시되었다. 이는 1970년대 말 김정일에 의해 정립된 것(주체화, 현대화, 과학화)에 '정보화'가 추가된 것이었다. 특히 현대화, 정보화는 모든 생산공정의 '자동화, 지능화' 그리고 공장, 기업소들의 '무인화'를 실현하는 것이라고 특정했다. 결국 2009년부터 민수 부문에서 대대적으로 활용되던 'CNC기술'(기계제작 기술+IT기술)을 생산 전반에 적용시키겠다는 뜻이었다. CNC 원천기술은 군수 부문, 국방 과학기술 부문에서 개발, 보유, 활용하고 있었기 때문에 '군수의 민수전환'(Spin-off) 프로그램을 내포하고 있었다.

2024년 7월에 공개한 '무인화 공장'

출처: 『조선중앙통신』, 2024년 7월 3일자.
사진 설명: 여러 대의 CNC 기계들이 일렬로 배치되어 있고 그 사이가 레일로 연결되어 있는 모습을 볼
    수 있다. 운반 로봇에 의해 공급된 작업 재료는 여러 공정의 CNC를 거치면서 정밀 부품으로 만들
    어진다. 여러 공정의 CNC들 또한 자동 운반장치로 연결되어 있어 모든 공정은 사람의 개입 없이
    이루어진다. 자동화, 무인화된 공장이다. 사람은 작동이 잘 되는지 관찰하는 몇 명만 배치된다.

이처럼 7차 당대회에서 채택한 '경제발전 5개년전략'은 미래과제로 남은 과학
기술과 경제를 발전시키기 위한 정책이었다. 이는 8차 당대회에서도 폐기되지 않
고 보완, 정비되어 계속 이어지고 있다.

Ⅳ. 과학기술자 우대

일반적인 이미지와 달리, 북한은 전통적으로 과학적 재능을 이데올로기나 출신
성분보다 우대하는 경향이 있었다. 김일성 시대에는 '오랜 인테리 정책'이라고 하
는 특별한 정책을 만들어 식민지 시기 형성된 과학기술자들을 우대하는 논리를 개
발했다. 과학기술적 재능을 가지고 있고 북한 지도부의 정책에 저항하지 않는다면
일본인이라도 적극 우대하는 정책을 펼쳤다.

김정은은 초기부터 과학기술자들의 생활환경을 개선하는 데 적극적이었다.
2013년 연풍호 근처에 과학기술자들을 위한 휴양소를 만든 것이 시작이었다. 2014
년에는 '위성과학자주택지구'를 만들어 인공위성 발사 성공에 기여한 과학기술자
들의 생활공간을 완전히 새롭게 개선시켜 주었다. 최근 농촌 살림집을 새로 만들
때, 한 두 채의 집만 고치는 것이 아니라 마을 단위를 통째로 만드는 작업방식이
이때부터 시작되었다고 볼 수 있다. 이런 조치는 2015년 미래과학자거리, 함흥과

학자살림집, 2017년 려명거리를 조성할 때에도 계속 이어졌다. 과학기술자들이 생활에 필요한 물품을 공급하기 위해 '미래상점'을 별도로 만들어 주기도 하였다. 과학기술자들이 생활에 불편을 느끼지 않도록 전폭적인 지원을 우선적으로 제공한다는 메시지를 담은 조치였다.

과학기술인재들에 대한 사회적 우대 조건은 2023년에 제정된 「과학기술인재관리법」에도 포함되어 있다.[35] '정보통신수단, 공공운수수단, 치료조건'을 우선적으로 보장해야 한다는 것이 명시되었다. 수산물시장, 상점 등에서 과학기술인재들에 대한 할인 제도 등이 있다는 보도도 있었지만 이는 법령에 반영되지 않았다.[36] 사회적으로 과학기술자들을 우대하는 분위기를 만들기 위해 해당 단위에서 자체적으로 시행하는 제도라 볼 수 있다.

V. 전민과학기술인재화

'전민과학기술인재화'는 2016년 제7차 당대회에서 구체적으로 제시되었다. 김정은은 현 시대가 요구하는 인재상으로 '전민과학기술인재화'를 제시하였는데, 이는 "사회의 모든 성원들을 대학졸업 정도의 지식을 소유한 지식형 근로자로, 과학기술발전의 담당자로 준비시키기 위한" 사업이라고 설명하였다.[37] 지식노동이 중요해진 정보화시대에 맞게 새로운 종류의 산업혁명(새 세기 산업혁명)을 추진하기 위해서는 과학기술적 능력을 갖춘 인재가 대거 필요하다는 판단에 따른 결정이었다. 북한에서 과학기술적 재능은 이제 선택이 아니라 필수가 된 것이다.

전 국민의 이과화를 뜻하는 전민과학기술인재화를 위해 11년에서 12년으로 의무교육 연한을 늘리면서 수학, 과학 수업을 대폭 강화하였다. 문과, 이과 구분 없이 수학, 과학 수업 시간은 초급중학교에서 31.5%, 고급중학교에서 35.8%로 전체 교과군 중에서 가장 높았다. 특히 고급중학교 단계에서 영어를 제외하면 수업시수면에서 상위 6위가 모두 수학, 과학, 기술이었다. 다만 수업 내용면에서 단순한 문

---

35) "새로 채택된 과학기술인재관리법에 대하여 (1)-(3)", 『민주조선』, 2023년 5월 6일, 7일, 9일자; 변학문, "북의 과학기술인재관리법", 『통일뉴스』, 2023년 6월 27일자.

36) 평양 대동강수산물식당에 '과학자식사실'이 별도로 마련되어 있다고 한다. 이승현, "<평양취재> 철갑상어 회는 초고추장에 찍어야 제맛", 『통일뉴스』, 2018년 8월 14일자.

37) "조선로동당 제7차대회에서 한 당중앙위원회 사업총화보고", 『로동신문』, 2016년 5월 8일자.

제품이나 이론 암기를 지양하고 과학기술적 재료를 이해하고 이를 통해 자신의 의견을 제대로 표현할 수 있는 방향으로 바뀌어 학생들의 수업 부담을 줄였다.[38]

북한은 지식경제 시대의 지식 갱신 주기(노화주기)를 5년 정도라고 이야기한다. 이에 따라 학교 교육을 마친 뒤에도 계속 재교육 과정을 통해 과학기술 교육을 진행해야 한다. 과학기술의 발전 속도가 매우 빠르기 때문에 기존 지식은 몇 년 만에 낡은 것이 된다. 따라서 학교 교육을 마치고 직장에서 일하는 성인들에 대한 과학기술 교육을 강화하지 못하면 과학기술을 통한 경제발전은 실행되기 힘든 것이 된다. 이를 위해 추진된 것이 전국적인 과학기술보급망 구축과 원격교육대학 확대였다. 기본적으로 인트라넷을 통한 정보와 교육을 계속 제공하는 것이다.

과학기술전당을 중심으로 과학기술도서관,
보급실, 미래원 등을 연결한 네트워크 구조도

출처: 『조선중앙통신』, 2022년 11월 4일자.

---

38) 조아영, 이교덕, 강호제, 정채관, 『김정은 시대 북한의 교육정책, 교육과정, 교과서』, 통일연구원, 2015.

하드웨어 측면에서는 2015년에 설립된 과학기술전당을 정점으로 지역별, 기관별로 과학기술보급실이나 미래원, 전자도서관 등이 광통신망으로 연결되었다.[39] 이를 통해 각종 정보와 강의 등이 지리적 격차를 넘어 소통되게 만들었다. 비록 국제 인터넷망에 연결되어 있지는 않지만 북한 국내에서는 우리와 같은 시스템/프로토콜을 사용하는 인트라넷망이 연결되어 있다.

2010년 김책공대에서 시작된 원격대학 제도는 2015년부터 첫 졸업생을 배출하기 시작했고 한덕수평양경공업대학, 김일성종합대학 등 다른 대학들에도 원격대학 학부가 만들어졌다. 2021년부터는 경제간부, 과학기술자 등을 대상으로 단기 재교육 프로그램이 원격대학 시스템을 통해 진행되었다.[40] 2022년 북한 내부에 퍼진 Covid-19에 대응하기 위해 방역의료 인력을 급속히 늘릴 때에도 원격교육 시스템이 적극 활용되었다.

제4절 지방발전 20×10 정책과 지역혁신체제

Ⅰ. 지방공업발전 정책 시범 사업(김화군) - 기술의 국가 지원, 자원과 인력의 지방 자립

김화군이 2021년 지역경제 혁신 정책의 첫 번째 사례로 채택된 이유는, 가장 낙후한 조건에서 성공하는 사례를 만들기 위함이었다고 한다.[41] 지역적으로 낙후된 김화군은 2020년 8월 수해를 크게 입어, 중앙 (혹은 도) 차원의 지원으로 복구사업을 진행하였다. 수해복구 현장을 찾은 김정은은 살림집 복구사업뿐만 아니라 공장 복구사업을 새로운 지역공업 발전 정책의 시범사업으로 선정했다. 일부 피해받은 지점만 복구하는 것이 아니라 중앙 차원을 바탕으로 완전히 새로운 생산설비

---

39) 박영자, 조정아, 홍제환, 정은이, 정은미, 이석기, 전영선, 강호제, 『김정은 시대 북한 경제사회 8대 변화』, 통일연구원, 2018.

40) 박현, "과학자, 기술자들의 실력제고에 주력", 『로동신문』, 2023년 8월 22일자; "과학기술인재관리 체계를 더욱 완비하자", 『로동신문』, 2023년 9월 7일자.

41) "지방공업현대화의 본보기", 『조선중앙방송』, 2022년 12월 14일자; "지방공업발전의 본보기를 마련해주시여", 『민주조선』, 2022년 10월 25일자; "지방공업의 본보기적 실체", 『민주조선』, 2023년 10월 3일자.

와 기술로 바꾸려는 시도였다.

2021년 3월부터 시작된 지방공업공장 건설사업은 2022년 6월에 끝났다. 이 과정에서 흩어져 있던 공장들은 산업단지를 새로 만들어 한 곳에 입주시켰다. 2022년 6월 준공 당시, 산업단지에 새로 만들어진 공장은 식료공장, 옷공장, 일용품공장 그리고 종이공장이다. 일상 생활에 필요한 물품을 지역에서 자체적으로 생산할 수 있는 최소한의 조건을 갖추게 한 것이었다. 즉 수해 복구 과정에서 천여세대가 완전히 새로 지어졌기 때문에 식의주에서 '주住'는 먼저 해결된 상태였고, '식食'과 '의衣' 그리고 각종 생활에 필요한 물품을 생산하는 식료공장, 옷공장, 일용품공장이 만들어졌다. '종이공장'은 과학기술과 교육을 중심으로 경제발전 전략을 채택한 2018년 4월, 2019년 4월 이후의 정책적 변화에 따른 결정이었을 것으로 추정된다.

김화군 사례를 통해 지방공업 발전 전략의 특징을 살펴보면, '기술의 국가 지원', '자원과 인력의 지방 자립'이라는 방향성이 보인다. 김화군이 자체적으로 확보하려는 것은 안정적인 원료공급과 운영 인력이었고, 생산 설비와 운영 기술은 중앙 혹은 도 차원에서 지원받았다. 김화군은 지방공업공장의 원료를 보장하기 위해 식료공장원료기지 250여 정보, 종이원료림 200여 정보, 수유나무림 300여 정보를 마련하였다. 공장 설비는 김일성종합대학교 첨단기술개발원 분석연구소, 국가과학원 과학실험설비공장, 국가과학원 종이공학연구소, 평양출판인쇄대학, 원산철도차량공장 등에서 공급해 주었다. 김화군 지방공업공장 기술자, 기능공들은 한덕수평양경공업대학 원격교육 시스템을 통해 기술교육을 받았다. 또한 김화군식료공장의 기술자, 기능공들은 송도원종합식료공장 등에서 기술기능전습을 받았고, 김화군일용품공장의 기술자, 기능공들은 원산영예군인수지일용품공장에서 기술기능을 전습받았다. 또한 평안남도 양덕군과 함경남도 함흥시 등에 있는 공장들을 돌아보면서 비누생산 관련 기술과 경험을 배웠다. 각종 비료와 농약은 도(강원도) 차원에서 우선적으로 공급받았다.

시범사업으로 진행되었던 만큼, 현대화된 지방공장들이 운영을 시작한 다음해인 2023년에는 사업 경험을 정리하는 일을 진행되었다. 우선 부문별 전문가들을 차출하여 "비상설중앙 지방공업공장 개건현대화 추진위원회"가 조직되었다. 김화군에 설립한 4개의 지방공장(식료공장, 일용품공장, 종이공장, 옷공장)별로 '본보기 기술제안서'를 작성하였다. 또한 이 사업을 곧바로 전국적으로 시행하지 않고 본보기

확산의 중간단계를 설정하기로 했다. 즉 지역별 본보기를 새로 선정하는 방법을 도입했다. 그래서 개성시, 재령군, 연탄군, 우시군이 시범단위로 선정되었다. 이와 함께 전국적으로 200여개의 공장에 공급할 '1차 기술과제서' 작성을 끝내고 '국가 과학기술심의'를 2023년 5월에 완료하였다.[42]

4개의 중간 시범단계 시행 방안은 2024년 1월, 김정은에 의해 20개로 확대되었다. 그리고 부족한 자원과 인력, 기술 등을 확보하기 위해 군, 당의 자원까지 동원하여 향후 10년 동안 지속적으로 추진하기로 했다.

Ⅱ. 지방발전 20×10 정책

계획 경제 시스템을 운영하고 있는 북한은 매해 마지막에 전원회의(Plenary Meeting)를 열어, 한 해 계획 실행 결과를 평가하고 다음 해 계획을 확정한다. 2023년 계획 수행 평가와 2024년 계획 논의는 2023년 말에 개최된 8기 제9차 전원회의에서 진행되었다. 그 결과는 2023년 12월 31일 『로동신문』을 통해 요약된 형태로 발표되었다.

이 회의의 결론 중에서 북한 내부에서 가장 많이 거론된 것은 남북관계 변화보다 지방발전 정책의 전면화였다. 사실 지방발전을 위한 정책은 12월 31일 『로동신문』에 실린 전원회의 결과 요약 보고에는 빠져 있을 정도로 비중이 작았다. 하지만 김정은에 의해 매해 20개의 시/군에 대해 향후 10년 동안 꾸준히 추진하겠다는 방향으로 사업 확산 속도가 대폭 빨라졌다. 이는 2024년 1월 15일 최고인민회의 중에 진행된 시정연설에서 '지방발전 20×10 정책'이라는 이름으로 발표되었다.[43] 1월 24일에 열린 정치국 확대회의에서는 이 정책의 실무적 대책이 구체적으로 논의/결정되었다.[44]

1월 15일 시정연설 내용과 1월 24일 정치국 확대회의 결과를 잘 살펴보면, '지

---

42) 박성림, "지방공업공장들의 개건현대화를 위한 적극적인 실행대책 강구", 『민주조선』, 2023년 5월 20일자.

43) "경애하는 김정은동지께서 조선민주주의인민공화국 최고인민회의 제14기 제10차회의에서 강령적인 시정연설을 하시였다". 『로동신문』, 2024년 1월 16일자.

44) "당의《지방발전 20×10 정책》을 강력히 추진할데 대하여 조선로동당 중앙위원회 제8기 제19차 정치국 확대회의에 관한 보도", 『로동신문』, 2024년 1월 25일자.

방발전 20×10 정책'이 다른 정책과 다른 특징이 몇 가지 보인다. 첫째, 김정은 자신이 이 사업을 직접 책임지고 챙기겠다고 공언했다. 모든 사업을 관리, 감독하는 최고지도자가 사업 하나를 특정해서 책임지는 경우는 이전에 없었던 방식이다. 이는 자신의 이름을 걸고 사업을 성공적으로 추진하겠다는 의지의 표현이기도 하다. 또한 이는 자신 이외의 사람이 책임지고 추진할 수 없을 만큼 사업이 복잡하고 관련 영역이 넓다는 뜻이기도 하다. 아마도 군軍의 자원과 인력 등을 활용해야만 하기 때문이었을 듯하다. 이 부분이 두 번째 특징이다. 사업을 시작하면서 군을 동원하겠다는 명령서를 동시에 채택한 경우도 매우 드문 경우이다. 조선로동당 중앙군사위원회 위원장의 명령으로 가장 빨리 인력과 자원을 동원할 수 있는 군을 처음부터 동원하였다. 이 사업을 위해 군에서는 '124련대'를 특별 편성하여 현장에 투입하였다.[45]

소요되는 '자금, 로력, 자재'를 당 차원에서 '지속적으로, 년차적으로, 의무적'으로 보장하도록 못을 박은 것도 또 하나의 특징이다. 당에서는 또한 당중앙위원회 조직지도부 산하에 '지방공업건설지도과'를 신설하여 전반적인 업무를 맡도록 하였다. 인사권이라는 막강한 권한을 바탕으로 '국가적 지도사업 체계'를 만들어 사업을 안정적으로 진행하겠다는 계획이다. 결국 '지방발전 20×10 정책'은 내각 이외에 별도의 자금원을 운영하는 군과 당을 모두 동원하는 유례없는 대규모, 복합 사업으로 추진되었다. 김정은 자신이 직접 사업책임자가 되어야 할 이유였다.

이는 2002년 정립된 선군노선의 경제발전 전략, 즉 '국방공업 우선 및 농업, 경공업 동시발전'이 실행되고 있는 것으로 해석할 수 있다. 일단 국방공업을 우선적으로 발전시키는 단계를 넘어, 여기서 획득한 기술과 여유 자원 및 인력을 민수 분야로 이전(Spin-off)하고 있는 것이다. 국가 차원의 혁신체제 구축을 넘어 전국적 차원에서 지역혁신체제 구축에 군수 부문의 자원과 인력이 본격적으로 활용되기 시작했다고 볼 수 있다.

45) "조선로동당 중앙위원회 제8기 제9차 전원회의 확대회의에 관한 보도", 『로동신문』, 2023년 12월 31일자.

III. 지역혁신체제 구축을 위한 준비

지역혁신체제에서 연구를 담당하는 조직은 2008년부터 설립된 '전자업무연구소'이고, 인재 양성을 담당하는 조직은 2012년에 정책이 마련되고 2017년 첫 번째 학교가 문을 연 '기술고급중학교'라 할 수 있다. 2023년부터 본격화된 '지방발전 20×10 정책'은 현대화된 지방의 생산조직을 만드는 것이다. 이렇게 되면 지역혁신체제를 구성하는 핵심 주체(産産-학學-연研)가 모두 새롭게 구성되는 셈이다.

1. 전자업무연구소

도/시/군에 설치된 '전자업무연구소'는 생산현장의 정보화, 자동화, 무인화를 위한 기술개발 및 적용을 위해 설립된 조직이다. '정보산업의 시대, 지식경제의 시대'로 지방경제의 변환을 지원하는 가장 작은 정책실행 단위이다. 또한 김정일 시대와 김정은 시대의 정책이 연결되는 고리이기도 하다. 2008년 12월 16일 최초의 전자업무연구소인 자강도전자업무연구소를 방문한 기록은 김정은이 김정일의 현지지도에 동행했다는 첫 공식 기록이다.[46] 여기에 의미를 담았다면 북한 경제발전 전략에서 강조하는 지점을 읽어볼 수도 있다.

조선중앙통신이 2010년 12월 22일 공개한 사진

출처: 『조선중앙통신』, 2010년 12월 22일자.
사진 설명: 오른쪽 현판에 2008년 12월에 김정은이 현지지도하였다고 씌어 있다.

---

46) 선군혁명령도를 이어가시며 1권(회상실기), 조선로동당출판사, 2012. 당시 자강도당 책임비서였던 박도춘이 김정일과 함께 김정은이 동행했던 일을 회상한 글을 게재했다고 한다. 아직 원문은 대외공개되지 않고 책소개 기사만 『로동신문』과 『민주조선』, 『조선신보』에 게재되었다. "원수님의 위인상담은 첫 회상실기도서 - 내각총리 등의 체험담 수록", 『조선신보』 평양지국, 2012년 12월 14일자.

전자업무연구소는 처음부터 중앙이 아니라 도, 시, 군에 설치된 조직이었다. 초기에는 지방경제의 정보화를 실현하는 데 필요한 소프트웨어 제작 지원만 담당하였다. 이후에는 업무 범위가 넓어져 하드웨어까지 직접 제작하였다. 또한 지방의 정보화단위들을 직접 지도하는 역할을 수행하기도 했다.[47] 정보화, 자동화를 핵심으로 하는 새로운 경제발전 전략이 중앙에서 지방으로 이어지는 연결고리였다고 볼 수 있다.

전자업무연구소 전신은 1999년 김정일의 지시에 따라 만들어졌던 '(자강도/평안북도) 소프트웨어센터'였다. 자강도소프트웨어센터는 2008년에 '전자업무연구소'로 이름이 바뀌었다. 새로운 건물을 지어 이전하면서 업무가 조정되었고 이름도 바뀌었다. 평안북도 전자업무연구소는 2011년에 3층 규모의 새 건물로 이전했다고 한다. 2011년 12월, 김정일이 죽기 전까지 '도' 차원에서는 거의 모든 곳에 전자업무연구소가 설치되었다.[48]

2008년 자강도전자업무연구소 건설과정에서 '도체신관리국'과 '도전신전화국'의 일꾼과 종업원들이 자재를 자체적으로 마련하면서 건설사업을 추진하였다는 설명이 있는 것으로 보아, 전자업무연구소는 2008년 당시만 하더라도 행정적으로 이곳과 연결되어 있었던 듯하다.[49] 이후 이들의 업무가 정규화됨에 따라 '도정보화관리국'이 새롭게 생겨 그 산하에 전자업무연구소가 들어가는 형태가 되었다.[50] '도정보화관리국'은 2015년에 가서야 언론에서 처음 언급된 것으로 보아 2009년에서 2014년 사이에 새롭게 설치된 조직이었다.[51] 2021년에 새로 생긴 정보산업성은 체신성, 전자공업성 그리고 국가정보화국을 통합해서 만들어진 것이다.[52] IT의 핵심 구성요소인 네트워크, 하드웨어 그리고 소프트웨어를 모두 통합 관리하는 조

---

47) "위대한 령도자 김정일동지께서 강계시의 여러 단위들을 현지지도하시였다", 『로동신문』, 2008년 12월 17일자; 장금철, "정보산업을 발전시키기 위한 몇가지 방도", 『경제연구』 2호, 2011, "정보화 실현의 앞장에 선 집단 : 자강도전자업무연구소에서", 『로동신문』, 2020년 3월 13일자.
48) 함경북도전자업무연구소만 2019년에 처음 언론에 등장한다.
49) "<새로운 혁명적대고조의 불길을 세차게 지펴올리고 있는 자강도사람들 − 경애하는 장군님의 현지지도를 받은 강계시안의 여러 단위들에서−> 더 높은 목표를 향하여 질풍같이", 『로동신문』, 2009년 2월 10일자.
50) "<온 나라에 체육열풍을 일으켜 당의 체육강국건설구상을 빛나게 실현하자> 높아지는 집단의 위력 : 황해남도 정보화관리국에서", 『민주조선』, 2017년 1월 10일자.
51) "라선시피해복구사업을 적극 지원 − 평안남도에서", 『민주조선』, 2015년 9월 27일자.
52) 강진규, "정보산업성 등장 2021년 북한 ICT 부문 주목할 이슈", 『NK경제』, 2022년 1월 21일자.

직이라 할 수 있다. 따라서 전자업무연구소도 2021년부터는 정보산업성에서 담당
하였다고 볼 수 있다.

'군' 단위 전자업무연구소가 처음 언급된 곳은 2010년 함경남도 흥원군이었고,
'시' 단위로 처음 언급된 곳은 2015년 라선시였다. 2017년에는 남포시 천리마구역
과 대안구역, 강서구역에도 구역 차원의 전자업무연구소가 처음으로 거론되었다.
이 시기부터 전자업무연구소는 하드웨어 제작까지 업무 영역을 확장했다. 게다가
부족한 인재를 직접 양성하는 프로그램을 만들어 나갔다. 황해남도 옹진군전자업
무연구소가 특히 인재육성 프로그램을 잘 만들었다고 소개되었다.

2. 기술고급중학교

2012년 9월 최고인민회의에서는 학제 개편을 비롯하여 교육 제도 전반을 바꾸
는 결정이 내려졌다. 의무교육 기간을 11년에서 12년으로 1년 늘였으며 '기술고급
중학교'라는 새로운 교종敎種을 만들기로 하였다. 지역의 특성에 맞는 특수교육을
시키는 기술 중심의 직업학교를 새로 설치한다는 결정이었다.53) 즉 '기술고급중학
교'는 지방에서 활약할 기술인재를 양성하기 위한 조직적 대책이었다.

2017년 첫번째 기술고급중학교가 개교할 때까지 특정된 부문은 '금속, 석탄, 전
기, 화학, 농산, 축산, 과수, 수산' 등 8개였다.54) 하지만 2018년에 들어서면서 '정
보기술IT 부문' 기술고급중학교가 새롭게 만들어졌다.55) 2018년은 전자업무연구소
에 대한 첫 현지지도 10주년이 되는 해였기에 이를 기념하는 행사를 준비하다가
기술고급중학교 설치 계획을 급변경한 것이 아닌가 추정된다. '생산현장의 정보화'
정책을 이어받았다는 메시지를 만든 2008년 자강도전자업무연구소의 의미를 되새
기다가 인력양성체계까지 바꾸었다고 해석할 수 있다.

다른 부문과 달리 정보기술 부문 기술고급중학교는 지역을 특정하지 않고 전국
의 시/군 모든 단위에 설치했다. 전국의 도/시/군 단위에서 정보화 업무를 담당하
고 있는 곳이 전자업무연구소이므로 이곳의 업무와 연결시켜 기술고급중학교가 설

---

53) 박봉주, "조선민주주의인민공화국 최고인민회의 법령《전반적 12년제의무교육을 실시함에 대하여》
   의 집행정형총화에 대하여", 『로동신문』, 2014년 9월 26일자.
54) "각지에 100여개 기술고급중학교들이 새로 나왔다", 『조선중앙통신』, 2016년 12월 5일자.
55) "<교육사업을 과학적토대우에 올려세우기 위한 된바람을 세차게> 기술고급중학교들이 늘어나고
   있다", 『로동신문』, 2018년 8월 30일자.

치되었다고 볼 수 있다. 즉 전자업무연구소를 거점으로 혁신체제의 전국화, 지방화를 가속시키기 위한 인력양성 체계로 정보기술부문 기술고급중학교가 전폭적으로 설치, 운영되는 흐름이었다. 2020년부터 거의 모든 시, 군으로 기술고급중학교 설치가 확대되어 모두 200여개가 되었다. 2021년에는 화학부문이 추가되어 320개, 2022년에는 550개로 늘어났다고 한다. 학교 단위로 만들기 어려운 지역에서는 고급중학교 안에 '기술반'을 설치하는 것이 2021년부터 허용되었다.[56] 또한 이때부터 시/군 단위보다 작은 '리' 단위에도 기술고급중학교가 설치되기 시작하였다(함남 북청군 라하리, 라하기술고급중학교).

기술고급중학교 첫 졸업생이 배출되는 시점을 보면, 2021년부터 지역발전 정책이 본격화된 이유를 유추할 수 있다. 8개 부문의 기술고급중학교 1회 졸업생은 2020년에 배출되었고, 2021년부터는 IT 부문 1회 졸업생이 배출되기 시작하였다.[57] 거의 대부분의 시, 군에서 졸업생이 배출되는 시점은 2023년이었다. 지역에서 활동할, 지역적 특성에 맞는 기술력을 지닌 기술인재들이 본격적으로 사회에 진출하기 시작한 시점이 2023년부터였다. 인력의 자립, 그리고 중앙의 기술지원을 수용할 수 있는 기반 마련이 된 상황에서 '지방발전 20×10 정책'이 추진되었던 것이다.

제5절 결론

북한 역사를 권력 투쟁이 아니라 국가 시스템이 갖추어지는 과정으로 바라보면 과학기술의 역할이 매우 중요했음을 알 수 있다. 일제 시기, 남한에 비해 많이 개발되어 있던 산업 시설을 잘 활용하기 위해서, 나아가 후발 농업 국가에서 공업국가로 발전하기 위해서라도 과학기술은 적극 발전시키고 활용해야 할 것이었다. 김일성, 김정일, 김정은으로 이어지는 북한 최고지도자들은 모두 과학기술자들을 우

---

56) "<우리의 미래를 마음놓고 맡길수 있는 교육으로 되게 하자> 기술고급중학교들이 늘어났다", 『로동신문』, 2021년 6월 10일자.

57) "<특집 전국각지에 300여개의 기술고급중학교 신설>인터뷰: 교육위원회 신명철부국장", 『조선신보 평양지국』, 2020년 7월 14일자.

대하고 과학기술 정책을 우선시하는 관점을 꾸준히 견지했다.

　제한된 인력과 자원, 재원으로 전문 과학연구활동과 기술지원활동, 양쪽을 모두 충실히 수행하기 어려웠던 북한 지도부는 1958년 현지연구사업을 도입하면서 생산현장에 대한 기술지원활동에 방점을 둔 정책을 채택하였다. 북한식 기술혁신운동이라 볼 수 있는 천리마작업반운동에 의해 북한 경제는 양적 팽창을 넘어 질적 성장에도 성공했다. 1950년대 말, 1960년대 초 급격한 경제성장이 가능했던 이유였다. 이 과정에서 북한 과학기술은 강한 현장지향성을 띤 형태로 발전하기 시작하여 '연료, 원료, 인력 그리고 기술의 자립'을 뜻하는 주체과학으로 불리기 시작했다. 1960년대 중반에 정립화된 자립경제 모델은 이를 토대로 만들어졌다.

　1962년 쿠바 사건이 계기가 되어 시작된 경제-국방 병진 노선은 1990년대 고난의 행군 당시 북한 경제, 특히 군수 경제가 무너지지 않게 보호하는 역할을 했다. 국방 부문에서 개발, 발전시킨 첨단 과학기술은 역으로 민수 부문의 발전을 견인하기 시작했다. 2002년에는 '국방공업 우선, 경공업-농업 동시발전 전략'이 채택되어 국방력 확보와 민수 발전의 원동력 제공 전략을 동시에 추구하기 시작하였다. 즉 국방 과학기술을 우선 발전시켜 국방력을 확보하고, 이 과정에서 확보한 앞선 기술과 여유 자원과 자금을 민수로 전환하여 민간 경제부문을 발전시키겠다는 전략이 실행에 옮겨졌다.

　군수 부문에서 민수 부분으로 이전된 대표적인 기술인 CNC였다. 기계제작 기술과 정보통신IT 기술이 결합된 CNC는 첨단 무기를 제작하는 데 필수적인 것이었다. 동시에 생산 자동화, 공장 자동화에서도 이는 핵심 기술이다. 2009년 8월 첨단돌파 전략의 선언은 국방 부문에서 확보한 첨단 CNC기술을 민수 부문으로 돌려 생산능력을 한 단계 높이는 정책이 본격화되는 신호탄과 같았다. 결국 CNC 기술을 앞세워 민수 부분에서는 기술혁신을 통한 경제발전 전략이 실행되기 시작하였다.

　기술혁신을 통한 경제발전은 몇 가지 앞선 기술만 확보한다고 가능한 것이 아니다. 기술혁신이 생산으로 이어지는 시스템이 갖추어져야 하고, 사회적 분위기가 이를 뒷받침할 수 있어야 한다. 김정은 시기에 접어들면서 북한 지도부는 국가적 차원에서 과학기술자 우대, 과학기술 우선 정책을 더욱 명시적으로 추진했다. 또한 국가 차원을 넘어 지역 차원의 혁신시스템을 갖추기 위해 오랜 기간 공을 들였다.

2008년 처음 설치된 전자업무연구소는 지역혁신체제에서 연구를 담당하는 조직이라 할 수 있고, 2012년부터 준비되어 2017년에 첫 개교한 '기술고급중학교'는 지방에서 활약할 기술인재를 양성하는 조직이라 할 수 있다. 이들은 모두 국가 차원이 아니라 지방 행정단위인 도/시/군에 설치되었다. 2021년부터 지방발전 전략이 전면화될 수 있었던 배경에는 전국 도/시/군에 전자업무연구소가 모두 설치되고, 기술고급중학교에서 첫 졸업생이 나오기 시작한 시기와 직접 연결된다. 결국 2023년부터 본격화된 '지방발전 20×10 정책'은 이렇게 마련된 지역혁신체제 속에서 지방의 생산조직을 현대화시켜나가는 것이라 할 수 있다.

김화군 사례에서 보이는 '기술의 국가 지원, 자원과 인력의 지방 자립'은 과학기술을 통한 경제발전 전략이 국가 단위를 넘어 지방 단위로 확산되어 가고 있음을 보여준다. 2024년부터 본격화된 '지방발전 20×10 정책'은 군수의 민수 전환 프로그램이 가동될 수 있는 상태에서 지역혁신체제를 구성하는 연구 조직과 인재양성 조직까지 갖춘 상태에서 추진되는 것이 이전 시기 지방발전 정책과 다른 지점이다. 게다가 서로 독자적으로 작동하던 당, 정, 군의 자금과 자원 나아가 인력을 총동원하기 위해 김정은이 직접 총화자가 되어 사업을 추진하고 있는 것이 이례적인 지점이다.

참고문헌

[북한 자료]

김정일, "과학기술을 발전시키기 위한 몇 가지 문제에 대하여(과학부문 책임일군협의회에서
　　　한 연설/1988년 8월 31일)", 조선로동당출판사 편, 『과학교육사업을 발전시킬데 대하
　　　여』, 조선로동당출판사, 1999.
장금철, "정보산업을 발전시키기 위한 몇가지 방도", 『경제연구』 2호, 2011.

김일성, 『김일성저작집』, 조선로동당출판사.
＿＿＿, 『조선민주주의인민공화국에서의 사회주의건설과 남조선혁명에 대하여』, 조선로동당
　　　출판사, 1965.
리동구, 『비약의 나래』, 문학예술출판사, 2002.

President Kim Il Sung and Korea Today, Foreign Languages Press Group, 1992.

『민주조선』.
『조선신보』.
『조선의 오늘』.
『조선중앙방송』.
『조선중앙통신』.

[남한 자료]
• 논 문
강호제, "북한의 경제발전 전략 분석 : 인공위성(광명성 3호) 발사 시도와 CNC기술 개발",
　　　『북한연구학회보』 19(2), 2015.
＿＿＿, "북한의 핵무력 완성 선언에 대한 과학기술적 타당성 검토 및 비핵화를 위한 대안
　　　모색", 민화협 연구논문 공모전, 2020.
＿＿＿, "생존의 수단이자 번영의 수단, 북한의 과학기술", 『황해문화』 118, 2023.
＿＿＿, "선군정치와 과학기술중시 정책 : 경제발전 전략의 핵심", 『통일과 평화』 3(1), 2011.
＿＿＿, "현지연구사업과 북한식 과학기술의 형성", 『현대북한연구』 6(1), 2003.

김연철, "북한의 산업화 과정과 공장관리의 정치(1953-70): '수령제' 정치체제의 사회경제적 기원", 성균관대학교 박사학위 논문, 1996.

박아름, "냉전의 주변부: 1986년 북한과 동독의 정상회담연구", 『역사문제연구』 53, 2024.

변학문, "북한의 기술혁명론-1960-70년대 사상혁명과 기술혁명의 병행", 서울대학교 박사학위논문, 2015.

• 단행본

강호제, 『북한 과학기술 형성사 I』, 선인, 2007.

박영자, 조정아, 홍제환, 정은이, 정은미, 이석기, 전영선, 강호제, 『김정은 시대 북한 경제사회 8대 변화』, 통일연구원, 2018.

이태섭, 『김일성 리더십 연구』, 들녘, 2001.

조정아, 이교덕, 강호제, 정채관, 『김정은 시대 북한의 교육정책, 교육과정, 교과서』, 통일연구원, 2015.

조정아, 이춘근, 엄현숙, 『'지식경제시대' 북한의 대학과 고등교육』, 통일연구원, 2020.

최현규, 강영실, 『북한 과학기술 연구기관 현황』, 한국과학기술정보연구원, 2017.

• 기 타

『통일뉴스』.

『NK경제』.

[영문 자료]

WMO, *Atlas of Mortality and Economic Losses from Weather, Climate and Water Extremes (1970-2019)*, Issue WMO-No. 1267, 2021.

찾아보기

ㅊ

집필진 약력

이정철   현 서울대학교 정치외교학부 교수
현 서울대학교 통일평화연구원 통일학센터장
현 죠지워싱턴대학교 한국학센터 방문학자 및 베를린 자유대 한국학 연구소 방문학자
전 서울대학교 대학원 평화통일학 협동과정 주임
서울대학교 법학과 졸업, 동 대학원 정치학 박사

안경모   현 국방대학교 안보정책학부 교수
현 국방대 안보문제연구소 북한문제연구센터장
전 국방대 안보문제연구소 연구기획실장
전 통일부 정책자문위원
전 국방부 정책연구심의위원
서울대학교 정치학과 졸업, 동 대학원 정치학 박사

장철운   현 통일연구원 연구위원
전 경남대 극동문제연구소 연구교수
전 연합뉴스 북한부 기자
전 통일부 상임연구위원
한양대학교 원자력공학과 졸업, 북한대학원대학교 북한학 박사

최용환   현 국가안보전략연구원 책임연구위원
전 경기연구원 연구위원
전 민주평화통일자문회의 상임위원
전 청와대 국가안보실·통일부 정책자문위원
서강대학교 정치외교학과 졸업, 동 대학원 정치학 박사

이종민   현 한국은행 경제연구원 부연구위원
현 통일미래기획위원회 경제분과 위원
전 서울대 통일평화연구원 선임연구원
서울대학교 경영학 학사, 경제학 박사

정은미   현 통일연구원 연구위원
전 서울대학교 통일평화연구원 선임연구원
전 통일부 정책자문위원
전 민주평통 상임위원
숙명여자대학교 영어영문학과 졸업, 서울대학교 사회학 박사

전영선   현 건국대학교 통일인문학연구단 연구교수
현 통일부 통일미래기획위원회 위원
전 북한연구학회 회장
전 대통령직속 통일준비위원회 위원
한양대학교 국어국문학과 졸업, 동 대학원 문학 박사

강혜석   현 서울대학교 한국정치연구소 학술연구교수
현 민주평화통일 자문위원회 상임위원
전 통일부 정책자문위원
전 숭실대학교 정치외교학과 연구중점교수
이화여자대학교 정치외교학과·북한학협동과정 졸업, 서울대학교 정치학 박사

강호제   현 베를린자유대학교 한국학과 (독일) Wissenschaftlicher Mitarbeiter(연구교수)
전 튀빙겐대학교, 한국학과 (독일) 연구교수
전 이화여대 통일학연구원, 객원연구원
전 서울대학교 통일연구소(현, 통일평화연구원) 객원연구원
서울대학교 물리학과 학사, 과학사 및 과학철학 협동과정 석사, 박사, 서울대학교 한국정치
연구소 학술연구교수

엮은이: 이정철(서울대학교 정치외교학부 교수/통일평화연구원 통일학센터장)

글쓴이: 강혜석(서울대학교)

강호제(베를린자유대학교)

안경모(국방대학교)

이종민(한국은행)

장철운(통일연구원)

전영선(건국대학교)

정은미(통일연구원)

최용환(국가안보전략연구원)   (가나다 순)

수정주의 국가 북한

초판발행   2024년 8월 30일

엮은이   이정철
펴낸이   안종만·안상준

편 집   김선민
기획/마케팅   최동인
표지디자인   벤스토리
제 작   고철민·김원표

펴낸곳   (주) **박영사**
               서울특별시 금천구 가산디지털2로 53, 210호(가산동, 한라시그마밸리)
               등록 1959. 3. 11. 제300-1959-1호(倫)

전 화   02)733-6771
f a x   02)736-4818
e-mail   pys@pybook.co.kr
homepage   www.pybook.co.kr
ISBN   979-11-303-2064-9   93340

copyright©이정철, 2024, Printed in Korea

* 파본은 구입하신 곳에서 교환해 드립니다. 본서의 무단복제행위를 금합니다.

정 가   23,000원